2. Auflage

Koreanisch leicht gemacht · Mittelstufe

Koreanisch leicht gemacht · Mittelstufe   2. Auflage

Geschrieben von	Seung-eun Oh
Übersetzt von	Julia Buchholz
1. Auflage	September, 2018
2. Auflage	Oktober, 2022
1. Druck	Oktober, 2022
Herausgeber	Kyu-do Chung
Redaktion	Suk-hee Lee, Jihee Han
Layout	Na-kyoung Kim, Soo-jung Koo, Hyun-ju Yoon
Illustriert von	Byung-chul Yoon
Lektorin	Katrin Maurer
Sprecher	Rae-whan Kim, So-yoon Shin

DARAKWON Veröffentlicht von Darakwon Inc.

Darakwon Bldg., 211, Munbal-ro, Paju-si,
Gyeonggi-do, Republic of Korea 10881
Tel: 82-2-736-2031
(Marketing Dept. ext.: 250~252 Editorial Dept. ext.: 420~426)
Fax: 82-2-732-2037

Copyright©2022, 2018 Seung-eun Oh

Preis: 22,000 Won (mit Gratis MP3 Download)

ISBN: 978-89-277-3283-9 14710
      978-89-277-3278-5 **(set)**

http://www.darakwon.co.kr
http://koreanbooks.darakwon.co.kr

※ Besuchen Sie die Darakwon Verlagshomepage und erfahren Sie mehr über unsere Publikationen und Angebote, und laden Sie die Inhalte im MP3 Format herunter.

Koreanisch **leicht** gemacht

2. Auflage

Mittelstufe

Seung-eun Oh

DARAKWON

Vorwort

〈Korean Made Easy〉 시리즈는 제2언어 혹은 외국어로서 한국어를 공부하는 학습자를 위해 집필되었다. 특히 이 책은 시간적, 공간적 제약으로 인해 정규 한국어 교육을 받을 수 없었던 학습자를 위해 혼자서도 한국어를 공부할 수 있도록 기획되었다. 〈Korean Made Easy〉 시리즈는 초판 발행 이후 오랜 시간 독자의 사랑과 지지를 받으며 전세계 다양한 언어로 번역되어 한국어 학습에 길잡이 역할을 했다고 생각한다. 이번에 최신 문화를 반영하여 예문을 깁고 연습문제를 보완하여 개정판을 출판하게 되었으니 저자로서 크나큰 보람을 느낀다. 한국어를 공부하려는 모든 학습자가 〈Korean Made Easy〉를 통해 효과적으로 한국어를 공부하면서 즐길 수 있기를 바란다.

시리즈 중 〈Korean Made Easy - Intermediate (2nd Edition)〉는 중급 학습자가 혼자서도 한국어를 공부할 수 있도록 고안한 책으로, 〈Korean Made Easy for beginners (2nd Edition)〉의 다음 단계의 책이라고 할 수 있다. 하지만 중급 책은 초급 책과 형식을 달리하여 언어적 다양성과 의사소통을 강조하였다. 중급 학습자는 문법을 정확히 이해하고 적절한 상황에서 활용하는 능력과 함께 각기 다른 상황에서 다양한 어휘 사용 능력을 발휘하는 것이 중요하기 때문에 초급과 다른 형식이 필요했다. 더욱이 혼자 공부할 때 가장 어려울 수 있는 의사소통을 펼칠 수 있는 활동도 중급 책에서 강화되어야 한다고 판단했다.

〈Korean Made Easy - Intermediate (2nd Edition)〉는 일상생활에서 접할 수 있는 15가지 주제가 과로 구성되어 있다. 이 책에서는 중급 학습자가 어휘와 문법을 주어진 맥락에 맞게 어떻게 활용할 수 있는지 보여 주는 것을 최우선 과제로 삼았기에, 각 주제별로 3개의 담화 상황을 설계하여 어휘와 문법이 제시, 연습, 확장되도록 구성하였다. 또한 해당 주제와 문맥에 맞게 어휘와 문법을 사용하여 의사소통 할 수 있도록 말하기 활동을 포함하였다. 아울러, 어휘의 짜임을 이해할 수 있도록 중급 어휘에 필수적인 한자의 음을 의미별로 묶은 어휘망을 제시하였다. 마지막으로 관용어 표현 및 속어, 줄임말 등 문화 속에 반영된 어휘를 배움으로써 한국 문화를 엿볼 수 있도록 하였다.

이 책을 완성하기까지 많은 사람의 관심과 도움, 격려가 있었다. 먼저 훌륭한 번역과 교정으로 개정판을 완성시켜 주신 Julia Buchhloz 씨와 Katrin Maurer 씨께 감사의 말씀을 전하고자 한다. 또한 한국어 책 출판을 든든하게 지원해 주시는 ㈜다락원의 정규도 사장님과 저자의 까다로운 요구를 마다하지 않고 근사한 책으로 구현해 주신 한국어출판부 편집진께 마음을 다해 감사드린다. 마지막으로, 항상 저를 응원해 주시며 매일 기도하기를 잊지 않으시는 어머니와 딸의 출판을 어느 누구보다 기뻐하셨을 돌아가신 아버지께 이 책을 바치고 싶다.

2022년 10월

오승은

Die Serie *Koreanisch leicht gemacht* wurde für Lernende konzipiert, die Koreanisch als zweite Sprache oder Fremdsprache lernen. Vor allem dieses Buch ermöglicht es Lernenden, die aufgrund zeitlicher und räumlicher Einschränkungen keinen regulären Koreanischunterricht bekommen konnten, Koreanisch auch im Selbststudium zu lernen. Die Serie *Koreanisch leicht gemacht* ist seit der Erstausgabe bei den Lernenden beliebt und wird rege unterstützt. Zudem denke ich, dass sie durch die Übersetzung in viele Sprachen als eine Art Pfadfinder für das Lernen der koreanischen Sprache fungiert. In diesem Buch wurde die neueste Kultur reflektiert, um bessere Beispiele zu geben und Übungsaufgaben zu ergänzen. Daher ist es für mich als Autorin eine große Belohnung, dass nun die überarbeitete Ausgabe veröffentlicht wird. Ich hoffe, dass alle Lernende, die Koreanisch lernen wollen, mit der Serie *Koreanisch leicht gemacht* die koreanischische Sprache effektiv und mit Spaß lernen können.

Koreanisch leicht gemacht - Mittelstufe (2. Auflage) ist das nächste Buch aus der gleichnamigen Reihe nach *Koreanisch leicht gemacht für Anfänger (2. Auflage)* und es ermöglicht Lernende der Mittelstufe, Koreanisch im Selbststudium zu lernen. Anders als das Buch für Anfänger jedoch wurde in diesem Buch für die Mittelstufe die sprachliche Vielfalt und Kommunikation betont. Da es wichtig ist, dass Lernende der Mittelstufe unter Beweis stellen, dass sie die Grammatik genau verstehen können, sie angemessen verwenden und zusammen in verschiedenen Situationen mit einem größeren Wortschatz verwenden, war in diesem Buch ein anderes Format nötig. Außerdem bin ich zu der Schlussfolgerung gekommen, dass Übungen für die Konversation, die am schwierigsten im Selbstudium zu üben ist, auch in einem Buch für die Mittelstufe verstärkt werden sollten.

Das Buch *Koreanisch leicht gemacht - Mittelstufe (2. Auflage)* besteht aus 15 Themen, denen Lernende im Alltag begegnen. In diesem Buch war es die Hauptaufgabe, Lernenden der Mittelstufe zu zeigen, wie Vokabeln und Grammatik in einem gegebenen Kontext verwendet werden können. Jedes Thema wurde in drei Gesprächssituationen aufbereitet und so aufgebaut, dass Wörter und Grammatik präsentiert, geübt und erweitert werden. Außerdem sind passend zum Thema und den dazu passenden Wortschatz und der Grammatik in Beispielsätze ergänzt. Zudem ist es wichtig, dass in der Mittelstufe Wörter in Netzen gelernt werden, in denen auch der Laut des sinokoreanischen Zeichens (Hanja) angegeben wird, um einzelne Wörter in ihrer Bedeutung besser zu verstehen. Zum Schluss wird ein Blick auf die koreanische Kultur geworfen, die sich im Wortschatz, der sich wiederum in Redewendungen, Slang und Umgangssprache, Kurzformen etc. wiederspiegelt.

Dieses Buch konnte nur mit Unterstützung und Ermutigung vieler Menschen ermöglicht werden. Zuerst möchte ich mich bei Julia Buchholz für die hervorragende Übersetzung und Katrin Maurer für das sehr gute Lektorat bedanken. Außerdem danke ich dem verstorbenen CEO von Darakwon, Kyu-do Chung für seine endlose Unterstützung bei der Veröffentlichung dieses Buches und der koreanischen Redaktion, die meine hohen inhaltlichen Anforderungen erfüllte und ein ausgezeichnetes Buch erstellten. Schließlich widme ich dieses Buch meiner Mutter, die mich immer unterstützt und nie vergisst, jeden Tag für mich neu zu beten und meinem verstorbenen Vater, der über die Veröffentlichung dieses Buches glücklicher als jeder andere wäre.

Oktober 2022

Seung-eun Oh

Arbeiten mit diesem Buch

Ziele

Jedes Kapitel beginnt mit einem Überblick über die sprachlichen Fertigkeiten, die die Lernenden am Ende des Kapitels anwenden können. Der Wortschatz, die Grammatik und die Endziele des Kapitels werden den Lernenden erklärt.

Grammatik

In diesem Abschnitt wird die Grammatik vorgestellt, die für die Anwendung der sprachlichen Fertigkeiten erforderlich ist. Jedes Kapitel besteht aus drei Dialogen und jeder Dialog führt zwei Grammatikthemen ein, sodass insgesamt sechs Grammatikthemen pro Kapitel behandelt werden.

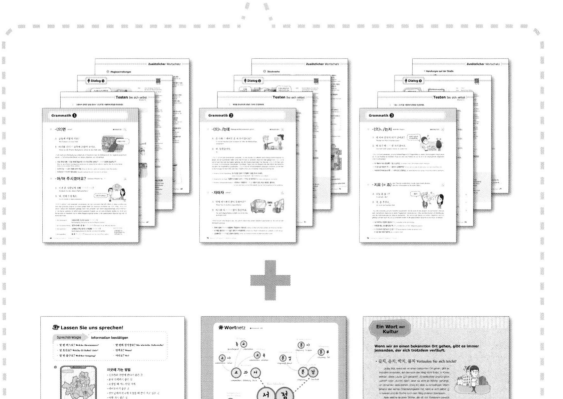

● Grammatik

Dieser Abschnitt verwendet Beispielsätze, um die Bedeutung und die Anwendung der Grammatikpunkte darzustellen. Durch Illustrationen in Kombination mit Beispielsätzen wird es leichter, die Dialoge, Situationen und die damit verbundene Grammatik intuitiv zu verstehen. Die Grammatikpunkte, die am Ende eines Satzes stehen, werden in solche aufgeteilt, die auf 1) -다 (z.B. -고 있다, -(으)려고 하다 usw.) enden und die die auf 2) -요 (z.B. -(으)시겠어요?, -지요, usw.) enden. Denken Sie daran, dass Grammatikpunkte, die auf -다 enden, sowohl in gesprochener Sprache als auch in der Schriftsprache verwendet werden können, während solche, die konjugiert werden und auf -요 enden, nur in der gesprochenen Sprache verwendet werden können.

Grammatikanhang

Weitere Informationen zu Grammatikmustern finden Sie im Grammatikanhang.

Konjugationstabellen

Der Grammatikanhang enthält Konjugationstabellen, die dabei helfen, die Konjugation der Verben zu beherrschen, nachdem die Verwendung und Bedeutung der Grammatikpunkte gelernt wurde. Die Grammatikpunkte sind nach den Grammatikendungen strukturiert; sie beginnen entweder mit einem Konsonanten oder Vokal und werden dann entweder an ein Verb oder Adjektiv gehängt; sie können zudem mit oder ohne Vergangenheitsform verwendet werden. Ein Stern (∗) wird hinzugefügt, um dem Lernenden zu helfen, unregelmäßige Verbkonjugationen zu identifizieren. Zwei Sterne (∗∗) werden verwendet, um Konjugationen zu identifizieren, die von Lernenden oft falsch konjugiert werden. Drei Sterne (∗∗∗) zeigen an, wie jeder Endvokal eines Stammes entsprechend der darauf folgenden Endung -아 oder -어 konjugiert wird.

Vorsicht

Achten Sie auf diese Hinweise zu häufigen Fehlern, die viele Lernende machen.

Frage

Achten Sie auf diese Anmerkungen zu nützlichen Wörtern oder Grammatikpunkten.

● Testen Sie sich selbst

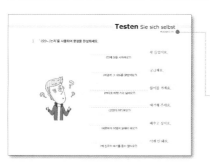

Lernende können sich zu den Grammatikpunkten selbst testen. Dieser Abschnitt verwendet die Grammatikpunkte in einer Vielzahl von Strukturen, um Lernenden zu helfen, deren Anwendung zu verstehen.

Lösungen

Die Lösungen werden im Anhang aufgelistet.

● Dialog

Der Kernwortschatz eines jeden Kapitels wird zusammen mit Illustrationen in Dialogen präsentiert. Die Dialoge sind länger als die in der Anfängerstufe und sind nicht zum Auswendiglernen gedacht, sondern dazu, diesen zu folgen und sich die Fertigkeiten zum Sprechen anzueignen.

Audio

Jeder Dialog kann mit dem QR-Code zur Audiodatei gehört werden, um den Lernenden die Aussprache und Intonation zu erleichtern.

Tipps

Dieser Abschnitt enthält zusätzliche Erläuterungen zu Grammatikpunkten, die im Dialog vorkommen, aber nicht zu den zentralen Grammatikpunkten gehören. Jedem Dialog sind zwei Tipps beigefügt.

Übersetzung

Jeder Dialog ist ins Deutsche übersetzt, um den Lernenden beim Verständnis zu helfen. Es handelt sich nicht um eine wortwörtliche Übersetzung, sondern um eine natürliche Übersetzung mit der jeweils erforderlichen wörtlichen Übersetzung in Klammern.

Neue Wörter

Die deutsche Übersetzung neuer Wörter, die in jedem Dialog gelernt werden, finden Sie im Anhang.

Neue Redewendngen

In diesem Abschnitt werden drei Redewendungen vorgestellt, die häufig von Koreanern verwendet werden. Die deutsche Übersetzung neuer Redewendungen finden Sie ebenfalls im Anhang.

● Zusätzlicher Wortschatz

Zusätzlicher Wortschatz, der thematisch zum Dialog der Lektion passt, wird entsprechend seiner Bedeutung gegliedert und vorgestellt, um den Lernenden beim Erweitern ihres Wortschatzes zu unterstützen. Konzentrieren Sie sich auf diesen Abschnitt, wenn Sie das im jeweiligen Kapitel Gelernte anwenden, um Ihren Wortschatz auszubauen und zu verbessern.

Wichtige Redewendngen

Achten Sie auf diese Notiz und beachten Sie diese wichtigen Redewendungen, um Ihren Wortschatz besser zu beherrschen.

● Lassen Sie uns sprechen!

Dieser Abschnitt soll den Lernenden helfen, in realen Dialogen mit der erlernten Grammatik und den Vokabeln zu interagieren. Die Lernenden werden ermutigt, diesen Abschnitt mit koreanischen Muttersprachlern oder anderen Koreanisch-Lernenden zu verwenden, um fließend freies Sprechen zu üben.

Sprechstrategie

Dieser Abschnitt enthält Ausdrücke, die für bestimmte Situationen relevant sind. Lernende sollten diese Ausdrücke üben, um sich natürliche Redewendungen anzueignen.

Neue Wörter

Jeder Abschnitt „Lassen Sie uns sprechen!" enthält neue koreanische Wörter mit deutschen Übersetzungen, die das Verständnis in realen Alltagsgesprächen erleichtern sollen.

● Wortnetz

Beim Wortnetz wird ein ausgewähltes sinokoreanisches Wort aus jedem Kapitel in seine Silben unterteilt und mit anderen sinokoreanischen Wörtern kombiniert, die die gleiche Silbe aufweisen, um das Verständnis zur Bedeutung sinokoreanischer Silben in bestimmten Wortzusammensetzungen zu erleichtern. Hier ist es nicht wichtig, tatsächlich das entsprechende Hanja (chinesisches Schriftzeichen) lesen oder schreiben zu können, sondern es sich zu merken und durch die hier vorgestellten Silben ein besseres Verständnis für die Bedeutungen der sinokoreanischen Wörter zu entwickeln. Auf diese Weise werden die chinesischen Schriftzeichen selbst nicht gezeigt, sondern nur deren Bedeutung. Im Anhang „Wortnetz Anhang mit Hanja" werden die sinokoreanischen Silben so aufgeführt, dass Lernende zwischen Silben unterscheiden lernen, die im Koreanischen zwar die gleiche Aussprache haben, aber sich aufgrund der Bedeutung ihrer chinesischen Schriftzeichen unterscheiden.

Sinokoreanische Silben, deren Aussprache sich verändert, werden mit Anmerkungen erklärt.

● Ein Wort zur Kultur

Dadurch, dass nicht nur Wörter, die im Wörterbuch nachgeschlagen werden können, sondern auch Redewendungen und umgangssprachliche Ausdrücke verwendet werden, können Lernende die koreanische Sprache durch eine kulturelle Brille sehen und verstehen.

Anhang

Grammatikanhang

In diesem Abschnitt werden die im gesamten Buch gelernten Grammatikpunkte genauer beschrieben.

Koreanische Konjugation

In diesem Abschnitt wird erläutert, was koreanische Konjugation ist und wie sie funktioniert, um Lernenden zu helfen, Koreanisch zu verstehen.

Konjugationstabellen

In diesem Abschnitt wird sowohl die regelmäßige, als auch unregelmäßige Konjugation von koreanischen Verben in einem klaren, übersichtlichen Format dargestellt.

Lösungen

Dieser Abschnitt bietet die Lösungen zu den Aufgaben aus dem Abschnitt „Testen Sie sich selbst".

Wortnetzanhang mit Hanja

Dieser Abschnitt enthält Hanja (chinesische Schriftzeichen) und ihre Bedeutung in sinokoreanischen Silben, die mit dem Wortnetz gelernt werden.

Neue Wörter & Neue Redewendungen

Dieser Abschnitt enthält die neuen Wörter und Redewendungen, die in den Dialogen gelernt werden.

Inhalt

Inhaltsverzeichnis

Zusätzlicher Wortschatz 2	Grammatik 3	Zusätzlicher Wortschatz 3	Lassen Sie uns sprechen	Sprech-strategie	Ein Wort zur Kultur
• Name • Berufe	• Rein koreanische Zahlen lesen • Die Partikel 의 für Besitz	• Geschwister • Geschwister der Eltern • Schwiegerfamilie • Jüngere Generation; Kinder	Über die Familie und sich selbst sprechen	Gemeinsamkeiten finden	Wen kann ich mit 언니 und 오빠 ansprechen?
• Tätigkeiten im Haushalt • Häufigkeit	• -(으) 후에/다음에: „nach" • -기 전에: „vor"	• Ausdrücke für Zeit • die Uhrzeit lesen • eine Handlung ausdrücken, die während eines bestimmten Zeitraums auftritt	Über tägliche Routinen sprechen	Mit anderen vergleichen	Englische Wörter im Koreanischen 컴퓨터하다 터프하다 에어컨 핸드폰
• Verabredungen: Aktive and passive Redwendungen • Verben mit dem Wort „Verabredung" • 잘못: einen Fehler ausdrücken • Adverbien für Zeitdauer	• -(으)니까: „weil" • -는 게: Strukturen mit -는 것 -는 게 어때요? „Wie wäre es…?" -는 게 좋겠어요 „Es wäre gut, zu…"	• zwei Bedeutungen von 뭐/누가/어디/언제 • die Bedeutungen von ähnlichen, zusammengesetzten Verben unterscheiden	Über die eigenen Gedanken zu einem Versprechen sprechen	Vage Ausdrücke	Redewendungen im Zusammenhang mit Warten: 눈이 빠지게 목이 빠지게 바람맞다 약속을 칼같이 지키다
• Stockwerk • auf einen Gegenstand in der Auslage hinweisen • einen Ort beschreiben	• -(으)ㄴ/는지: indirekte Fragen • -지요 (= 죠): eine Tatsache ausdrücken von der Sprechende glauben, dass die Zuhörenden sie für wahr halten.	• Handlungen auf der Straße	Beschreiben, wie man von einem Ort zum anderen kommt	Information bestätigen	Wenn wir an einen bekannten Ort gehen, gibt es immer jemanden, der sich trotzdem verläuft: 길치, 음치, 박치, 몸치 백수, 고수 술고래
• Gemüse • Obst • Fleisch • Meeresfrüchte • Fisch • Andere • Zustände von Zutaten	• -(으)ㄴ 적이 있다: „schon einmal gemacht haben" • -고 있다: „dabei sein, zu tun"	• Kochmethoden • Methoden de Nahrungsaufnahme/Essenmethoden • ein Restaurant beschreiben	Über seine Vorlieben beim Essen sprechen	Zustimmen	Geschmacks-richtungen beschreiben: 시원하다 느끼하다 고소하다
• Vergleich von Handlungen mit statischen Zuständen • statische Zustände beschreiben	• -(으)면 안 되다: „nicht dürfen" • -네요: Erkenntnis ausdrücken	• vor dem Finden einer Arbeit • Hanja Wortschatz im Zusammenhang mit Arbeit • typische Wörter am Arbeitsplatz	Nützliche Information zum Leben in Korea geben	Korea mit dem eigenen Land vergleichen	Koreanisches Kulturbewusstsein: 눈치가 없다 눈치를 채다 눈치를 보다
• Zustände einer Wohnung beschreiben	• -거든요: einen Grund nennen und betonen • -지 그래요?: sanft einen Vorschlag machen	• typische Probleme in der Wohnung	Über Vor- und Nachteile von Wohnraum sprechen	Korrigieren was man gesagt hat	Lassen Sie uns 방 (Raum) und 집 (Haus) lernen: 노래방, 찜질방, 만화방 꽃집, 빵집, 떡집, 술집, 고깃집

Kapitel	Thema	Ziele	Grammatik 1	Zusätzlicher Wortschatz 1	Grammatik 2
8	쇼핑 Einkaufen	• nach Produkten fragen und antworten • über die Vor- und Nachteile von Produkten sprechen • vergleichen • Produkte kaufen • Produktumtausch erfragen • Produktprobleme erklären • nach der Absicht des Zuhörenden fragen • Gründe für den Austausch von Produkten erklären • Rückgabe von Artikeln erklären	• -(으)ㄴ/는데: „aber"; kontrastierend • -는 동안에: „während"	• Produkte beschreiben	• -(으)니까: eine Realisation nach einer bestimmten Handlung ausdrücken • -(으)시겠어요?: „Würden Sie...?"
9	한국 생활 Leben in Korea	• das jetzige Korea mit dem Zeitpunkt vergleichen, als man zum letzten Mal da war • über Fehler sprechen • Gefühle ausdrücken • über Schwierigkeiten beim Lernen von Koreanisch sprechen • nach Rat fragen und Rat geben • über aktuelle Job- und Zukunftsziele sprechen	• -(으)ㄹ 때: „wenn", „als" • -겠-: das spekulative Suffix	• Redewendungen für Gefühle mit Hanja und 하다 • koreanische Redewendungen für Gefühle mit 하다 • Redewendungen für Gefühle gegenüber einer Person oder einem Gegenstand	• -아/어도: „selbst wenn", „obwohl" • -아/어지다: „werden", „mehr werden"
10	문제 Probleme	• Fragen zu Problemen stellen und antworten • um einen Gefallen bitten • einen Gefallen erweisen • Bedenken zum Wetter • neue Ideen vorschlagen • Verpflichtungen nennen • über Entscheidungen sprechen	• 반말: „Banmal" (informelle Sprache) • -(으)ㄴ/는데요?: nach mehr Details fragen	• Verben zum Benutzen von Gegenständen	• -(으)ㄹ 줄 알다: „können (und wissen wie)" • -(으)ㄹ까 봐: „Ich befürchte, dass…"
11	사람 Menschen	• das Auftreten von Personen beschreiben • über Übergänge und Zustandsänderungen sprechen • das Outfit von Personen beschreiben • vage Fragen formulieren • Informationen bestätigen • über Wünsche sprechen • über die Ziele eigener Handlungen sprechen	• -(으)ㄴ/는: Nomen mit Verben/ Adjektiven näher beschreiben • -아/어 보이다: „(Adjektiv) aussehen"	• Gesichtszüge • Haare • Körperbau und Alter • erste Eindrücke	• -(으)ㄹ까요?: vage Fragen stellen • -잖아요: Zuhörende an bekannte Tatsachen erinnern
12	건강 Gesundheit	• Nachrichten • gerade Gehörtes bestätigen • vage Vermutungen anstellen • vage Vermutungen machen • Gerüchte bestätigen • nach Personen fragen und Personen grüßen • Gründe für Verletzungen und Krankheiten erklären	• -다고 하다: indirekte Rede • -다고요?: „Haben Sie gesagt, (dass)…?"	• Körperteile • Verben mit Körperteilen	• -(으)ㄴ/는 것 같다: „scheinen" • -(으)ㄹ지도 모르다: „könnte"
13	관심사 Interessen	• über Pläne sprechen • Vorschläge machen • Sorgen ausdrücken • Ermutigen • Die eigene Meinung höflich ausdrücken • Rat geben	• -(으)ㄹ 테니까: „da (jemand) wahrscheinlich…", „(Ich) werde, also…" • -(으)ㄹ래요: „Ich möchte", „Ich will"	• Interessen	• -(으)ㄹ까 하다: „überlegen etwas zu tun", „darüber nachdenken etwas zu tun" • -(으)ㄹ수록: „je mehr…"
14	여행 Reisen	• Vermutungen anstellen • über Missverständnisse sprechen • über Reiseerinnerungen sprechen • zu Reiseerfahrungen fragen und darauf antworten • über gewohnheitsmäßige Handlungen sprechen • sich Entschuldigen • etwas bedauern	• -나 보다: „scheint zu sein" • -(으)ㄴ/는 줄 알았다 „gedacht haben, dass"	• Position einer Person identifizieren • Bei einem Foto auf etwas hinweisen • typische Beschreibungen eines Fotos	• -던: Attribut für Rückblicke • -곤 하다: „normalerweise machen", „früher etwas gemacht haben"
15	관계 Beziehungen	• Die eigenen Handlungen erklären • nach der Meinung fragen • jemanden für etwas Unerledigtes rügen • sich entschuldigen • sich offiziell entschuldigen • eine Bitte ablehnen • zukünftige Ereignisse vermuten • eine andere Person beschreiben	• -다가: „während…", „inmitten/bei" • -(으)ㄴ/는데도: „obwohl", „selbst wenn"	• Reservierungen vornehmen • Telefon benutzen	• -았/었어야지요: „Sie hätten … sollen" • -았/었어야 했는데: „hätte sollen…, aber…"

Zusätzlicher Wortschatz 2	Grammatik 3	Zusätzlicher Wortschatz 3	Lassen Sie uns sprechen	Sprech-strategie	Ein Wort zur Kultur
• Probleme mit Kleidung • Probleme mit Elektronik • Probleme mit Möbeln	• -(스)ㅂ니다: formelle Rede • -는 대로: „sobald"	• Verben im Zusammenhang mit Geld • Hanja zum Thema Geld • Zahlmethoden	Über Erfahrungen beim Shoppen sprechen	Überraschung ausdrücken	Ausdrücke beim Shoppen: 바가지 쓰다 대박 싸구려
• Redewendungen für Gefühle mit 나다 • Redewendungen für Emotionen mit 되다 • andere Redewendungen für Gefühle	• -(으)려고: „um zu", „damit" • -(으)려면: „wenn man die Absicht hat, zu…", „wenn man vorhat, zu"	• Nomen + 있다: „sein", „haben" • Nomen + 많다: „viel/etwas viel haben" • Nomen + 나다: „geben" • Nomen + 되다: „werden", „passieren" • Andere	Erfahrungen in Korea diskutieren	Auf die Gefühle von anderen reagieren	Von Koreanern häufig verwendete Interjektionen: 아이고! 깜짝이야! 맙소사! 세상에! 이야~!
• Wortschatz zum Wetter • Wetterbeschreibungen	• -아/어야지요: „Du/Sie solltest" • -아/어야겠다: „Ich sollte"	• typische Probleme	Rat zu einem Problem geben	Rat geben	Wann kann man 너 sagen?
• Kleidung tragen • Produkte beschreiben	• -았/었으면 좋겠다: „Ich wünsche, …", „Ich hoffe, …", „Es wäre schön, wenn" • -도록: „um zu", „damit"	• gegensätzliche Persönlichkeits-merkmale • andere Persönlich-keitsmerkmale	Jemanden vorstellen und persönliche Charaktereigenschaften ergänzen	Personen beschreiben	Lassen Sie uns einmal über Persönlichkeiten sprechen: 통이 크다 통이 작다 뒤끝이 있다 뒤끝이 없다
• Redewendungen mit 아프다 und Körperteilen • Redewendungen mit dem Hanja 통(Schmerzen) und Körperteilen • Redewendungen für Körperbeschwerden und Verletzungen mit dem Verb 나다 • Redewendungen mit 걸리다 oder 있다 zum Beschreiben bestimmter Bedingungen • Andere	• -다면서요?: „Ich habe gehört… Ist das wahr?" • -(으)ㄹ 뻔하다: „fast", „beinahe"	• Verletzungen • Gründe für Verletzungen • Verletzungen oder Krankheiten behandeln • Arten von Medizin	Über Krankheiten, Verletzungen und Gesundheit sprechen	Seine Meinung indirekt ausdrücken	Redewendungen mit dem Körperteil 애: 애타다 애태우다 애쓰다 애먹다
• Gegensatzpaare von Adverbien • geläufige Redewendungen	• -기는 하지만: „Es ist… zwar, aber" • -군요: Realisation und Verständnis einer neu gelernten Tatsache ausdrücken	• Beschreibungen von Kreisdiagrammen • Maße vergleichen • Grafiken lesen	Über Hobbies und Interessen sprechen	Sich an Informationen erinnern	Lassen Sie uns über Leute sprechen: 괴짜, 왕따, 컴맹, 몸짱
• für Ausflüge packen • Reisevorbereitungen • Reiseziele • Reisedauer • Arten von Ausflügen • Reiseausgaben	• -느라고: „weil ich zu dem Zeitpunkt… tat" • -(으)ㄹ 걸 그랬다: „hätte sollen"	• adverbiale Redewendungen • Reisethemen	Über Reiseer-fahrungen sprechen	Beim Sprechen zögern	Lassen Sie uns über Essen reden: 파전, 막걸리, 김밥, 짜장면, 치맥
• 받다: Verstecktes Passiv	• -(으)ㄹ 텐데: Vermutung, Hoffnung, hypothetische Situationen ausdrücken: „wird wahrscheinlich…", „Ich hoffe", „Ich wünsche" • -(으)려면 참이다: „vorhaben, zu tun", „wollte gerade"	• Dialoge beschreiben	Über soziale Interaktionen diskutieren	Zustimmen und Widersprechen	Lassen Sie uns ein paar Abkürzungen lernen: 남친, 여친, 샘, 알바, 화욜

Hauptfiguren

진수 Jinsu

Koreaner

Student kurz vor seinem Abschluss, besorgt um seine Karriere, Kommilitone von Rina

리나 Rina

Koreanerin

Studentin, sehr interessiert an internationaler Kultur, Kommilitonin von Jinsu

마크 Mark

Amerikaner

Austauschstudent mit Koreanistik als Hauptfach, sehr interessiert an der koreanischen Kultur

새라 Sarah

Amerikanerin mit koreanischen Wurzeln

Lernt Koreanisch, um mit ihren koreanischen Verwandten sprechen zu können, Freundin von Mark

케빈 Kevin

Australier

Englischlehrer an einer koreanischen Grundschule, arbeitet, während er Koreanisch lernt

유키 Yuki

Japanerin

Mag koreanische Serien und Songs, hat Koreanischlernen aus Interesse angefangen

웨이 Wei

Singapurer

Arbeitet bei einem koreanischen Unternehmen mit Koreanern, Freund von Ling Ling, Kollege von Minho

링링 Ling Ling

Chinesin

Austauschstudentin, die nach Korea gekommen ist, um eine koreanische Hochschule zu besuchen, Freundin von Wei

민호 Minho

Koreaner

Angestellter bei einer Handelsfirma, Kollege von Wei

Kapitel **01**

첫 만남

Jemanden zum ersten Mal treffen

Ziele   · Treffen und Grüßen

· nach der Heimat und der Länge des Aufenthalts fragen

· über die eigenen Ziele in Korea sprechen

· über das Leben in Korea sprechen

· nach dem Beruf und Kontaktdaten fragen und darauf antworten

· über die eigene Familie sprechen

· über Altersunterschiede sprechen

Grammatik   ❶ Fragewörter

-(으)ㄴ 지 „Es ist (Zeitdauer) her, dass", „seit"

❷ -지만 „aber"

-(으)러 „um zu/damit"

❸ Rein koreanische Zahlen lesen

Die Partikel 의 für Besitz

Grammatik ➊

Fragewörter

▶ Anhang S. 258

A 어디에서 왔어요?
Woher kommst du?

B 미국에서 왔어요.
Ich komme aus den USA.

Im Deutschen kann man anhand der Wortstellung die grammatische Funktion eines Wortes erkennen (Subjekt, Objekt, usw.) Aber im Koreanischen wird die grammatische Funktion mit Partikeln (이/가, 을/를, 에/에서, usw.) gekennzeichnet. Wie am Beispiel oben ersichtlich wird, ändert sich die Wortstellung bei Fragen im Koreanischen nicht, sondern es werden nur Partikeln und Fragewörter Ergänzt. Im Beispiel unten, wo gefragt wird, wen Jinsu trifft, wird die Partikel 를 an 누구 ergänzt und das daraus resultierende 누구를 steht nicht am Satzanfang, sondern an der gleichen Stelle wie in dem Aussagesatz.

- A 진수가 누구를 만나요? Wen trifft Jinsu?
  B 진수가 친구를 만나요. Jinsu trifft einen Freund.

- A 누구한테서 그 얘기를 들었어요? Von wem haben Sie diese Geschichte gehört?
  B 친구한테서 그 얘기를 들었어요. Ich habe die Geschichte von einem Freund gehört.

-(으)ㄴ 지 „Es ist (Zeitdauer) her, dass", „seit"

▶ Anhang S. 259 KT S. 306

A 한국어 공부를 시작한 지 얼마나 됐어요?
Seit wann lernst du Koreanisch? (wtl. Wie lange ist es her, dass du damit angefangen hast, Koreanisch zu lernen?)

B 6개월 됐어요.
Seit 6 Monaten. (wtl: Es sind 6 Monate.)

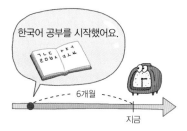

-(으)ㄴ 지 wird verwendet, um auszudrücken, seit wann eine Handlung oder Situation andauert oder wie lange ein Ereignis her ist. -(으)ㄴ 지 wird an den Stamm von Verben gehängt. Wenn gefragt wird wie viel Zeit vergangen ist, wird 얼마나 in der Frage verwendet.

- 그 친구를 만난 지 꽤 됐어요. Es ist schon eine Weile her, dass ich diesen Freund getroffen habe.
- A 진수를 안 지 얼마나 됐어요? Wie lange kennst schon Jinsu?
  B 2년쯤 됐어요. Es sind ungefähr 2 Jahre.
- 밥 먹은 지 1시간도 안 됐어요. 그런데 배고파요.
  Es ist noch nicht eine Stunde vergangen, dass ich etwas gegessen habe. Aber ich habe Hunger.

1 알맞은 답을 고르세요.

(1) ⓐ 어디에 / ⓑ 어디에서 왔어요?

(2) 이 가방이 ⓐ 누가 / ⓑ 누구 거예요?

(3) 이 음식 중에서 ⓐ 뭐가 / ⓑ 뭐를 제일 좋아해요?

(4) 이번에 ⓐ 누가 / ⓑ 누구 승진했어요?

(5) 어제 ⓐ 누구를 / ⓑ 누구한테 도와줬어요?

(6) 친구들이 ⓐ 어디에 / ⓑ 어디에서 기다려요?

(7) 그 사람은 성격이 ⓐ 어떤 / ⓑ 어느 사람이에요?

(8) 좋아하는 음식이 ⓐ 뭐예요? / ⓑ 뭐 있어요?

2 대화를 완성하세요.

(1) A 회사까지 시간이 _____ 걸려요?

   B 1시간 넘게 걸려요.

(2) A 그 사실을 _____ 알았어요?

   B 친구한테서 들었어요.

(3) A _____ 전화했어요?

   B 회사 동료가 전화했어요.

(4) A 한국 생활이 _____?

   B 재미있어요.

(5) A _____ 늦게 일어났어요?

   B 어젯밤에 늦게 자서 늦게 일어났어요.

(6) A 월세가 _____?

   B 50만 원이 조금 안 돼요.

3 다음에서 알맞은 답을 골라서 '-(으)ㄴ 지'를 사용하여 문장을 완성하세요.

다니다	기다리다	먹다	살다

(1) 그 사람의 소식을 _____ 한참 됐어요. 그런데 아직 연락도 없어요.

(2) 밥을 _____ 얼마 안 됐어요. 그래서 지금 배 안 고파요.

(3) 이 집에 _____ 오래 됐어요. 그래서 이웃들을 잘 알아요.

(4) 이 회사에 _____ 한 달밖에 안 됐어요. 그래서 회사에 대해 아직 잘 몰라요.

Track 01

한국에 온 지 얼마나 되셨어요?

1년 됐어요.

리나	안녕하세요? 저는 리나예요. 이름이 어떻게 되세요?
마크	마크예요. 여기 학생이세요?
리나	네, 지난달부터 여기에서 공부해요. 만나서 반가워요.
마크	저도 만나서 반가워요.
리나	마크 씨는 어디에서 오셨어요?
마크	미국에서 왔어요.
리나	미국 어디에서 오셨어요?
마크	뉴저지에서 왔어요.
리나	뉴저지요?
마크	뉴욕 알죠? 뉴저지는 뉴욕 시의 서쪽에 있어요.
리나	그래요? 한국에 온 지 얼마나 되셨어요?
마크	1년 됐어요.
리나	그렇군요. 우리 앞으로 잘 지내요.
마크	네, 잘 지내 봐요.

Rina	Hallo. Ich heiße Rina. Wie heißt du?
Mark	Ich heiße Mark. Bist du hier Studentin?
Rina	Ja. Ich studiere seit letztem Monat hier. Freut mich, dich kennenzulernen.
Mark	Freut mich ebenfalls.
Rina	Woher kommst du, Mark?
Mark	Ich komme aus den USA.
Rina	Wo aus den USA kommst du her?
Mark	Ich komme aus New Jersey.
Rina	New Jersey?
Mark	Du weißt doch, wo New York ist, oder? New Jersey liegt westlich von New York City.
Rina	Ah, ist das so? Wie lange ist es her, dass du nach Korea gekommen bist?
Mark	Es ist ein Jahr her.
Rina	Aha. Ich freue mich, dich bald wieder zu sehen. (wtl. Lass uns von nun an gut miteinander auskommen.)
Mark	Ich freue mich auch, dich bald wieder zu sehen.

Neue Wörter ▸ S. 325

지난달 | 반갑다 | 시 | 서쪽 | 얼마나 | 앞으로 | 지내다

Neue Redewendungen ▸ S. 325

- 만나서 반가워요.
- 그렇군요.
- 우리 앞으로 잘 지내요.

🔍 Tipps

1 Weglassen des Subjekts

Wie in diesem Gespräch gibt es im Koreanischen viele Fälle, in denen das Subjekt weggelassen wird, wenn aus dem Kontext hervorgeht, wer oder was das Subjekt ist. Das Auslassen des Subjekts ist besonders in gesprochenen Texten natürlich. Auch in diesem Gespräch werden „ich" und „du" weggelassen, denn in Frage-Antwort-Gesprächen ist klar, dass das Subjekt „du" für die Frage und „ich" für die Antwort ist.

- 마크 **(리나 씨는)** 점심을 뭐 먹었어요?
  (Rina), haben Sie zu Mittag gegessen?
- 리나 **(저는)** 냉면을 먹었어요.
  (Ich) habe Naengmyeon gegessen.

2 Honorative Frage

Wenn man jemanden nach persönlichen Informationen wie zum Beispiel den Namen, der Familie, Alter, Hobbies, Kontaktinformationen etc. in höflich formeller Form fragt, wird die Partikel 이/가 an das Nomen ergänzt und die Redewendung 어떻게 되세요? Folgt.

- 취미가 뭐예요? Was ist ihr Hobby?
  → 취미가 **어떻게 되세요?**
- 연락처가 몇 번이에요? Wie ist Ihre Adresse?
  → 연락처가 **어떻게 되세요?**
- 나이가 몇 살이에요? Wie alt sind Sie?
  → 나이가 **어떻게 되세요?**

1 Nationalität & Hintergrundinformationen

1. 국적 Nationalität

[Ländername + 사람/인 für Person]: Die Nationalität wird mit 사람 oder 인 nach dem Ländernamen ausgedrückt.

동양인
Asiate/
Asiatin

- 한국인 Koreaner*in
- 중국인 Chinese/Chinesin
- 일본인 Japaner*in
- 태국인 Thailänder*in

서양인
Person aus
dem Westen

- 미국인 Amerikaner*in
- 영국인 Brite/Britin
- 독일인 Deutsche*r
- 프랑스인 Franzose/Französin

2. 배경 Hintergrund

- 태어나다 geboren werden
- 자라다 aufwachsen
- 이민 가다 auswandern
- 교포 „Kyopo", Koreaner, die im Ausland leben
- 혼혈 Person mit gemischter Herkunft
- 입양되다 adoptiert sein

영국에서 태어났어요. Ich bin in Großbritannien geboren worden.

호주에서 자랐어요. Ich bin Auslandskoreaner.

6살 때 미국으로 이민 갔어요. Ich bin mit 6 Jahren in die USA ausgewandert.

저는 교포예요. 부모님이 모두 한국인이에요.
Ich bin ein im Ausland lebender Koreaner. Meine Eltern sind beide Koreaner.

저는 혼혈이에요. 아빠가 프랑스 사람이고 엄마가 태국 사람이에요.
Ich bin gemischter Herkunft. Mein Vater ist Franzose und meine Mutter ist Thailänderin.

4살 때 입양됐어요. Ich wurde mit 4 Jahren adoptiert.

2 Himmelsrichtungen

1. 동 Ost, 서 West, 남 Süd, 북 Nord

- 동유럽 Osteuropa
- 서유럽 Westeuropa
- 남미 Südamerika
- 북극 Nordpol

- 동북아시아 Nordostasien
- 동남아시아 Südostasien
- 중앙아시아 Zentralasien
- 중동 Mittlerer Osten

2. Größere Regionen

북부 지방 Norden
서부 지방 Westen
중부 지방 Zentral
동부 지방 Osten
남부 지방 Süden

3. Orte

도시 Stadt

교외 Vorort

시골 Land

국경 Grenze
경계선 Grenzlinie

- 우리 집은 남산 북쪽에 있어요. Meine Wohnung ist nördlich vom Namsan.
- 저는 미국의 동부에서 왔어요. Ich bin aus dem Osten der USA.
- 저는 시골에서 태어났지만 지금은 도시에서 살아요.
  Ich bin zwar auf dem Land aufgewachsen, aber jetzt lebe ich in der Stadt.
- 우리 집은 미국하고 캐나다 국경 지역에 있어요.
  Unser Haus ist an der Grenze zwischen den USA und Kanada.

⋅ᗕᓯᗒ⋅ Wichtige Redwendungen

- 저는 서울 출신이에요.
  Meine Heimatstadt ist Seoul.
- 홍대 근처에 살아요.
  Ich lebe in der Nähe von Hongdae.

Grammatik ❷

지만 „aber"

KT
S. 298

A 날씨가 어때요?
Wie ist das Wetter?

B 집 밖은 덥지만 집 안은 시원해요.
Außerhalb der Wohnung ist es heiß,
aber innerhalb der Wohnung ist es kühl.

-지만 wird verwendet, um zwei Sätze zu verbinden, die einen Gegensatz ausdrücken. -지만 wird an den Stamm von Verben, Adjektiven und 이다 gehängt. -았/었- oder -겠- können vor der Endung -지만 ergänzt werden. Wie im Beispiel oben kann die Partikel 은/는 zusammen benutzt werden, um einen Gegensatz (밖 und 안) anzuzeigen. -지만 wird auch verwendet um ein Thema umständlich einzuführen.

- 이 음식은 비싸지만 맛이 없어요. Dieses Essen ist zwar teuer, aber es schmeckt nicht.
  (= 이 음식은 비싸요. 하지만 맛이 없어요.)
- 친구를 만났지만 오래 얘기하지 못했어요.
  Ich habe eine Freundin getroffen, aber wir konnten uns nicht lange unterhalten.
- 이 얘기를 하면 놀라겠지만 말할게요.
  Wenn ich diese Geschichte erzähle, werden Sie erstaunt sein, aber ich werde sie dennoch erzählen.
- 죄송하지만, 길 좀 가르쳐 주세요. Entschuldigung, aber können Sie mir bitte den Weg erklären?

-(으)러 „um zu/damit"

▶ Anhang S. 260
KT
S. 306

A 왜 한국에 왔어요?
Warum sind Sie nach Korea gekommen?

B 일하러 왔어요.
Ich bin gekommen, um zu arbeiten.

-(으)러 wird mit Bewegungsverben wie 가다, 오다 und 다니다 verwendet und drückt den Zweck der Bewegung aus. -(으)러 wird an den Verbstamm gehängt, um den Zweck auszudrücken. An das Ziel der Bewegung wird die Partikel 에 ergänzt und kann vor oder nach -(으)러 stehen.

- 우리 집에 집을 구경하러 한번 오세요. Kommen Sie einmal zu uns, um die Wohnung anzusehen.
- 다음 주에 친구 만나러 제주도에 갈 거예요. Nächste Woche gehe ich auf die Insel Jeju, um meine Freunde zu treffen.
- 어제 저녁 먹으러 친구 집에 갔어요. Gestern Abend bin ich zu einer Freundin nach Hause, um dort zu essen.

1 알맞은 답을 고르세요.

(1) 음식을 많이 먹었지만 ⓐ 배불러요. / ⓑ 배고파요.

(2) 저 사람은 부자지만 돈을 ⓐ 많이 써요. / ⓑ 안 써요.

(3) 이 건물은 오래됐지만 시설이 ⓐ 좋아요. / ⓑ 나빠요.

(4) 많이 아프지 않지만 병원에 ⓐ 갔어요. / ⓑ 안 갔어요.

(5) 여행을 떠나고 싶지만 돈이 ⓐ 많아요. / ⓑ 없어요.

(6) 그 친구를 자주 만나지 않지만 저하고 정말 ⓐ 친해요. / ⓑ 안 친해요.

2 '-지만'을 사용하여 대화를 완성하세요.

(1) A 일이 어려워요?

　　B 네, 일은 ＿＿＿＿＿＿＿＿＿ 재미있어요.

(2) A 열이 있어요?

　　B 아니요, 열은 ＿＿＿＿＿＿＿＿＿ 콧물이 나요.

(3) A 숙제 다 했어요?

　　B 네, 숙제는 다 ＿＿＿＿＿＿＿＿＿ 집에 놓고 왔어요.

(4) A 그 영화가 재미있었어요?

　　B 아니요, 영화는 ＿＿＿＿＿＿＿＿＿ 배우 연기가 좋았어요.

3 다음에서 알맞은 답을 골라서 '-(으)러'를 사용하여 문장을 완성하세요.

밥을 먹다	영화를 보다	약을 사다
선물을 찾다	친구를 만나다	음료수를 사다

(1) 내일부터 새 영화가 시작해요. ＿＿＿＿＿＿＿＿＿ 영화관에 같이 가요!

(2) 아침을 못 먹었어요. 그래서 ＿＿＿＿＿＿＿＿＿ 식당에 가는 중이에요.

(3) 목이 말라요. 그래서 편의점에 ＿＿＿＿＿＿＿＿＿ 가요.

(4) 내일 친구 생일이에요. 그래서 ＿＿＿＿＿＿＿＿＿ 밖에 나갔어요.

(5) 친구가 한국에 왔어요. 그래서 ＿＿＿＿＿＿＿＿＿ 공항에 마중 나갔어요.

(6) 아침부터 머리가 아팠어요. 그래서 ＿＿＿＿＿＿＿＿＿ 약국에 갔어요.

유키   케빈 씨, 왜 한국에 오셨어요?

케빈   일하러 왔어요.

유키   무슨 일 하세요?

케빈   한국 사람한테 영어를 가르쳐요.

유키   그러세요? 일은 재미있으세요?

케빈   네, 재미있어요.

유키   한국 생활은 어떠세요?

케빈   언어 때문에 조금 힘들지만 재미있어요.

유키   한국어 공부는 시작한 지 얼마나 되셨어요?

케빈   1년 됐지만 아직 잘 못해요.

유키   잘하시는데요.
       연락처가 어떻게 되세요?
       (während sie diese im Handy speichert)

케빈   010-4685-9234예요.

유키   이름을 이렇게 써요?

케빈   네, 맞아요.

Yuki	Kevin, warum sind Sie nach Korea gekommen?
Kevin	Um zu arbeiten.
Yuki	Was machen Sie beruflich?
Kevin	Ich bringe Koreanern Englisch bei.
Yuki	Wirklich? Macht Ihnen die Arbeit Spaß?
Kevin	Ja, sie macht mir Spaß.
Yuki	Wie ist das Leben in Korea?
Kevin	Wegen der Sprache ist es ein bisschen schwierig, aber es macht Spaß.
Yuki	Wie lange lernen Sie schon Koreanisch?
Kevin	Seit einem Jahr, aber ich kann noch nicht gut sprechen.
Yuki	Sie sprechen aber sehr gut. Wie lautet Ihre Telefonnummer (wtl. Kontaktinformation)? *(während sie diese im Handy speichert)*
Kevin	Sie lautet 010-4685-9234.
Yuki	Wird Ihr Name so geschrieben?
Kevin	Ja, das ist richtig.

Neue Wörter ▶S. 325

가르치다 | 생활 | 언어 | 때문에 | 힘들다 | 아직 | 못하다 | 잘하다 | 연락처

Neue Redewendungen ▶S. 325

• 무슨 일 하세요?
• 한국 생활은 어떠세요?
• 아직 잘 못해요.

🔍 Tipps

1 Die Partikel 한테

Im Koreanischen unterscheiden sich grammatische Partikeln je nachdem, ob sie an belebte oder unbelebte Nomen ergänzt werden. Selbst bei demselben belebten Nomen kann sich die Partikel unterscheiden, je nachdem, ob es sich um formelle oder informelle Sprache handelt.

• 한테 [belebtes Nomen, informell]:
  가족**한테** 편지를 썼어요. Ich habe der Familie einen Brief geschrieben.

• 에게 [belebtes Nomen, formell]:
  회사 사람들**에게** 인사했습니다. Ich habe Arbeitskollegen gegrüßt.

• 에 [unbelebtes Nomen]:
  사무실**에** 전화했어요. Ich habe bei dem Büro angerufen.

2 Die Topikpartikel 은/는

Die Partikel 은/는 folgt dem Thema, das gerade diskutiert wird, oder einem neuen Thema, zu dem das Gespräch wechselt. 은/는 spielt die Rolle des „Verweises" auf das Thema, das gerade diskutiert wird. 은/는 wird auch verwendet, um sich selbst, eine andere Person oder einen Gegenstand als Gesprächsthema vorzustellen. In diesem Gespräch wird 은/는 nach jedem Gesprächswechsel verwendet (일, 한국 생활, 한국어 공부).

1 Name

1. 성 (Familienname) und 이름 (Vorname)

Im Allgemeinen bestehen koreanische Namen wie im Beispiel 1 aus drei Silben, wobei die erste Silbe der Familienname und die folgenden beiden der Vorname sind. Gelegentlich gibt es auch Namen, die aus einem jeweils einsilbigen Vor- und Nachnamen bestehen wie in Beispiel 2, oder aus einem zweisilbigen Nachnamen mit einem einsilbigen Vornamen wie im Beispiel 3.

2. Die Aussprache von Namen

(1) Wenn Sie sich darüber im Unklaren sind, aus welchen Buchstaben die Silben des Namens einer Person zusammengesetzt sind, z.B. in den Silben 전 und 정

① Beziehen Sie sich auf den unteren Buchstaben und sagen Sie „받침이 '니은'이에요."

② Beziehen Sie sich auf den Buchstaben wie im Beispiel und sagen Sie „'전화'할 때 '전' (wtl. 전 wie in 전화)이에요."

(2) Wenn Sie sich darüber im Unklaren sind, ob es sich um ein ‚ㅐ' oder ‚ㅔ' handelt, wie z.B. 재 und 제

 Sprechen Sie ‚ㅐ' wie „아이".

 Sprechen Sie ‚ㅔ' wie „어이".

2 Berufe

Folgende sinokoreanische Suffixe werden für viele Berufe verwendet.

OO사
Für von der Gesellschaft respektierte Berufe

교사 Lehrer*in, 의사 Arzt/Ärztin, 수의사 Tierarzt/-ärztin, 간호사 Krankenpfleger*in, 약사 Apotheker*in, 변호사 Rechtsanwalt/-anwältin, 회계사 Buchhalter*in, 요리사 Koch/Köchin

OO원
Für allgemeine, unspezialisierte Berufe

회사원 Angestellter/Angestelle, 공무원 Beamte/Beamtin, 연구원 Forscher*in, 은행원 Bankkaufmann/-frau

OO가
Für Berufe, die auf eine bestimmte Kunst oder eine bestimmte Kompetenz verweisen z.B. einen Handwerker

음악가 Musiker*in, 작곡가 Komponist*in, 작가 Autor*in, 화가 Maler*in, 예술가 Künstler*in, 사업가 Unternehmer*in

OO관
Für Berufe in der Verwaltung, die für das Land arbeiten

경찰관 Polizist*in, 소방관 Feuerwehrmann/-frau

OO 직원
Bezieht sich auf Mitarbeiter, die an einem bestimmten Ort oder in einem bestimmten Bereich arbeiten

식당 직원 Restaurantmitarbeiter*in
대사관 직원 Botschaftsangestellter/ -angestelle

기타 Andere

배우 Schauspieler*in, 가수 Sänger*in, 운동선수 Athlet*in, 군인 Soldat*in, 정치인 Politiker*in, 기자 Journalist*in

Wichtige Redewendungen

• (회사명)에 다녀요.
  Ich arbeite bei (Firma XY).
• (지역명) 지사에서 일해요.
  Ich arbeite in der Niederlassung (Ortsangabe).

Grammatik ❸

Rein koreanische Zahlen lesen

▶ Anhang S. 260

A 나이가 몇 살이에요?
　Wie alt bist du?

B 스물한 살이에요.
　Ich bin 21.

스물한 살이에요.

Im koreanischen Zahlensystem gibt es sinokoreanische und rein koreanische Zahlen. Wenn gezählt wird, wird das rein koreanische System verwendet. Das Zählwort hängt vom Nomen ab, das gezählt wird. Wenn man das Alter ausdrückt, werden die folgenden rein koreanischen Zahlen mit 살 verwendet, mit der Ausnahme der Zahlen von 1 bis 4 sowie 20. In der gesprochenen Sprache wird manchmal 살 nach Alter über 40 oder 50 weggelassen.

1	2	3	4	5	6	7	8	9	10
하나	둘	셋	넷	다섯	여섯	일곱	여덟	아홉	열

11	12	13	14	15	16	17	18	19	20
열하나	열둘	열셋	열넷	열다섯	열여섯	열일곱	열여덟	열아홉	스물

10	20	30	40	50	60	70	80	90	100
열	스물	서른	마흔	쉰	예순	일흔	여든	아흔	백

- 아버지는 예순다섯 살이고 어머니는 쉰일곱 살이에요. Mein Vater ist 65 Jahre und meine Mutter ist 57 Jahre alt.
- 동생하고 세 살 차이가 나요. Mein jüngerer Bruder/Meine jüngere Schwester und ich sind drei Jahre auseinander.
- 선생님의 실제 나이는 마흔이 넘었어요. Das tatsächliche Alter der Lehrerin ist über 40 Jahre.

Die Partikel 의 für Besitz

▶ Anhang S. 261

A 친구의 회사가 어디에 있어요?
　Wo ist die Firma Ihres Freundes?

B 시청 근처에 있어요.
　Sie ist in der Nähe vom Rathaus.

시청

Die Partikel 의 wird zwischen Nomen verwendet, um eine Possessivbeziehung auszudrücken. Das Subjekt steht vor 의, das, was von ihm besitzt wird, steht danach. 의 wird in der Regel schriftlich verwendet und in der gesprochenen Sprache weggelassen. Beim Lesen der Possessiv-partikel 의 ist die Aussprache oft [에]. Wenn der Partikel ein Pronomen folgt, wird sie fast immer zu einer verkürzten Form.

- 친구의 부탁(= 친구 부탁)을 거절 못 했어요. Ich konnte die Bitte meines Freundes nicht ablehnen.
- 선생님의 전화(= 선생님 전화)를 못 받았어요. Ich habe den Anruf meiner Lehrerin nicht erhalten.
- 혹시 저의 안경(= 제 안경)을 못 보셨어요? Du hast nicht zufällig meine Brille gesehen?

1 알맞은 답을 고르세요.

(1) 시골에 2번 (ⓐ 이 번 / ⓑ 두 번) 갔다 왔어요.

(2) 제 사무실은 7층 (ⓐ 칠 층 / ⓑ 일곱 층) 에 있어요.

(3) 학교에서 집까지 1시간 (ⓐ 일 시간 / ⓑ 한 시간) 걸려요.

(4) 우리 아들은 올해 5살 (ⓐ 오 살 / ⓑ 다섯 살) 이에요.

(5) 1달 (ⓐ 일 달 / ⓑ 한 달) 전에 한국에 처음 왔어요.

(6) 6개월 (ⓐ 육 개월 / ⓑ 여섯 개월) 후에 고향에 돌아갈 거예요.

2 다음에서 알맞은 답을 골라서 문장을 완성하세요.

곡	마디	마리	군데

(1) 우리 집에는 개가 세 (   )이/가 있어요.

(2) 노래방에서 노래 두 (   )을/를 불렀어요.

(3) 그 사람에게 말 한 (   )도 하지 마세요.

(4) 오늘 친구의 선물을 사러 가게를 세 (   ) 갔어요.

3 그림을 보고 보기 와 같이 문장을 완성하세요.

잔	장	개	봉지	켤레	상자

보기 사과 __한 개__ 이/가 있어요.

(1) 커피 _____ 을/를 주문했어요.

(2) 표 _____ 을/를 예매했어요.

(3) 신발 _____ 밖에 없어요.

(4) 사과 _____ 을/를 사 왔어요.

(5) 포도 _____ 을/를 선물로 보냈어요.

Jinsu	Ist das ein Foto deiner Familie?
Sarah	Ja, es ist ein Foto meiner Familie.
Jinsu	Wie viele Familienmitglieder hast du?
Sarah	Meine Großmutter, meine Eltern, mein älterer Bruder, mein jüngerer Bruder und ich, also sechs Personen.
Jinsu	Was macht dein Bruder zur Zeit beruflich?
Sarah	Er ist Angestellter bei der Firma seines Freundes.
Jinsu	Wirklich? Wie viele Jahre liegen zwischen dir und deinem älteren Bruder?
Sarah	Wir sind drei Jahre auseinander.
Jinsu	Und dein jüngerer Bruder?
Sarah	Mein jüngerer Bruder ist zwei Jahre jünger als ich.
Jinsu	Abgesehen von dir, lebt der Rest deiner Familie zusammen?
Sarah	Nein, wir leben alle getrennt (wtl. getrennt an verschiedenen Orten). Meine Oma und meine Eltern leben in Seattle. Mein älterer Bruder wohnt wegen der Arbeit in Chicago und mein jüngerer Bruder wegen der Schule in Boston.

진수 이거 새라 씨의 가족 사진이에요?

새라 네, 제 가족 사진이에요.

진수 가족이 모두 몇 명이에요?

새라 할머니하고 부모님, 오빠, 남동생, 그리고 저, 여섯 명이에요.

진수 오빠는 지금 무슨 일 하세요?

새라 회사원인데 친구의 회사에서 일해요.

진수 그래요? 오빠하고 나이가 몇 살 차이가 나요?

새라 3살 차이가 나요.

진수 동생은요?

새라 동생은 저보다 두 살 어려요.

진수 새라 씨 빼고 다른 가족들이 함께 살아요?

새라 아니요, 여기저기 떨어져 살아요. 할머니하고 부모님은 시애틀에 사세요. 오빠는 일 때문에 시카고에 살아요. 동생은 학교 때문에 보스톤에 살아요.

Neue Wörter ▸ S. 325

이거 | 모두 | (나이) 차이가 나다 | 빼고 | 함께 | 여기저기 | 떨어져 살다

Neue Redewendungen ▸ S. 325

• 가족이 모두 몇 명이에요?
• 오빠하고 나이가 세 살 차이가 나요.
• 여기저기 떨어져 살아요.

Tipps

① Nomen + 인데

Um ein Nomen detaillierter zu beschreiben, wird 인데 an das Nomen gehängt. Spezifische Informationen können nach 인데 gegeben werden. Beim Vorstellen einer Person zum Beispiel wird 인데 nach dem Namen, dem Beruf oder der Nationalität der Person verwendet, woraufhin dann detailliertere Informationen folgen.

• 이곳은 인사동**인데**, 외국인이 기념품을 사러 많이 가요.
   Dieser Ort ist Insadong, und viele Ausländer kommen hierher, um Souverniers zu kaufen.

• 이분은 우리 이모**인데**, 지금 대학교에서 일하세요.
   Diese Person ist meine Tante, und sie arbeitet jetzt an der Universität.

② Das Pluralsuffix 들

Im Koreanischen wird das Suffix 들 an Nomen (wie zum Beispiel 친구들) gehängt, um eine Mehrzahl auszudrücken. Aber weil 들 in der Regel auf zählbare und echte, belebte Nomen beschränkt ist, wird es nicht mit unbelebten Nomen verwendet.

• 학생**들**이 **가방**을 2개씩 들었어요.
   Die Schüler trugen jeweils 2 Taschen.

   가방들을 (X)

① Geschwister

Je nachdem, ob die sprechende Person männlich oder weiblich ist unterschiedet sich, wie Geschwister angesprochen werden.

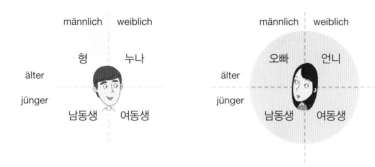

männlich weiblich

형 누나

älter

jünger

남동생 여동생

männlich weiblich

오빠 언니

älter

jünger

남동생 여동생

• 형제: 형과 남동생
  자매: 언니와 여동생

• Bei zwei älteren Brüdern (für einen Mann):
  큰형 ältester Bruder,
  작은형 großer Bruder,

• Bei drei oder mehr Brüdern (für einen Mann):
  첫째 형 ältester Bruder,
  둘째 형 zweit ältester Bruder,
  셋째 형 dritt ältester Bruder,
  ⋮
  막내 형 jüngster großer Bruder

② Geschwister der Eltern

	Geschwister des Vaters			Geschwister der Mutter	
Geschwister der Eltern	큰아버지 Bruder des Vaters (verheiratet)	작은아버지 jüngerer Bruder des Vaters (verheiratet)	고모 Schwester des Vaters	외삼촌 Bruder der Mutter	이모 Schwester der Mutter
Ehepartner der Geschwister	큰어머니 Ehefrau des älteren Bruders des Vaters	작은어머니 Ehefrau des jüngeren Bruders des Vaters	고모부 Ehemann der Schwester des Vaters	외숙모 Ehefrau des Bruders der Mutter	이모부 Ehemann der Schwester der Mutter

★ 삼촌 Onkel: der ledige Bruder des Vaters

③ Schwiegerfamilie

Für die Familie der Frau   Für die Familie des Mannes

아버지 Vater	

★ Direkte Anrede der Schwiegereltern für einen verheirateten Mann:
장인어른!
장모님!

장인 Schwiegervater ⇐ 아버지 Vater ⇒ 시아버지 Schwiegervater

장모 Schwiegermutter ⇐ 어머니 Mutter ⇒ 시어머니 Schwiegermutter

처남 Älterer Schwager ⇐ 형 Älterer Bruder ⇒ 시아주버니 Älterer Schwager

처형 Ältere Schwägerin ⇐ 누나 Ältere Schwester ⇒ 시누이 Ältere Schwägerin

처남 Jüngerer Schwager ⇐ 남동생 Jüngerer Bruder ⇒ 시동생 Jüngerer Schwager

처제 Jüngere Schwägerin ⇐ 여동생 Jüngere Schwester ⇒ 시누이 Jüngere Schwägerin

★ Direkte Anrede der Schwiegereltern für eine verheiratete Frau:
아버님!
어머님!

★ 형 großer Bruder (bei einer Sprecherin ist es 오빠), 누나 große Schwester (bei einer Sprecherin ist es 언니)

④ Jüngere Generation; Kinder

Seite des Sohns	아들 Sohn, 며느리 Schwiegertochter 친손자 Enkel, 친손녀 Enkelin
Seite der Tochter	딸 Tochter, 사위 Schwiegersohn 외손자 Enkel, 외손녀 Enkelin

☀️ Wichtige Redewendungen

• 아들과 딸 한 명씩 있어요.
  Ich habe jeweils einen Sohn und eine Tochter.

• 제가 셋 중에서 막내예요.
  Ich bin die jüngste von drei Töchtern.

• 제가 외동딸이에요. Ich bin die einzige Tochter.

☕ Lassen Sie uns sprechen!

Sprechstrategie **Gemeinsamkeiten finden**

- Wenn Ähnlichkeiten ausgedrückt werden
  저도 그래요. **Das ist bei mir auch so. / Das geht mir auch so.**
  제 경우도 같아요. **In meinem Fall ist das auch so.**

- Wenn Unterschiede ausgedrückt werden
  저는 안 그래요. **Das ist bei mir nicht so. / Das geht mir nicht so.**
  제 경우는 달라요. **In meinem Fall ist das nicht so.**

Familie

1 ☐ 우리 가족은 가까이 살고 있어요.
  ☐ 우리 가족은 멀리 떨어져 살고 있어요.

2 ☐ 나는 형제와 사이가 좋은 편이에요.
  ☐ 나는 형제와 사이가 좋지 않은 편이에요.

3 ☐ 나는 친척하고 자주 모여요.
  ☐ 나는 친척하고 거의 연락하지 않아요.

4 ☐ 나는 아버지하고 외모가 많이 닮았어요.
  ☐ 나는 아버지하고 외모가 안 닮았어요.

5 ☐ 나는 아버지하고 성격이 많이 비슷해요.
  ☐ 나는 아버지하고 성격이 전혀 달라요.

❶ 가족이 모두 몇 명이에요? 가족이 어디에 살고 있어요?
언제 가족이 전부 모여요? 모여서 뭐 해요?

> 우리 가족은 멀리 떨어져 살고 있어요. 제 아버지와
> 어머니는 부산에 사세요. 형은 일 때문에 제주도에서
> 살아요. 저는 학교 때문에 서울에 살아요. 보통 우리 가족은
> 설날에 전부 집에 모여서 함께 시간을 보내요.

❷ 형제나 자매가 있어요? 여러분과 몇 살 차이가 나요?
형제하고 사이가 좋아요? 어떤 형제하고 더 친해요? 왜요?

❸ 친척이 많이 있어요? 어디에 살아요?
친척과 많이 친해요? 누구하고 제일 친해요?

❹ 가족 중에서 누구하고 외모가 닮았어요? 어디가 많이 닮았
어요? 아버지와 어머니 중에서 누구하고 더 닮았어요?

❺ 가족 중에서 누구하고 성격이 비슷해요? 어떤 점이 비슷해요?
가족 중에서 누구하고 성격이 잘 맞아요?

Ich

☐ 나는 태어난 곳과 자란 곳이 같아요.
☐ 나는 태어난 곳과 자란 곳이 달라요.

☐ 나는 어렸을 때 자주 이사를 다녔어요.
☐ 나는 어렸을 때 이사를 다니지 않았어요.

☐ 나는 한국에 아는 사람이 많이 있어요.
☐ 나는 한국에 아는 사람이 별로 없어요.

☐ 나는 한국의 문화에 관심이 있어요.
☐ 나는 한국의 문화에 관심이 없어요.

☐ 나는 문법 때문에 한국어 공부가 어려워요.
☐ 나는 단어 때문에 한국어 공부가 어려워요.

❶ 어디에서 태어났어요? 어디에서 자랐어요?

❷ 어렸을 때 자주 이사했어요? 어디에서 학교를 다녔어요?

❸ 한국에 아는 사람이 몇 명 있어요?
그 사람을 어떻게 알게 됐어요? 그 사람하고 자주 연락해요?

❹ 한국에 대한 것 중에서 무엇에 관심이 있어요?
왜 관심을 갖게 됐어요?

❺ 어떻게 한국어를 공부해요? 뭐가 제일 어려워요?

Neue Wörter ···

가까이 in der Nähe | 멀리 weit entfernt | 사이가 좋다 eine gute Beziehung haben | 친척 Verwandte | 모이다 sich versammeln | 거의 fast | 외모 Aussehen |
닮다 sich ähneln | 성격 Charakter, Persönlichkeit | 태어나다 geboren werden | 자라다 aufwachsen | 이사를 다니다 umziehen (다니다 kann hin- und hergehen
bedeuten, aber es bezieht sich auf ein Bewegungsverb (Bsp. 돌아다니다 „umhergehen", 찾아다니다 „herumsuchen") | 아는 사람 Bekannte*r | 별로 nicht
wirklich | 문화 Kultur | 관심을 갖다 sich interessieren

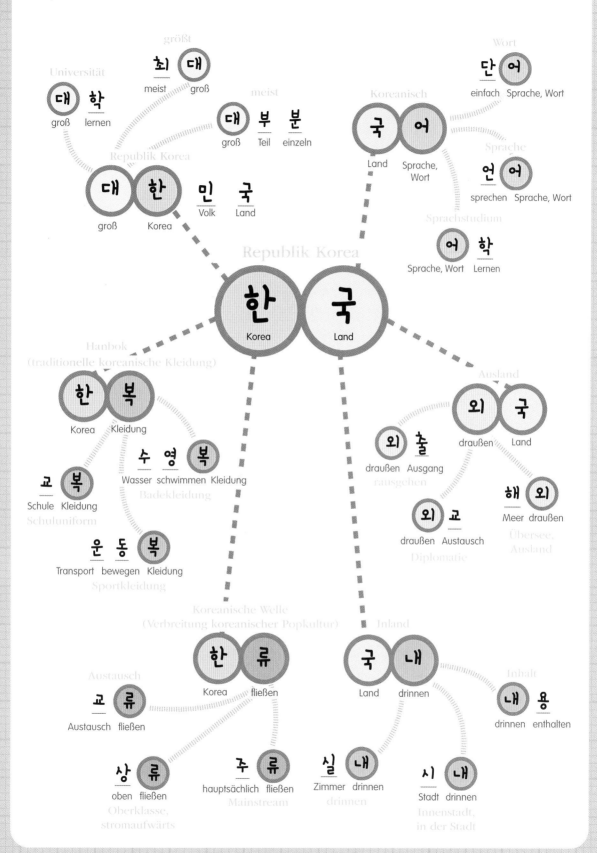

최 대
meist groß
größt

대 부분
groß Teil einzeln
meist

대 학
groß lernen
Universität

단 어
einfach Sprache, Wort
Wort

국 어
Land Sprache, Wort
Koreanisch

언 어
sprechen Sprache, Wort
Sprache

대 한 민 국
groß Korea Volk Land
Republik Korea

어 학
Sprache, Wort Lernen
Sprachstudium

한 국
Korea Land
Republik Korea

한 복
Korea Kleidung
Hanbok
(traditionelle koreanische Kleidung)

수 영 복
Wasser schwimmen Kleidung
Badekleidung

외 국
draußen Land
Ausland

교 복
Schule Kleidung
Schuluniform

외 출
draußen Ausgang
rausgehen

해 외
Meer draußen
Übersee, Ausland

운 동 복
Transport bewegen Kleidung
Sportkleidung

외 교
draußen Austausch
Diplomatie

한 류
Korea fließen
Koreanische Welle
(Verbreitung koreanischer Popkultur)

국 내
Land drinnen
Inland

내 용
drinnen enthalten
Inhalt

교 류
Austausch fließen
Austausch

상 류
oben fließen
Oberklasse, stromaufwärts

주 류
hauptsächlich fließen
Mainstream

실 내
Zimmer drinnen
drinnen

시 내
Stadt drinnen
Innenstadt, in der Stadt

Ein Wort zur Kultur

Wen kann ich mit 언니 und 오빠 ansprechen?

• 언니

Weil es in der koreanischen Gesellschaft aufgrund der Wichtigkeit von Alter und Rang unhöflich ist, jemanden der älter ist oder einen höheren Status hat mit dem Namen anzusprechen, sollte man Personen eher mit dem Titel ansprechen, wenn sie älter sind als man selbst, auch wenn der Unterschied nur ein Jahr beträgt. Ursprünglich wurde 언니 als Anrede für weibliche Personen im Haushalt verwendet und bezog sich auf eine ältere Schwester, sie kann aber auch bei älteren Frauen verwendet werden, denen man sich eng verbunden fühlt, z.B. in Arbeitsgemeinschaften in der Schule oder in Kirchen.

In einer formellen Beziehung zu einer älteren Person, wie z.B. einer Kollegin oder in einer formellen Umgebung ist es besser, die betreffende Person nicht mit 언니, sondern mit 선배 oder mit ihrem Titel im Büro anzusprechen.

Aber heutzutage ist es auch nicht ungewöhnlich, dass Leute jemanden mit 언니 ansprechen, wenn sie sich zum ersten Mal treffen. Wenn man jemanden zum ersten Mal trifft ist es klar, dass man keine enge Beziehung hat und das Alter nicht in Erfahrung bringen kann, weswegen es auch möglich ist, eine jüngere Person mit 언니 anzusprechen. Da es im Koreanischen unangemesen ist, eine fremde Person zu „duzen" ist es erlaubt, jemanden in einer informellen Situation mit 언니 anzusprechen, auch wenn das Alter ungewiss ist, solange die Absicht besteht, sie freundlich anzusprechen.

Aus dem gleichen Grund können Verkäuferinnen eine Kundin mit 언니 statt 손님 (Kunde) ansprechen, um Vertrautheit und Freundlichkeit auszudrücken. Es ist üblich, dass Verkäuferinnen in ihren 40er oder 50ern eine Frau in ihren 20er oder 30ern auf Märkten wie Namdaemun oder Dongdaemun mit 언니 ansprechen. In diesen Situationen wird der Altersunterschied ignoriert. In Fällen in denen es keine passende Anredeform gibt und 아줌마 die angesprochene Person verärgern würde, unter anderem wenn es sich um eine jüngere Frau im mittleren Alter handelt, sprechen Sie diese mit 언니 an.

• 오빠

오빠 wurde ursprünglich von weiblichen Familienmitgliedern für den älteren Bruder verwendet. Wie 언니 drückt 오빠 Vertrautheit aus. Daher bietet 오빠 auch eine Möglichkeit, Nähe auszudrücken. Im Gegensatz zu 언니 wird 오빠 nie für Fremde benutzt. Vielmehr wird es oft für ältere Männer verwendet, denen man sich nahe fühlt. Die Verwendung von 오빠 impliziert eine enge, persönliche Beziehung.

In vielen Fällen wird 오빠 auch benutzt, wenn man von berühmten Sängern oder Filmstars in der Popkultur spricht. In diesen Fällen wird der Altersunterschied nicht beachtet, sondern drückt eine Vertrautheit auf Seiten der Fans aus. Deshalb nennen aufrichtige Fans die männlichen Stars unabhängig vom Alter 오빠, auch wenn die Frauen das Alter von 60 oder 70 Jahren erreicht haben.

Kapitel **02**

일상생활
Alltag

Ziele · über den Alltag sprechen
· über Interessen sprechen
· über Freizeitaktivitäten sprechen
· über die Häufigkeit des Ausübens von Hobbies sprechen
· über Tagesabläufe sprechen

Grammatik ❶ - 고 „und"
-(으)면서 „während"

❷ - 거나 „oder"
-(으)ㄴ/는 편이다 „relativ", „mehr oder weniger"

❸ -(으)ㄴ 후에/다음에 „nach"
- 기 전에 „vor"

Grammatik ❶

-고 „und"

▶ Anhang G. 202 KT S. 298

A 보통 주말에 뭐 해요?
　Was machst du normalerweise am
　Wochenende?

B 친구를 만나서 저녁을 먹고 커피를 마셔요.
　Ich treffe meine Freunde zum Abendessen und wir trinken Kaffee.

-고 hat zwei Hauptfunktionen. Eine besteht darin, wie im ersten Beispiel unten Handlungen oder Zustände ohne Berücksichtigung der Reihenfolge zu verbinden. In diesem Fall wird -고 an den Stamm von Verben, Adjektiven und 이다 ergänzt. -고 wird auch im zweiten Beispiel unten verwendet, um Handlungen in chronologischer Reihenfolge zu verbinden. In diesem Fall kann die Reihenfolge der Verben nicht ausgetauscht werden, weil ihre Reihenfolge wichtig ist. In dieser Verwendung wird -고 nur an den Verbstamm gehängt. Wenn die Handlung des ersten Satzes direkt auf die nächste Handlung des zweiten Satzes folgt, wird wie im dritten Beispiel -아/어서 statt -고 verwendet.

- 이 식당은 음식이 맛있고 값이 비싸요. = 이 식당은 값이 비싸고 음식이 맛있어요.
  Das Essen in diesem Restaurant schmeckt sehr gut, aber es ist teuer. = Das Restaurant ist teuer, aber das Essen schmeckt sehr gut.
- 얼굴을 씻고 자요. ≠ 자고 얼굴을 씻어요. Wasch dein Gesicht und geh schlafen. ≠ Schlaf und wasch dein Gesicht.
- 지난 주말에 친구 집에 가서 놀았어요. Letztes Wochenende bin ich zu einem Freund gegangen und wir haben gespielt.
  (Wenn die Handlung des sich Vergnügens beim Freund stattfindet, wird 가서 statt 가고 verwendet.)

-(으)면서 „während"

▶ Anhang S. 263 KT S. 305

A 주말에 집에서 뭐 해요?
　Was machen Sie am Wochenende zu Hause?

B 음악을 들으면서 책을 읽어요.
　Ich lese Bücher, während ich Musik höre.

-(으)면서 wird verwendet, wenn zwei Handlungen oder Zustände zur gleichen Zeit stattfinden. Es wird an den Stamm von Verben, Adjektiven und 이다 gehängt. Die Konjugation entspricht der von -(으)면 in Kapitel 4.

- 텔레비전을 보면서 밥을 먹어요. Während ich fernsehe, esse ich.
- 이 스피커는 작으면서 소리가 좋았어요. Diese Lautsprecher waren klein, aber hatten einen guten Klang.
- 이 호텔은 전통적이면서 멋있어요. Dies ist ein traditionelles Hotel und es ist sehr schön.

1 그림을 보고 보기 와 같이 질문에 답하세요.

보기

A 주말에 보통 뭐 해요?

B <u>책을 읽고 게임해요</u> .

(1)

A 어제 날씨가 어땠어요?

B _____ .

(2)

A 내일 뭐 할 거예요?

B _____ .

(3)

A 그 식당이 어때요?

B _____ .

4,000원

2 알맞은 답을 고르세요.

(1) 먼저 손을 ⓐ 씻고 / ⓑ 씻어서 요리를 시작해요.

(2) 아침에 일찍 ⓐ 일어나고 / ⓑ 일어나서 운동할 거예요.

(3) 친구에게 ⓐ 연락하고 / ⓑ 연락해서 회사 전화번호를 물어볼게요.

(4) 어제 버스를 타지 ⓐ 않고 / ⓑ 말고 지하철을 탔어요.

(5) 너무 많이 걱정하지 ⓐ 않고 / ⓑ 말고 자신감을 가지세요.

(6) 여기는 제 방이 ⓐ 않고 / ⓑ 아니라 동생 방이에요.

3 다음에서 알맞은 답을 골라서 '-(으)면서'를 사용하여 문장을 완성하세요.

낮다   일하다   운전하다   좋다

(1) 그 사람은 낮에 _____ 밤에 공부해요.

(2) 이 집은 시설이 _____ 월세가 싸요.

(3) _____ 전화하지 마세요.

(4) 이 음식은 칼로리가 _____ 맛있어요.

Track **04**

리나	보통 일이 몇 시에 끝나요?
케빈	저녁 7시쯤 끝나요.
리나	일이 끝나고 뭐 해요?
케빈	집에 돌아가서 저녁 먹고 쉬어요.
리나	그리고요?
케빈	핸드폰 하면서 이메일도 확인하고 친구의 블로그도 봐요.
리나	어떤 블로그를 봐요?
케빈	저는 여행에 관심이 있어요. 그래서 주로 여행에 대한 블로그를 봐요.
리나	운동은 안 해요?
케빈	주중에는 시간이 없어요. 하지만 주말에는 토요일 아침마다 운동해요.
리나	무슨 운동을 해요?
케빈	주로 한강 공원에서 음악 들으면서 자전거 타요.
리나	어떤 음악을 자주 들어요?
케빈	이것저것 다양하게 들어요. 가끔 한국 가요도 들어요.

Rina	Wann endet Ihre Arbeit normalerweise?
Kevin	Sie endet um 19 Uhr.
Rina	Was machen Sie, wenn Sie fertig sind? (wtl. Die Arbeit endet und was machen Sie dann?)
Kevin	Ich gehe nach Hause, esse zu Abend und ruhe mich aus.
Rina	Und dann?
Kevin	Ich checke meine Email und lese die Blogs meiner Freunde am Handy.
Rina	Was für einen Blog lesen Sie?
Kevin	Ich interessiere mich fürs Reisen. Deshalb lese ich Blogs über Reisen.
Rina	Machen Sie Sport?
Kevin	Unter der Woche habe ich keine Zeit, aber am Wochenende treibe ich jeden Samstagmorgen Sport.
Rina	Was für einen Sport treiben Sie?
Kevin	Ich fahre meistens im Hangang-Park Fahrrad, während ich Musik höre.
Rina	Was für Musik hören Sie normalerweise?
Kevin	Ich höre alle Arten von Musik. Manchmal höre ich sogar koreanische Musik.

Neue Wörter ▸ S. 325

돌아가다 ┃ 쉬다 ┃ 확인하다 ┃ 관심이 있다 ┃
주로 ┃ 에 대한 ┃ 주중 ┃ 마다 ┃ 이것저것 ┃
다양하게 ┃ 가요

Neue Redewendungen ▸ S. 325

• 저는 여행에 관심이 있어요.
• 토요일 아침마다 운동해요.
• 이것저것 다양하게 들어요.

🕙 Tipps

1 에 대해 vs. 에 대한: „über"

Das deutsche Wort „über" wird im Koreanischen mit 에 대해 oder 에 대한 übersetzt. 에 대해 wird vor Verben verwendet. 에 대한 wird hingegen vor Nomen verwendet. In diesem Dialog wird 에 대한 verwendet, weil danach das Nomen „Blog" steht.

• 한국 역사**에 대해** 얘기했어요.
  Ich habe über koreanische Geschichte geredet.
• 한국 역사**에 대한** 책을 샀어요.
  Ich habe ein Buch über koreanische Geschichte geschrieben.

2 Die Partikel 마다: „jede*r*s"

Die Partikel 마다 wird an ein Nomen gehängt und bedeutet „jede*r*s."

• 일요일**마다** 교회에 가요.
  Ich gehe jeden Sonntag in die Kirche.
• 사람**마다** 성격이 달라요.
  Jede Person hat einen anderen Charakter.
• 지역**마다** 음식 맛이 달라요.
  Das Essen jeder Region hat einen anderen Geschmack.
• 학생**마다** 책을 한 권씩 받았어요.
  Jeder Schüler hat jeweils ein Buch erhalten.

❶ einen Computer benutzen

- (타자를) 치다
  tippen

- 저장하다
  (ein Dokument)
  speichern

- 삭제하다
  löschen

- 이메일을 보내다
  eine Email schicken
- 첨부 파일을 보내다
  einen Anhang schicken

.... ▶

- 이메일을 받다
  eine Email erhalten
- 첨부 파일을 받다
  einen Anhang erhalten

.... ▶

- 이메일을 읽다
  eine Email lesen
- 첨부 파일을 읽다
  einen Anhang lesen

- 제 친구는 저보다 두 배 빠르게 **타자를 칠** 수 있어요. Mein Freund kann doppelt so schnell tippen wie ich.

- 서류를 만들 때 꼭 파일을 **저장하고**, 필요 없는 파일은 **삭제하세요**.
  Wenn Sie Dokumente erstellen, müssen Sie die Dateien speichern und Dateien, die Sie nicht brauchen, löschen.

- 이메일로 신청할 때 신청서를 **다운로드한** 후 **첨부 파일로** 보내세요.
  Wenn Sie sich per Email bewerben, schicken Sie das Bewerbungsformular als Anhang, nachdem Sie es heruntergeladen haben.

❷ das Internet benutzen

1. 자료를 검색하다
   nach Informationen suchen

2. 동영상을 보다
   ein Video ansehen

3. 블로그를 방문하다
   einen Blog besuchen

4. 채팅하다
   chatten

5. 다운로드하다
   herunterladen

6. (글/사진)을 올리다
   hochladen (einen Beitrag/Foto)

7. 댓글을 달다
   einen Kommentar schreiben

8. 인터넷 쇼핑하다
   Online/im Internet shoppen

9. 컴퓨터 게임하다
   Computerspiele spielen

- 시간이 날 때마다 재미있는 **동영상을 보거나** 관심 있는 분야의 **블로그를 방문해요**.
  Wenn ich Zeit habe, sehe ich lustige Videos an oder besuche Blogs zu Themen, die mich interessieren.

- 저는 친구하고 자주 **채팅하지만**, 인터넷에 글을 올리거나 댓글을 달지 않아요.
  Ich chatte zwar oft mit meinen Freunden, aber ich lade keine Beiträge hoch oder schreibe Kommentare im Internet.

- **자료를 검색할** 때 인터넷을 사용하지만 **인터넷으로 쇼핑하지 않아요**.
  Wenn ich nach Informationen suche, benutze ich das Internet, aber ich kaufe nichts im Internet.

❸ Adverbien der Häufigkeit

- 100% 항상 / 언제나 / 늘 immer
- 75% 자주 oft
- 50% 가끔 / 이따금 / 때때로 / 종종 manchmal
- 25% 별로 + (안) selten
- 10% 거의 + (안) fast (nie)
- 0% 전혀 + (안) nie

- 저는 **항상** 아침에 이메일을 확인해요.
  Ich checke meine Emails immer am Morgen.

- 친구는 약속 시간에 **자주** 늦어요.
  Der Freund ist oft zu spät zu Verabredungen.

- 보통 지하철을 타지만 **가끔** 버스를 타요.
  Ich nehme normalerweise die U-Bahn, aber manchmal nehme ich den Bus.

- 고기를 **별로** 많이 먹지 않아요.
  Ich esse nicht besonders viel Fleisch.

- 저는 휴대폰으로 게임을 **전혀** 하지 않아요.
  Ich spiele nie Spiele mit meinem Handy.

Vorsicht!

Wörter mit niedriger Häufigkeit wie 전혀, 별로, und 거의 müssen mit negierten Verben verwendet werden.

💡 Wichtige Redewendungen

- A와/과 B 둘 다 사용해요. Ich nutze sowohl A als auch B.
- A와/과 B 둘 다 사용 안 해요. Ich benutze weder A noch B.

Grammatik ❷

-거나 „oder"

▶ Anhang S. 263 · KT S. 298

A 저녁은 어디에서 먹어요?
   Wo essen Sie zu Abend?

B 밖에서 친구하고 사 먹거나 집에서
   간단하게 해 먹어요.
   Ich esse mit Freunden auswärts oder ich koche mir zu
   Hause etwas einfaches.

-거나 drückt wie das Wort „oder" eine Wahl zwischen zwei oder mehreren Handlungen aus. -거나 wird an den Stamm von Verben und Adjektiven gehängt.

- 밤에 큰 소리로 얘기하거나 전화하지 마세요. Bitte sprechen Sie in der Nacht nicht zu laut oder telefonieren Sie.
- 저녁에 1시간쯤 책을 읽거나 텔레비전을 봐요. Lesen Sie am Abend eine Stunde ein Buch oder sehen Sie fern.
- 몸이 아프거나 피곤해요? 그럼, 이 약을 드세요. Sind Sie krank oder müde? Dann nehmen Sie diese Medizin.

-(으)ㄴ/는 편이다 „relativ", „mehr oder weniger"

▶ Anhang S. 264 · KT S. 307

A 동생이 키가 커요?
   Ist deine Schwester groß?

B 아니요, 제 동생은 키가 작은 편이에요.
   Nein. Meine jüngere Schwester ist recht klein.

-(으)ㄴ/는 편이다 wird verwendet, um über eine Tatsache, die ziemlich
wahr ist zu sprechen oder besser gesagt zuzugeben, dass sie wirklich wahr ist. Im ersten Beispiel unten gehört Jinsu zu den gesprächigeren Leuten in seinem Freundeskreis. -(으)ㄴ 편이다 wird an den Stamm von Adjektiven gehängt, während -는 편이다 an den Stamm von Verben gehängt wird.

- 진수는 말이 많은 편이에요. 그래서 진수를 만나면 저는 보통 진수 얘기를 들어요.
  Jinsu spricht relativ viel. Das ist der Grund, warum ich normalerweise seinen Geschichten zuhöre, wenn ich ihn treffe.

- 운동을 잘하는 편이니까 금방 배울 수 있어요.
  Weil du relativ gut im Sport bist, kannst du es schnell lernen.

- 저는 일찍 일어나는 편이 아니니까 아침 회의는 정말 힘들어요.
  Weil ich nicht zu denjenigen gehöre, die morgens früh aufstehen, sind Meetings am Morgen für mich sehr schwierig.

1 보기 와 같이 '-거나'를 사용하여 대화를 완성하세요.

> 보기 A 보통 주말에 뭐 해요?
>
> B 장을 ___ 보거나 ___ 빨래해요. (보다)

(1) A 거기에 어떻게 가요?

    B 택시를 _____ 15분쯤 걸으세요. (타다)

(2) A 보고서는 어디에 내요?

    B 직접 사무실에 _____ 이메일로 보내세요. (내다)

(3) A 보통 언제 음악을 들어요?

    B 스트레스가 _____ 피곤할 때 음악을 들어요. (많다)

2 보기 와 같이 '-(으)ㄴ/는 편이다'를 사용하여 글을 완성하세요.

진수는 건강이 보기 ___ 안 좋은 ___ 편이에요. 왜냐하면 생활이 불규칙해요. 보통 진수는 잠을 (1) _____ 편이고 아침에 (2) _____ 편이에요. 진수는 요리를 좋아해요. 하지만 집에서 (3) _____ 편이 아니에요. 그래서 주로 밖에서 음식을 사 먹어요. 진수는 영화에 관심이 없어서 (4) _____ 편이에요.

3 알맞은 답을 고르세요.

(1) 서울은 6월에 장마가 있어요. 그래서 비가 ⓐ 안 오는 / ⓑ 많이 오는 편이에요.

(2) 겨울에는 일이 별로 없어요. 그래서 ⓐ 바쁜 편 않아요. / ⓑ 바쁜 편이 아니에요.

(3) 날씨가 안 좋아요. 일주일 내내 비가 와요. ⓐ 거나 / ⓑ 아니면 눈이 와요.

(4) 친구를 사귀고 싶어요. ⓐ 친절하거나 / ⓑ 친절한 이나 착한 친구를 소개해 주세요.

Track **05**

진수   보통 주말에 뭐 해요?

새라   밖에서 친구 만나거나 집에서 쉬어요.

진수   친구를 자주 만나요?

새라   자주 만나는 편이에요. 한 달에 2–3번 정도 만나요.

진수   친구 만나서 보통 뭐 해요?

새라   같이 영화 보고 저녁 먹으면서 얘기해요.

진수   영어로 얘기해요?

새라   아니요, 영어하고 한국어로 반반씩 해요.

진수   집에서는 뭐 해요?

새라   책 읽거나 집안일해요.

진수   어떤 책을 읽어요?

새라   주로 소설이나 역사 책을 자주 읽는 편이에요.

진수   집안일은 자주 해요?

새라   아니요, 저는 좀 게으른 편이에요.
      그래서 집안일은 가끔 해요.

Jinsu	Was machst du normalerweise am Wochenende?
Sarah	Ich treffe Freunde draußen oder ruhe mich zu Hause aus.
Jinsu	Triffst du oft Freunde?
Sarah	Ich treffe sie sehr oft. Ich treffe sie ungefähr zwei oder dreimal im Monat.
Jinsu	Was machst du normalerweise, wenn du deine Freunde triffst? (wtl. Du triffst deine Freunde und was machst du dann normalerweise?)
Sarah	Wir sehen zusammen Filme an oder unterhalten uns, während wir zu Abend essen.
Jinsu	Sprecht ihr auf Englisch?
Sarah	Nein, wir sprechen teils auf Englisch und teils auf Koreanisch.
Jinsu	Was machst du zu Hause?
Sarah	Ich lese Bücher oder mache den Haushalt.
Jinsu	Welche Bücher liest du?
Sarah	Ich lese normalerweise Romane oder Geschichtsbücher.
Jinsu	Machst du den Haushalt oft?
Sarah	Nein. Ich bin eher faul, deshalb mache ich nur manchmal den Haushalt.

Neue Wörter ▸ S. 326

밖 ㅣ 정도 ㅣ 반반씩 ㅣ 집안일 ㅣ 소설 ㅣ 역사 ㅣ
게으르다 ㅣ 가끔씩

Neue Redewendungen ▸ S. 326

• 한 달에 2–3(두세) 번 정도 만나요.
• 영어하고 한국어로 반반씩 해요.
• 집안일은 가끔 해요.

🖉 Tipps

1 Auslassen von Partikeln

In gesprochener Sprache werden die Subjektpartikel 이/가, die Objektpartikel 을/를 und die Partikel für den Genitiv für Besitz의 oft weggelassen. Partikel wie 에, 에서 und (으)로 werden jedoch auch beim Sprechen nicht weggelassen.

• 토요일에 시간이 있어요?
  Hast du am Samstag Zeit?
• 우리의 집에서 밥을 먹어요.
  Wir essen Reis zu Hause.

2 Die Partikel (으)로

Die Partikel (으)로 wird verwendet, um ein Mittel oder eine Methode auszudrücken. Im obigen Gespräch wird (으)로 mit „Englisch" oder „Koreanisch" verbunden.

• 부산에 기차로 갔다 왔어요?
  Ich bin mit dem Zug nach Busan gefahren (und zurückgekommen).
• 지도를 휴대폰으로 보낼게요.
  Ich schicke dir die Karte mit meinem Handy.
• 종이에 이름을 연필로 쓰세요.
  Schreiben Sie Ihren Namen mit Bleistift auf das Papier.

❶ Tätigkeiten im Haushalt

- 장을 보다
  einkaufen gehen

- 음식을 만들다
  Essen machen

- 상을 차리다
  den Tisch decken

- 상을 치우다
  den Tisch abräumen

- 설거지하다
  spülen

- 물건을 정리하다
  aufräumen

- 청소하다
  putzen

- 쓰레기를 버리다
  Müll wegwerfen

- 빨래하다
  Wäsche waschen

- 다리미질하다
  bügeln

- 아기를 돌보다
  auf ein Baby aufpassen

- 집을 고치다
  (= 수리하다)
  Haus reparieren

- 아내가 **상을 치우고 설거지하는** 동안에 보통 남편은 대충 **청소를 하고 쓰레기를 버려요**.
  Während die Frau den Tisch abräumt und abspült, putzt der Mann grob (die Wohnung) und wirft den Müll weg.

- 주말에는 아내와 남편 둘 다 **집안일을 하지만** 주중에는 둘 다 집안일을 못 해요.
  Am Wochenende erledigen sowohl die Ehefrau als auch der Ehemann die Hausarbeit, aber an Wochentagen kann keiner von ihnen die Hausarbeit machen.

❷ Häufigkeit

1. Wenn Häufigkeit im Koreanischen ausgedrückt wird, wird die Zeitangabe anders als im Deutschen zuerst vor die Häufigkeitsangabe geschrieben.

   Zeitangabe + 에 + Häufigkeitsangabe

   - 일 년에 1(한) 번
   - 일주일에 1–2(한두) 번
   - 한 달에 2(두) 번
   - 하루에 3–4(서너) 번

2. Wenn eine ungefähre Angabe gemacht werden soll, werden Wörter wie 정도, 쯤, 한, und 약 (alle bedeuten „ungefähr") verwendet. Seien Sie jedoch vorsichtig, denn jedes Wort steht an einer anderen Position.

   (informell)

   한 2번쯤
   ungefähr zweimal

   =

   (formell)

   약 2번 정도
   ungefähr zweimal

   - 한 달에 한 **2번쯤** 친구를 만나러 나가요.
     Ich treffe mich ungefähr zwei Mal im Monat mit Freunden.

   - 일 년에 **약 3번 정도** 해외로 출장을 갑니다.
     Ich mache ungefähr drei Mal im Jahr Dienstreisen ins Ausland.

   💡 **Wichtige Redewendungen**
   - 남편하고 아내가 돌아가면서 집안일해요.
     Der Ehemann und die Ehefrau wechseln sich bei der Hausarbeit ab.
   - 남편하고 아내가 반반씩 집안일해요.
     Der Ehemann und die Ehefrau teilen sich die Hausarbeit.

Grammatik ❸

-(으)ㄴ 후에/다음에 „nach/nachdem"

KT S. 306

A 언제 취직했어요?
Wann haben Sie eine Arbeit gefunden?

B 졸업한 후에 바로 취직했어요.
Ich habe direkt nach dem Abschluss Arbeit gefunden.

-(으)ㄴ 후에 drückt eine Handlung oder einen Zustand aus, die nach dem Abschluss einer anderen Handlung oder eines Zustandes geschehen. -(으)ㄴ 후에 kann auch durch -(으)ㄴ 다음에 oder -(으)ㄴ 뒤에 ersetzt werden. -(으)ㄴ 후에 wird an den Verbstamm gehängt und kann nicht mit -았/었- kombiniert werden. 후에 kann auch an Nomen gehängt werden, 다음에 oder 뒤에 aber nicht.

• 자료를 본 후 다시 연락할게요. Ich kontaktiere Sie noch einmal, nachdem ich mir die Unterlagen angesehen habe.

• 손을 씻은 다음에 식사하세요. Essen Sie, nachdem Sie sich die Hände gewaschen haben.

• 친구가 한국을 떠난 뒤 저도 회사를 그만뒀어요.
Nachdem mein Freund Korea verlassen hat, habe ich auch bei der Firma gekündigt.

• 수업 후에 뭐 할 거예요? Was machst du nach dem Unterricht?

-기 전에 „vor/bevor"

KT S. 300

A 언제 전화해요?
Wann soll ich anrufen?

B 출발하기 전에 전화해 주세요.
Rufen Sie mich an, bevor Sie losgehen.

-기 전에 wird verwendet, um eine Handlung oder eine Angelegenheit auszudrücken, bevor eine andere beendet ist. -기 전에 wird an den Verbstamm gehängt, kann aber nicht mit -았/었- oder -겠- kombiniert werden. Vor 전에 können Adverbien wie 바로 (gerade) oder 한참 (eine Weile) verwendet werden. 전에 kann auch an Nomen gehängt werden.

• 밥 먹기 전에 드라마가 시작했어요. Die Serie hat vor dem Essen angefangen

• 자기 바로 전에 전화가 왔어요. Das Telefon klingelte direkt, bevor ich schlafen ging.

• 회의 시작하기 전에 잠깐 만나서 얘기합시다. Bevor das Meeting anfängt, lassen Sie uns uns kurz treffen und reden.

• 발표 전에 다시 한번 확인하세요. Bitte überprüfen Sie es vor der Präsentation noch einmal.

1 그림을 보고 보기 와 같이 질문에 답하세요.

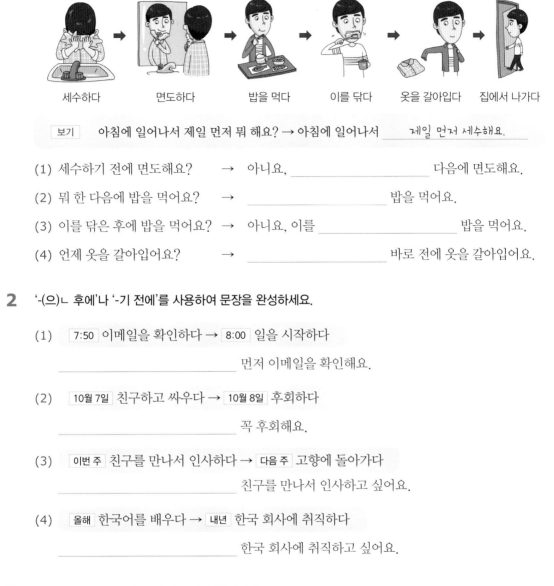

세수하다　　면도하다　　밥을 먹다　　이를 닦다　　옷을 갈아입다　집에서 나가다

보기　　아침에 일어나서 제일 먼저 뭐 해요? → 아침에 일어나서 ___제일 먼저 세수해요.___

(1) 세수하기 전에 면도해요?　　　→　아니요, _____ 다음에 면도해요.

(2) 뭐 한 다음에 밥을 먹어요?　　　→　_____ 밥을 먹어요.

(3) 이를 닦은 후에 밥을 먹어요?　　→　아니요, 이를 _____ 밥을 먹어요.

(4) 언제 옷을 갈아입어요?　　　　　→　_____ 바로 전에 옷을 갈아입어요.

2 '-(으)ㄴ 후에'나 '-기 전에'를 사용하여 문장을 완성하세요.

(1)　7:50 이메일을 확인하다 → 8:00 일을 시작하다

_____ 먼저 이메일을 확인해요.

(2)　10월 7일 친구하고 싸우다 → 10월 8일 후회하다

_____ 꼭 후회해요.

(3)　이번 주 친구를 만나서 인사하다 → 다음 주 고향에 돌아가다

_____ 친구를 만나서 인사하고 싶어요.

(4)　올해 한국어를 배우다 → 내년 한국 회사에 취직하다

_____ 한국 회사에 취직하고 싶어요.

3 다음에서 알맞은 답을 골라서 문장을 완성하세요.

사다	식다	비가 오다	끝나다

(1) _____ 후에 날씨가 추워졌어요.

(2) 음식이 _____ 전에 따뜻할 때 드세요.

(3) 물건을 _____ 전에 한 번 더 생각해 보세요.

(4) 경기가 _____ 후에 선수들과 사진을 찍었어요.

Track 06

Mark	Stehst du normalerweise morgens früh auf?
Yuki	Ja, in der Regel schlafe ich früh und stehe früh auf.
Mark	Um wie viel Uhr gehst du ins Bett?
Yuki	Normalerweise schlafe ich direkt nach dem Abendessen und dem Spülen. Ich gehe um 21 Uhr ins Bett und wache um ungefähr 4 Uhr morgens auf.
Mark	Du schläfst so früh und wachst so früh auf?
Yuki	Ich mache das, seitdem ich Studentin bin. Was ist mit dir, Mark?
Mark	Mein Tagesablauf ist eher unregelmäßig. Manchmal gehe ich vor dem Abendessen schlafen und manchmal gehe ich schlafen, nachdem die Sonne aufgegangen ist.
Yuki	Schläfst du gut?
Mark	Es hängt vom Tag ab. Normalerweise schlafe ich vier oder fünf Stunden pro Tag in der Woche und den ganzen Tag am Wochenende.
Yuki	Bist du nicht müde? Das ist nicht gut für deine Gesundheit.
Mark	Ja ich weiß, aber es ist nicht leicht (schlechte) Gewohnheiten abzulegen.
Yuki	Das stimmt.

마크　보통 아침에 일찍 일어나요?

유키　네, 저는 일찍 자고 일찍 일어나는 편이에요.

마크　몇 시에 자요?

유키　보통 저녁 먹고 씻은 후에 바로 자요. 9시가 되기 전에 자고 새벽 4시쯤 일어나요.

마크　그렇게 일찍 자고 일찍 일어나요?

유키　학생 때부터 쭉 그랬어요. 마크 씨는요?

마크　저는 생활이 불규칙한 편이에요. 저녁 먹기 전에 자기도 하고, 해가 뜬 후에 자기도 해요.

유키　잠은 푹 자요?

마크　그때그때 달라요. 보통 평일에는 4-5시간씩 자고 주말에는 하루 종일 자요.

유키　피곤하지 않아요? 그러면 건강에도 안 좋아요.

마크　네, 알아요. 하지만 습관이 쉽게 고쳐지지 않아요.

유키　그렇긴 해요.

Neue Wörter ▸ S. 326

씻다 | 바로 | 새벽 | 때 | 쭉 | 불규칙하다 | 해가 뜨다 | 푹 | 평일 | 하루 종일 | 건강 | 습관 | 고쳐지다

Neue Redewendungen ▸ S. 326

• 학생 때부터 쭉 그랬어요.
• 그때그때 달라요.
• 그렇긴 해요.

Tipps

1 Die Redewendung -기도 하다: „manchmal", „und auch"

Wenn -기도 하다 an den Verbstamm gehängt wird, drückt das Verb aus, dass etwas manchmal gemacht wird. Wenn es an ein Adjektiv gehängt wird, impliziert es, dass das Adjektiv ein besonderes Merkmal hat.

• 주말에 집에서 쉬**기도 하**고 등산 가**기도 해**요.
  Am Wochenende ruhe ich mich zu Hause aus und gehe auch wandern.

• 영화가 무섭**기도 하**고 재미있**기도 했**어요.
  Der Film ist sowohl beängstigend als auch lustig.

2 Verneinte Frage: -지 않아요?

Wird an den Stamm von Verben, Adjektiven und 이다 gehängt, um eine negative Frage auszudrücken, die verwendet wird, um zu bestätigen, dass etwas wahr ist. Die Vergangenheitsform lautet -지 않았어요?

• 날씨가 덥**지 않아요**?
  Ist das Wetter nicht heiß?

• 어제 힘들**지 않았어요**?
  War es gestern nicht anstrengend?

1 Ausdrücke für Zeit

★ 새벽 Morgengrauen, Stunden zwischen Mitternacht und Sonnenaufgang

2 die Uhrzeit lesen

- 3시 5분 전 = 2시 55분
  Fünf vor 3 = 2:55 Uhr

- 3시 30분 전 = 2시 30분
  dreißig Minuten vor 3 = 2:30 Uhr
  (3시 반 전 ist falsch.)

1. 5분 일찍 끝나요.
   Wir beenden den Unterricht heute 5 Minuten früher.

   30분 늦게 시작해요.
   (Wir) beginnen dreißig Minuten später.

2. 7시 이후에
   nach 7 Uhr

   9시 이전에
   vor 9 Uhr

3. 3시 직후에
   kurz nach 3 Uhr

   5시 직전에
   kurz vor 5 Uhr

3 eine Handlung ausdrücken, die während eines bestimmten Zeitraums auftritt

Nomen für Zeitraum + **내내** die ganze Zeit : kontinuierlich während dieses Zeitraums

- 여름 **내내** 비가 왔어요.
  Es regnete den ganzen Sommer.

- 일 년 **내내** 더워요.
  Es ist das ganze Jahr über heiß.

- 한 달 **내내** 축제를 해요.
  Wir haben den ganzen Monat über ein Fest veranstaltet.

- 회의 **내내** 졸았어요.
  Ich war während des Meetings die ganze Zeit müde.

💡 **Wichtige Redewendungen**

- 시험을 보는 **내내** 많이 긴장했어요.
  Ich war während der Prüfung die ganze Zeit nervös.

- 시험 **내내** 많이 긴장했어요.
  Ich war während des Tests die ganze Zeit nervös.

☕ Lassen Sie uns sprechen!

Sprechstrategie ➤ **Mit anderen vergleichen**

• 저는 다른 사람**보다** 통화를 많이 해요. Ich benutze das Telefon öfter **als** andere Leute.
• 저는 다른 사람**만큼** 통화를 해요. Ich benutze das Telefon genauso oft **wie** andere Leute.
• 저는 다른 사람**만큼** 통화를 하**지 않아요**. Ich benutze das Telefon **nicht so** oft **wie** andere Leute.

 컴퓨터

> 저는 하루에 3시간 정도 컴퓨터를 하는데, 주로 유튜브에서 동영상을 보거나 친구하고 채팅해요.

1 ☐ 나는 하루에 1시간 이상 컴퓨터를 한다.
2 ☐ 나는 하루에 이메일을 10개 이상 받는다.
3 ☐ 나는 이메일을 받으면 바로 답장한다.
4 ☐ 나는 컴퓨터 없이 일이나 공부를 하기 어렵다.

❶ 보통 하루에 어느 정도 컴퓨터를 해요?
❷ 주로 컴퓨터로 뭐 해요?
❸ 보통 언제 이메일을 확인해요?
❹ 보통 인터넷으로 무엇을 검색해요?

 핸드폰

1 ☐ 나는 매일 친구와 문자를 주고받는다.
2 ☐ 나는 하루에 5통 이상 전화를 받는다.
3 ☐ 나는 친구와 통화보다 문자를 더 많이 한다.
4 ☐ 나는 핸드폰으로 통화보다 다른 것을 더 많이 한다.

❶ 하루에 통화나 문자를 얼마나 많이 해요?
❷ 친구하고 문자로 무슨 얘기를 해요?
❸ 핸드폰으로 통화 이외에 주로 무엇을 해요?
❹ 핸드폰 사용료가 한 달에 얼마나 나와요?

 하루 일과

1 ☐ 나는 일찍 자고 일찍 일어나는 편이다.
2 ☐ 나는 식사를 거르지 않는다.
3 ☐ 나는 종종 늦게까지 일할 때가 많다.
4 ☐ 나는 평일에는 규칙적으로 생활한다.

❶ 항상 같은 시간에 자고 같은 시간에 일어나요?
❷ 규칙적으로 식사해요?
❸ 집에 돌아오자마자 제일 먼저 뭐 해요?
❹ 계획을 세우고 잘 지켜요?

 주말

1 ☐ 나는 주말에 집에서 아무것도 안 하고 쉰다.
2 ☐ 나는 주말에 여기저기 많이 돌아다닌다.
3 ☐ 나는 가능하면 주말에 친구들과 어울려 지낸다.
4 ☐ 나는 주말에 가족과 함께 시간을 보낸다.

❶ 보통 주말을 어떻게 보내요?
❷ 무슨 요일을 제일 좋아해요? 제일 싫어해요?
❸ 주말에 집에 있을 때 뭐 해요?
❹ 주말에 친구들하고 뭐 하면서 놀아요?

Neue Wörter

채팅하다 chatten | 답장하다 antworten | 문자 Textnachricht | 통화 Telefonat | 이외에 außerdem | 사용료 Nutzungsgebühren | (식사를) 거르다 (eine Mahlzeit) auslassen | 종종 manchmal | 규칙적으로 regelmäßig | 계획을 세우다 Pläne schmieden | 계획을 지키다 Pläne einhalten | 돌아다니다 herumgehen | 어울리다 passen, angemessen sein

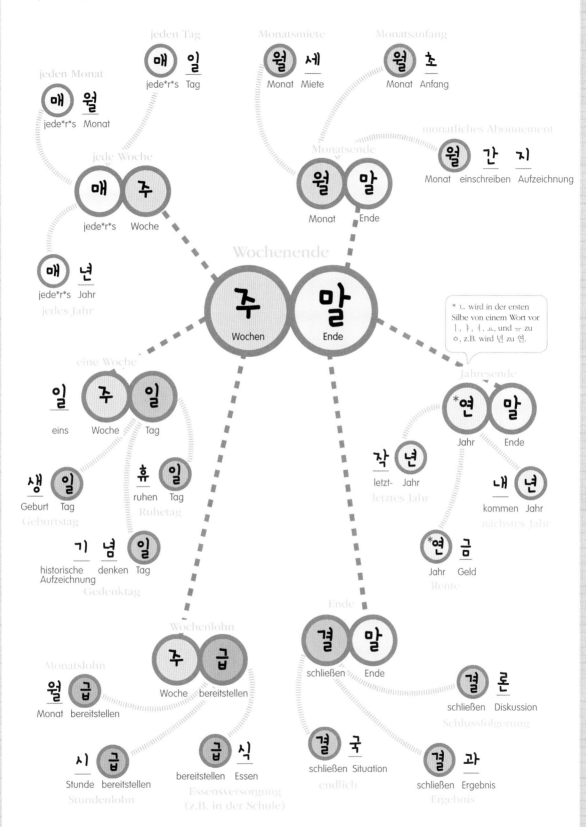

jeden Monat

매 월
jede*r*s Monat

jeden Tag

매 일
jede*r*s Tag

Monatsmiete

월 세
Monat Miete

Monatsanfang

월 초
Monat Anfang

monatliches Abonnement

월 간 지
Monat einschreiben Aufzeichnung

jede Woche

매 주
jede*r*s Woche

Monatsende

월 말
Monat Ende

매 년
jede*r*s Jahr
jedes Jahr

Wochenende

주 말
Wochen Ende

* ㄴ wird in der ersten Silbe von einem Wort vor ㅣ, ㅑ, ㅕ, ㅛ, und ㅠ zu ㅇ, z.B. wird 년 zu 연.

eine Woche

일 주 일
eins Woche Tag

Jahresende

*연 말
Jahr Ende

작 년
letzt- Jahr
letztes Jahr

내 년
kommen Jahr
nächstes Jahr

생 일
Geburt Tag
Geburtstag

휴 일
ruhen Tag
Ruhetag

*연 금
Jahr Geld
Rente

기 념 일
historische denken Tag
Aufzeichnung
Gedenktag

Ende

결 말
schließen Ende

결 론
schließen Diskussion
Schlussfolgerung

Monatslohn

월 급
Monat bereitstellen

Wochenlohn

주 급
Woche bereitstellen

결 국
schließen Situation
endlich

결 과
schließen Ergebnis
Ergebnis

시 급
Stunde bereitstellen
Stundenlohn

급 식
bereitstellen Essen
Essensversorgung
(z.B. in der Schule)

Englische Wörter im Koreanischen

Viele Fremdwörter im Koreanischen stammen aus dem Englischen, und viele englische Ausdrücke wurden verändert, um sie ins Koreanische zu übertragen. Da sich die Aussprache oder der Sprachgebrauch stark vom Englischen unterscheiden kann, ist es manchmal schwierig, die Bedeutung zu verstehen, aber denken Sie daran, dass Sie diese Wörter mit der koreanischen Aussprache aussprechen müssen, damit Koreaner sie verstehen.

- 하다 **an englische Nomen ergänzen**   **English Word + 하다**

하다 wird an viele Wörter ergänzt, die aus dem Westen kommen und kein passendes Wort im Koreanischen haben. Typische Beispiele sind 컴퓨터 (Computer), 인터넷 (Internet), 이메일 (Email), 게임 (Game) und 블로그 (Blog). Verben wie 컴퓨터하다, 인터넷하다, 이메일하다, 게임하다 und 블로그하다 sind vor kurzem aufgekommen, um die Nutzung dieser Objekte auszudrücken. 하다 kann auch an ursprünglich westliche Konzepte ergänzt werden, die nicht unbedingt mit moderner Technologie verbunden sind, aber alltäglich sind, wie 데이트 (Date), 드라이브 (Drive, mit dem Auto eine Rundfahrt machen) und 쇼핑 (Shoppen), um Verben wie 데이트하다, 드라이브하다 und 쇼핑하다 zu bilden.

- 하다 **an englische Adjektive ergänzen**

Es gibt einige englische Adjektive, die von Koreanern verwendet werden, um Menschen oder Objekte zu beschreiben, obwohl sie nicht als Standardkoreanisch gelten. Dies sind gemischte, englisch-koreanische Ausdrücke, die englische Wörter wie „tough", „sexy", und „luxury" mit 하다 kombinieren, um Adjektive wie 터프하다 (tough sein), 섹시하다 (sexy sein), und 럭셔리하다 (luxuriös sein) zu bilden. Weil diese englischen Adjektive wie Nomen behandelt werden, kann an sie ähnlich wie oben 하다 angehängt werden, um aus diesen Nomen Verben zu bilden.

- **gekürzte Wörter**

Diese Wörter sind Verkürzungen von langen, englischen Wörtern. Die meisten von ihnen beziehen sich auf Objekte die aus dem Ausland kommen. Beispiele sind „air conditioner (Klimaanlage)" oder „remote control (Fernbedienung)", die zu lang sind, sodass Silben weggelassen werden und Wörter verkürzt zu 에어컨 und 리모컨 werden. „Apartment" wird gekürzt zu 아파트 und „accelerator (Pedal)" bei einem Fahrzeug wird zu 액셀. Obwohl Koreaner viele englische Wörter benutzen, sind solche mit mehr als fünf Buchstaben schwer auszusprechen und auch zu lang, um sie im Koreanischen zu benutzen.

- **Beispiele mit neuen Wörtern „Konglish"**

Es gibt viele Beispiele von Wörtern, die Kürzungen von ursprünglich englischen Wörtern sind. Interessant an diesen Wörtern ist, dass es viele Koreaner gibt, die sich nicht der Tatsache bewusst sind, dass viele dieser Wörter mit dieser Bedeutung in englischsprachigen Ländern nicht benutzt werden. Versuchen Sie, sich an diese Wörter zu erinnern, da es ansonsten schwierig wird zu verstehen, worüber Koreaner sprechen.

- 핸드폰**(hand phone → Handy)**이 고장 나서 에이에스**(AS: after service → Kundendienst)** 맡겼어.
  Weil mein Handy kaputt ist, habe ich es (zur Reparatur) beim Kundendienst abgegeben.
- 아이쇼핑**(eye shopping → Schaufenster bummeln)**하러 명동에 갔는데 유명한 배우를 만나서 사인**(sign → Autogramm)**받았어.
  Ich bin zum Bummeln nach Myeongdong gegangen, als ich einen berühmten Schauspieler dort sah und sein Autogramm bekam.
- 원샷**(one shot)**합시다. Auf Ex!
- 파이팅**(fighting)!** Viel Glück! (an jemanden vor einem Ereignis)

Kapitel 03

약속
Verabredungen

Ziele
- über eigene Vorlieben sprechen
- Ideen vorschlagen
- sich verabreden
- Begründungen
- Verabredungen verschieben
- Verabredungen absagen
- freundlich Gespräche anfangen
- Meinung ändern

Grammatik

❶ -(으)ㄹ까요? „Soll ich/Wollen wir…?"

  -(으)ㄴ/는 것 Nomen aus Verben bilden

❷ -아/어서 „weil"

  -기로 하다 „sich entscheiden, zu…"

❸ -(으)니까 „weil"

  -는 게 Strukturen mit - 는 것: -는 게 어때요? „Wie wäre es…?"

    -는 게 좋겠어요 „Es wäre gut, zu…"

-(으)ㄹ까요? „Soll ich/Wollen wir…?"

KT
S. 304, 306

A 차 한 잔 마실까요?
Wollen wir einen Tee trinken?

B 좋아요.
Gerne.

-(으)ㄹ까요? wird verwendet, um Zuhörende nach deren Absicht zu fragen oder um etwas vorzuschlagen. Es kann verwendet werden, um eine Idee höflich vorzuschlagen, dafür wird der Ausdruck -(으)ㄹ까요? an den Verbstamm gehängt und die Intonation steigt am Satzende.

- A 오늘 저녁에 만날까요? Wollen wir uns heute Abend treffen?
  B 좋아요. 저녁에 만나요. Gut. Treffen wir uns am Abend.

- A 내일 같이 점심 먹을까요? Wollen wir morgen zusammen zu Mittag essen?
  B 미안해요. 내일은 시간이 없어요. Es tut mir Leid. Morgen habe ich keine Zeit.

-(으)ㄴ/는 것 Nomen aus Verben oder Adjektiven bilden mit ▶ Anhang S. 264

KT
S. 307

A 취미가 뭐예요?
Was ist Ihr Hobby?

B 제 취미는 여행 기념품을 모으는 것이에요.
Mein Hobby ist das Sammeln von Reisesouvenirs.

-(으)ㄴ/는 것 hat die Funktion, Nomen aus Verben, Adjektiven oder Phrasen zu bilden, wenn sie sich in einem Subjekt, Objekt oder einer anderen Position eines Satzes befinden, in dem Nomen vorkommen können. -는 것 wird an Verben in der Gegenwartsform, -(으)ㄴ 것 an Verben in der Vergangenheitsform und -(으)ㄴ 것 an Adjektive ergänzt. In Umgangssprache wird die Form 것이 mit der Subjektpartikel oft zu 게 gekürzt und die Form 것은 mit der Topikpartikel zu 건. Außerdem wird in der gesprochenen Sprache 것이에요 wird zu 거예요 gekürzt.

- 한국 문화를 이해하는 것이 한국 생활에서 중요해요.
  Um die koreanische Kultur zu verstehen, ist es wichtig in Korea zu leben.

- 제가 만든 것보다 동생이 만든 게(= 것이) 더 맛있어요.
  Das Essen, das ich gemacht habe, schmeckt besser als das von meinem Bruder.

- 이것하고 똑같은 건(= 것은) 사지 마세요. Bitte kaufen Sie nicht das selbe wie dieses hier.

1 그림을 보고 '-(으)ㄹ까요?'를 사용하여 대화를 완성하세요.

(1)
A 오늘부터 휴가예요. 이번 주말에 같이 _____?

B 그래요. 같이 여행 가요.

(2)
A 좋은 식당을 알아요. 오늘 같이 _____?

B 미안해요. 벌써 식사했어요.

(3)
A 같이 영화 보고 싶어요. 제가 표를 _____?

B 아니에요. 이번에는 제가 표를 예매할게요.

(4)
A 좋은 음악이 있어요. 같이 음악을 _____?

B 좋아요. 같이 음악을 들어요.

2 다음에서 알맞은 답을 골라서 문장을 완성하세요.

사용하다	필요하다	전화하다	쉬다

(1) 밖에 나가지 마세요. 피곤하면 집에서 _____ 게 필요해요.

(2) 단어를 외우는 것보다 단어를 _____ 것이 더 어려워요.

(3) 한국어 공부할 때 가장 _____ 것은 자신감이에요.

(4) 이따가 저한테 _____ 것을 잊어버리지 마세요.

3 알맞은 답을 고르세요.

(1) 김치냉장고는 한국인들이 집집마다 많이 ⓐ 사용한 / ⓑ 사용하는 것이에요.

(2) 제가 졸업한 후 하고 ⓐ 싶은 / ⓑ 싶는 것은 세계 여행이에요.

(3) 어제 제가 ⓐ 본 / ⓑ 보는 것이 생각이 안 나요.

(4) 음식을 직접 만드는 ⓐ 게 / ⓑ 걸 사 먹는 것보다 훨씬 맛있어요.

(5) 주말에 집에서 혼자 음식을 만드는 ⓐ 게 / ⓑ 걸 좋아해요.

마크　리나 씨, 운동하는 것을 좋아해요?

리나　저는 직접 운동하는 것보다 운동 경기 보는 것을 더 좋아해요.

마크　그래요? 어떤 운동 경기를 자주 봐요?

리나　야구나 축구 같은 거 좋아해요.

마크　저도요. 그럼, 이번 주말에 같이 야구 경기 보러 갈까요?

리나　좋아요. 몇 시요?

마크　토요일 오후 2시 어때요?

리나　경기가 몇 시에 시작해요?

마크　6시 반에 시작해요.
　　　그러니까 같이 점심 먹고 시간 맞춰서 경기장에 가요.

리나　그래요. 2시에 어디에서 볼까요?

마크　종합운동장역 5번 출구에서 봐요.

리나　알겠어요. 표는 어떻게 할까요?

마크　표는 제가 예매할게요.

리나　그래요. 그럼, 그때 봐요.

Mark	Rina, magst du Sport?
Rina	Ich gehe lieber zu Sportveranstaltungen als selbst Sport zu machen.
Mark	Wirklich? Welchen Sport siehst du dir an?
Rina	Ich mag Sportarten wie Baseball oder Fußball.
Mark	Ich auch. Möchtest du am Wochenende mit mir ein Baseballspiel sehen?
Rina	Gerne. Um wie viel Uhr?
Mark	Wie wäre Samstag um 14 Uhr?
Rina	Wann fängt das Spiel an?
Mark	Es fängt um 18:30 an. Lass uns zuerst gemeinsam Mittag essen und dann zum Stadion gehen, bevor das Spiel anfängt. (wtl. Lass uns also gemeinsam Mittag essen und dann rechtzeitig zum Stadium gehen.
Rina	Gerne. Wo sollen wir uns um 14 Uhr treffen?
Mark	Lass uns uns am Ausgang 5 bei der Haltestelle Sports Complex treffen.
Rina	Gerne. Wie machen wir das mit den Tickets?
Mark	Ich reserviere die Tickets.
Rina	Okay. Dann bis dann.

Neue Wörter ▸ S. 326

직접 ｜ 경기 ｜ 시간 맞추다 ｜ 출구 ｜ 예매하다

Neue Redewendungen ▸ S. 326

• 야구나 축구 같은 거 좋아해요.
• 오후 2시 어때요?
• 그때 봐요.

🔍 Tipps

1 Beispiele geben

Wenn man Beispiele für das, worüber man spricht gibt, werden die Beispiele vor dem Thema gegeben.

• 저는 과자 **같은 거** 안 좋아해요.
　Ich mag kein Gebäck wie Kekse.

• 불고기나 갈비 **같은 것**을 자주 먹어요.
　Ich esse oft Gerichte wie Bulgogi oder Galbi.

• 경복궁, 인사동 **같은 곳**에 가고 싶어요.
　Ich möchte zu Orten wie dem Gyeongbokgung und Insadong gehen.

2 Die zwei Bedeutungen von 그래요

In diesem Dialog drückt das erste 그래요? Überraschung bezüglich der Aussage des anderen Sprechers aus, während das zweite 그래요 die Annahme des Vorschlags ausdrückt.

• **그래요?** 저는 그 사실을 몰랐어요.
　Wirklich? Ich wusste es nicht.

• **그래요.** 같이 밥 먹어요.
　Ok. Essen wir zusammen.

❶ Ausdrücke mit dem Wort „Zeit"

- 15분(이) 지났어요.
  15 Minuten sind vergangen.
- 15분(이) 남았어요.
  Es sind noch 15 Minuten übrig.

- 7시가 넘었어요.
  Es ist nach 7 Uhr.
- 7시가 안 됐어요.
  Es ist noch nicht 7 Uhr.

- 약속 시간까지 30분 **남았으니까** 시간은 충분해요. 서두르지 마세요.
  Bis zur Verabredung sind es noch 30 Minuten, daher ist noch genug Zeit. Hetzen Sie sich nicht.

- 약속 시간이 15분 **지났어요.** 서둘러도 이미 늦었어요. 시간이 부족해요. Seit der Verabredung sind 15 Minuten vergangen.
  Selbst wenn Sie sich beeilen, sind Sie zu spät. (Sie) haben nicht genug Zeit.

- 벌써 7시가 **넘었으니까** 아마 회의가 끝났을 거예요. Es ist schon nach 19 Uhr, daher ist das Meeting wahrscheinlich schon vorbei.

- 아직 7시도 **안 됐으니까** 한참 기다려야 할 거예요. Es ist noch nicht 7, daher müssen wir noch ein bisschen warten.

❷ Redewendungen mit dem Wort „Zeit"

- 시간이 나다 Zeit haben
- 시간을 보내다 Zeit verbringen
- 시간을 절약하다 (= 아껴 쓰다) Zeit einteilen (= Zeit sparen)
- 시간을 내다 Zeit nehmen
- 시간을 쓰다 Zeit nutzen
- 시간을 낭비하다 Zeit verschwenden

- 오랜만에 휴가지요? 즐거운 **시간을 보내세요.**
  Es ist schon eine Weile her, dass Sie im Urlaub waren, oder? Ich wünsche ihnen viel Spaß.

- **시간이** 안 **나겠지만** 내일 잠깐이라도 **시간을 내** 보세요.
  Obwohl Sie nicht viel Zeit haben, versuchen Sie bitte, wenn auch nur kurz, sich morgen Zeit zu nehmen.

- 시간은 되돌아오지 않아요. 이렇게 **시간을 낭비하지** 말고 **아껴 쓰세요.**
  Die Zeit kommt nicht zurück.Verschwenden Sie ihre Zeit nicht so und teilen Sie sich sie ein.

❸ Zeitausdrücke für Verabredungen

- 시간 맞춰 오다
  pünktlich ankommen
- (다른 사람)하고 시간을 맞추다
  den Zeitplan (auf eine andere Person) abstimmen
- 시간을 늦추다
  die Zeit verschieben   18.00 20.00 Zeit

- 정각에 오다
  genau pünktlich ankommen
- (다른 사람)하고 시간이 맞다
  es passt zeitlich (mit einer anderen Person)
- 시간을 앞당기다
  Die Zeit vorziehen/vorverlegen   17.00 18.00 Zeit

- 딱 **시간 맞춰** 왔어요. 영화가 곧 시작할 거예요. Wir sind pünktlich angekommen. Der Film fängt bald an.

- 사장님은 항상 회의 시작 **정각에** 오세요.
  Der Geschäftsführer kommt immer pünktlich, wenn das Meeting anfängt.

- 친구하고 **시간이 안 맞아서** 퇴근 **시간을 앞당겼지만** 결국 못 만나게 됐어요.
  Weil mein Zeitplan nicht zu dem meines Freundes passte, habe ich
  früher Feierabend gemacht, aber wir konnten uns letztendlich nicht treffen.

- 친구하고 퇴근 **시간을 맞춰** 만나려고 했지만 일이 안 끝나서
  약속을 2시간 후로 **늦췄어요.**
  Ich wollte meinen Feierabend auf meinen Freund abstimmen und ihn
  treffen, musste das Treffen aber um zwei Stunden verschieben,
  weil (ich mit der) Arbeit nicht fertig war.

💡 Wichtige Redewendungen

- 밤 11시가 넘어서 도착했어요.
  Ich bin abends nach 23 Uhr
  angekommen.
- 아침 8시도 안 돼서 도착했어요.
  Ich bin noch vor 8 Uhr morgens
  angekommen.
- 아침 9시에 맞춰서 도착했어요.
  Ich bin um Punkt 9 Uhr am Morgen
  angekommen.

Grammatik ❷

-아/어서 „weil"

KT S. 303

A 왜 늦게 왔어요?
Warum sind Sie zu spät gekommen?

B 길이 막혀서 늦게 왔어요.
Ich bin zu spät gekommen, weil es Stau gab.

-아/어서 drückt ein Ereignis oder eine Situation als Ursache aus. -아/어서 steht in dem Grund angebenden Nebensatz, der dem Hauptsatz mit der Folge vorausgeht. -아/어서 wird an den Stamm von Verben und Adjektiven gehängt. Wenn -아/어서 an 이다 gehängt wird, ändert sich die Form zu -(이)라서. -아/어서 kann nicht mit -았/었- oder -겠- kombiniert werden.

- 요즘 바빠서 운동을 못 해요. (= 요즘 바빠요. 그래서 운동을 못 해요.)
  Ich kann zur Zeit keinen Sport machen, weil ich beschäftigt bin. (= Ich bin beschäftigt. Deshalb kann ich keinen Sport machen.)

- 어제 시간이 없어서 전화 못 했어요. Ich konnte dich nicht anrufen, weil ich keine Zeit hatte.

- 반찬이 무료라서 처음에 깜짝 놀랐어요. Ich war zuerst etwas überrascht, weil die Beilagen umsonst waren.

-기로 하다 „sich entscheiden, zu…"

KT S. 300

A 리나 씨하고 무슨 얘기를 했어요?
Worüber haben Sie mit Rina gesprochen?

B 아침마다 같이 운동하기로 했어요.
Wir haben uns entschieden, jeden Morgen zusammen Sport zu machen.

-기로 하다 wird verwendet, wenn der Sprecher dem Gesprächspartner etwas versprochen hat oder sich entschieden hat, etwas zu tun. -기로 하다 wird an den Verbstamm gehängt. Anstelle von 하다 können auch Verben wie 약속하다, 결정하다 (oder 정하다) oder 결심하다 benutzt werden. -기로 했다 kann verwendet werden, wenn die Entscheidung vor dem Gespräch getroffen wurde, aber -기로 하다 wird verwendet, wenn die Entscheidung zum Zeitpunkt des Gesprächs getroffen wird.

- 이번에 회사를 그만두기로 결정했어요. Dieses Mal habe ich mich entschieden, bei der Firma zu kündigen.

- 건강을 위해서 담배를 끊기로 결심했어요.
  Für meine Gesundheit habe ich mich entschieden, mit dem Rauchen aufzuhören.

- 우리 이제부터 서로에게 거짓말하지 않기로 해요. Wir haben abgemacht, von nun an nicht anzulügen.

1 알맞은 답을 고르세요.

(1) 점심을 ⓐ 먹어서 / ⓑ 못 먹어서 너무 배고파요.

(2) 색이 마음에 ⓐ 들어서 / ⓑ 안 들어서 물건을 바꾸고 싶어요.

(3) 스트레스를 많이 ⓐ 받아서 / ⓑ 받지 않아서 회사를 그만뒀어요.

(4) 한국 역사에 관심이 ⓐ 있어서 / ⓑ 없어서 역사 책을 샀어요.

(5) 지난주에 늦게까지 ⓐ 일해서 / ⓑ 일했어서 이번 주에 일찍 집에 가요.

(6) 요즘 많이 살이 ⓐ 쪄서 / ⓑ 쪘어서 운동을 시작할 거예요.

2 다음에서 알맞은 답을 골라서 '-아/어서'를 사용하여 문장을 완성하세요.

성격이 안 맞다

배터리가 다 되다

문법 질문이 있다

자판기가 고장 나다

갑자기 다른 일이 생기다

(1) _____ 약속을 취소했어요.

(2) _____ 음료수를 못 샀어요.

(3) _____ 지금 충전하고 있어요.

(4) _____ 여자 친구하고 헤어졌어요.

(5) _____ 친구한테 전화해서 문법에 대해 물어보려고 해요.

3 보기 와 같이 '-기로 하다'를 사용하여 문장을 완성하세요.

> 마크 내일 7시에 만나요.
> 리나 좋아요.

보기 리나하고 내일 7시에 <u>만나기로</u> 했어요.

> 이제부터 매일 꼭 운동할 거예요.

(1) 이제부터 매일 꼭 _____ 결심했어요.

> 앞으로 한국어를 열심히 공부할 거예요.

(2) 앞으로 한국어를 열심히 _____ 마음 먹었어요.

> 진수 미안해요. 앞으로 늦지 않을게요.
> 리나 알겠어요.

(3) 진수가 리나한테 앞으로 _____ 약속했어요.

> 유키 휴가 때 같이 여행 갈까요?
> 링링 그래요. 같이 가요.

(4) 휴가 때 친구하고 같이 _____ 정했어요.

케빈	여보세요. 저 케빈인데요.
유키	안녕하세요. 케빈 씨, 그런데 웬일이에요?
케빈	우리 다음 주 금요일 7시에 만나기로 했죠?
유키	네, 그런데 왜요?
케빈	그날 회사에 일이 생겨서 7시까지 못 가요.
유키	그럼, 몇 시까지 올 수 있어요?
케빈	글쎄요, 잘 모르겠어요. 혹시 약속을 다른 날로 미룰 수 있어요?
유키	어떡하죠? 다른 사람들한테 벌써 다 연락해서 지금 약속을 바꿀 수 없어요.
케빈	그렇군요. 그럼, 미안하지만 저는 이번에 못 가요.
유키	알겠어요. 다음에 만나기로 해요.
케빈	그래요. 다른 사람들한테도 안부 전해 주세요.
유키	그럴게요. 다음에 봐요.
케빈	네, 끊을게요.

Kevin	Hallo. Hier ist Kevin.
Yuki	Hallo, Kevin. Was ist los?
Kevin	Wir hatten abgemacht, uns nächsten Freitag um 19 Uhr zu treffen, oder?
Yuki	Ja, warum?
Kevin	Ich schaffe es an dem Tag nicht um 19 Uhr, weil etwas bei der Arbeit passiert ist.
Yuki	Um wie viel Uhr können Sie denn?
Kevin	Mh, ich weiß es nicht. Können wir das Treffen auf einen anderen Tag verschieben?
Yuki	Was sollen wir machen? Ich hab schon alle anderen kontaktiert, sodass ich das Treffen nicht verschieben kann.
Kevin	Ach so. Dann kann ich leider diesmal nicht kommen.
Yuki	Alles klar. Lassen Sie uns ein anderes Mal treffen.
Kevin	Okay. Bitte richten Sie den anderen Grüße von mir aus.
Yuki	Das mache ich. Bis zum nächsten Mal.
Kevin	Ja, tschüss.

Neue Wörter ▸ S. 326

그날 | 일이 생기다 | 혹시 | (약속을) 미루다
| 벌써 | 바꾸다 | 안부 | 전하다

Neue Redewendungen ▸ S. 326

• 웬일이에요?
• 안부 전해 주세요.
• 끊을게요.

💡 Tipps

1 Die Partikel 까지: „bis"

Die Partikel 까지 drückt das Ende einer Zeit oder eines Raumes aus („bis"). Für zeitliche Angaben wird 부터 … 까지 (von-bis) verwendet und für räumliche Angaben wird 에서 … 까지 (von-bis) verwendet.

• 월요일부터 금요일**까지** 문을 열어요.
  Von Montag bis Freitag ist geöffnet.

• 다음 주 월요일**까지** 숙제를 내세요.
  Reichen Sie bis nächste Woche Montag die Hausaufgaben nach.

• 오늘 7시**까지** 회사에 있을 거예요.
  Ich bin heute bis 19:00 Uhr in der Firma.

• 여기**까지** 해야 해요. Bis hier hin muss es erledigt werden.

2 Die Verwendung der Partikel 도

Die Partikel 도 kann nicht mit der Subjektpartikel 이/가 oder der Objektpartikel 을/를 verwendet werden, wohl aber mit anderen Markierungen (z.B. 에, 에서, 한테, usw.). In diesen Fällen wird 도 ganz am Ende ergänzt.

• 영화**도** 좋아하고 음악**도** 좋아해요.
  〔을/를 wird ausgelassen.〕
  Ich mag Filme, und ich mag auch Musik.

• 다음 주말에**도** 다시 올게요.
  Ich komme auch nächstes Wochenende wieder.

• 동생한테**도** 말하지 마세요.
  Sagen Sie auch meiner jüngeren Schwester nichts.

❶ Verabredungen: Aktive und passive Redewendungen

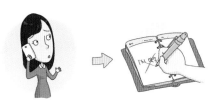

- 약속을 잡다 / 약속이 잡히다
  eine Verabredung treffen / eine Verabredung wird getroffen

- 약속을 바꾸다 / 약속이 바뀌다
  eine Verabredung ändern / eine Verabredung wird geändert

- 약속을 취소하다 / 약속이 취소되다
  eine Verabredung absagen / eine Verabredung wird abgesagt

- 약속을 미루다 (= 연기하다) / 약속이 미뤄지다 (= 연기되다)
  eine Verabredung verschieben / eine Verabredung wird verschoben

- 약속 시간을 늦추다 / 약속 시간이 늦춰지다
  der Zeitpunkt der Verabredung wird auf später verlegt / der Zeitpunkt der Verabredung wird auf später verlegt

- 약속 시간을 앞당기다 / 약속 시간이 앞당겨지다
  den Zeitpunkt der Verabredung vorverlegen / der Zeitpunkt der Verabredung wird vorverlegt

- 수요일에 만나기로 **약속 잡았는데**, 갑자기 일이 생겨서 **약속을 바꿨어요.** Ich habe mich am Mittwoch verabredet, aber es ist plötzlich etwas dazwischen gekommen, sodass ich meine Verabredung ändern muss.

- 친구와 영화 보기로 했는데 시간이 안 맞아서 약속을 **취소했어요.**
  Ich wollte mit einem Freund einen Film ansehen, aber unser Zeitplan passte nicht, sodass ich die Verabredung absagen musste.

- 금요일 **약속을** 일요일로 **미룰** 수 있어요? 아니면 수요일로 **앞당길** 수 있어요?
  Können wir unsere Verabredung am Freitag auf Sonntag verschieben? Oder können wir unser Treffen auf Mittwoch vorverlegen?

❷ Verben mit dem Wort „Verabredung"

- 약속을 확인하다 eine Verabredung prüfen
- 약속을 지키다 eine Verabredung einhalten
- 약속이 겹치다 eine Verabredung überschneidet sich
- 약속을 어기다 eine Verabredung nicht einhalten

- **약속을 확인**하니까 금요일에 **약속 두 개가 겹쳤어요.** 그래서 약속 한 개를 취소했어요.
  Nachdem ich meine Verabredungen geprüft habe, habe ich festgestellt, dass sich am Freitag zwei Verabredungen überschneiden. Deshalb habe ich eine abgesagt.

- **약속을 안 지키는** 사람은 그다음에도 계속 **약속을 어길** 거예요. 기대하지 마세요.
  Eine Person, die Verabredungen nicht einhält, wird sie später auch nicht einhalten. Erwarten Sie nichts.

❸ 잘못: einen Fehler ausdrücken

- 약속 시간을 잘못 알다 die Zeit (der Verabredung) nicht richtig wissen
- 약속 장소를 잘못 듣다 den Ort der Verabredung falsch hören
- 약속 날짜를 잘못 보다 das Datum der Verabredung falsch sehen

- 제가 3시 약속을 4시로 **잘못 알아서** 친구가 저를 오래 기다렸어요. Mein Freund hat lange auf mich gewartet, weil ich die Zeit nicht richtig wusste und dachte, dass wir uns um 16 Uhr statt um 15 Uhr treffen.

- 약속 장소를 **잘못 들어서** 다른 데로 갔어요. Ich ging zu einem anderen Ort, weil ich falsch gehört habe, wo wir uns treffen.

❹ Adverbien für Zeitdauer

- 잠깐 einen Moment
- 한참 eine Weile
- 오래 eine lange Zeit

Zeit nimmt zu

- 친구를 **한참** 기다렸는데 친구가 오지 않아요.
  Ich habe eine Weile gewartet, aber meine Freundin ist nicht gekommen.

💡 **Wichtige Redewendungen**

- 아직 시간 남았어요. 천천히 하세요.
  Es ist noch genug Zeit. Lassen Sie sich Zeit.

- 벌써 시간이 다 됐네요. 서두르세요.
  Die Zeit ist schon abgelaufen. Beeilen Sie sich!

Grammatik ❸

-(으)니까 „weil"

▶ Anhang S. 264 KT S. 305

A 약속 시간에 늦었어요. 어떡하죠?
Wir sind zu spät zu unserer Verabredung.
Was sollen wir machen?

길이 막히니까
지하철로 갑시다.

B 길이 막히니까 지하철로 갑시다!
Lassen Sie uns die U-Bahn nehmen, weil es Stau gibt!

Der Ausdruck -(으)니까, der an dieser Stelle vorgestellt wird, wird benutzt, um einen Grund oder eine Grundlage für eine Situation auszudrücken. -(으)니까 wird an den Stamm von Verben, Adjektiven und -이다 gehängt. Der Ausdruck kann auch mit -았/었- kombiniert werden. Auch der Ausdruck -아/어서 kann verwendet werden, um einen Grund auszudrücken, wird aber nicht nicht verwendet, wenn der Satz mit einer Aufforderung oder einem Vorschlag endet. In solchen Situationen muss -(으)니까 verwendet werden.

- 오늘 수업이 없으니까 학교에 안 갔어요. Da heute kein Unterricht ist, gehe ich nicht zur Schule.

- 여기는 도서관이니까 음식을 가지고 들어가면 안 돼요.
  Da hier eine Bibliothek ist, ist es nicht erlaubt Essen mit hineinzunehmen.

- 회의가 끝났으니까 같이 식사하는 게 어때요? Da das Meeting vorbei ist, wie wäre es zusammmen zu essen?

-는 게 Strukturen mit -는 것: -는 게 어때요? „Wie wäre es... ?"
-는 게 좋겠어요 „Es wäre gut zu..."

▶ Anhang S. 265 KT S. 301

A 같이 선물하는 게 어때요?
Wie wäre es, zusammen (etwas) zu schenken?

새라 + 진우

새라 진우

B 제 생각에는 따로 선물하는 게 좋겠어요.
Ich denke, es wäre gut getrennt (etwas) zu schenken.

Hier werden zwei Arten der Verwendung von -는 게 eingeführt. Beim ersten Ausdruck wird -는 게 어때요? verwendet, um einen höflichen Vorschlag zu machen. Der zweite Ausdruck -는 게 좋겠다 drückt die subjektive Meinung der sprechenden Person aus. Er wird in der Regel verwendet, um die persönliche Meinung der Sprechenden auszudrücken oder einen höflichen Ratschlag zu geben. Beide Ausdrücke werden an den Verbstamm gehängt.

- 그 사람과 먼저 얘기를 하는 게 어때요? Wie wäre es, mit dieser Person zuerst zu sprechen?

- 건강을 위해서 담배를 피우지 않는 게 좋겠어요. Für die Gesundheit wäre es gut, nicht Zigaretten zu rauchen.

- 계속 비가 오니까 오늘 약속은 취소하는 게 좋겠어요. Da es weiter regnet, wäre es gut, die Verabredung abzusagen.

1 알맞은 답을 고르세요.

(1) 배가 ⓐ 고파서 / ⓑ 고프니까 일단 식사부터 할까요?

(2) 어제 ⓐ 바빠서 / ⓑ 바쁘니까 전화 못 했어요.

(3) 친구가 안 ⓐ 와서 / ⓑ 오니까 연락해 보는 게 어때요?

(4) 작년에 여행 안 ⓐ 갔어서 / ⓑ 갔으니까 올해에 여행 가고 싶어요.

(5) 친구가 벌써 일을 다 ⓐ 해서 / ⓑ 하니까 저는 하나도 일을 안 했어요.

(6) 정시에 ⓐ 출발해서 / ⓑ 출발하니까 늦게 오지 마세요.

2 다음에서 알맞은 답을 골라서 '-(으)니까'를 사용하여 대화를 완성하세요.

보다 　　맛있다 　　끝나다 　　불편하다 　　잠이 들다

(1) A 왜 비싼 식당에 가요?

　　B 비싸지만 ＿＿＿＿＿＿＿＿＿＿＿＿＿＿ 그 식당에 가끔 가요.

(2) A 왜 높은 구두를 안 신어요?

　　B 높은 구두는 ＿＿＿＿＿＿＿＿＿＿＿＿＿＿ 보통 편한 신발을 신어요.

(3) A 이 영화를 볼까요?

　　B 이 영화는 벌써 ＿＿＿＿＿＿＿＿＿＿＿＿ 다른 영화 봅시다.

(4) A 음악 소리를 키울까요?

　　B 아이가 조금 전에 ＿＿＿＿＿＿＿＿＿＿＿ 음악 소리를 줄여 주세요.

(5) A 회의실에 들어갈까요?

　　B 아직 회의가 ＿＿＿＿＿＿＿＿＿＿＿＿＿ 지금은 회의실에 들어가지 마세요.

3 문장을 완성하도록 알맞은 것끼리 연결하세요.

(1) 비가 올 수도 있으니까　　•　　　　• ⓐ 조금 일찍 출발하는 게 어때요?

(2) 요리 솜씨가 좋지 않으니까　•　　　• ⓑ 우산을 가져가는 게 좋겠어요.

(3) 길이 막힐 수도 있으니까　　•　　　• ⓒ 저녁에 커피를 마시지 않는 게 좋겠어요.

(4) 잠이 안 올 수도 있으니까　　•　　　• ⓓ 식사는 밖에서 사 먹는 게 좋겠어요.

🎙 Dialog ❸

민호	오늘 저녁에 같이 뭐 좀 먹으러 가요.
새라	그래요. 그런데 뭐 먹을까요?
민호	우리 회사 근처에 한정식 집이 있어요. 값도 적당하고 음식도 맛있으니까 거기 가는 게 어때요?
새라	좋아요. 몇 시요?
민호	저녁 7시쯤 어때요?
새라	제가 7시 넘어서 일이 끝나요. 좀 더 늦게 저녁 먹는 건 어때요?
민호	저는 언제든지 괜찮아요. 새라 씨는 몇 시가 좋아요?
새라	보통 7시 30분쯤 일이 끝나니까 8시 이후에 보는 게 좋겠어요.
민호	그래요. 넉넉하게 8시 반으로 예약할게요.
새라	어디에서 봐요?
민호	제가 오늘 차를 가지고 왔으니까 새라 씨를 데리러 갈까요?
새라	그러면 좋지요. 일이 끝나고 바로 연락할게요.
민호	전 괜찮으니까 서두르지 마세요.
새라	네, 이따가 봐요.

Minho	Lassen Sie uns heute Abend etwas zusammen essen gehen.
Sarah	Okay. Was sollen wir essen?
Minho	Es gibt ein koreanisches Restaurant in der Nähe meines Arbeitsplatzes. Die Preise sind angemessen und das Essen ist gut. Wie wäre es dorthin zu gehen?
Sarah	In Ordnung. Um wie viel Uhr?
Minho	Wie wäre es so um 19 Uhr?
Sarah	Ich mache um 19 Uhr Feierabend. Wie wäre es ein bisschen später zu essen?
Minho	Mir ist jede Zeit recht. Wann ist es Ihnen recht, Sarah?
Sarah	Ich arbeite normalerweise bis 19:30. Daher ist mir jede Zeit nach 20 Uhr recht.
Minho	Okay. Sicherheitshalber reserviere ich mal für 20:30 Uhr (wtl. Ich reserviere für 20:30 Uhr, damit wir genug Zeit haben.)
Sarah	Wo sollen wir uns treffen?
Minho	Heute bin ich mit dem Auto gekommen, soll ich Sie abholen?
Sarah	Das wäre toll, wenn Sie das tun würden. Ich rufe Sie sofort an, wenn ich mit der Arbeit fertig bin.
Minho	Das ist schon ok (für mich), Sie müssen sich nicht beeilen.
Sarah	Gut, bis später.

Neue Wörter ▸ S. 326

뭐 | 한정식 | 값 | 적당하다 | 넘어서 | 언제든지 | 이후 | 넉넉하게 | 가지고 오다 | 데리러 가다 | 연락하다 | 서두르다

Neue Redewendungen ▸ S. 327

• 저는 언제든지 괜찮아요.
• 그러면 좋지요.
• 서두르지 마세요.

🌐 Tipps

1 Die zwei Bedeutungen von 뭐

In diesem Dialog bezieht sich das erste 뭐 auf ein unspezifisches Objekt (etwas), während das zweite 뭐 ein Fragewort ist (was).

• **뭐** 좀 얘기할 게 있어요.
  Wir haben über etwas zu reden.

• **뭐** 얘기했어요? Was haben Sie besprochen?

2 Arten um Adjektive/Adverbien zu verbinden

-고 wird verwendet, um zwei Adjektive oder Adverbien mit der Bedeutung „und" zu verbinden.

• 예쁘고 멋있는 (X) → 예쁘**고** 멋있**는** 여자 (O)
  hübsch und gut aussehende Frau

• 친절하게 하고 예의 있게 (X) → 친절하**고** 예의 있**게** 말했어요. (O)
  Ich habe es freundlich und höflich gesagt.

Zusätzlicher Wortschatz

1 zwei Bedeutungen von 뭐/누가/어디/언제

	Fragewort	Indefinite Bedeutung (-ㄴ가 vermittelt Unsicherheit)	
뭐/무엇	**뭐** 먹을래요? **Was** möchten Sie essen?	얼굴에 **뭐가** 났어요. **Etwas** im Gesicht haben.	**뭔가** 이상해요. **Etwas** ist komisch.
누가/누구	**누가** 골라서왔어요? **Wer** kam mich suchen?	**누가** 골라서왔어요. **Jemand** suchte wen.	**누군가** 밖에 있는 것 같아요. Ich glaube, dass **jemand** draußen ist.
어디	**어디가** 좋겠어요? **Wo** wäre es gut?	**어디** 가서 얘기 좀 해요. **Gehen wir irgendwohin** zum reden.	**어딘가**에서 소리가 나요. **Irgendwoher** kommt ein Geräusch.
언제	**언제** 모여요? **Wann** versammeln wir uns?	**언제** 한번 같이 가요. **Gehen wir irgendwann** einmal zusammen.	**언젠가** 다시 만날 수 있을 거예요. Wir können uns **irgendwann** wieder treffen.

2 die Bedeutungen von ähnlichen, zusammengesetzten Verben unterscheiden

1.

Gegenstand
가지러 가다 holen gehen

Person (normal)
데리러 가다 abholen gehen

Person (höflich)
모시러 가다 begleiten gehen

2.

Gegenstand
가지러 오다 holen kommen

Person (normal)
데리러 오다 abholen kommen

Person (höflich)
모시러 오다 begleiten kommen

3.

Gegenstand
가지고 가다
mitnehmen (etwas von Sprechenden weg)

Person (normal)
데리고 가다
mitnehmen (eine Person von Sprechenden weg)

Person (höflich)
모시고 가다
mitnehmen (eine Person von Sprechenden weg)

4.

Gegenstand
가지고 오다
mitbringen (etwas zu Sprechenden hin)

Person (normal)
데리고 오다
mitbringen (eine Person zu Sprechenden hin)

Person (höflich)
모시고 오다
mitbringen (als einen Gefallen für jemanden)

5.

Gegenstand
가져다주다
bringen (als einen Gefallen für jemanden)

Person (normal)
데려다주다
bringen (als einen Gefallen für jemanden)

Person (höflich)
모셔다드리다
begleiten (als einen Gefallen für jemanden)

6. 마중 나가다 für ein Treffen herausgehen
   (normalerweise, um jemanden abzuholen)

7. 마중 나오다 für ein Treffen herauskommen
   (normalerweise, um jemanden abzuholen)

8. 배웅하다 jemanden verabschieden

 Wichtige Redewendungen

- 언제든지 상관없어요. Egal zu welcher Zeit ist in Ordnung.
- 아무 때나 괜찮아요. Jederzeit ist in Ordnung.
- 편한 대로 하세요. Machen Sie, wie sie möchten.

☕ Lassen Sie uns sprechen!

Sprechstrategie ➤ **Vage Ausdrücke**

- 그런 편이에요. Ich neige dazu.
- 그때그때 달라요. Es hängt von der Zeit ab.
- 상황에 따라 달라요. Es hängt von der Situation ab.

다음 중 어떤 것이 더 좋아요? 왜 그렇게 생각하세요?

1 ☐ 내가 약속 시간과 약속 장소를 정한다.
   ☐ 친구가 약속 시간과 약속 장소를 정하게 한다.

   • 보통 언제 친구를 만나요? 얼마나 자주 만나요?
   • 어디에서 친구를 만나요? 보통 친구를 만나서 뭐 해요?

2 ☐ 나는 친구를 만나기 전에 미리 계획을 세운다.
   ☐ 나는 친구를 만나서 생각나는 대로 한다.

   • 공연이나 식당을 예약/예매를 할 때 보통 누가 해요?
   • 친구를 만나기 전에 좋은 장소를 미리 찾아요?

3 ☐ 나는 약속을 잘 바꾸지 않는다.
   ☐ 나는 약속을 잘 바꾸는 편이다.

   • 약속을 잘 바꾸는 것에 대해 어떻게 생각해요?
   • 언제 약속을 취소하거나 연기해 봤어요?

4 ☐ 약속 시간에 딱 맞춰서 나간다.
   ☐ 약속 시간보다 조금 일찍 나간다.

   • 약속에 늦었을 때 어떻게 변명해요?
   • 친구가 약속에 늦었을 때 어떻게 해요?

5 ☐ 친구 한 명씩 만나는 것을 좋아한다.
   ☐ 친구 여러 명을 함께 만나는 것을 좋아한다.

   • 왜 그렇게 해요?
   • 한 명 만날 때 뭐 해요? 여러 명을 만날 때 뭐 해요?

6 ☐ 친구를 만날 때 옷에 신경을 쓴다.
   ☐ 친구를 만날 때 옷에 신경을 쓰지 않는다.

   • 친구를 만날 때 어떤 것에 신경을 써요?
   • 친구를 만날 때 어떤 것에 신경을 안 써요?

7 ☐ 식사한 후 음식값을 반반씩 낸다.
   ☐ 친구와 돌아가면서 음식값을 낸다.

   • 친구와 만날 때 돈을 어떻게 내요?
   • 보통 돈을 얼마나 써요?

A 친구 만날 때 옷에 신경 써요?

B 상황에 따라 달라요. 친구와 좋은 식당에서 밥을 먹을 때는 옷에 신경을 써요. 하지만 보통 때는 편하게 입는 편이에요.

Neue Wörter

상황 Situation | 정하다 entscheiden | 미리 im Voraus | 변명하다 wie man denkt | 신경을 쓰다 sich bemühen, etwas aufmerksam machen

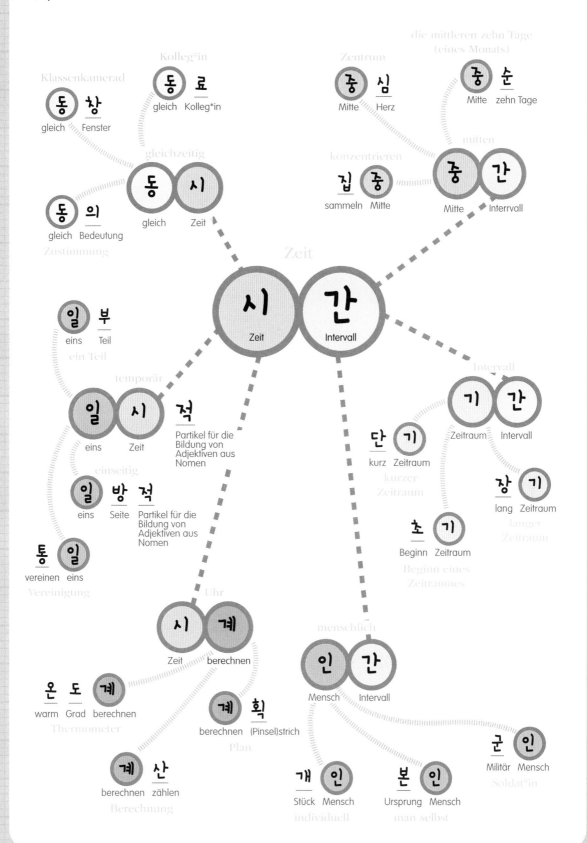

Redewendungen im Zusammenhang mit Warten

• 눈이 빠지게 bis die Augen ausfallen & 목이 빠지게 bis der Hals abfällt

Welche Bedeutung könnte 눈이 빠지게 oder 목이 빠지게 im Zusammenhang mit Warten haben? Diese Ausdrücke betonen die Anstrengung, die es bedeutet, lange auf jemanden zu warten. Sie leiten sich davon ab, dass man wartet, um jemanden am Eingang eines Dorfes zu begrüßen, und dabei starrt, bis einem „die Augen herausfallen", und den Hals reckt, um die Person zu suchen, die von weit her kommt, bis ihr „der Hals abfällt". Mit anderen Worten bedeutet es, dass man ängstlich wartet. Dieser Ausdruck drückt das Gefühl des Unbehagens aus, das die Menschen in der Vergangenheit hatten, als Nachrichten nicht so einfach per Telefon übermittelt werden konnten und man auf jemanden wartete, ohne das Versprechen, dass er oder sie jemals kommen würde. Er kann zum Beispiel verwendet werden, wenn man auf eine Mitteilung wartet, ob man die Prüfung für die Aufnahme an die Hochschule bestanden hat oder nicht, oder wenn man auf eine Nachricht wartet, ob ein Familienmitglied lebt oder verstorben ist.

• 바람맞다 versetzt werden

Wenn jemand, mit dem man sich verabredet hat, nicht kommt, kann 바람맞았다 verwendet werden. Was hat es mit dem „Wind" auf sich? Man kann sich an diesen Ausdruck erinnern, wenn man an den Wind denkt, der ins Gesicht bläst, während man auf sein Gegenüber wartet. Oder vielleicht drückt in Anlehnung an die Wörterbuchbedeutung von 바람, „Schlaganfall", dass das Gefühl des Wartens auf die andere Person einem Schlaganfall gleicht! Die Etymologie des Ausdrucks ist unklar, aber 바람맞다 wird heute eher als Ausdruck dafür verwendet, versetzt zu werden, als krank zu werden. 바람맞혔다 kann verwendet werden, wenn man jemanden versetzt.

• 약속을 칼같이 지키다 pünktlich zu Terminen erscheinen

Bevor die Uhren von der westlichen Kultur eingeführt wurden, gab es in Korea Sonnenuhren und Wasseruhren. Die meisten Menschen teilten die Zeit mit diesen Instrumenten grob ein, indem sie die Höhe und den Lauf der Sonne beobachteten. Diese Kultur hat sich in diesem Ausdruck erhalten, denn eine Person, die einen Termin auf die Minute und Sekunde genau einhält, wird metaphorisch als „Messer" bezeichnet. Ein Messer, das einen Querschnitt sauber durchschneidet, ist die Metapher für das pünktliche Erscheinen zu Meetings. In ähnlicher Weise wird das Verlassen des Arbeitsplatzes um genau sechs Uhr, ohne Überstunden zu machen, als 칼퇴근 (wörtlich: Messer, das die Arbeit verlässt) bezeichnet.

Kapitel **04**

길 찾기

Nach dem Weg fragen

Ziele
· unbekannten Personen höflich Fragen stellen

· nach dem Weg fragen und den Weg beschreiben

· nach dem Ort von Artikeln im Geschäft fragen

· Bestätigen von Gehörtem oder Wissen

· sich verlaufen und um Hilfe bitten

· Beschreiben der Umgebung

Grammatik
❶ -(으)면 „wenn"

- 아/어 주시겠어요? „Könnten/Würden Sie...?"

❷ -(으)ㄴ/는데 Hintergrundinformationen geben

- 자마자 „sobald"

❸ -(으)ㄴ/는지 indirekte Fragen

- 지요 (= 죠) eine Tatsache ausdrücken von der
Sprechende glauben, dass die Zuhörenden
sie für wahr halten

-(으)면 „wenn"

▶ Anhang S. 265 | KT S. 305

다리를 건너면······.

A 공원에 어떻게 가요?
  Wie komme ich zum Park?

B 다리를 건너면 왼쪽에 공원이 보여요.
  Wenn Sie die Brücke überqueren, sehen Sie den Park links.

-(으)면 drückt eine Bedingung aus. Anders als im Deutschen muss die Bedingung vor dem Ergebnis ausgedrückt werden. -(으)면 wird an den Stamm von Verben, Adjektiven und 이다 gehängt.

- 이번 주에 바쁘면 다음 주에 만날까요? (= 이번 주에 바빠요? 그러면 다음에 만날까요?)
  Wenn Sie diese Woche beschäftigt sind, wollen wir uns nächste Woche treffen? (= Sind Sie diese Woche beschäftigt? Wollen wir uns nächste Woche treffen?)

- 시간이 있으면 같이 영화 보러 가요. Wenn ich Zeit habe, gehen wir zusammen einen Film ansehen.

- 외국인이면 비자가 필요해요. Wenn Sie Ausländer*in sind, brauchen Sie ein Visum.

-아/어 주시겠어요? „Könnten/Würden Sie…?"

KT S. 303

전해 주시겠어요?

A 이것 좀 사장님께 전해 주시겠어요?
  Könnten Sie dies ihrem Chef ausrichten?

B 네, 전해 드릴게요.
  Ja, ich werde es ihm ausrichten.

-아/어 주시겠어요? wird verwendet, um jemanden, den man zum ersten Mal trifft, höflich um etwas zu bitten oder wenn man jemanden zögernd um einen Gefallen bittet. Der Ausdruck ist höflicher als -아/어 주세요. -아/어 주시 겠어요? wird an den Verbstamm gehängt. Wenn man jemanden nach einem Gegenstand fragt, wird 주시겠어요? an das Nomen gehängt. 좀 („bitte") drückt zusätzlich Respekt aus und kann entweder anstelle von 을/를 nach Nomen oder vor Adverbien wie im dritten Beispiel eingefügt werden. In der gesprochenen Sprache folgt nach 좀 eine kurze Pause.

- [bei Unbekannten] 죄송하지만, 길 좀 가르쳐 주시겠어요?
  Entschuldigung, könnten Sie mir bitte den Weg beschreiben?

- [bei einer älteren Person] 잠깐 제 얘기 좀 들어 주시겠어요? Könnten Sie mir bitte kurz zuhören?

- [bei Angestellten] 실례합니다만, 한 번 더 확인해 주시겠어요?
  Entschuldigung, könnten Sie dies bitte noch einmal überprüfen?

- [bei Angetellten] 물 좀 주시겠어요? Könnten Sie mir bitte etwas Wasser geben?

Vorsicht
도와주세요? (X)
도와주시겠어요? (O)
도와주세요. (O)

1 다음에서 알맞은 답을 골라서 '-(으)면'을 사용하여 문장을 완성하세요.

읽다	늦다	마시다	물어보다

(1) 직원에게 _____ 물건 위치를 알려 줄 거예요.

(2) 내일도 그 사람이 약속에 _____ 저는 화가 날 거예요.

(3) 매일 30분씩 책을 _____ 한국어 실력이 좋아질 거예요.

(4) 따뜻한 차를 꾸준히 _____ 감기가 금방 나을 거예요.

2 그림을 보고 알맞은 답을 고르세요.

(1)
ⓐ 불을 켜 주시겠어요? ☐
ⓑ 불을 꺼 주시겠어요? ☐

(2)

ⓐ 소리를 키워 주시겠어요? ☐
ⓑ 소리를 줄여 주시겠어요? ☐

(3)
ⓐ 접시 좀 갖다주시겠어요? ☐
ⓑ 접시 좀 치워 주시겠어요? ☐

(4)

ⓐ 물건을 넣어 주시겠어요? ☐
ⓑ 물건을 빼 주시겠어요? ☐

3 알맞은 것끼리 연결하세요.

(1) 다른 사람의 말을 이해할 수 없으면 ·

(2) 너무 작게 말해서 목소리가 안 들리면 ·

(3) 다른 옷을 더 보고 싶으면 ·

(4) 식사를 끝낸 후 식당에서 나가고 싶으면 ·

· ⓐ 좀 크게 말씀해 주시겠어요?

· ⓑ 계산서 좀 갖다주시겠어요?

· ⓒ 다시 한번 설명해 주시겠어요?

· ⓓ 다른 것으로 보여 주시겠어요?

마크	저, 실례합니다. 길 좀 가르쳐 주시겠어요?
행인	어디 가세요?
마크	동대문시장요. 여기에서 어떻게 가요?
행인	동대문시장은 이쪽이 아니라 저쪽이에요.
마크	네? 저쪽요?
행인	네, 이 길을 건너서 왼쪽으로 쭉 가면 오른쪽에 있어요.
마크	죄송하지만, 좀 자세히 설명해 주시겠어요?
행인	알겠어요. 처음부터 다시 말할게요. 여기 횡단보도를 건너서 왼쪽으로 쭉 가면 오른쪽에 약국이 보여요.
마크	약국요? 그다음에는요?
행인	그 약국을 끼고 오른쪽으로 돌아서 쭉 가면 시장 입구가 보여요.
마크	여기서 걸어서 갈 수 있어요?
행인	그럼요, 10분만 걸으면 돼요. 잘 모르겠으면 약국 근처에 가서 다른 사람에게 또 물어보세요.
마크	네, 감사합니다.

Mark	Entschuldigung. Könnten Sie mir bitte den Weg beschreiben?
Passantin	Wohin möchten Sie (lit. Wohin gehen Sie)?
Mark	(Ich möchte zum) Dongdaemun Markt. Wie komme ich von hier dorthin?
Passantin	Dongdaemun Markt liegt nicht in dieser Richtung. Er liegt in jener Richtung.
Mark	Äh? In dieser Richtung?
Passantin	Ja. Wenn Sie diese Straße überqueren, links abbiegen und geradeaus gehen, dann ist er auf der rechten Seite.
Mark	Es tut mir leid, aber könnten Sie es etwas genauer erklären?
Passantin	Natürlich. Ich sage es noch einmal von Anfang an. Wenn Sie hier den Zebrastreifen überqueren, links abbiegen und immer geradeaus gehen, sehen Sie auf der rechten Seite eine Apotheke.
Mark	Eine Apotheke? Und dann?
Passantin	Biegen Sie bei der Apotheke rechts ab (wtl. Gehen Sie bis zur Apotheke und biegen Sie dann rechts ab). Wenn Sie geradeaus gehen, sehen Sie den Eingang zum Markt.
Mark	Kann ich von hier zu Fuß gehen?
Passantin	Natürlich. Es dauert nur 10 Minuten. Wenn Sie sich nicht sicher sind, fragen Sie jemanden in der Nähe der Apotheke.
Mark	Ok. Dankeschön.

Neue Wörter ▸ S. 327

이쪽 | 저쪽 | 건너다 | 자세히 | 설명하다 | 처음 | 횡단보도 | 보이다 | 끼고 돌다 | 또 | 물어보다

Neue Redewendungen ▸ S. 327

• 저, 실례합니다.
• 이쪽이 아니라 저쪽이에요.
• 좀 자세히 설명해 주시겠어요?

💡 Tipps

1 Formen im Passiv: 보이다, 들리다

In dem Dialog oben wird 보이다 (gesehen werden) und nicht 보다 (sehen) verwendet, da der Fokus auf dem Ort liegt. Auf die gleiche Weise liegt beim Sprechen über Geräusche der Fokus auf diesen, sodass 들리다 (gehört werden) anstatt 듣다 (hören) verwendet wird.

• 글자가 안 **보여요**. 좀 크게 써 주세요.
  Ich sehe den Buchstaben nicht. Schreiben Sie es bitte ein bisschen größer.

• 소리가 안 **들려요**. 좀 크게 말해 주세요.
  Ich kann nichts hören. Sprechen Sie ein bisschen lauter.

2 Die Partikel für Richtung (으)로

Bei Verben der Bewegung wie 가다, 오다 wird die Partikel (으)로 nach dem Ziel verwendet. Für Verben die wie 있다/없다 Existenz ausdrücken wird die Partikel 에 verwendet.

• 동쪽**으로** 100미터쯤 걸어가면 돼요.
  Sie brauchen nur 100 Meter nach Osten zu gehen.

• 지하철역은 동쪽**에** 있어요.
  Die U-Bahnhaltestelle ist im Osten.

❶ Wegbeschreibungen

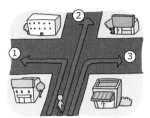

1. 왼쪽으로 가세요.
   Gehen Sie nach links.
2. 쭉 가세요.
   Gehen Sie geradeaus.
3. 오른쪽으로 가세요.
   Gehen Sie nach rechts.

4. 길을 건너세요.
   Überqueren Sie die Straße.
5. 골목으로 들어가세요.
   Gehen Sie in die Gasse/ Seitenstraße.

6. 맞은편에 있어요.
   Es liegt auf der gegenüberliegenden Seite.
7. 모퉁이에 있어요.
   Es ist an der Ecke.

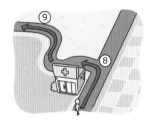

8. 약국을 끼고 도세요.
   Biegen Sie bei der Apotheke ab.
9. 길을 따라가세요.
   Gehen Sie die Straße entlang.

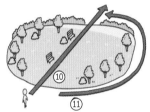

10. 공원을 가로질러 가세요.
    Gehen Sie durch den Park.
11. 공원을 돌아서 가세요.
    Gehen Sie um den Park herum.

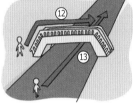

12. 다리를 건너세요.
    Überqueren Sie die Brücke.
13. 다리 밑으로 지나가세요.
    Gehen Sie unter der Brücke durch.

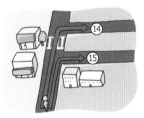

14. 횡단보도를 지나서 오른쪽으로 가세요.
    Gehen Sie über den Zebrastreifen und biegen Sie rechts ab.
15. 횡단보도를 지나기 전에 오른쪽으로 가세요.
    Biegen Sie vor dem Zebrastreifen rechts ab.

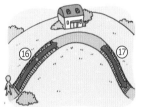

16. 오르막길을 올라 가세요.
    Gehen Sie den Hügel hoch.
17. 내리막길을 내려 가세요.
    Gehen Sie den Hügel hinunter.

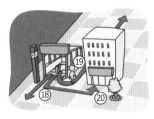

18. 출구에서 나온 방향으로 쭉 가세요.
    Gehen Sie beim Ausgang der Richtung nach geradeaus.
19. 출구에서 나온 방향의 반대쪽으로 쭉 가세요.
    Gehen Sie beim Ausgang in die entgegengesetzte Richtung.
20. 출구에서 나오자마자 바로 앞에 있어요.
    Sobald Sie beim Ausgang sind, ist es sofort vor Ihnen.

❷ Wegbeschreibungen bungen für ein Taxi

- 직진하세요. Fahren Sie geradeaus.
- 좌회전하세요. Biegen Sie links ab.
- 우회전하세요. Biegen Sie rechts ab.
- 여기에서 유턴하세요. Drehen Sie hier um.
- 여기에서 세워 주세요. Halten Sie hier.

💡 Wichtige Redewendungen

- 다시 한번 말씀해 주시겠어요?
  Können Sie es bitte noch einmal wiederholen?
- 잘 못 들었는데요.
  Ich konnte Sie nicht hören.
- 방금 전에 뭐라고 하셨어요?
  Was haben Sie gerade gesagt?

Grammatik ❷

-(으)ㄴ/는데 Hintergrundinformationen geben

▶ Anhang S. 266

A 좀 더운데 에어컨 좀 켜 주시겠어요?

Es ist ein bisschen heiß. Können Sie bitte die Klimaanlage anmachen?

B 네, 알겠습니다.

Ja.

-(으)ㄴ/는데 wird den Sprechenden verwendet, um eine Situation zu erklären oder Hintergrundinformationen zu geben, die den Zuhörenden helfen sollen den Kontext zu verstehen, bevor ein Satz gesagt wird. -(으)ㄴ/는데 wird an das Verb oder das Adjektiv gehängt, das die Situation beschreibt. Der Satz der -(으)ㄴ/는데 folgt, kann Information für Anweisungen, Bestellungen, Vorschläge, Fragen oder eine Situation oder das Gefühl des Sprechers bezüglich der Hauptäußerung ausdrücken. -(으)ㄴ/는데 wird mit verschiedenen Endungen kombiniert, je nachdem ob die Aussage mit einem Verb oder einem Adjektiv endet und um welches Tempus es sich handelt.

- (Situation für eine Empfehlung) 이 식당은 갈비가 유명한데 한번 드셔 보세요.
  Dieses Restaurant ist bekannt für Galbi. Probieren Sie es einmal.

- (Situation für eine Frage) 얼굴이 안 좋아 보이는데 무슨 일 있어요? Sie sehen nicht gut aus, was ist los?

- (konkrete Hintergrundinformation) 시장에서 가방을 샀는데 그 가방이 값도 싸고 품질도 좋아요.
  Ich habe eine Tasche auf dem Markt gekauft, aber der Preis war günstig und die Qualität gut.

-자마자 „sobald"

A 언제 버스에서 잠이 들었어요?

Wann bin ich im Bus eingeschlafen?

B 버스를 타자마자 잠이 들었어요.

Sie sind eingeschlafen, sobald wir in den Bus gestiegen sind.

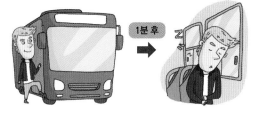

-자마자 drückt eine Situation aus, die auftritt sobald eine andere Situation geschehen ist. Es wird an den Verbstamm gehängt.

- 영화가 끝나자마자 사람들이 극장에서 나왔어요. Sobald der Film vorbei war, verließen die Menschen das Kino.

- 이 책은 출판되자마자 많이 팔리기 시작했어요. Sobald dieses Buch veröffentlicht war, verkaufte es sich sehr gut.

- 전화를 끊자마자 다른 전화가 왔어요. Sobald das Telefonat beendet war, kam ein anderer Anruf.

1 문장을 완성하도록 알맞은 것끼리 연결하세요.

(1) 수업에서 설명을 들었는데 •

(2) 친구에게 여러 번 전화했는데 •

(3) 우리 전에 한 번 만났는데 •

(4) 이번에 불고기를 먹었는데 •

(5) 한국 친구가 한 명 있는데 •

(6) 냉장고에 아무것도 없는데 •

• ⓐ 혹시 저 기억하세요?

• ⓑ 요즘은 바빠서 만날 수 없어요.

• ⓒ 음식을 배달시키면 어때요?

• ⓓ 친구가 전화를 안 받았어요.

• ⓔ 아직도 잘 모르겠어요.

• ⓕ 전보다 훨씬 맛있었어요.

2 알맞은 답을 고르세요.

(1) 배가 고픈데 ⓐ 음식을 만들었어요. / ⓑ 음식이 없었어요.

(2) 책을 사고 싶지만 돈이 없는데 ⓐ 책을 살 수 없어요. / ⓑ 친구가 책을 빌려줬어요.

(3) 머리가 아픈데 ⓐ 약이 없어요. / ⓑ 약을 먹었어요.

(4) 제주도에 여행 갔는데 ⓐ 바다에서 수영했어요. / ⓑ 바다에서 수영할 수 없었어요.

3 보기 와 같이 '-자마자'를 사용하여 대화를 완성하세요.

> 보기 A 언제 집에 가요?
>
> B ___수업이 끝나자마자___ 집에 가요.
> (수업이 끝난 다음에 바로)

(1) A 언제 한국에 왔어요?

　　B _____ 한국에 왔어요.
　　　　(대학교를 졸업하고 바로)

(2) A 언제 진수 집에 갔다 왔어요?

　　B _____ 진수 집에 갔다 왔어요.
　　　　(소식을 듣고 바로)

(3) A 언제 핸드폰이 고장 났어요?

　　B _____ 고장이 났어요.
　　　　(핸드폰을 산 다음에 바로)

(4) A 언제 여행 떠날 거예요?

　　B _____ 떠날 거예요.
　　　　(숙소를 찾은 다음에 바로)

(5) A 언제 저한테 전화할 거예요?

　　B _____ 전화할게요.
　　　　(집에 들어간 다음에 바로)

새라	저기요, 휴지를 못 찾겠는데, 휴지가 어디에 있어요?
직원	휴지요? 휴지는 지하 1층에 있어요.
새라	지하 1층 어디요? 여기 좀 복잡해서 잘 모르겠는데, 더 자세히 말해 주시겠어요?
직원	알겠습니다. 저기 에스컬레이터 보이죠?
새라	네, 보여요.
직원	저 에스컬레이터로 내려가자마자 바로 오른쪽에 있어요.
새라	내려가자마자 오른쪽요?
직원	네.
새라	그럼, 거기에 와인도 있어요?
직원	아니요, 와인은 2층에 있어요. 이쪽 계단으로 올라가면 음료수 코너가 보여요. 와인은 그 맞은편에 있어요.
새라	감사합니다.
직원	또 필요한 거 없으세요?
새라	아니요, 이제 없어요.

Sarah	Entschuldigung, ich kann das Toilettenpapier nicht finden. Wo befindet es sich?
Angestellter	Toilettenpapier? Das befindet sich im 1. Untergeschoss.
Sarah	Wo ist das 1. Untergeschoss? Ich weiß es nicht, weil es hier ein bisschen kompliziert ist. Könnten Sie es mir genauer erklären?
Angestellter	Ja. Sie sehen die Rolltreppe dort drüben, oder?
Sarah	Ja, die sehe ich.
Angestellter	Sobald Sie von der Rolltreppe kommen, ist es direkt auf der rechten Seite.
Sarah	Sobald ich die Rolltreppe verlasse?
Angestellter	Ja.
Sarah	Mh, gibt es dort auch Wein?
Angestellter	Nein, der Wein befindet sich im 2. Stock. Wenn Sie hier die Treppe hochgehen, sehen Sie die Getränkeabteilung. Der Wein ist auf der anderen Seite.
Sarah	Dankeschön
Angestellter	Brauchen Sie sonst noch etwas? (wtl. Brauchen Sie nichts mehr?)
Sarah	Nein, das wars.

Neue Wörter ▸ S. 327

휴지 | 지하 | 복잡하다 | 내려가다 | 계단 |
음료수 | 코너 | 맞은편 | 이제

Neue Redewendungen ▸ S. 327

• 더 자세히 말해 주시겠어요?
• 저기 (Nomen) 보이죠?
• 또 필요한 거 없으세요?

Tipps

1 Die zwei Bedeutungen von 저기

Im Dialog oben steht das erste 저기 für „Entschuldigung". Es wird als eine Floskel verwendet, um die Aufmerksamkeit einer Person zu bekommen. Das zweite 저기 bedeutet „dort" und wird verwendet, um auf einen Ort hinzuweisen, der sowohl den Sprechenden als auch Zuhörenden.

• **저기**요, **저기** 갈색 가방이 얼마예요?
Entschuldigung, wie viel kostet die braune Tasche dort?

2 Die zwei Bedeutungen von 바로

바로 hat im Koreanischen viele Bedeutungen. Als ein temporales Adverb bedeutet es „bald" oder „sofort" und als lokales Adverb betont es die Nähe des Nomens zu einem bestimmten Ort (genau dort).

• 문제가 생기면 **바로** 연락하세요.
Wenn es ein Problem gibt, rufen Sie mich sofort an.
• 출구에서 나오면 버스 정류장이 **바로** 앞에 있어요.
Wenn Sie vom Ausgang herauskommen, ist die Bushaltestelle direkt vor Ihnen.

❶ Stockwerke

1. 옥상 Dach
2. 5층 fünfter Stock
3. 4층 vierter Stock
4. 3층 dritter Stock
5. 2층 zweiter Stock
6. 1층 erster Stock / Erdgeschoss
7. 지하 1층 erstes Untergeschoss
8. 지하 2층 zweites Untergeschoss

★ Während man in Deutschland von Erdgeschoss und dann 1. Stock redet, wird in Korea sofort mit dem 1. Stock angefangen und der darauffolgende ist der. 2. Stock.

- 이 엘리베이터는 **1층**부터 **4층**까지만 운행합니다.
  Dieser Aufzug geht nur vom Erdgeschoss bis zum vierten Stock.

- 여기는 **3층**인데요. 전자 제품은 **한 층** 더 올라가야 됩니다.
  Hier ist der dritte Stock. Für Elektronik müssen Sie noch eine Etage hochgehen.

- 주차장은 이 건물의 **옥상**에 있습니다.
  Der Parkplatz ist auf dem Dach des Gebäudes.

❷ auf einen Gegenstand in der Auslage hinweisen

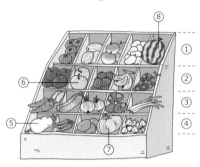

1. 맨 윗줄 oberste Reihe
2. 위에서 두 번째 줄
   zweite Reihe von oben
3. 밑에서 두 번째 줄
   zweite Reihe von unten
4. 맨 밑의 줄 unterste Reihe
5. 맨 밑의 줄에서 맨 왼쪽 칸
   ganz links in der untersten Reihe (unten links)
6. 두 번째 줄의 왼쪽에서 두 번째 칸
   zweites Fach von links in der zweiten Reihe
7. 맨 밑의 줄의 오른쪽에서 두 번째 칸
   zweites Fach von rechts in der unteren Reihe
8. 맨 윗줄의 맨 오른쪽 칸
   ganz rechts in der obersten Reihe (oben rechts)

- 과일은 **맨 윗줄**에 있고 채소는 **아래 두 줄**에 있습니다.
  Das Obst ist in der obersten Reihe und das Gemüse ist in der zweiten Reihe von unten.
- 수박은 **맨 윗줄의 맨 오른쪽 칸**에 있습니다. Die Wassermelone befindet sich im äußersten rechten Fach der obersten Reihe.
- 당근은 **세 번째 줄의 맨 왼쪽 칸**에 있습니다. Die Karotten sind im äußersten linken Fach der dritten Reihe.
- 감자는 **맨 밑의 줄의 가운데 칸**에 있습니다. Die Kartoffeln sind im mittleren Fach der unteren Reihe.

❸ einen Ort beschreiben

1. 카트 Einkaufswagen
2. 주차장 Parkplatz
3. 보관함 Schließfach
4. 입구 Eingang
5. ATM Geldautomat
6. 계산대 Kasse
7. 고객 센터 Kundenservice
8. 화장실 Toilette
9. 입구 쪽
   in Richtung des Eingangs
10. 입구의 반대쪽
    Seite gegenüber des Ausgangs

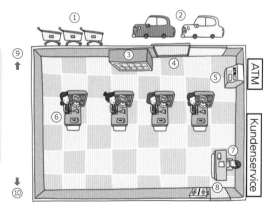

- 보관함이 **입구 쪽**에 있어요.
  Die Schließfächer sind in der Nähe des Eingangs.
- 화장실이 **입구 반대쪽**에 있어요.
  Die Toiletten befinden sich gegenüber des Eingangs.
- 건전지가 **계산대 근처**에 있어요.
  Die Batterien sind in der Nähe der Kasse.
- ATM은 **계산대 오른쪽**에 있어요.
  Der Geldautomat ist rechts bei den Kassen.
- 카트는 **주차장**으로 나가는 문 밖에 있어요.
  Die Einkaufswagen befinden sich beim Ausgang zum Parkplatz.

💡 Wichtige Redewendungen

- 다음 칸에 있어요. Es ist im nächsten Fach.
- 다음다음 칸에 있어요. Es ist im übernächsten Fach.
- 한 층 내려가면 오른쪽에 있어요.
  Wenn Sie eine Etage runtergehen, ist es auf der rechten Seite.

Grammatik ❸

-(으)ㄴ/는지   indirekte Fragen

▶ Anhang S. 267

A   왜 여자 친구가 화가 났어요?
    Warum war Ihre Freundin sauer?

B   왜 화가 났는지 잘 모르겠어요.
    Ich weiß nicht genau, warum sie sauer war.

-(으)ㄴ/는지 wird verwendet, um eine indirekte Frage mit W-Fragewörtern zu stellen. Die Konjugation hängt davon ab, ob das Prädikat der indirekten Frage ein Verb oder Adjektiv ist und ob es in der Vergangenheit, Gegenwart oder Zukunft passiert.

- 이 책에서 뭐가 중요한지 알고 싶어요. Ich möchte wissen, was in diesem Buch wichtig ist.
- 이 음식을 어떻게 먹는지 몰라서 당황했어요. Ich war nervös, weil ich nicht wusste, wie man dieses Essen isst.
- 어제 왜 약속에 늦게 왔는지 아직 말 안 했어요. Sie haben mir noch nicht gesagt, warum Sie gestern zu spät waren.

-지요 (= 죠)   eine Tatsache ausdrücken von der Sprechende glauben, dass die Zuhörenden sie für wahr halten

A   오늘 좀 춥죠?
    Es ist kalt, oder?

B   네, 좀 추워요.
    Ja, es ist ein bisschen kalt.

-지요 wird verwendet, um eine Tatsache auszudrücken, bei die Sprechenden glauben, die Zuhörenden diese als wahr wahrnehmen. Wenn es mit einem Fragezeichen verwendet wird, bitten die Sprechenden um Bestätigung, dass die Zuhörenden dies als Tatsache anerkennen. -지요 wird an den Stamm von Verben, Adjektiven und 이다 gehängt und kann auch mit -았/었- kombiniert werden. In der gesprochenen Sprache wird es oft zu -죠 verkürzt.

- 누구에게나 건강이 중요하지요. Gesundheit ist für jeden wichtig.
- 어렸을 때는 과자를 많이 먹었죠. Als Kind habe ich viele Süßigkeiten gegessen.
- A 이 김치가 생각보다 안 맵지요? Dieses Kimchi ist milder als gedacht, oder?
  B 네, 별로 맵지 않아요. Ja, es ist nicht scharf.

1 '-(으)ㄴ/는지'를 사용하여 문장을 완성하세요.

_____ 못 들었어요.
(언제 일을 시작해요?)

_____ 궁금해요.
(어떻게 그 사실을 알았어요?)

_____ 물어볼 거예요.
(어디로 여행 가고 싶어요?)

_____ 얘기해 주세요.
(고향이 어디예요?)

_____ 배우고 싶어요.
(어른에게 어떻게 말해야 해요?)

_____ 이해 안 돼요.
(왜 친구의 얘기를 듣지 않아요?)

2 알맞은 답을 고르세요.

(1) 그 친구와 언제 처음 ⓐ 만나는지 / ⓑ 만났는지 생각이 안 나요.

(2) 왜 생선을 ⓐ 먹지 않은지 / ⓑ 먹지 않는지 설명할게요.

(3) 어디에서 만나기로 ⓐ 하는지 / ⓑ 했는지 생각났어요.

(4) 어떤 서류가 ⓐ 필요한지 / ⓑ 필요하는지 미리 얘기해 주세요.

3 '-지요'를 사용하여 대화를 완성하세요.

(1) A 이 가게가 값이 _____?
     B 네, 싸요.

(2) A 날씨가 _____?
     B 네, 더워요.

(3) A 한국어 공부가 _____?
     B 네, 쉽지 않아요.

(4) A 밥을 _____?
     B 그럼요, 벌써 먹었죠.

(5) A 아이들이 책을 많이 _____?
     B 네, 많이 읽어요.

(6) A 고향이 _____?
     B 맞아요, 부산이에요.

리나	여보세요.
케빈	리나 씨! 저 케빈이에요.
리나	케빈 씨, 거의 다 왔어요?
케빈	아니요, 사실은 여기서 어떻게 가는지 잘 모르겠어요.
리나	네? 지하철에서 내렸어요?
케빈	지하철역 출구에서 나왔는데, 그다음부터 잘 모르겠어요.
리나	지금 주변에 뭐가 보여요?
케빈	앞에 '서울'이라는 식당이 있어요.
리나	서울식당요? 잘 모르겠어요. 식당 말고 더 큰 건물 없어요?
케빈	음……, 길 건너편에 큰 서점이 있고 그 옆에 동상 같은 것도 있어요.
리나	아! 어딘지 알겠어요. 서점 입구에 계단이 보이죠?
케빈	네, 맞아요. 계단이 있어요.
리나	제가 지금 마중 나갈게요. 길 건너서 서점 입구에서 기다리세요.

Rina	Hallo?
Kevin	Rina! Ich bin's Kevin.
Rina	Kevin sind Sie fast da?
Kevin	Nein, ehrlich gesagt weiß ich nicht, wie ich von hier zu Ihnen komme.
Rina	Hä? Sind Sie schon aus der U-Bahn ausgestiegen?
Kevin	Ich kam aus dem Ausgang der U-Bahnstation, aber weiß nicht weiter.
Rina	Was sehen Sie jetzt in der Nähe?
Kevin	Vor mir ist ein Restaurant namens ‚Seoul'.
Rina	Restaurant ‚Seoul'? Das kenne ich nicht. Gibt es kein größeres Gebäude außer dem Restaurant?
Kevin	Mh… Es gibt einen großen Buchladen auf der anderen Seite der Straße und auch etwas, das wie eine Statue aussieht.
Rina	Ah! Ich weiß, wo Sie sind. Sie sehen die Treppe am Eingang des Buchladens, oder?
Kevin	Ja, es gibt dort eine Treppe.
Rina	Ich komme Sie holen. Bitte überqueren Sie die Straße und warten Sie am Eingang des Buchladens.

Neue Wörter ▸ S. 327

사실은 ǀ 내리다 ǀ 나오다 ǀ 주변 ǀ 말고 ǀ
건너편 ǀ 동상 ǀ 마중 나가다 ǀ 입구

Neue Redewendungen ▸ S. 327

• 거의 다 왔어요?
• 어떻게 가는지 잘 모르겠어요.
• (A) 말고 (B) 없어요?

Tipps

1 Die Verwendung von 말고

말고 steht nach einem Nomen und bedeutet „nicht dies (Nomen), sondern", „aber" oder „abgesehen von (Nomen)". Die Partikel 도 oder 는 kann an das Ende von 말고 ergänzt werden.

• 사과 **말고** 딸기 없어요? Haben Sie keine Äpfel, sondern Erdbeeren?

• 빨간색 **말고** 다른 것으로 주세요.
  Geben Sie mir nicht Rot, sondern eine andere Farbe.

• 우유 **말고도** 커피도 샀어요.
  Abgesehen von Milch, habe ich auch Kaffee gekauft.

• 동생 **말고는** 아무도 그 사실을 몰라요.
  Außer meiner jüngeren Schwester weiß das niemand.

2 모르겠어요 vs. 몰라요

몰라요 wird verwendet, wenn man einige Informationen nicht kennt, während 모르겠어요 verwendet wird, wenn man sich nicht sicher ist oder die Informationen nicht versteht.

• 마크는 선생님 전화번호를 **몰라요**. (O)
  Mark kennt die Telefonnummer des Lehrers nicht.
  마크는 선생님 전화번호를 **모르겠어요**. (X)

• 이게 맞는지 **몰라요**. (X)
  이게 맞는지 **모르겠어요**. (O)
  Ich weiß nicht, ob es richtig ist.

Handlungen auf der Straße

ⓐ 길을 건너다 die Straße überqueren
ⓑ 길을 걷다 auf der Straße gehen

ⓐ 버스를 타다 in den Bus einsteigen
ⓑ 버스를 내리다 aus dem Bus aussteigen

ⓐ 줄을 서다 Schlange stehen
ⓑ 신호를 기다리다 an der Ampel warten

ⓐ 물건을 팔다 Waren verkaufen
ⓑ 물건을 사다 Waren kaufen

ⓐ 쓰레기를 버리다 Müll wegwerfen
ⓑ 쓰레기를 줍다 Müll aufheben

ⓐ 동전을 넣다 Münzen einwerfen
ⓑ 물건을 꺼내다 einen Gegenstand herausnehmen

ⓐ 계단을 내려가다 die Treppe runter gehen
ⓑ 계단을 올라오다 die Treppe hoch gehen

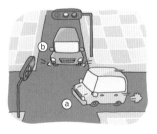

ⓐ 차가 출발하다 das Auto fährt los
ⓑ 차가 멈추다 das Auto hält an

💡 Wichtige Redewendungen

• 아직 멀었어요. Es ist noch weit weg.
• 반쯤 왔어요. Ich bin ungefähr bis zur Hälfte gekommen.
• 거의 다 왔어요. Ich bin fast da.
• 다 왔어요. Ich bin da.

Lassen Sie uns sprechen!

Sprechstrategie	Information bestätigen

Sprechstrategie ▶ **Information bestätigen**

- 몇 번 버스요? Welche Busnummer?
- 몇 호선요? Welche (U-Bahn) Linie?
- 몇 번 출구요? Welcher Ausgang?

- 몇 번째 정거장요? Die wievielte Haltestelle?
- 언제요? Wann?
- 어디요? Wo?

❶

이곳에 가는 방법

- 친구들과 주말에 만나기 좋은 곳
- 혼자 산책하기 좋은 곳
- 쇼핑할 때 가는 단골 가게
- 데이트하기 좋은 곳
- 부모님께서 한국에 오셨을 때 같이 가고 싶은 곳
- 여행 가기 좋은 곳

❷ **교통수단**

버스

- 버스를 타면 한번에 가요?
- 몇 번 버스를 타요?
- 버스가 자주 와요?
- 몇 정거장 가요?
- 어느 정류장에서 내려요?
- 버스비가 얼마예요?
- 시간이 얼마나 걸려요?

지하철

- 지하철을 타면 몇 번 갈아타요?
- 지하철 몇 호선을 타요?
- 지하철이 얼마나 자주 와요?
- 몇 정거장 가요?
- 무슨 역에서 내려요?
- 몇 번 출구로 나가요?
- 지하철 요금이 얼마예요?
- 시간이 얼마나 걸려요?

Frage
첫 번째 정거장, 두 번째 정거장, 세 번째 정거장, 네 번째 정거장, 다섯 번째 정거장

❸ **주변 물건**

그 근처에 가면 뭐가 있어요?

광장　　　　궁　　　　동상　　　　분수　　　　공원

놀이터　　　성당　　　교회　　　　절

우리 집은 공원에서 5분쯤 걸으면 나와요.

놀이터가 있죠? 놀이터에서 바로 보여요.

동상이 있어요. 그 가게는 동상에서 100m(미터)쯤 가면 있어요.

Neue Wörter

한번에 auf einmal | 정거장 Zählwort für Haltestelle | 정류장 Bushaltestelle | 갈아타다 umsteigen | 호선 (U-Bahn) Linie | 단골 Stammkunde

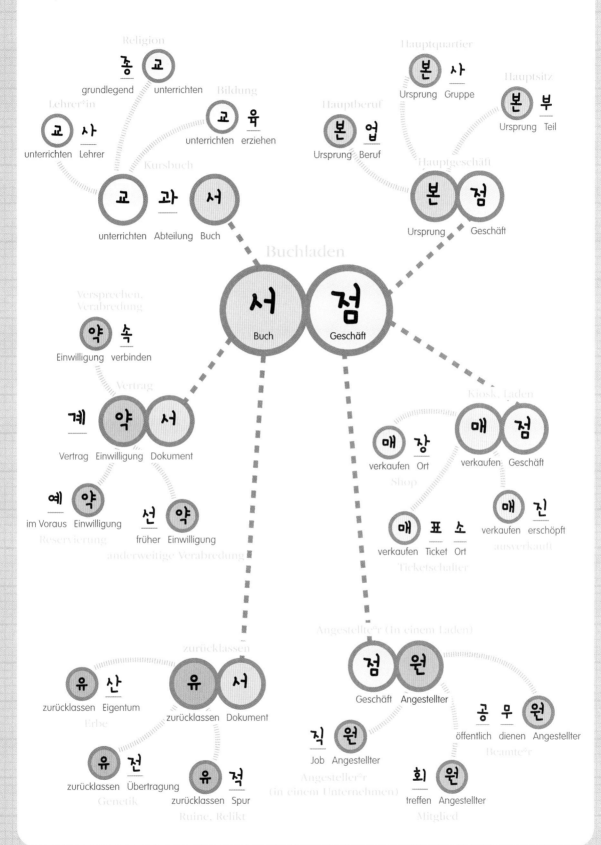

Religion
종 교
grundlegend unterrichten

Bildung
교 육
unterrichten erziehen

Lehrer*in
교 사
unterrichten Lehrer

Kursbuch
교 과 서
unterrichten Abteilung Buch

Hauptquartier
본 사
Ursprung Gruppe

Hauptsitz
본 부
Ursprung Teil

Hauptberuf
본 업
Ursprung Beruf

Hauptgeschäft
본 점
Ursprung Geschäft

Buchladen
서 점
Buch Geschäft

Versprechen, Verabredung
약 속
Einwilligung verbinden

Vertrag
계 약 서
Vertrag Einwilligung Dokument

예 약
im Voraus Einwilligung

Reservierung

선 약
früher Einwilligung

anderweitige Verabredung

Kiosk, Laden
매 점
verkaufen Geschäft

매 장
verkaufen Ort

Shop

매 표 소
verkaufen Ticket Ort

Ticketschalter

매 진
verkaufen erschöpft

ausverkauft

zurücklassen
유 산
zurücklassen Eigentum

Erbe

유 서
zurücklassen Dokument

유 전
zurücklassen Übertragung

Genetik

유 적
zurücklassen Spur

Ruine, Relikt

Angestellte*r (in einem Laden)
점 원
Geschäft Angestellter

직 원
Job Angestellter

Angestellte*r (in einem Unternehmen)

공 무 원
öffentlich dienen Angestellter

Beamte*r

회 원
treffen Angestellter

Mitglied

Wenn wir an einen bekannten Ort gehen, gibt es immer jemanden, der sich trotzdem verläuft.

- 길치 orientierungslose Mensch, 음치 unmusikalisch, 박치 schlechtes Rhythmusgefühl, 몸치 unbeholfener Tänzer

Jedes Mal, wenn wir an einen bekannten Ort gehen, gibt es trotzdem jemanden, der dennoch den Weg nicht findet. In Korea werden diese Leute 길치 genannt. 치 bedeutete ursprünglich „unreif" oder „dumm sein", aber es wird an Wörter gehängt, um jemanden aufzuziehen, ohne ihn aber zu erniedrigen. Wenn jemand also keinen Orientierungssinn hat, kann er sich selbst 길치 nennen und die Suche nach dem Weg anderen überlassen.

Aber welche anderen Wörter, die oft von Koreanern benutzt werden, werden darüber hinaus noch mit 치 kombiniert? 음치 bezieht sich auf jemanden, der beim Singen nicht die Töne trifft oder falsch singt, 박치 bezieht sich auf jemanden, der kein Rhythmusgefühl hat und 몸치 bezieht sich auf jemanden, der tollpatschig ist, wie jemand, der drei Stunden braucht, um einen Tanz zu lernen, der normalerweise innerhalb einer Stunde gelernt werden kann. Da in Korea die Mahlzeiten mit den Kolleg*innen eine Zeit der entspannten Muße sind, ziehen Koreaner einander während dieser Mahlzeiten gerne mit 음치, 박치 und 몸치 auf.

- 백수 Bummelant, 고수 Meister

Die wörtliche Bedeutung von 백수 auf Grundlage der Hanja ist „weiße Hände". Die weißen Hände stehen für Hände, die noch nie gearbeitet haben oder dem Sonnenlicht ausgesetzt waren. Daher bedeutet 백수, dass jemand keine bestimmte Arbeit hat und einfach den ganzen Tag faulenzt. 실업자 (arbeitslose Person) wird in formellen Situationen wie in Zeitungen oder Nachrichten verwendet, während 백수 im Gegensatz dazu in der Alltagssprache als negativer Begriff verwendet wird. Ein anderes ähnliches Hanja-Wort ist 고수, wobei das Hanja 수 hier nicht Hände, sondern Methode oder Fähigkeit bedeutet. Deshalb wird 고수 für Personen verwendet, die in einem bestimmten Bereich sehr geschickt sind.

- 술고래 Schluckspecht!

술고래 bezieht sich auf jemanden, der viel trinkt. Genau wie es einen 고래 (Wal) überhaupt nicht zu stören scheint, viel Meerwasser zu sich zu nehmen, bezieht sich 술고래 auf eine Person, die problemlos viel Alkohol trinken kann.

Kapitel 05

음식
Essen

Ziele · über Essen sprechen, das man mag oder nicht mag

· darüber sprechen, was man gerne macht

· Essen bestellen

· Essen beschreiben

· Restaurants empfehlen

Grammatik ❶ -(으)려고 하다 „vorhaben zu tun", „die Absicht haben, zu tun"

-(으)ㄴ/는데요 den Ton mildern oder beim Erklären einer Situation Zögern ausdrücken

❷ -아/어 줄까요? „Soll ich (etwas für Sie/dich tun)?"

-(으)ㄴ/는 대신에 „anstatt/statt"

❸ -(으)ㄴ 적이 있다 „schon einmal gemacht haben"

-고 있다 „dabei sein, etwas zu tun"

-(으)려고 하다 „vorhaben zu tun", „die Absicht haben, zu tun" ▶ Anhang S. 267 KT S. 306

A 주말에 뭐 할 거예요?
Was machen Sie am Wochenende?

B 집에서 쉬려고 해요.
Ich habe vor, mich zu Hause zu entspannen.

-(으)려고 하다 wird verwendet, um die Absicht der Sprechenden Person, etwas zu tun, auszudrücken. Zudem kann eine Situation, die sich bald ändern wird oder stattfindet (wie im dritten Satz unten), ausgedrückt werden. Es wird an den Verbstamm ergänzt.

- 이번 휴가 때 친구들하고 해외로 여행 가려고 해요. In diesem Urlaub werde ich mit Freunden ins Ausland reisen.
- 이따가 갈비를 먹으려고 하는데 같이 갈 수 있어요? Gleich möchte ich Galbi essen gehen, können Sie mitgehen?
- 기차가 출발하려고 해요. 빨리 기차 탑시다. Der Zug will abfahren. Lassen Sie uns schnell einsteigen.

-(으)ㄴ/는데요 den Ton mildern oder beim Erklären einer Situation Zögern ausdrücken ▶ Anhang S. 268 KT S. 308

A 오늘 저녁에 영화 볼까요?
Sollen wir heute Abend einen Film sehen?

B 오늘은 일이 많은데요.
Ich habe heute sehr viel zu tun.

오늘은 일이 많은데요.

Dieser Ausdruck wird verwendet, um indirekt seine Situation zu erklären, sodass der Ton für die Zuhörenden weicher wird. Im obigen Beispiel lehnt Rina den Vorschlag von Minho indirekt ab, indem sie -(으)ㄴ/는데요 verwendet, um zu sagen, dass sie viel zu tun hat, anstatt direkt zu sagen: „Ich kann heute keinen Film mit dir sehen." -는데요 wird Verbstämme gehängt, -(으)ㄴ데요 an Adjektive und -았/었는데요 an Verb- und Adjektivstämme, um die Vergangenheitsform zu bilden.

- A 월요일까지 이 서류를 끝내세요. Bearbeiten Sie dieses Dokument bis Montag.
  B 저는 다른 서류를 만들고 있는데요. ("다른 사람에게 시키세요." wird weggelassen.)
  Ich arbeite aber gerade an einem anderen Dokument. („Bitten sie eine andere Person." wird weggelassen.)
- A 아까 왜 전화 안 했어요? Warum haben Sie eben nicht angerufen?
  B 배터리가 떨어졌는데요. ("그래서 전화 못 했어요." wird weggelassen.)
  Mein Akku war leer. („Deshalb konnte ich nicht anrufen." wird weggelassen.)

1 그림을 보고 보기 와 같이 '-(으)려고 하다'를 사용하여 다음 대화를 완성하세요.

보기 A 다음 주 월요일에 뭐 할 거예요?

B _____ 쇼핑하려고 해요. _____

(1) A 다음 주 화요일에 밖에서 친구를 만날 거예요?

B 아니요, 집에서 _____.

(2) A 언제 영화를 볼 거예요?

B _____는데 같이 갈까요?

(3) A 주말에 등산 갈 거예요?

B 아니요, 다음 주말에는 _____.

2 알맞은 답을 고르세요.

(1) A 어제 일을 다 끝냈어요?

B 아니요, ⓐ 일을 끝내려고 하는데 갑자기 일이 생겨서 못 했어요.
　　　　ⓑ 일을 끝내려고 했는데

(2) 시험 준비가 부족해서 이번에는 ⓐ 시험을 보려고 해요.
　　　　　　　　　　　　　　　　ⓑ 시험을 보지 않으려고 해요.

(3) 다이어트 때문에 초콜릿을 ⓐ 먹으려고 했지만 　　 너무 맛있어 보여서 먹어 버렸어요.
　　　　　　　　　　　　　ⓑ 먹지 않으려고 했지만

(4) A ⓐ 회의가 시작하려고 하는데 왜 안 와요? 곧 시작할 거예요.
　　　ⓑ 회의가 시작했는데

B 입구에 도착했어요. 조금만 더 기다려 주세요.

3 대화를 완성하도록 알맞은 것끼리 연결하세요.

(1) 이따가 6시에 만날까요? ・　　　　　・ⓐ 저도 핸드폰을 집에 놓고 왔는데요.

(2) 직원한테 문제를 말해 보세요. ・　　　　　・ⓑ 저도 한국어 잘 못하는데요.

(3) 전화 한 통만 할 수 있어요? ・　　　　　・ⓒ 벌써 말했는데요.

(4) 한국어 공부 좀 도와주세요. ・　　　　　・ⓓ 저는 7시에 일이 끝나는데요.

매운 거
잘 못 먹는데요.

링링	지금 어디에 가요?
마크	식당에요. 좀 일찍 밥을 먹으려고 해요.
링링	저도 지금 밥 먹으려고 하는데 같이 갈까요?
마크	좋아요. 같이 가요.
링링	마크 씨는 무슨 음식 좋아해요?
마크	저는 한식 좋아해요.
링링	그럼, 김치찌개 먹으면 어때요?
마크	제가 매운 거 잘 못 먹는데요.
링링	그래요? 매운 거 빼고 다른 건 괜찮아요?
마크	네, 맵지 않으면 다 괜찮아요.
링링	그럼, 된장찌개는 어때요?
마크	그건 안 매워요?
링링	네, 안 매워요.
마크	그럼, 전 된장찌개 한번 먹어 볼게요.

Ling Ling	Wohin gehen Sie jetzt?
Mark	Zu einem Restaurant. Ich möchte ein bisschen früher essen.
Ling Ling	Ich habe auch vor, essen zu gehen. Wollen wir zusammen gehen?
Mark	Ja. Lassen Sie uns zusammen essen.
Ling Ling	Welches Essen mögen Sie gerne, Mark?
Mark	Ich mag koreanisches Essen.
Ling Ling	Wie wäre es dann, wenn wir zusammen Kimchi Jjigae essen?
Mark	Ich kann aber leider nichts Scharfes essen.
Ling Ling	Wirklich? Ist außer scharfem Essen alles andere in Ordnung?
Mark	Ja, solange es nicht scharf ist, ist alles OK.
Ling Ling	Wie wäre es dann mit Doenjang Jjigae?
Mark	Ist das nicht scharf?
Ling Ling	Nein, es ist nicht scharf.
Mark	Dann probiere ich Doenjang Jjigae einmal.

Neue Wörter ▸ S. 327

일찍 | 한식 | 맵다 | 잘 | 다

Neue Redewendungen ▸ S. 328

- (Nomen) 먹으면 어때요?
- (Nomen) 빼고 다른 건 괜찮아요?
- -(으)면 다 괜찮아요.

Tipps

1 잘 못 vs 잘못

Es gibt einen Unterschied zwischen 잘 못, bei dem das Leerzeichen eine kurze Sprechpause anzeigt, und 잘못, das keine Pause hat. 잘 못 bedeutet, dass jemand etwas nicht gut kann, wohingegen 잘못 bedeutet, dass jemand einen Fehler gemacht hat. In diesem Dialog sind 잘 und 못 getrennt geschrieben, um die Bedeutung von „etwas nicht gut machen/können" zu vermitteln.

- 운동을 **잘 못하지만** 노래는 잘해요.
  Ich bin zwar nicht sportlich, aber ich singe sehr gut.

- 계산을 **잘못해서** 돈을 더 냈어요.
  Ich habe falsch gerechnet, und daher zu viel Geld bezahlt.

2 Verkürzte Wörter in der gesprochenen Sprache

In der gesprochenen Sprache werden Wörter öfter zusammengezogen als beim Schreiben. Diese Kürzungen ermöglichen eine natürlichere Sprache und einen besseren Redefluss. Folgende Ausdrücke sind Beispiele für Kürzungen.

게 (= 것이), 걸 (= 것을), 건 (= 것은), 그건 (= 그것은)
전 (= 저는), 널 (= 너를), 좀 (= 조금), 그럼 (= 그러면)

- **이건** 얼마예요? Wie teuer ist das?

- **전** 그 얘기를 처음 들었어요.
  Diese Geschichte höre ich zum ersten Mal.

1 Geschmacksrichtungen und Konsistenzen

 ❶　 ❷　 ❸　 ❹　 ❺　 ❻

1. 달다 süß sein
2. 맵다 scharf sein
3. 짜다 salzig sein
4. 시다 sauer sein
5. 쓰다 bitter sein
6. 느끼하다 fettig sein

7. 달콤하다 süß schmecken
8. 매콤하다 pikant schmecken
9. 짭짤하다 (angenehm) salzig schmecken
10. 새콤하다 (angenehm) sauer schmecken
11. 고소하다 nussig schmecken
12. 얼큰하다 (angenehm) scharf schmecken

13. 싱겁다 fade schmecken
14. 담백하다 deftig
15. 부드럽다 weich sein
16. 쫄깃하다 zäh sein
17. 상큼하다 erfrischend sein
18. 시원하다 warm/erfrischend, angenehm schmecken

- 달고 짠 음식은 건강에 안 좋으니까 조심하세요.
  Süßes und salziges Essen sind nicht gut für die Gesundheit, also seien Sie vorsichtig.

- 음식이 싱거워도 소금이나 후추를 너무 많이 넣지 마세요.
  Auch wenn das Essen fade schmeckt, würzen Sie nicht zu viel mit Salz oder Pfeffer nach.

2 Zustände von Essen

1. Frische

- 과일이 신선해요.
  Das Obst ist frisch.
- 생선이 싱싱해요.
  Der Fisch ist frisch.

한 달 후

- 사과가 썩었어요.
  Das Obst ist verfault.
- 빵이 오래됐어요.
  Das Brot ist alt.
- 우유가 상했어요.
  Die Milch ist schlecht geworden.

2. Garstufe

- 새우가 덜 익었어요. Die Garnele ist noch nicht gar.
- 새우가 잘 익었어요. Die Garnele ist gut gekocht.

3. Weichheit

- 케이크가 부드러워요. Der Kuchen ist weich.
- 빵이 딱딱해요. Das Brot ist hart.

4. Temperaturen von Getränken

찬물
kaltes Wasser

시원한 주스
kühler Saft

미지근한 물
lauwarmes Wasser

따뜻한 우유
warme Milch

뜨거운 물
heißes Wasser

- 음식이 따뜻해요. 식기 전에 드세요.
  Das Essen ist warm. Bitte essen Sie es, bevor es kalt wird.

- 찬 머핀을 전자레인지에 데워 주세요.
  Bitte wärmen Sie den kalten Muffin in der Mikrowelle auf.

☀ Wichtige Redewendungen

- 저는 가리지 않고 다 좋아해요.
  Ich bin nicht wählerisch. Ich mag alles.

- 저는 닭고기 빼고 다 괜찮아요.
  Ich mag alles außer Hähnchen.

Grammatik ❷

-아/어 줄까요? Soll ich etwas für Sie tun?

KT S. 303

A 무겁죠? 짐 들어 줄까요?
Das ist schwer, oder? Soll ich Ihr Gepäck tragen?

짐 들어 줄까요?

B 감사합니다. 문 앞까지만 들어 주세요.
Dankeschön. Bitte tragen Sie es bis vor die Tür.

-아/어 줄까요? wird verwendet, um die Zuhörenden zu fragen, ob er/sie einen Gefallen von Seiten des Sprechenden wünscht. Es wird an Verbstämme gehängt. -아/어 드릴까요? wird verwendet, wenn der Hörer einen höheren Status hat. Wenn den Zuhörenden eher ein Gegenstand als ein Gefallen angeboten wird, wird 줄까요? oder 드릴까요? an den Gegenstand ergänzt.

- A 마크 씨 전화번호 몰라요? 제가 아는데 알려 줄까요?
  Haben Sie nicht die Telefonnummer von Mark? Ich habe sie. Soll ich Sie ihnen geben?
  B 그래요? 그럼, 좀 알려 주세요. Wirklich? Dann geben Sie sie mir bitte.

- A 박 선생님은 지금 안 계신데요. 메모 전해 드릴까요?
  Herr Park ist gerade nicht da. Soll ich ihm eine Nachricht hinterlassen?
  B 네, 이 메모 좀 전해 주세요. Ja, bitte hinterlassen Sie eine Nachricht von mir.

- 따뜻한 물 드릴까요? 아니면 찬물 드릴까요? Möchten Sie etwas warmes Wasser? Oder möchten Sie kaltes Wasser?

-(으)ㄴ/는 대신에 „anstatt/statt"

▶ Anhang S. 268   KT S. 307

A 배고픈데 간식 없어요?
Ich habe Hunger. Haben Sie eine Kleinigkeit zu essen?

간식을 먹는 대신에
물을 드세요.

B 밤에는 간식을 먹는 대신에 물을 드세요.
In der Nacht sollten Sie anstatt etwas zu essen Wasser trinken.

-(으)ㄴ/는 대신에 wird verwendet, um „anstatt/statt" auszudrücken. -는 대신에 wird für Verben im Präsens verwendet, während -(으)ㄴ 대신에 für Verben in der Vergangenheit und Adjektive im Präsens verwendet wird.

- 주말에 여행 가는 대신에 집에서 책을 읽기로 했어요.
  Anstatt am Wochenende zu reisen, habe ich mich entschieden zu Hause ein Buch zu lesen.

- 이번 주에 많이 일하는 대신에 다음 주는 쉴 거예요.
  Statt in dieser Woche viel zu arbeiten, werde ich nächste Woche frei haben.

- 지난주말에 일한 대신에 내일은 쉴 거예요.
  Anstatt letztes Wochenende zu arbeiten, werde ich mich morgen ausruhen.

1 그림을 보고 알맞은 답을 고르세요.

(1)

A 음식이 다 식었죠?

따뜻하게 ⓐ 데워 줄까요? / ⓑ 데워 주세요.

B 네, 감사합니다.

(2)

A 여기 젓가락 좀 ⓐ 갖다줄까요? / ⓑ 갖다주세요.

B 네, 알겠습니다.

(3)

A 저는 지하철역까지 걸어 가요.

B 제가 자동차가 있어요.

지하철역까지 ⓐ 태울까요? / ⓑ 태워 줄까요?

(4)

A 글자가 작아서 안 보이네.

B 할머니, 제가 읽어 ⓐ 줄까요? / ⓑ 드릴까요?

2 대화를 완성하도록 알맞은 것끼리 연결하세요.

(1) 잘 먹었습니다.   •

(2) 컴퓨터 선이 빠졌어요.   •

(3) 선물을 살 시간이 없어요.   •

(4) 선생님께 메모를 남기고 싶은데요.   •

(5) 좋은 음악을 듣고 싶어요.   •

• ⓐ 음악을 틀어 줄까요?

• ⓑ 이따가 선생님께 전해 드릴까요?

• ⓒ 그럼, 그릇을 치워 드릴까요?

• ⓓ 제가 선을 다시 연결해 드릴까요?

• ⓔ 그럼, 제가 선물을 사다 줄까요?

3 다음에서 알맞은 답을 골라서 문장을 완성하세요.

분위기가 좋다   얼굴이 예쁘다   운전하다   사다

(1) 그 여자는 ＿＿＿＿＿＿＿＿ 대신에 성격이 안 좋아요.

(2) 그 식당은 ＿＿＿＿＿＿＿＿ 대신에 너무 비싸요.

(3) 돈이 없어서 책을 ＿＿＿＿＿＿＿＿ 대신에 빌려서 읽어요.

(4) 운동할 시간이 없어서 ＿＿＿＿＿＿＿＿ 대신에 지하철을 자주 이용해요.

🎙 Dialog ❷

고추장을 넣지 말고 따로 드릴까요?

네, 가능하면 맵지 않게 해 주세요.

직원 뭐 드시겠어요?

마크 된장찌개 하나 주세요.

직원 죄송합니다. 손님. 지금 된장이 떨어져서 된장찌개가 안 되는데요.

마크 그래요? 다른 건 돼요?

직원 네, 된장찌개만 빼고 다른 건 다 돼요.

마크 그럼, 이 중에서 안 매운 게 어떤 거예요?

직원 불고기하고 갈비탕이 안 매워요.

마크 갈비탕은 안 먹어 봤는데요. 뭘로 만들어요?

직원 소고기를 물에 넣고 끓인 거예요.

마크 고기 대신에 채소로 만든 건 없어요?

직원 그럼, 비빔밥은 어떠세요? 여기에는 고기가 안 들어가요. 매운 거 안 좋아하시면 고추장을 넣지 말고 따로 드릴까요?

마크 네, 가능하면 맵지 않게 해 주세요.

직원 알겠습니다.

Kellnerin	Was möchten Sie essen?
Mark	Ich hätte gerne einmal Doenjang Jjigae. (wtl. Bitte geben Sie mir eine Portion Doenjang Jjigae.)
Kellnerin	Es tut mir Leid, leider ist uns die Bohnenpaste ausgegangen, weshalb wir kein Doenjang Jjigae mehr anbieten können.
Mark	Wirklich? Aber andere Gerichte gibt es?
Kellnerin	Ja, außer Doenjang Jjigae können wir alles andere anbieten.
Mark	Welches von diesen Gerichten ist nicht scharf?
Kellnerin	Bulgogi und Galbi Tang sind nicht scharf.
Mark	Ich habe Galbi Tang noch nicht gegessen. Woraus wird es gemacht?
Kellnerin	Es wird aus in Wasser gekochtem Rindfleisch gemacht.
Mark	Gibt es etwas mit Gemüse statt Fleisch?
Kellnerin	Wie wäre es dann mit Bibimbap? Da ist kein Fleisch drin und wenn Sie kein scharfes Essen mögen, geben wir Gochujang nicht hinein, sondern können es Ihnen separat bringen.
Mark	Ja, wenn das möglich ist, hätte ich es bitte nicht scharf.
Kellnerin	OK.

Neue Wörter ▶ S. 328

된장 | 손님 | 떨어지다 | (음식이) 안 되다 |
이 중에서 | 뭘로(= 무엇으로) | 넣다 | 끓이다
| 고기 | 채소 | 들어가다 | 따로 | 가능하면

Neue Redewendungen ▶ S. 328

• 뭐 드시겠어요?
• 다른 건 돼요?
• 가능하면 맵지 않게 해 주세요.

💡 Tipps

1 Die Partikel 만

Die Partikel 만 bedeutet „nur" und wird verwendet, um Einschränkungen auszudrücken. Die Partikel 만 wird nur an Nomen ergänzt, wohingegen -기만 하다 an Adjektive und Verben ergänzt wird.

• 저는 검정색 옷**만** 입어요.
  Ich trage nur schwarze Kleidung.

• 좀 피곤하**기만 해요**. 아프지는 않아요.
  Ich bin nur ein bisschen müde. Ich bin nicht krank.

• 친구가 아무 말도 안 하고 울**기만 했어요**.
  Meine Freundin hat nichts gesagt und nur geweint.

2 -(으)ㄴ/는 거예요: „Es ist ein (Nomen), dass"

In dem Dialog wird -(으)ㄴ/는 거예요 verwendet, um genau zu erklären, woraus Galbi Tang gemacht ist. -는 거예요 wird für Verben im Präsens verwendet, während -(으)ㄴ 거예요 für Verben in der Vergangenheit verwendet wird.

• 떡국은 한국 사람들이 설날 때 먹**는 거예요**.
  Tteokguk (Reiskuchensuppe) essen Koreaner an Seollal, dem Neujahrstag nach dem Mondkalender.

• 이 목걸이는 할머니한테 받**은 거예요**.
  Diese Kette habe ich von meiner Großmutter bekommen.

Zusätzlicher Wortschatz

① 채소 Gemüse

오이 Gurke   마늘 Knoblauch   무 Rettich   감자 Kartoffel

당근 Karrotte   고추 Chili   상추 Salat   고구마 Süßkartoffel

파 Frühlingszwiebel   배추 Chinakohl   버섯 Champignon   시금치 Spinat

양파 Zwiebel   양배추 Weißkohl   호박 Kürbis   콩 Bohne

② 과일 Obst

사과 Apfel   수박 Wassermelone   감 Persimone

배 Birne   참외 koreanische Zuckermelone   귤 Mandarine

딸기 Erdbeere   포도 Traube   복숭아 Pfirsich

③ 고기 Fleisch

소고기 Rindfleisch
돼지고기 Schweinefleisch
닭고기 Hähnchen
오리고기 Ente
양고기 Lamm

④ 해물(= 해산물) Meeresfrüchte

조개 Muschel   게 Krabbe   오징어 Tintenfisch

홍합 Miesmuschel   가재 Flusskrebs   문어 Krake

굴 Auster   새우 Schrimp, Garnele   낙지 kleine Krake

⑤ 생선 Fisch

고등어 Makrele
연어 Lachs
장어 Aal
참치 Thunfisch
갈치 Degenfisch
멸치 Sardelle

⑥ 기타 Andere

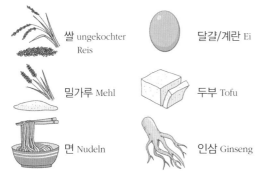

쌀 ungekochter Reis   달걀/계란 Ei

밀가루 Mehl   두부 Tofu

면 Nudeln   인삼 Ginseng

⑦ 식재료 Zustände von Zutaten

날것 Roheit   말린 것 etwas getrocknet
익힌 것 etwas gekocht   얼린 것 etwas gefroren

💡 wichtige Redewendungen

- (Nomen)만 빼 주세요. Bitte lassen Sie nur (Nomen) weg.
- (A) 빼고 (B)만 넣어 주세요.
  Bitte lassen Sie (A) weg and fügen Sie nur (B) hinzu.

Grammatik ❸

-(으)ㄴ 적이 있다 „schon einmal gemacht haben"

▶ Anhang S. 269 KT S. 306

A 전에 지갑을 잃어버린 적이 있어요?
   Haben Sie schon einmal Ihr Portemonnaie verloren?

B 아니요, 그런 적 없어요.
   Nein, das ist mir noch nicht passiert.

지갑을 잃어버린 적이 없어요.

-(으)ㄴ 적이 있다 wird verwendet, um eine Erfahrung auszudrücken. -(으)ㄴ 적이 있다 wird an Verbstämme, Adjektive und 이다 ergänzt. Wenn man ausdrücken möchte, dass man etwas noch nicht erfahren hat, wird -(으)ㄴ 적이 없다 verwendet. Das Verb 보다 (das „versuchen" bedeutet) kann ergänzt werden und so die Form -아/어 본 적이 있다 bilden, um einen Versuch von etwas auszudrücken.

- 전에 아프리카에 여행 간 적이 있어요. Ich bin schon einmal zuvor nach Afrika gereist.
- 한 번도 해 본 적이 없어서 자신이 없어요. Ich traue es mir nicht zu, weil ich es noch nie gemacht habe.
- 저 사람은 어디선가 본 적이 있는데, 이름이 기억 안나요.
  Die Person dort habe ich schon einmal gesehen, aber ich erinnere mich nicht mehr an ihren Namen.

-고 있다 „dabei sein, etwas zu tun"

▶ Anhang S. 269 KT S. 300

A 지금 잠깐 얘기할 수 있어요?
   Können Sie sich gerade kurz unterhalten?

B 미안해요. 지금 회의하고 있어요.
   Nein, ich bin gerade in einem Meeting.

지금 회의하고 있어요.

-고 있다 wird verwendet, um eine andauernden Handlung in der Gegenwart auszudrücken. Der Ausdruck wird auch verwendet, um eine wiederholte Handlung in einem festgelegten Zeitrahmen auszudrücken. -고 있다 wird an Verbstämme gehängt. -고 있다 wird für die Gegenwart, -고 있었다 für die Vergangenheit, -고 있을 것이다 für die Zukunft und –고 있지 않다 für die Verneinung verwendet.

- 지금 밥을 먹고 있으니까 제가 나중에 다시 전화할게요. Ich bin gerade beim Essen. Daher rufe ich später wieder an.
- 지난달부터 운동하고 있는데 살이 빠지지 않아요. Seit letztem Monat mache ich Sport, aber ich nehme nicht ab.
- 요즘은 아르바이트를 하고 있지 않아요. Zur Zeit jobbe ich nicht.

1 그림을 보고 알맞은 답을 고르세요.

(1)

ⓐ 여자가 전화하고 있어요.
ⓑ 여자가 전화하려고 해요.

(2)

ⓐ 여자가 운전하고 있어요.
ⓑ 여자가 운전하려고 해요.

(3)

ⓐ 남자가 샤워하고 있어요.
ⓑ 남자가 샤워하고 있지 않아요.

(4)

ⓐ 남자가 옷을 갈아입고 있어요.
ⓑ 남자가 옷을 갈아입고 있지 않아요.

2 알맞은 답을 고르세요.

(1) A 한국 음식을 지금 ⓐ만들고 있는데 / ⓑ만든 적이 없지만 우리 집에 와서 좀 도와주세요.

   B 저는 한국 음식을 만들어 본 적이 없는데요.

(2) A 케빈 씨가 전에 부산에 살았어요?

   B 잘 모르겠어요. 전에 어디에 ⓐ살고 있는지 / ⓑ산 적이 있는지 케빈 씨한테 물어볼까요?

(3) A 태권도를 배우고 싶어서 지금 학원을 ⓐ알아보고 있어요. / ⓑ알아본 적이 있어요.

   B 저도 같이 하면 좋겠어요.

(4) A 대사관 전화번호 좀 가르쳐 주세요.

   B 예전 전화번호만 알고 지금 전화번호는 ⓐ갖고 있어요. / ⓑ갖고 있지 않아요.

3 '-(으)ㄴ 적이 있다'나 '-(으)ㄴ 적이 없다'를 사용하여 문장을 완성하세요.

(1) 얼마 전에 경주에 ＿＿＿＿＿＿＿＿＿＿는데 정말 재미있었어요. (가다)

(2) 어렸을 때 피아노를 ＿＿＿＿＿＿＿＿＿지만 잘 못 쳐요. (배우다)

(3) 아직 ＿＿＿＿＿＿＿＿＿지만 기회가 있으면 해 보고 싶어요. (해 보다)

(4) 전에 삼계탕을 ＿＿＿＿＿＿＿＿＿는데 되게 맛있었어요. (먹다)

(5) 그런 얘기는 이제까지 ＿＿＿＿＿＿＿＿＿는데요. (듣다)

(6) 바다 근처에 ＿＿＿＿＿＿＿＿＿아/어서 해산물에 익숙하지 않아요. (살다)

유키	뭐 하고 있어요?
케빈	맛집을 찾고 있어요.
유키	맛집은 왜요?
케빈	다음 주에 부모님이 한국에 오셔서 식당을 알아보고 있어요.
유키	그래요? 맛집은 찾았어요?
케빈	아니요, 어제부터 찾고 있는데, 아직 못 찾았어요.
유키	부모님이 한국에 오시니까 한정식 집을 찾고 있죠?
케빈	네, 맛도 좋고 분위기도 좋은 식당을 알면 추천해 주세요.
유키	혹시 '최고의 맛'이라는 식당에 가 본 적이 있어요?
케빈	아니요, 가 본 적이 없는데요.
유키	그럼, 거기에 한번 가 보세요. 며칠 전에 갔는데 맛있었어요.
케빈	그래요? 맛이 어때요?
유키	맵지도 않고 짜지도 않아서 외국인 입맛에 잘 맞을 거예요.
케빈	거기가 좋겠네요. 알려 줘서 고마워요.

Yuki	Was machen Sie gerade?
Kevin	Ich suche ein gutes Restaurant.
Yuki	Wofür?
Kevin	Ich suche ein Restaurant, weil meine Eltern nächste Woche nach Korea kommen.
Yuki	Wirklich? Haben Sie ein gutes Restaurant gefunden?
Kevin	Nein, ich recherchiere schon seit gestern, aber habe noch keins finden können.
Yuki	Da Ihre Eltern nach Korea kommen, suchen Sie ein Restaurant für traditionelles Koreanisches Essen, Hanjeongsik, oder?
Kevin	Ja, wenn Sie eins mit gutem Essen und guter Atmosphäre kennen, dann empfehlen Sie es mir gerne.
Yuki	Waren Sie vielleicht schon einmal bei „최고의 맛"?
Kevin	Nein, da war ich noch nicht.
Yuki	Dann gehen Sie einmal dorthin. Ich war vor ein paar Tagen dort und es war lecker.
Kevin	Wirklich? Wie hat es geschmeckt?
Yuki	Es war nicht scharf oder salzig, sodass es Ausländern gut schmeckt.
Kevin	Das hört sich sehr gut an. Danke Ihnen für die Empfehlung.

Neue Wörter ▶ S. 328

맛집 ┃ 알아보다 ┃ 한정식 집 ┃ 맛이 좋다 ┃ 분위기 ┃ 추천하다 ┃ 며칠 ┃ 입맛에 맞다

Neue Redewendungen ▶ S. 328

- 아직 못 찾았어요.
- (Nomen)에 가 본 적이 있어요?
- 알려 줘서 고마워요.

🖉 Tipps

1 Das honorative -(으)시-

-(으)시- wird an einen Verbstamm oder ein Adjektiv gehängt, um dem Subjekt des Satzes gegenüber Respekt und Höflichkeit auszudrücken. Wenn -고 oder -아/어서 ergänzt werden, wird die Form auf folgende Art und Weise gebildet:

- 오고 (normal): 오**시고** (honorativ) (← 오+시+고)
- 읽고 (normal): 읽**으시고** (honorativ) (← 읽+으시+고)
- 와서 (normal): 오**셔서** (honorativ) (← 오+시+어서)
- 읽어서 (normal): 읽**으셔서** (honorativ) (←읽+으시+어서)

2 Name + (이)라는

(이)라는 wird an ein Nomen gehängt, wenn ein neuer Name vorgestellt wird. Es bedeutet „namens".

- '김진수'**라는** 학생을 알아요?
  Kennen Sie einen Studenten namens Jinsu Kim?

- '아리랑'**이라는** 식당에 가 본 적이 있어요?
  Waren Sie einmal bei dem Restaurant namens Arirang?

① 요리 방법 Kochmethoden

1. 끓이다 kochen

2. 찌다 dämpfen

3. 볶다 sautieren

4. 튀기다 frittieren

5. 부치다 braten

6. 굽다 grillen

7. 삶다 kochen (z.B. gekochte Eier, gekochte Nudeln)
8. 데치다 blanchieren, vorkochen (z.B. blanchiertes Gemüse)

② 먹는 방법 Methoden der Nahrungsaufnahme/Essmethoden

❶ ❷ ❸ ❹ ❺ ❻ ❼ ❽ ❾

1. 채소를 싸다 Gemüse einwickeln
2. 김을 말다 trockenen Seetang einrollen
3. 빵을 반으로 자르다
   Brot in (zwei) Hälften schneiden
4. 간장을 찍다 in Sojasoße tunken
5. 소스를 바르다 mit Soße bestreichen
6. 후추를 뿌리다 mit Pfeffer bestreuen
7. 식초를 넣다 Essig hinzufügen
8. 껍질을 벗기다 schälen
9. 사과(껍질)을 깎다 den Apfel schälen

> **Vorsicht!**
> 벗기다 mit den Händen schälen
> 깎다 mit einem Messer schälen

③ 식당 묘사 ein Restaurant beschreiben

- 값이 싸다 Der Preis ist günstig.
- 맛있다 Es ist lecker.
- 양이 많다 Die Portionen sind groß.
- 깨끗하다 Es ist sauber.
- 서비스가 좋다 Der Service ist gut.
- 손님이 많다 Es gibt viele Kunden.
- 분위기가 좋다 Die Atmosphäre ist gut.
- 조용하다 Es ist leise.
- 유명하다 Es ist berühmt.
- 메뉴가 다양하다
  Die Speisekarte ist vielfältig.

- 젊은 사람들한테 인기가 많다
  Es ist bei jungen Leuten sehr beliebt.
- OO 전문점이다 (예: 두부 전문점)
  Es ist auf OO (z.B. Tofu) spezialisiert.
- 입맛에 맞다
  Es schmeckt mir.
  (wtl. Es trifft meinen Geschmack.)
- 건강식이다
  Das Essen ist gesund.
- 유기농 재료를 쓰다
  Es werden Bio-Zutaten
  genutzt.

★★★
······ **7.5**

💡 Wichtige Redewendungen

- 메뉴판 좀 갖다주세요.
  Bitte bringen Sie mir die Speisekarte.
- 반찬 좀 더 주세요.
  Bitte bringen Sie mir noch mehr Beilagen.

Lassen Sie uns sprechen!

Sprechstrategie	Zustimmen

- 맞아요. 한국 음식은 매운 편이죠. **Das stimmt.** Koreanisches Essen ist recht scharf.

- 그렇죠? 맵죠? **Wirklich? Es ist scharf,** oder?

- 이거 좀 맵지 않아요? **Ist es nicht** ein bisschen scharf?

Essgewohnheiten

❶ 평소 어떤 음식을 잘 먹어요?

| • 아침 (식사) |
| • 점심 (식사) |
| • 저녁 (식사) |
| • 간식 |
| • 야식 |
| • 다이어트 음식 |
| • 도시락 |

빵   찌개   삼겹살

피자   라면   김밥

❷ 보통 음식을 사 먹어요? 해 먹어요? 어떤 음식을 사 먹고 어떤 음식을 해 먹어요?
  요리하는 것을 좋아해요?

❸ 어떤 음식을 제일 좋아해요? 한국 음식 중에서 어떤 음식이 입에 잘 맞아요?
  그 음식 맛이 어때요? 그 음식을 어디에서 먹었어요?

❹ 어떤 음식을 싫어해요? 한국 음식 중에서 못 먹는 음식이 있어요?
  왜 그 음식을 못 먹어요? 혹시 음식 알레르기가 있어요?

❺ 자주 가는 식당이 있어요? 왜 거기에 자주 가요?

☐ 값에 비해 음식 맛이 좋은 편이에요.   ☐ 유기농 음식이에요.
☐ 싸고 양이 많아요.   ☐ 집에서 만들 수 없는 맛이에요.
☐ 가까워서 가기 편해요.   ☐ 맛이 자극적이지 않아요.
☐ 재료가 신선해요.   ☐ 기타

Neue Wörter

평소 gewöhnlich, alltäglich | 사 먹다 Essen kaufen, um zu essen | 해 먹다 kochen, um zu essen | 알레르기 Allergie | 양 Menge |
에 비해 im Vergleich zu, verglichen mit | 유기농 음식 Bio-Lebensmittel | 자극적이다 pikant, scharf sein

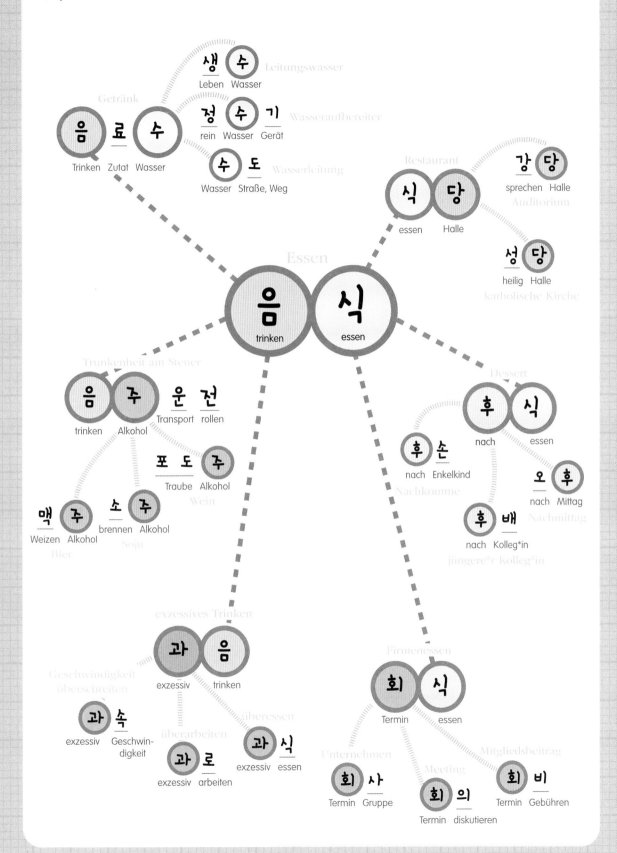

생 수
Leben Wasser
Leitungswasser

정 수 기
rein Wasser Gerät
Wasseraufbereiter

수 도
Wasser Straße, Weg
Wasserleitung

Getränk
음 료 수
Trinken Zutat Wasser

Restaurant
식 당
essen Halle

강 당
sprechen Halle
Auditorium

성 당
heilig Halle
katholische Kirche

Essen
음 식
trinken essen

Trunkenheit am Steuer
음 주 운 전
trinken Alkohol Transport rollen

포 도 주
Traube Alkohol
Wein

맥 주
Weizen Alkohol
Bier

소 주
brennen Alkohol
Soju

Dessert
후 식
nach essen

후 손
nach Enkelkind
Nachkomme

오 후
nach Mittag
Nachmittag

후 배
nach Kolleg*in
jüngere*r Kolleg*in

exzessives Trinken
과 음
exzessiv trinken

Geschwindigkeit
überschreiten
과 속
exzessiv Geschwindigkeit

überarbeiten
과 로
exzessiv arbeiten

überessen
과 식
exzessiv essen

Firmenessen
회 식
Termin essen

Unternehmen
회 사
Termin Gruppe

Meeting
회 의
Termin diskutieren

Mitgliedsbeitrag
회 비
Termin Gebühren

Geschmacksrichtungen beschreiben

• 시원하다 sich erfrischt fühlen, „genau richtig sein"

시원하다 bedeutet ursprünglich „nicht kalt und nicht heiß, sondern angenehm kühl oder frisch". Ein kaltes Glas Saft an einem heißen Tag zum Beispiel bereitet kühle Erfrischung und ein wohliges Gefühl. Jedoch hat sich die Verwendung und Bedeutung von 시원하다 stark erweitert. Daher wird 시원하다 nicht nur für kalte Getränke oder kaltes Essen, sondern ironischerweise auch für heiße Suppen und Eintöpfe verwendet. Denn Koreaner empfinden die Wärme und das Schwitzen beim Essen heißer Suppen als angenehm und erfrischend. Auch das erfrischte Gefühl

nach einer Massage, einem Saunabesuch oder nach dem Sport wird mit 시원하다 ausgedrückt. Darüber hinaus wird 시원하다 auch verwendet, wenn jemand ein stressiges Problem löst und dadurch von den Problemen, die die Person belasteten, befreit ist. Zu guter letzt kann 시원하다 auch verwendet werden, um eine Person zu beschreiben, die nicht spießig oder überheblich ist, sondern direkt und angenehm im Umgang.

• 느끼하다 fettig sein

Menschen, die fettiges Essen nicht mögen bezeichnen es als 느끼하다. Außerdem kann eine gerissene Handlung oder Sprechweise statt mit 싫다 auch mit dem Wort 느끼하다 bezeichnet werden. In diesem Zusammenhang kann es auch als negativer Begriff für Männer verwendet werden, die Frauen auf primitive und plumpe Art begegnen.

• 고소하다 herzhaft sein

고소하다 bezog sich ursprünglich auf das angenehme Gefühl, das man zum Beispiel beim Verzehr von Sesamöl oder Erdnussbutter verspürt. Dieses Wort wird auch verwendet, um das angenehme Gefühl zu bezeichnen, wenn einer Person, die man nicht mag, etwas Unangenehmes passiert. Man kann 고소하다 zum Beispiel anstelle von 기분 좋다 verwenden, um das befriedigende Gefühl zu beschreiben, wenn ein*e egoistische*r Kolleg*in beim ständigen Meiden von Aufgaben von einem Vorgesetzten erwischt wird.

Kapitel 06

공공 규칙

Regeln in der Öffentlichkeit

Ziele
- um Erlaubnis fragen
- über Regeln sprechen
- Gegenstände detailliert beschreiben
- Fragen zur Unterkunft/Wohnung stellen und darauf antworten
- Termine vereinbaren oder Verabredungen treffen
- nach Regeln im Unternehmen fragen und darauf antworten
- über angemessenes Verhalten in der Unternehmenskultur sprechen
- auf etwas Gesagtes reagieren

Grammatik
❶ -아/어도 되다 „dürfen"

-아/어야 되다 „müssen", „brauchen"

❷ -아/어 있다 Folge nach einer abgeschlossenen Handlung ausdrücken

-든지 „oder"

❸ -(으)면 안 되다 „nicht dürfen"

-네요 Erkenntnis ausdrücken

-아/어도 되다 „dürfen"

▶ Anhang S. 270
KT S. 302

A 잠깐 들어가도 돼요?
   Darf ich kurz hereinkommen?

B 네, 들어오세요.
   Ja, kommen Sie herein.

-아/어도 되다 wird als Frage verwendet, um um Erlaubnis für eine Handlung zu bitten oder zu fragen, ob ein bestimmter Zustand zulässig ist. -아/어도 되다 wird an Verbstämme gehängt. -(으)세요 kann verwendet werden, um Erlaubis zu erteilen. -아/어도 되다 wird auch verwendet, um eine allgemein übliche Regel oder soziokulturelle Normen auszudrücken. Für diese Beispiele wird -아/어도 되다 an Verben, Adjektive und 이다 gehängt.

- A 화장실 좀 써도 돼요? Dürfte ich einmal die Toilette benutzen?
  B 네, 그러세요. Ja, natürlich.
- 회의는 끝났으니까 일찍 퇴근해도 돼요. Da das Meeting zu Ende ist, können sie früher Feierabend machen.
- 녹차 물은 그렇게 뜨겁지 않아도 돼요. Das Wasser für den grünen Tee braucht nicht so heiß sein.

-아/어야 되다 „müssen", „brauchen"

▶ Anhang S. 271
KT S. 302

A 카드로 계산해도 돼요?
   Kann ich mit Karte zahlen?

B 아니요, 현금으로 계산해야 돼요.
   Nein, Sie müssen bar bezahlen.

-아/어야 되다 wird verwendet, um auszudrücken, dass eine Verpflichtung oder Bedingung erfüllt werden muss. -아/어도 되다 wird als Frage verwendet, um um Erlaubnis für eine Handlung zu bitten oder zu fragen, ob ein bestimmter Zustand zulässig ist. -아/어야 하다 wird an den Stamm von Verben, Adjektiven und 이다 ergänzt. -아/어야 하다 kann mit 되다 anstelle von 하다 ersetzt werden. Um die Vergangenheitsform auszudrücken, wird -았/었-an 되다 oder 하다 ergänzt, um -아/어야 됐다 oder -아/어야 했다 zu bilden.

- 한국에서는 신발을 벗고 집에 들어가야 돼요.
  In Korea muss man die Schuhe ausziehen bevor man die Wohnung betritt.
- 산에 가고 싶으면 지도가 꼭 있어야 해요.
  Wenn man auf den Berg gehen möchte, muss man unbedingt eine Karte haben.
- 어제는 늦게까지 회사에서 일해야 했어요. Ich musste gestern lange in der Firma arbeiten.

1 그림을 보고 '-아/어도 되다'를 사용하여 대화를 완성하세요.

(1)

A 화장실 좀 _____ 돼요?
B 네, 쓰세요.

(2)

A 자리에 _____ 돼요?
B 물론이죠, 앉으세요.

(3)

A 사진 좀 _____ 돼요?
B 그러세요, 보세요.

(4)

A 이 옷을 _____ 돼요?
B 그럼요, 입어 보세요.

2 다음에서 알맞은 답을 골라서 '-아/어야 되다'나 '-아/어야 하다'를 사용하여 문장을 완성하세요.

줄이다	맡기다	모으다	지키다

(1) 여행 가고 싶으면 돈을 _____ 돼요.

(2) 친구하고 비밀을 말하지 않기로 약속했으니까 비밀을 _____ 해요.

(3) 살을 빼고 싶으면 매일 30분씩 운동하고 음식을 _____ 돼요.

(4) 컴퓨터가 고장 났는데 혼자 고칠 수 없어요. 서비스 센터에 컴퓨터를 _____ 돼요.

3 알맞은 답을 고르세요.

(1) 식당에서 밥 먹은 후 아직 돈을 안 냈어요. 집에 가기 전에 꼭
　　ⓐ 돈을 내도 돼요.
　　ⓑ 돈을 내야 돼요.

(2) 많이 바쁘면 저는 다른 사람하고 갈게요.
　　ⓐ 같이 안 가도 돼요.
　　ⓑ 같이 안 가야 돼요.

(3) 이건 중요한 얘기예요. 그러니까 엄마한테 반드시
　　ⓐ 얘기해도 돼요.
　　ⓑ 얘기해야 돼요.

(4) 아까 사무실 전화번호를 몰랐기 때문에 전화했는데 지금 알아요.
　　ⓐ 저한테 전화 안 해도 돼요.
　　ⓑ 저한테 전화 안 해야 돼요.

유키　저기요, 뭐 좀 물어봐도 돼요?

직원　네, 말씀하세요.

유키　저 컴퓨터 좀 써도 돼요?

직원　쓰세요.

유키　이용료를 내야 돼요?

직원　아니요, 학생증이 있으면 무료예요.

유키　네. 아, 잠깐만요. 하나만 더 물어볼게요.
　　　컴퓨터실이 몇 시에 문을 닫아요?

직원　평일에는 저녁 7시에 문을 닫아요.

유키　그럼, 주말에는요?

직원　토요일에는 오후 3시에 문을 닫고 일요일에는 문을
　　　안 열어요.

유키　네, 여기 와이파이도 되죠?

직원　그럼요, 되죠.

유키　비밀번호가 뭐예요?

직원　이 비밀번호를 입력하면 돼요.

유키　감사합니다.

Yuki	Entschuldigung, dürfte ich Sie etwas fragen?
Angestellte	Ja, fragen Sie.
Yuki	Dürfte ich den Computer benutzen?
Angestellte	Natürlich.
Yuki	Muss ich dafür Nutzungsgebühren bezahlen?
Angestellte	Nein, Wenn Sie einen Studentenausweis haben, ist es kostenlos.
Yuki	Ok,... Einen Moment. Ich habe noch eine Frage. Um wieviel Uhr schließt der Computerraum?
Angestellte	An Werktagen schließen wir abends um 19:00 Uhr.
Yuki	Und am Wochenende?
Angestellte	Am Samstag schließen wir um 15:00 Uhr und am Sonntag ist geschlossen.
Yuki	Ok, hier gibt es auch WLAN, oder?
Angestellte	Natürlich. Das gibt es.
Yuki	Wie lautet das Passwort?
Angestellte	Sie müssen dieses Passwort eingeben.
Yuki	Vielen Dank.

Neue Wörter ▶ S. 328

말씀하다 | 이용료 | 내다 | 학생증 | 무료 |
평일 | 비밀번호 | 입력하다

Neue Redewendungen ▶ S. 328

• 뭐 좀 물어봐도 돼요?
• 말씀하세요.
• 하나만 더 물어볼게요.

🔍 Tipps

1 Die Honorativformen 말씀하시다 und 말씀드리다

말하다 wird zu 말씀하시다, wenn dem Subjekt gegenüber Respekt ausgedrückt werden muss. In diesem Dialog wird 말씀하시다 von der Angestellten verwendet, um Yuki gegenüber höflich zu sein. Im unteren Beispiel wird 말씀드리다 verwendet, um dem Objekt des Satzes (dem Gesprächspartner) gegenüber Höflichkeit auszudrücken.

• 곧 사장님께서 **말씀하시겠습니다**.
　Der Geschäftsführer wird es bald sagen.

• 제가 사장님께 **말씀드리겠습니다**.
　Ich werde es dem Geschäftsführer sagen.

2 Die zwei Bedeutungen von 그럼

In diesem Dialog drückt das erste 그럼요 in informeller Situation aus, dass das, was gesagt wird, gewiss (natürlich) ist. Das zweite 그럼 ist eine verkürzte Form von 그러면 und drückt eine neue Idee aus (wenn es so ist, dann...).

• **그럼요**, 제가 정말 좋아하죠.
　Natürlich, ich mag es sehr.

• 피곤해요? **그럼**, 집에서 쉬세요.
　Sind Sie müde? Dann ruhen Sie sich zu Hause aus.

1 Zeiteinteilung

1. 한 달 ein Monat

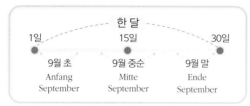

2. 1년 ein Jahr

3. 10년 ein Jahrzent

4. 100년 ein Jahrhundert

- 세금은 보통 **월말**에 내요. Steuern werden normalerweise am Monatsende entrichtet.
- **내년 초**에는 새 차를 사려고 해요. Anfang nächsten Jahres möchte ich ein neues Auto kaufen.
- **1970년대 중반**에 이 노래가 유행했어요. Dieses Lied war Mitte der 70er beliebt.
- 이 건물은 **18세기 후반**에 만들어졌어요. Dieses Gebäude wurde in der zweiten Hälfte des 18. Jahrhunderts gebaut.

2 Datum

1. 일 Tag (eines Monats)

> 3박 4일 4 Tage 3 Nächte
> - 첫날 erster Tag
> - 둘째 날 (= 그다음 날) zweiter Tag (= der nächste Tag)
> - 셋째 날 dritter Tag
> - 넷째 날 (= 마지막 날) vierter Tag (= der letzte Tag)

2. 주 Woche

> 한 달 ein Monat
> - 첫째 주 erste Woche
> - 둘째 주 zweite Woche
> - 셋째 주 dritte Woche
> - 넷째 주 (= 마지막 주) vierte Woche (= letzte Woche)

- 입학 **첫날**에 긴장되기도 하고 설레기도 했어요. Am ersten Schultag war ich sowohl nervös als auch aufgeregt.
- 매월 **첫째 주**와 **셋째 주** 일요일에 쉽니다. Ich ruhe mich jeden ersten und dritten Sonntag im Monat aus.

3 Datum lesen

> - 2–3일: 이삼 일
>   2 bis 3 Tage
> - 2–5일: 이 일에서 오 일까지
>   2 bis 5 Tage
> - 2일–15일: 이 일부터 십오 일까지
>   vom 2. bis zum 15.

- 이번 조사는 **3–4일(삼사 일)** 걸릴 거예요.
  Die Untersuchung dauert 3 bis 4 Tage.
- 시간이 **3–5일(삼 일에서 오 일)** 정도 더 필요해요.
  Ich brauche ungefähr 3 bis 5 Tage länger.
- 신청 기간은**15일–30일(십오 일부터 삼십 일까지)**예요.
  Der Bewerbungszeitraum ist vom 15. bis 30.

4 Tagesangabe

- 매주 **화, 목**은 3시에 수업이 끝나요.
  Der Unterricht endet jede Woche dienstags und donnerstags um 15 Uhr nachmittags.

- **월, 화** 드라마는 10시에 시작해요.
  Koreanische Serien fangen am Montag und Dienstag um 22 Uhr an.

💡 Wichtige Redewendungen

- 언제까지 해야 돼요?
  Bis wann muss das fertig sein?
- 시간이 얼마나 더 필요해요?
  Wie viel Zeit brauchen Sie noch?

Grammatik ❷

-아/어 있다   Folge nach einer abgeschlossenen Handlung ausdrücken

▶ Anhang S. 271

A 집에 불이 켜져 있어요.
    Im Haus ist Licht an.

B 이상해요. 아까 불을 껐지요?
    Komisch. Sie haben es eben ausgemacht, oder?

불이 켜져 있어요.

-아/어 있다 drückt ein Resultat nach einer abgeschlossenen Handlung aus. Es wird an Verbstämme gehängt. Ein nicht fortdauernder Zustand wird mit -지 않다 ausgedrückt, das an den Stamm von 있다 gehängt zu -아/어 있지 않다 wird. -았/었- kann auch an 있다 gehängt werden, um -아/어 있었다 zu bilden.

- 가방 안에 지갑하고 책이 들어 있어요. In der Tasche sind ein Portemonnaie und ein Buch.
- 책에 이름이 쓰여 있지 않아요. Auf dem Buch steht kein Name.
- 조금 전에는 바닥에 아무것도 떨어져 있지 않았어요. Vor kurzem war nichts auf dem Boden.

-든지   „oder"

KT S. 298

A 서류는 어떻게 내야 돼요?
    Wie soll ich die Dokumente einreichen?

B 서류는 회사에 직접 내든지
    우편으로 보내든지 하세요.
    Sie können es direkt beim Unternehmen einreichen oder per Post schicken.

-든지 wird verwendet, um eine Wahl zwischen dem vorangehenden und dem folgenden Satz auszudrücken. Es wird an Verben, Adjektive und 이다 ergänzt und kann auch mit der Vergangenheitsform -았/었- zu -았/었든지 kombiniert werden. -지 kann auch weggelassen werden, sodass nur -든 stehen bleibt. Darüber hinaus ist -든지 in fast jeder Situation mit -거나 austauschbar. Wenn eine Wahl zwischen dem Ausführen und dem Unterlassen einer Handlung ausgedrückt wird, kann -든지 말든지 verwendet werden. Wenn es mit Fragewörtern wie 무엇, 누구, 언제 und 어디 verwendet wird, drückt es aus, dass die Wahl keine Rolle spielt.

- 남자든지 여자든지 상관없으니까 누구든지 오세요. Egal ob Mann oder Frau, kommen Sie alle.
- 미리 얘기했든 안 했든 지금 상황은 바뀌지 않아요.
  Es spielt keine Rolle ob es vorher gesagt wurde oder nicht, die Situation ändert sich nicht.
- 표를 이미 예약했으니까 가든지 말든지 마음대로 하세요.
  Egal ob Sie kommen oder nicht. Machen Sie wie sie möchten, da das Ticket schon gekauft ist.
- 무엇을 먹든지 아무거나 잘 먹어요. Ich esse alles gut, egal was ich esse.

1 그림을 보고 알맞은 답을 고르세요.

(1)

ⓐ 의자에 남자가 앉고 있어요.
ⓑ 의자에 남자가 앉아 있어요.

(2)

ⓐ 공책에 글을 쓰고 있어요.
ⓑ 공책에 글이 쓰여 있어요.

(3)

ⓐ 조금 전에 책상 위에 노트북이 놓여 있어요.
ⓑ 조금 전에 책상 위에 노트북이 놓여 있었어요.

(4)

ⓐ 바지 주머니에 아무것도 들어 없어요.
ⓑ 바지 주머니에 아무것도 들어 있지 않아요.

2 보기 와 같이 '-든지'를 사용하여 알맞게 바꿔 쓰세요.

보기

☑ 매일 MP3로 듣기 연습해요.
☐ 한국 텔레비전을 많이 봐요.
☑ 한국 친구를 사귀어요.

➡

A 한국어 듣기는 어떻게 하면 잘해요?

B 매일 MP3로 듣기 연습하 든지

  한국 친구를 사귀 든지 하면 돼요.

(1)

☑ 인터넷으로 사요.
☑ 여행사에 전화해요.
☐ 가족에게 부탁해요.

➡

A 이번 여행 비행기 표는 어떻게 살 거예요?

B ＿＿＿＿＿＿＿ 든지

＿＿＿＿＿＿＿ 든지 할 거예요.

(2)

☐ 극장에서 영화를 봐요.
☑ 공원에서 산책해요.
☑ 맛있는 음식을 먹어요.

➡

A 주말에 뭐 하고 싶어요?

B ＿＿＿＿＿＿＿ 든지

＿＿＿＿＿＿＿ 든지 하고 싶어요.

(3)

☑ 택시를 타요.
☑ 한국 사람에게 길을 물어봐요.
☐ 한국 친구에게 전화해요.

➡

A 길을 잃어버리면 어떻게 해요?

B ＿＿＿＿＿＿＿ 든지

＿＿＿＿＿＿＿ 든지 해요.

🎙 Dialog ❷

Track 17

맥스	저, 이거 가져가도 돼요?
직원	물론이죠, 가져가세요.
맥스	지도도 있어요?
직원	여기 있어요.
맥스	여기에 숙박 시설도 나와 있어요?
직원	네, 어떤 숙박 시설을 찾으세요?
맥스	비싸지 않고 조용한 곳을 찾고 있어요.
직원	저기 탁자 위에 여러 가지 안내 책자가 놓여 있지요? 거기에 다양한 숙박 시설과 연락처가 나와 있어요.
맥스	여기에서 숙박 시설을 예약할 수 있어요?
직원	아니요, 여기에서는 예약이 안 돼요. 전화나 인터넷으로 예약하든지, 직접 전화해서 물어보세요.
맥스	그럼, 여기에서 인터넷을 써도 돼요?
직원	그럼요, 이 컴퓨터를 쓰세요. 숙박 시설의 홈페이지에 들어가면 더 자세한 정보가 다양한 언어로 나와 있어요.

Max	Entschuldigung, darf ich das mitnehmen?
Angestellter	Natürlich. Nehmen Sie es mit.
Max	Haben Sie auch eine Karte?
Angestellter	Hier bitte.
Max	Stehen hier auch Unterkünfte drin?
Angestellter	Ja, was für eine Unterkunft suchen Sie?
Max	Ich suche einen Ort, der nicht teuer ist und ruhig.
Angestellter	Auf dem Tisch dort gibt es viele verschiedene Broschüren. Darin stehen viele verschiedene Unterkünfte und Kontaktadressen drin.
Max	Kann ich hier auch Unterkünfte buchen?
Angestellter	Nein, hier kann man nicht reservieren. Sie können im Internet reservieren oder direkt telefonisch anfragen.
Max	Darf ich dann das Internet hier benutzen?
Angestellter	Natürlich. Benutzen Sie diesen Computer. Wenn Sie auf die Homepage der Unterkunft gehen, finden Sie genauere Informationen auf verschiedenen Sprachen.

Neue Wörter ▸ S. 328

가져가다 | 물론 | 지도 | 숙박 시설 |
조용하다 | 곳 | 탁자 | 안내 책자 | 놓이다 |
예약하다 | 자세하다 | 정보

Neue Redewendungen ▸ S. 329

• 이거 가져가도 돼요?
• 물론이죠.
• 더 자세한 정보가 나와 있어요.

🔎 Tipps

1 Die vielen Bedeutungen von 되다

되다 hat mehrere Bedeutungen. Es kann erstens benutzt werden, um "möglich", "vorhanden" mit Wörtern wie 시간, 돈, 예약 etc. auszudrücken. Es wird auch verwendet um auszudrücken, dass etwas wie eine Maschine funktioniert. Generell wird 되다 wie oben beschrieben verwendet, während 안 되다 das Gegenteil bedeutet ("nicht möglich", "funktioniert nicht").

• 오늘 배달 **돼요**? Ist es möglich heute zu liefern?

• 어제부터 컴퓨터가 **안 돼요**.
Seit gestern funktioniert der Computer nicht.

2 저기 dort drüben vs. 거기 dort

Der wesentliche Unterschied zwischen 저기 und 거기 ist, dass 저기 verwendet wird, um auf Gegenstände hinzuweisen, die gesehen werden können. 거기 bezeichnet Dinge, die nicht gesehen werden können.

• 내일 수업 후에 **저기**에서 만나요.
Treffen wir uns morgen nach dem Unterricht dort.

• 내일 콘서트가 있는데 **거기**에 가고 싶어요.
Morgen ist das Konzert, und ich möchte dort hingehen.

1 Vergleich von Handlungen mit statischen Zuständen

1.

ⓐ 남자가 가고 있어요.
Er geht.

ⓑ 남자가 가 있어요.
Er ist dort.

2.

ⓐ 여자가 창문을 닫고 있어요.
Er schließt das Fenster.

ⓑ 창문이 닫혀 있어요.
Das Fenster ist geschlossen.

3.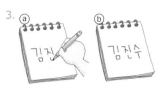

ⓐ 남자가 이름을 쓰고 있어요.
Er schreibt einen Namen.

ⓑ 이름이 쓰여 있어요.
Der Name steht geschrieben.

4.

ⓐ 남자가 불을 켜고 있어요.
Er macht das Licht an.

ⓑ 불이 켜져 있어요.
Das Licht ist an.

5.

ⓐ 남자가 불을 끄고 있어요.
Er macht das Licht aus.

ⓑ 불이 꺼져 있어요.
Das Licht ist aus(geschattet).

6.

ⓐ 남자가 책을 넣고 있어요.
Er steckt das Buch (in die Tasche).

ⓑ 책이 들어 있어요.
Das Buch steckt in der Tasche.

7.

ⓐ 여자가 컵을 놓고 있어요.
Sie stellt die Tasse ab.

ⓑ 컵이 놓여 있어요.
Die Tasse steht auf dem Tisch.

8.

ⓐ 여자가 옷을 걸고 있어요.
Sie hängt die Kleidung auf.

ⓑ 옷이 걸려 있어요.
Die Kleidung ist aufgehängt.

9.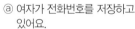

ⓐ 여자가 전화번호를 저장하고 있어요.
Sie speichert die Telefonnummer.

ⓑ 전화번호가 저장되어 있어요.
Die Telefonnummer ist gespeichert.

2 statische Zustände beschreiben

- 남자가 와 있어요. Er ist hier.
- 얼굴이 그려져 있어요. Das Gesicht ist gezeichnet.
- 이름표가 달려 있어요. Das Namensschild ist angeheftet.
- 종이가 벽에 붙어 있어요. Das Papier ist an die Wand geklebt.
- 종이가 떼어져 있어요. Das Papier ist abgenommen.
- 지갑이 떨어져 있어요. Das Portemonnaie ist runtegefallen.
- 스마트폰이 물에 빠져 있어요. Das Smartphone ist ins Wasser gefallen.
- 연필이 부러져 있어요. Der Bleistift ist zerbrochen.
- 창문이 깨져 있어요. Das Fenster ist gesprungen.
- 표가 찢어져 있어요. Das Ticket ist eingerissen.
- 종이가 구겨져 있어요. Das Papier ist zerknüllt.

🔅 **Wichtige Redewendungen**

- 어떤 상태예요?
  In welchem Zustand ist es?

- 어떻게 되어 있어요?
  Wie läuft es?

Grammatik ❸

-(으)면 안 되다 „nicht dürfen"

A 여기에서는 사진을 찍으면 안 됩니다.
Hier dürfen keine Fotos gemacht werden.

B 죄송합니다. 몰랐어요.
Entschuldigung. Das wusste ich nicht.

사진을 찍으면 안 됩니다.

-(으)면 안 되다 drückt das Verbot einer Handlung oder die Beschränkung eines Zustandes aus. Es wird an den Stamm von Verben, Adjektiven und 이다 gehängt. Bei der Vergangenheitsform wird -았/었- an 되다 gehängt, um -(으)면 안 되었다 zu bilden. Die Verneinung steht vor -(으)면 안 되다 und ergibt -지 않으면 안 되다. In dieser negativen Verwendung wird die Verbindlichkeit der Handlung betont.

- 위험하니까 운전하면서 전화하면 안 돼요. Man darf nicht beim Auto fahren telefonieren, weil es gefährlich ist.
- 환자니까 음식이 짜면 안 돼요. Da Sie Patient sind, dürfen Sie kein salziges Essen zu sich nehmen.
- 중학생이면 안 돼요. 고등학생부터 이 영화를 볼 수 있어요.
  Mittelschulschüler dürfen nicht. Erst als Oberschulschüler darf man diesen Film sehen.
- 시험 때 신분증이 없으면 안 돼요. (= 신분증이 꼭 있어야 돼요.)
  Bei der Prüfung darf der Ausweis nicht fehlen. (= Sie müssen einen Ausweis haben.)

- 네요 Erkenntnis ausdrücken

A 무선 인터넷이 잘 돼요?
Funktioniert das WLAN gut?

B 네, 진짜 빠르네요.
Ja, es ist wirklich schnell.

진짜 빠르네요.

5G

-네요 drückt die Überraschung der Sprechenden aus, die nach der direkten Erfahrung etwas realisieren. Es wird insbesondere mit direktem Blickkontakt zu den Zuhörenden verwendet, um zu bestätigen, dass die Zuhörenden den gleichen Gedanken haben. -네요 wird an den Stamm von Verben, Adjektiven und 이다 gehängt, wenn eine gegenwärtige Tatsache ausgedrückt wird. Kombiniert mit -았/었- ergibt sich die Form -았/었네요, die eine vergangene Tatsache auszudrückt.

- 외국인인데 한국어를 잘하시네요. Sie sind Ausländer, aber sprechen sehr gut Koreanisch.
- 벌써 7시네요. 퇴근할까요? Es ist schon 19:00 Uhr. Wollen wir Feierabend machen?
- 오늘 멋있게 옷을 입었네요. 어디 가시요? Sie sind heute schick angezogen. Wohin gehen Sie!

1 다음에서 알맞은 답을 골라서 '-(으)면 안 되다'를 사용하여 문장을 완성하세요.

| 늦게 오다 | 예약을 미루다 | 담배를 피우다 | 음악을 틀다 |

(1) 여기는 금연 구역이니까 여기에서 _____.

(2) 7시 정각에 출발하니까 이번에도 _____.

(3) 옆집에 방해가 되니까 밤늦게 큰 소리로 _____.

(4) 표가 몇 장 안 남았으니까 _____.

2 문장을 완성하도록 알맞은 것끼리 연결하세요.

(1) 예의가 아니니까　　　　　　 •　　　• ⓐ 실수하면 안 돼요.

(2) 그날 전부 만나기로 했으니까 •　　　• ⓑ 너무 빨리 말하면 안 돼요.

(3) 건강을 생각해야 하니까　　 •　　　• ⓒ 이제부터 술을 마시면 안 돼요.

(4) 한국어를 잘 못하니까　　　 •　　　• ⓓ 고춧가루를 넣으면 안 돼요.

(5) 매운 것을 잘 못 먹으니까　 •　　　• ⓔ 어른에게 반말하면 안 돼요.

(6) 이번 발표는 아주 중요하니까 •　　　• ⓕ 다른 약속을 잡으면 안 돼요.

3 알맞은 답을 고르세요.

(1) A 제 친구는 혼자 삼겹살 10인분을 먹어요.

　　 B ⓐ 진짜 많이 먹네요.

　　　 ⓑ 삼겹살이 맛있네요.

(2) A 집에서 회사까지 5분밖에 안 걸려요.

　　 B ⓐ 정말 가깝네요.

　　　 ⓑ 늦게 출발하네요.

(3) A 도서관이 3시에 문을 닫아요.

　　 B ⓐ 일찍 닫네요.

　　　 ⓑ 책을 못 찾네요.

(4) A 지난주에 밤 12시까지 일했어요.

　　 B ⓐ 힘드네요.

　　　 ⓑ 늦게까지 일했네요.

(5) A 어제 지갑을 잃어버렸어요.

　　 B ⓐ 속상하시겠네요.

　　　 ⓑ 지갑을 찾았네요.

(6) A 드디어 운전 면허증을 땄어요.

　　 B ⓐ 축하하네요.

　　　 ⓑ 차를 사야겠네요.

Track 18

술을 싫어하며 안 마셔도 돼요.

좋네요.

리나 회사에 잘 다니고 있어요?

웨이 네, 회사 생활에 잘 적응하고 있어요.

리나 그런데 오늘은 정장을 안 입었네요. 회사에 안 갔어요?

웨이 갔다 왔어요. 그런데 우리 회사에서는 정장을 안 입어도 돼요.

리나 그래요? 회사 분위기가 자유롭네요.

웨이 네, 그런 편이에요. 특히 복장은 엄격하지 않아요.

리나 주중에도 청바지 같은 편한 옷을 입고 출근해도 돼요?

웨이 네, 마음대로 입어도 돼요.
하지만 회의 때에는 꼭 정장을 입어야 돼요.

리나 출퇴근 시간은 어때요?

웨이 정해진 시간은 없고 하루에 8시간 일하면 돼요.

리나 한국 회사는 회식도 자주 하는데 회식에 빠져도 돼요?

웨이 회식에 빠지면 안 돼요.
하지만 술을 싫어하면 안 마셔도 돼요.

리나 좋네요. 자주 회식해요?

웨이 가끔 회식하는데, 회식 때 동료들과 얘기할 수 있어서 좋아요.

Rina	Ist bei Ihnen auf der Arbeit alles in Ordnung?
Wei	Ja, ich gewöhne mich in den Firmen-Alltag gut ein.
Rina	Aber Sie tragen heute keinen Anzug. Sind Sie nicht arbeiten gegangen?
Wei	Ich bin schon wieder zurück. Aber bei meiner Firma brauchen wir keinen Anzug tragen.
Rina	Wirklich? Die Atmosphäre der Firma ist ziemlich entspannt, oder?
Wei	Ja, ist sie (wtl. sie gehört zur entspannten Sorte). Vor allem der Dresscode ist nicht streng.
Rina	Sogar an Wochentagen können Sie bequeme Kleidung wie Jeans zur Arbeit tragen?
Wei	Ja, wir können tragen, was uns gefällt. Aber bei Meetings müssen wir auf jeden Fall einen Anzug tragen.
Rina	Wie sind die Arbeitszeiten?
Wei	Es gibt keine festen Zeiten. Wir müssen nur 8 Stunden pro Tag arbeiten.
Rina	Bei koreanischen Firmen gibt es oft Firmenessen. Dürfen Sie bei diesen fehlen?
Wei	Nein, bei Firmenessen darf ich nicht fehlen. Aber wenn man keinen Alkohol mag, braucht man auch nicht trinken.
Rina	Wow, das ist nett. Gibt es oft Firmenessen?
Wei	Wir haben manchmal Firmenessen, aber das ist gut, weil ich mich mit meinen Kollegen unterhalten kann.

Neue Wörter ▶ S. 329

다니다 | 적응하다 | 정장 | 갔다 오다 |
자유롭다 | 특히 | 엄격하다 | 출근하다 |
마음대로 | 꼭 | 정해진 시간 | 회식 |
빠지다 | 싫어하다 | 동료

Neue Redewendungen ▶ S. 329

• [Nomen]에 잘 적응하고 있어요.
• 그런 편이에요.
• 마음대로 입어도 돼요.

🖊 Tipps

1 Das Tragen von Kleidung: -았/었-

Im Koreanischen werden sowohl -고 있다 als auch das Affix -았/었- verwendet, um das Tragen von Kleidung auszudrücken. Mit dem Präsens wird das Anziehen von Kleidung ausgedrückt.

• 민수는 지금 운동화를 신고 있어요 (= 신었어요).
Minsu zieht gerade seine Turnschuhe an.

≠ 민수는 지금 운동화를 신어요.
Minsu trägt gerade seine Schuhe.

2 Die Partikel 대로

대로 wird nach Nomen wie 사실 (Tatsache), 약속 (Versprechen), 마음 (Herz), 규칙 (Regel) und 법 (Gesetz) verwendet, um auszudrücken, dass das Nomen die Grundlage für eine Handlung ist. Wenn es nach Wörtern wie 예상 (Vorhersage), 생각 (Gedanke) und 계획 (Plan) steht, drückt es aus, dass es keine Veränderung gibt.

• 약속대로 제가 도와줄게요. Wie versprochen helfe ich Ihnen.

• 예상대로 제주도는 정말 아름다웠어요.
Wie erwartet, war die Insel Jeju sehr schön.

Zusätzlicher Wortschatz

① vor dem Finden einer Arbeit

- 일자리를 찾다 Arbeit suchen
- 원서를 내다 eine Bewerbung einreichen
- 면접을 보다 ein Vorstellungsgespräch führen
- 취직하다 eine Anstellung finden

- 요즘 **일자리를 찾고** 있지만 **취직하기** 너무 어려워요.
  In letzter Zeit suche ich Arbeit, aber es ist schwer, etwas zu finden.
- 제 친구는 **원서를** 60번이나 냈지만 3번만 **면접을** 봤어요.
  Mein Freund hat 60 Bewerbungen abgeschickt, aber nur drei Vorstellungsgespräche gehabt.

② Hanja Wortschatz im Zusammenhang mit Arbeit

근 (Arbeit)

- 출근하다 zur Arbeit gehen, arbeiten
- 퇴근하다 Feierabend machen
- 야근하다 (nachts) Überstunden machen
- 결근하다 von der Arbeit abwesend sein
- 근무하다 arbeiten
- 교대 근무하다 in Schichten arbeiten
- 재택근무하다 zu Hause arbeiten

직 (Job)

- 취직하다 eine Anstellung finden
- 휴직하다 Urlaub machen
- 퇴직하다 die Arbeit kündigen
- 이직하다 Job tauschen/wechseln

③ typische Wörter am Arbeitsplatz

Menschen treffen
- 회의하다 ein Meeting haben
- 회식하다 mit Kollegen essen

Berichte verfassen
- 작성하다 schreiben (einen Bericht)
- 결재를 받다 Genehmigung erhalten
- 보고하다 berichten
- 발표하다 präsentieren

Aufgaben
- 일을 맡기다 Arbeit zuweisen
- 일을 맡다 Arbeit annehmen
- (인사/재무/영업/홍보)을/를 담당하다 verantwortlich sein für (Personal (HR)/Finanzen/Sales/Werbung)

Der Arbeitsprozess
- 일이 잘되다 die Arbeit läuft gut
- 일이 안되다 die Arbeit läuft nicht gut

Redewendungen mit 가다
- 휴가 가다 in den Urlaub fahren
- 출장 가다 auf Geschäftsreise gehen
- 연수 가다 auf Fortbildung gehen

Positive Vorkommnisse
- 월급을 받다 Gehalt bekommen
- 월급이 오르다 Gehalt erhöht bekommen
- 승진하다 befördert werden

Negative Vorkomnisse
- 일을 그만두다 Arbeit kündigen
- 해고되다 gekündigt werden
- 파업하다 streiken

- 이번에는 꼭 **승진해서 월급이** 올랐으면 좋겠어요. Ich hoffe, dass ich dieses Mal befördert werde und mein Gehalt erhöht wird.
- 사업하고 싶어서 **일을 그만두고** 가게를 차렸어요.
  Ich habe gekündigt und ein Geschäft eröffnet, weil ich mich selbstständig machen wollte.
- 부장님이 이번 프로젝트를 저에게 **일을 맡겨서** 어제부터 제가 **맡게** 됐어요.
  Mein Chef hat mir dieses Projekt zugeteilt, also fing ich gestern an, daran zu arbeiten (wtl. nahm es an).
- 일을 잘하면 회사에서 인정받을 수 있을 거예요. **일이 잘되었으면** 좋겠어요.
  Wenn Sie Ihre Arbeit gut machen, erhalten Sie Anerkennung.
  Ich hoffe, dass alles gut läuft.

-�‿- **Wichtige Redewendungen**

- 큰 차이가 있네요.
  Es gibt große Unterschiede, oder?
- 별 차이가 없네요.
  Es gibt keine großen Unterschiede, oder?

☕ Lassen Sie uns sprechen!

Sprechstrategie ➤ **Korea mit dem eigenen Land vergleichen**

* 우리 나라는 한국처럼 In meinem Land ist... genauso **wie** in Korea
* 우리 나라는 한국과 비슷하게 Mein Land **ähnelt** Korea darin, dass...
* 우리 나라는 한국과 달리 Mein Land **unterscheidet sich von** Korea darin, dass...

❶ 한국 생활에서 필요한 정보는 어떻게 골랐어요?
거기에 어떤 정보가 나와 있어요?

인터넷 / 블로그 / 소문 / 잡지 / 신문 / 책

❷ 어떤 정보가 도움이 돼요?
어떤 정보가 도움이 안 돼요?

☐ 날씨 ☐ 여행 ☐ 맛집 ☐ 뉴스
☐ 대중문화 ☐ 문화 ☐ 쇼핑 ☐ 요리
☐ 영화 리뷰 ☐ 길찾기 ☐ 패션 ☐ 역사

❸ 한국을 소개하는 웹사이트나 블로그를 만들 거예요. 한국에 대한 어떤 정보를 더 자세히 넣고 싶어요?
한국 생활에서 유용한 정보를 생각해 보세요.

좋은 점	안 좋은 점	신기한 점
1. _____	1. _____	1. _____
2. _____	2. _____	2. _____
3. _____	3. _____	3. _____

한국 지하철 요금이 정말 싼데
깨끗하기도 해서 정말 좋아요.
게다가 지하철에서 무선
인터넷이 되니까 정말 편리해요.

한국 택시는 일본 택시보다 요금이
훨씬 싸서 한국에서 자주 타요.
하지만 몇몇 아저씨가 택시 요금을
너무 비싸게 받아서 바가지를 썼어요.

한국은 우리 나라와 달리 AS 센터의
서비스가 정말 빨라요. AS를 신청하면
그날이나 그다음 날에 결과가 나와요.
많이 기다리지 않아도 돼서 정말 편해요.

한국에서는 중국처럼 인터넷
으로 할 수 있는 것이 많아서
좋아요. 또 인터넷이 빨라서
저는 인터넷으로 쇼핑도 하고
여러 가지 정보도 쉽게 찾아요.
인터넷을 못 하면 한국 생활이
불편할 거예요.

Neue Wörter

도움이 되다 hilfreich sein | 유용하다 nützlich sein | 훨씬 viel mehr | 바가지를 쓰다 abgezockt werden | 신청하다 beantragen, bewerben

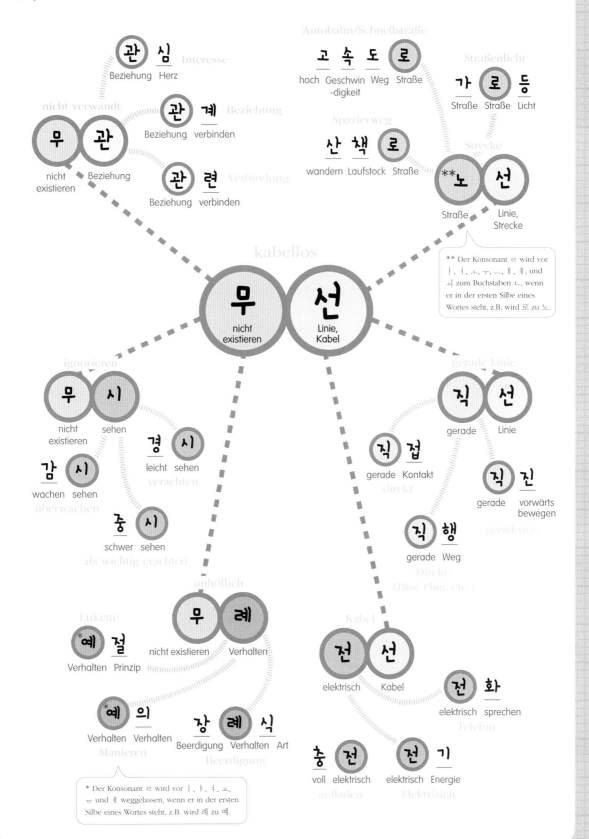

관 심 — Interesse
Beziehung Herz

Autobahn/Schnellstraße
고 속 도 로
hoch Geschwin Weg Straße
-digkeit

Straßenlicht
가 로 등
Straße Straße Licht

nicht verwandt

관 계 — Beziehung
Beziehung verbinden

무 관
nicht Beziehung
existieren

관 련 — Verbindung
Beziehung verbinden

Spazierweg
산 책 로
wandern Laufstock Straße

Strecke
**노 선
Straße Linie, Strecke

** Der Konsonant ㄹ wird vor
ㅏ, ㅓ, ㅗ, ㅜ, ㅡ, ㅐ, ㅔ, und
ㅚ zum Buchstaben ㄴ, wenn
er in der ersten Silbe eines
Wortes steht, z.B. wird 로 zu 노.

kabellos

무 선
nicht Linie,
existieren Kabel

ignorieren
무 시
nicht sehen
existieren

gerade Linie
직 선
gerade Linie

감 시
wachen sehen
überwachen

경 시
leicht sehen
verachten

직 접
gerade Kontakt
direkt

직 진
gerade vorwärts
bewegen
geradeaus

중 시
schwer sehen
als wichtig erachten

직 행
gerade Weg

Direkt-
(Bus, Flug, etc.)

unhöflich
무 례
nicht existieren Verhalten

Kabel
전 선
elektrisch Kabel

Etikette
*예 절
Verhalten Prinzip

전 화
elektrisch sprechen
Telefon

*예 의
Verhalten Verhalten
Manieren

장 례 식
Beerdigung Verhalten Art
Beerdigung

충 전
voll elektrisch
aufladen

전 기
elektrisch Energie
Elektrizität

* Der Konsonant ㄹ wird vor ㅣ, ㅑ, ㅕ, ㅛ,
ㅠ und ㅖ weggelassen, wenn er in der ersten
Silbe eines Wortes steht, z.B. wird 례 zu 예.

Ein Wort zur Kultur

Koreanisches Kulturbewusstsein

• 눈치가 없다 taktlos sein, keinen Sinn haben

눈치 ist eine wesentliche Fähigkeit, die man in der koreanischen Gesellschaft haben muss. 눈치 bezieht sich auf die Fähigkeit zu erkennen, wie sich jemand fühlt, auch wenn die Person nichts sagt. Da es in Ostasien seit der Antike eine Tugend ist, seine Gefühle nicht zu äußern, gilt 눈치 als eine soziale Fähigkeit. Wenn man kein 눈치 hat, wird die Situation im Allgemeinen unangenehm. Da eine Person ohne 눈치 nicht in der Lage ist, die Gefühle ihrer Vorgesetzten zu lesen, wird sie in der Gesellschaft Schwierigkeiten haben. Umgekehrt hat eine Person mit 눈치 빠른 (schneller Auffassungsgabe) es in der Gesellschaft relativ leicht, da sie in der Lage ist, die unausgesprochenen Gefühle ihrer Vorgesetzten zu verstehen.

• 눈치를 채다 etwas wahrnehmen, spitzbekommen

눈치를 채다 bedeutet wortlos anhand der Atmosphäre ein Ereignis, eine Situation oder eine Stimmung zu begreifen. Weil ein Mensch mit „schnellen Sinnen (눈치가 빠른)" Dinge sofort wahrnehmen kann, kann er schnell herausfinden, welche Geheimnisse oder welche Emotionen man verbergen will. Umgekehrt ist eine Person mit „langsamen Sinnen (눈치가 느린)" ahnungslos, was gerade passiert, auch wenn Hinweise gegeben werden.

• 눈치를 보다 eine andere Person lesen

눈치를 보다 bedeutet die Stimmung oder Gefühle einer Person zu beobachten. 눈치가 보이다 ist die passive Form und bezieht sich auf eine Situation, in der man vernünftig sein muss. Zum Beispiel kann man sich eine Situation vorstellen, in der ein Ehemann spürt, dass seine Frau wütend ist. Also beschließt er, nicht wie geplant mit seinem Freund auszugehen. Es ist wichtig 눈치 zu haben, aber jemand, der zu viel 눈치 hat, wird sich bemühen, eine andere Person ohne Rücksicht auf sich selbst zufrieden zu stellen, was einen sehr würdelosen Eindruck hinterlässt. 눈치를 준다 drückt den Versuch aus, jemandem mit dem Blick etwas zu übermitteln, ohne etwas zu sagen.

Kapitel **07**

집

Im Haus

Ziele · über die Vorteile der eigenen Wohnung sprechen
· über die Nachteile der eigenen Wohnung sprechen
· über Wohnungssuche sprechen
· einer Meinung widersprechen
· Haushaltsprobleme erklären
· Gründe nennen
· Lösungen vorschlagen

Grammatik ❶ - 기 쉽다/어렵다 „Es ist einfach/schwierig, zu..."
- 게 되다 „werden", „dazu kommen, dass"

❷ - 기 때문에 „weil"
- 기는요 eine Aussage ablehnen

❸ - 거든요 einen Grund nennen und betonen
- 지 그래요? sanft einen Vorschlag machen

- 기 쉽다/어렵다 (좋다/나쁘다/힘들다, 편하다/불편하다)

„Es ist einfach/schwierig, zu..."
(Es ist gut/schlecht/schwer, zu... / Es ist praktisch/unpraktisch, zu...)

A 깨지기 쉬운 물건이니까 조심하세요.
　　Seien Sie vorsichtig, das ist ein leicht zerbrechlicher Gegenstand.

B 알겠습니다.
　　OK.

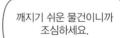
깨지기 쉬운 물건이니까
조심하세요.

Diese grammatische Struktur wird verwendet, um die Möglichkeit einer Handlung oder eines Zustands auszudrücken, indem man -기 und Wörter wie 쉽다 (leicht sein), 어렵다 (schwierig sein), 좋다 (gut sein), 나쁘다 (schlecht sein), 힘들다 (schwer sein), 편하다 (bequem sein), 불편하다 (lästig sein) ergänzt. -았/었- darf nicht an -기 ergänzt werden, sondern nur an das auf -기 folgende Adjektiv. Partikel wie 가 und 도 können an -기 ergänzt werden.

- 공원이 가깝고 교통도 편해서 살기 좋아요.
  Es ist ein guter Ort zum Leben, weil die Verkehrsanbindung gut und in der Nähe ein Park ist.
- 초급 때 한국어 단어를 발음하기 어려웠어요. Im Anfängerkurs war es schwierig, koreanische Wörter auszusprechen.
- 5층까지 계단으로 올라가기가 힘들 거예요. Es ist anstrengend, die Treppen bis zum 5. Stock hochzugehen.

- 게 되다 „werden", „dazu kommen, dass"

A 왜 축구 경기를 보러 안 갔어요?
　　Warum sind Sie das Fußballspiel nicht sehen gegangen?

B 비 때문에 못 가게 됐어요.
　　Ich konnte wegen des Regens nicht gehen.

-게 되다 wird verwendet, um ein Resultat auszudrücken, das eher durch äußere Faktoren als durch die Absicht der sprechenden Person zustande kommt. Wenn der Zustand bereits zustande gekommen ist, wird oft -게 됐다 verwendet. -게 되다 wird an den Stamm von Verben und Adjektiven gehängt.

- 일찍 출발했는데 길이 막혀서 회의 시간에 늦게 됐어요.
  Ich bin früh abgefahren, aber weil es Stau gab, bin ich zu spät zum Meeting gekommen.
- 처음에는 매운 음식을 못 먹었는데 지금은 잘 먹을 수 있게 됐어요.
  Anfangs konnte ich kein scharfes Essen essen, aber jetzt kann ich es gut essen.
- 텔레비전을 너무 많이 보면 눈이 나쁘게 돼요. Wenn man zu viel Fernsehen sieht, bekommt man schlechte Augen.

▶ Lösungen S. 315

1 알맞은 답을 고르세요.

(1) 동료하고 사이가 좋아서   ⓐ 일하기 좋아요.
                                                           ⓑ 일하기 싫어요.

(2) 옷이 몸에 너무 딱 끼니까   ⓐ 입기 편해요.
                                                           ⓑ 입기 불편해요.

(3) 오늘은 날씨가 따뜻하니까   ⓐ 산책하기 좋아요.
                                                           ⓑ 산책하기 나빠요.

(4) 발음이 헷갈려서   ⓐ 외우기 쉬워요.
                                         ⓑ 외우기 어려워요.

(5) 윗집의 소음 때문에   ⓐ 살기 좋아요.
                                         ⓑ 살기 힘들어요.

(6) 매일 똑같은 잔소리는   ⓐ 듣기 좋아요.
                                         ⓑ 듣기 싫어요.

2 다음에서 알맞은 답을 골라서 '-게 되다'를 사용하여 문장을 완성하세요.

짜다	잘하다	적응하다	그만두다

(1) 취직한 지 얼마 안 돼서 건강 때문에 회사를 _____.

(2) 보통 음식을 싱겁게 하는데 이번에는 음식이 _____.

(3) 처음에는 회사 생활이 너무 힘들었는데 동료들 덕분에 잘 _____.

(4) 처음에는 누구나 듣기를 어려워하지만 많이 들으면 _____.

3 문장을 완성하도록 알맞은 것끼리 연결하세요.

(1) 이 일을 혼자 하기 힘들면   •   • ⓐ 한국 음식을 만들기 어렵지 않았어요.

(2) 일단 그 사람의 얘기를 들으면   •   • ⓑ 다른 사람에게 도움을 요청하세요.

(3) 요리책이 잘 설명되어 있어서   •   • ⓒ 그때부터 사귀게 됐어요.

(4) 대학교 때 동아리에서 만나서   •   • ⓓ 지금은 잘 어울리게 됐어요.

(5) 전에는 사람들과 쉽게 어울리지 못했는데   •   • ⓔ 그 사람이 마음에 들게 될 거예요.

Track **19**

유키 지금 어디에서 살아요?

케빈 이태원에 살아요.

유키 동네가 어때요?

케빈 조용하고 깨끗해서 살기 편해요.

유키 교통은 편리해요?

케빈 네, 지하철역도 가깝고 버스 정류장까지도 얼마 안 걸려요.

유키 집은 어때요?

케빈 방과 화장실이 두 개씩 있고 거실과 주방이 따로 있어요.

유키 집세는 싸요?

케빈 아니요, 집세는 좀 비싸요.
하지만 그거 빼고 나머지는 다 괜찮아요. 집 근처에
공원이 있어서 산책하기도 좋아요.

유키 집은 어떻게 찾았어요?

케빈 제 친구가 전에 이 집에 살았어요. 그 친구가 한국을
떠나면서 이 집을 소개해서 살게 됐어요.

유키 그랬군요.

Yuki	Wo wohnen Sie jetzt?
Kevin	Ich wohne in Itaewon.
Yuki	Wie ist das Viertel?
Kevin	Es ist ruhig und sauber und bequem zu leben.
Yuki	Ist die Verkehrsanbindung bequem?
Kevin	Ja, die U-Bahnhaltestelle ist in der Nähe und bis zur Bushaltestelle dauert es auch nicht lange.
Yuki	Wie ist Ihre Wohnung?
Kevin	Es gibt zwei Zimmer und zwei Badezimmer, sowie ein Wohnzimmer und eine Küche.
Yuki	Ist die Miete günstig?
Kevin	Nein, die Miete ist ein bisschen teuer, aber abgesehen davon ist alles andere OK. Weil es in der Nähe des Hauses einen Park gibt, kann man auch gut spazieren gehen.
Yuki	Wie haben Sie die Wohnung gefunden?
Kevin	Ein Freund hat vorher hier gewohnt, als er Korea verlassen hat, hat er mir diese Wohnung gezeigt, so ist es dazu gekommen, dass ich jetzt dort wohne.
Yuki	Aha.

Neue Wörter ▸ S. 329

동네 ┃ 깨끗하다 ┃ 편하다 ┃ 교통 ┃ 거실 ┃
주방 ┃ 집세 ┃ 나머지 ┃ 떠나다

Neue Redewendungen ▸ S. 329

• (Nomen)이/가 어때요?
• 얼마 안 걸려요.
• 그거 빼고 나머지는 다 괜찮아요.

Tipps

1 Partikeln, die zusammen mit dem Verb 살다 verwendet werden

Die Partikeln 에 und 에서 können beide mit dem Verb 살다 verwendet werden.

• 지금은 기숙사**에** 살아요. Ich lebe jetzt in einem Wohnheim.

• 한국을 떠날 때까지 우리 집**에서** 같이 살아요.
Lass uns zusammen in meiner Wohnung leben bis ich Korea verlasse.

2 Das Suffix 씩

씩 wird nach Nomen mit Mengenangaben verwendet und drückt aus, dass etwas in bestimmte Mengen oder Wiederholungen (jede*s*r) aufgeteilt wird.

• 매일 2시간**씩** 운동해요.
Ich mache täglich 2 Stunden Sport.

• 빵과 우유를 하나**씩** 가져가세요.
Bringen Sie je ein Brot und eine Milch mit.

① Gegenstände im Haushalt

1. 방 Zimmer

① 서랍장 Kommode ② 옷장 Kleiderschrank ③ 이불 Decke
④ 침대 Bett ⑤ 베개 Kissen ⑥ 스탠드 Tischlampe
⑦ 화장품 Pflegeprodukte ⑧ 화장대 Schminktisch
⑨ 휴지통 Mülleimer

2. 거실 Wohnzimmer

① 선반 Regal ② 벽 Wand ③ 화분 Blumentopf ④ 그림 Bild
⑤ 소파 Sofa ⑥ 탁자 Tisch ⑦ 천장 Decke ⑧ 커튼 Gardine
⑨ 텔레비전 Fernseher ⑩ TV장 Fernsehschrank

3. 서재 Arbeitszimmer

① 책장 Bücherregal ② 의자 Stuhl ③ 블라인드 Jalousie
④ 책꽂이 Bücherstütze ⑤ 시계 Uhr ⑥ 달력 Kalender
⑦ 책상 Schreibtisch

4. 화장실 Badezimmer

① 욕조 Badewanne ② 수도꼭지 Wasserhahn
③ 세면대 Waschbecken ④ 칫솔 Zahnbürste
⑤ 치약 Zahnpasta ⑥ 빗 Kamm ⑦ 비누 Seife ⑧ 거울 Spiegel
⑨ 수건 Handtuch ⑩ 변기 Toilette ⑪ 휴지 Toilettenpapier

5. 주방 Küche

① 정수기 Wasserspender ② 냉장고 Kühlschrank ③ 전자레인지 Mikrowelle
④ 냄비 Topf ⑤ 주전자 Wasserkessel ⑥ 가스레인지 Gasherd
⑦ 주방 후드 Dunstabzugshaube ⑧ 전기밥솥 elektrischer Reiskocher
⑨ 싱크대 Spülbecken ⑩ 찬장 Küchenschrank ⑪ 식기세척기 Spülmaschine

② andere Teile im Haus

- 현관 Eingang • 주차장 Parkplatz
- 계단 Treppe • 베란다 Veranda
- 옥상 Dach • 정원 angelegter Garten
- 창고 Abstellraum • 마당 Garten

💡 Wichtige Redewendungen

- 화장실을 각자 / 따로 써요.
  Wir haben alle unser eigenes
  Badezimmer. (wtl. Wir benutzen das
  Badezimmer getrennt.)

- 화장실을 공동으로 써요.
  Wir teilen uns das Badezimer. (wtl. Wir
  benutzen das Badezimmer zusammen.)

Grammatik ❷

-기 때문에 „weil"

▶ Anhang S. 272 KT S. 298

A 왜 음식을 안 먹어요?
Warum essen Sie nicht?

B 목이 아프기 때문에 음식을 먹을 수 없어요.
Ich kann nichts essen, weil ich Halsschmerzen habe.

-기 때문에 wird verwendet, um den Grund für ein Ereignis oder eine Situation anzugeben. -기 때문에 wird nach dem Grund verwendet und danach folgt das Ergebnis. -기 때문에 wird an den Stamm von Verben, Adjektiven und 이다 gehängt. Wenn es mit -았/었- kombiniert wird, wird es zu -았/었기 때문에. -기 때문에 darf nicht als Ursache oder Grund für eine Aufforderung mit -(으)세요 oder einen Vorschlag mit -(으)ㅂ시다 verwendet werden.

- 이 일은 중요하기 때문에 먼저 끝내야 해요. Da diese Arbeit wichtig ist, muss ich diese zuerst beenden.
- 음식을 만들지 않기 때문에 밖에서 음식을 사 먹어요. Da ich das Essen nicht zubereite, esse ich auswärts.
- 돈이 필요했기 때문에 학생 때부터 일하기 시작했어요.
  Da ich Geld brauchte, habe ich als Student angefangen, zu arbeiten.

-기는요 Ablehnung gegenüber einer Aussage ausdrücken

KT S. 300

A 진수 씨, 노래 잘하죠?
Jinsu, Sie singen gut, oder?

B 노래를 잘하기는요. 정말 못해요.
Ich singe nicht gut. Ich kann wirklich nicht singen.

-기는요 wird verwendet, um höflich die Meinung anderer Personen zu widerlegen. Es wird nur in gesprochener Sprache verwendet und wird auch zu -긴요 verkürzt. -기는요 wird an den Stamm von Verben und Adjektiven gehängt, während -은/는요 an Nomen gehängt wird. -기는요 darf nicht mit -았/었- verwendet werden. Wenn man höflich der Meinung von anderen Personen widerspricht, wird oft -(으)ㄴ/는데요 im anschließenden Satz nach -기 는요 verwendet, in dem dann ausgedrückt wird, was die sprechende Person für wahr hält.

- A 한국어 발음이 쉽지요? Die koreanische Aussprache ist leicht, oder?
  B 발음이 쉽긴요. 발음 때문에 자신이 없는데요.
    Ich würde nicht leicht sagen. Ich bin immer noch nicht sicher in meiner Aussprache.
- A 어제 일 다 했어요? Haben Sie die Arbeit gestern erledigt?
  B 다 하기는요. 아직 반도 못 했는데요. Ich bin noch nicht fertig. Ich habe noch nicht die Hälfte geschafft.

1 알맞은 답을 고르세요.

(1) ⓐ 배고프기 때문에 / ⓑ 배고프니까 먼저 밥부터 먹읍시다.

(2) 비가 와서 ⓐ 위험하니까 / ⓑ 위험하기 때문에 빠르게 운전하지 마세요.

(3) 한 달 전부터 여행 가고 ⓐ 싶기 때문에 / ⓑ 싶었기 때문에 미리 호텔을 알아봤어요.

(4) 그 사람은 ⓐ 학생 때문에 / ⓑ 학생이기 때문에 돈을 안 내도 돼요.

(5) 이상한 ⓐ 직장 상사 때문에 / ⓑ 직장 상사이기 때문에 어쩔 수 없이 회사를 그만뒀어요.

(6) 그냥 집에 돌아갔어요. 왜냐하면 친구가 갑자기 약속을 ⓐ 취소하기 / ⓑ 취소했기 때문이에요.

2 '-기는요'를 사용하여 대화를 완성하세요.

(1) A 저 남자가 멋있죠?

　　B ＿＿＿＿＿＿＿＿＿＿＿. 옷도 이상하게 입었는데요.

(2) A 제가 요리를 못해요.

　　B ＿＿＿＿＿＿＿＿＿＿＿. 아주 잘하시는데요.

(3) A 준비가 힘들죠?

　　B ＿＿＿＿＿＿＿＿＿＿＿. 저는 별로 하는 것도 없는데요.

(4) A 숙제 안 했죠?

　　B ＿＿＿＿＿＿＿＿＿＿＿. 일주일 전에 벌써 끝냈는데요.

(5) A 항상 저를 도와주셔서 고마워요.

　　B ＿＿＿＿＿＿＿＿＿＿＿. 제가 오히려 도움을 많이 받았는데요.

(6) A 정말 미인이시네요.

　　B ＿＿＿＿＿＿＿＿＿＿＿. 아니에요.

3 밑줄 친 것을 고치세요.

(1) 바람이 많이 <u>불기 때문에</u> 옷을 따뜻하게 입으세요. ➡

(2) 지난주에 전화를 <u>받기 때문에</u> 그 얘기를 알고 있어요. ➡

(3) 저 <u>친구들이기 때문에</u> 기분이 상했어요. ➡

(4) <u>피곤하기 때문에</u> 푹 쉬세요. ➡

Track **20**

새라	웨이 씨 동네는 어때요? 살기 좋아요?
웨이	살기 좋기는요. 여러 가지 불편해요.
새라	그래요? 뭐가 문제예요?
웨이	우선 집에서 직장까지 너무 멀기 때문에 출퇴근이 너무 불편해요.
새라	시간이 얼마나 걸려요?
웨이	두 시간이나 걸려요.
새라	시간이 너무 많이 걸리네요.
웨이	그리고 주변이 시끄럽기 때문에 집에서 일하기도 어려워요.
새라	문제네요. 집은 마음에 들어요?
웨이	아니요, 집도 너무 좁고 오래됐어요. 가끔 벌레가 나오기도 해요.
새라	그럼, 이사하면 어때요?
웨이	저도 지금 생각 중이에요.
새라	사실은 저도 집이 불편해서 이사를 생각하고 있어요.
웨이	그래요? 그럼, 우리 같이 좋은 집을 찾아봐요.

Sarah	Wei, wie ist Ihr Stadtviertel? Lässt es sich dort gut leben?
Wei	Es lässt sich dort überhaupt nicht gut leben. Viele Dinge sind unbequem.
Sarah	Wirklich? Was ist das Problem?
Wei	Zuallererst ist es unbequem zur Arbeit zu pendeln, weil die Wohnung weit vom Arbeitsplatz entfernt ist.
Sarah	Wie lange dauert es?
Wei	Es dauert zwei Stunden.
Sarah	Wow, es dauert wirklich lange.
Wei	Es ist auch schwer, zu Hause zu arbeiten, weil die Gegend laut ist.
Sarah	Das ist wirklich ein Problem. Gefällt Ihnen Ihr Haus?
Wei	Nein, meine Wohnung ist auch zu klein und alt. Manchmal gibt es sogar Ungeziefer.
Sarah	Wie wäre es dann umzuziehen?
Wei	Darüber denke ich jetzt auch nach.
Sarah	Ich denke eigentlich auch darüber nach, umzuziehen, weil meine Wohnung unbequem ist.
Wei	Wirklich? Dann lassen Sie uns zusammen eine schöne Wohnung suchen.

Neue Wörter ▶ S. 329

여러 가지 | 불편하다 | 우선 | 직장 | 주변 |
마음에 들다 | 오래되다 | 벌레 | 이사하다 |
생각 중 | 사실은

Neue Redewendungen ▶ S. 329

- 뭐가 문제예요?
- 집은 마음에 들어요?
- 저도 지금 생각 중이에요.

🔍 Tipps

1 Die Partikel (이)나

(이)나 wird nach Nomen verwendet, um auszudrücken, dass die Anzahl oder das Ausmaß größer ist als man erwartet hat.

- 혼자 고기 10인분**이나** 먹었어요.
  Ich habe ganze zehn Portionen Fleisch alleine gegessen.

- 벌써 반**이나** 끝냈어요.
  Die Hälfte ist schon erledigt.

2 Der Ausdruck „중"

중 wird an Nomen wie 생각 (denken), 고민 (sich sorgen), 통화 (telefonieren), 회의 (im Meeting sein), 식사 (essen), 외출 (ausgehen), 공사 (bauen), 수리 (reparieren) und 사용 (benutzen) gehängt, um auszudrücken, dass gerade etwas geschieht (ähnlich wie -고 있다).

- 친구한테 전화했는데 **통화 중**이에요.
  Ich habe einen Freund angerufen, aber er telefoniert gerade.

- 1층 화장실이 **수리 중**이니까 2층으로 가세요.
  Da die Toilette im 1. Stock repariert wird, gehen Sie in den 2. Stock.

● **Zustände einer Wohnung beschreiben**

1.

밝다 hell sein　　어둡다 dunkel sein

2.

조용하다 leise sein　　시끄럽다 laut sein

3.

넓다 geräumig sein　　좁다 eng sein

4.

따뜻하다 warm sein　　춥다 kalt sein

5.
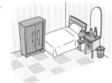

깨끗하다
sauber sein

더럽다 (지저분하다)
dreckig (unordentlich) sein

6.

새 집이다
es ist ein neues Haus
지은 지 얼마 안 됐다
vor kurzem gebaut worden sein

오래되다
alt sein

1. (월세가) 싸다 günstig sein (die Monatsmiete)
　(월세가) 비싸다 teuer sein (die Monatsmiete)

2. (동네가) 안전하다 sicher sein (das Viertel)
　(동네가) 위험하다 gefährlich sein (das Viertel)

3. 교통이 편리하다
　die Verkehrsanbindung ist gut
　교통이 불편하다
　die Verkehrsanbindung ist schlecht

4. 주변 환경이 좋다
　die Umgebung ist gut
　주변 환경이 나쁘다
　die Umgebung ist schlecht

5. 최신식이다 modern sein
　구식이다 altmodisch sein

6. 집 주변에 공기가 좋다
　Die Luft in der Umgebung des Hauses ist gut.
　집 주변에 공기가 나쁘다
　Die Luft in der Umgebung des Hauses ist schlecht.

7. 전망이 좋다 eine gute Aussicht haben
　전망이 안 좋다 eine schlechte Aussicht haben

8. 집주인이 친절하다 der Vermieter ist freundlich
　집주인이 불친절하다 der Vermieter ist unfreundlich

9. 바람이 잘 통하다 gut belüftet sein
　바람이 안 통하다 stickig sein

10. 햇빛이 잘 들어오다 gut durchleuchtet (durch die Sonne)
　햇빛이 안 들어오다 schlecht durchleuchtet (durch die Sonne)

11. 수납공간이 많다 viel Raum zum Abstellen haben
　수납공간이 없다 wenig Raum zum Abstellen haben

💡 **Wichtige Redewendungen**

• 월세가 한 달에 [50만 원]쯤 해요.
　Die Monatsmiete beträgt ungefähr (500,000).

• 월세가 한 달에 [50만 원] 좀 넘어요.
　Die Monatsmiete beträgt etwas mehr als (500,000).

• 월세가 한 달에 [50만 원] 좀 안 돼요.
　Die Monatsmiete beträgt etwas weniger als (500,000).

Grammatik ❸

-거든요   einen Grund angeben und betonen

KT S. 299

A   왜 같이 안 가요?

     Warum kommen Sie nicht mit?

오늘 아르바이트가
있거든요.

B   오늘 아르바이트가 있거든요.

     Ah, weil ich heute Teilzeit arbeite. (wtl. heute ist mein Teilzeitjob.)

-거든요 drückt den Grund oder den Gedanken der Sprechenden zu einer vorhergehenden Aussage oder Frage aus. Beim Ausdruck -거든요 geht dem Grund oder der Grundlage eine Handlung, eine Situation oder eine Frage voraus. Es wird nur mündlich und nicht schriftlich verwendet. Weil -거든요 den Zuhörenden das Gefühl vermittelt, eine Tatsache beigebracht zu bekommen, von der er oder sie nichts wusste, wird es im Allgemeinen nur mit engen Freunden oder bei jüngeren Menschen, nicht aber mit älteren Menschen verwendet. -거든요 wird an den Stamm von Verben, Adjektiven und 이다 ergänzt. Wenn der Grund oder die Grundlage bereits in der Vergangenheit liegt, wird -았/었- vor -거든요 ergänzt, um -았/었거든요 zu bilden.

- 비빔밥을 드세요. 이 식당은 비빔밥이 제일 맛있거든요.
  Essen Sie das Bibimbap. Denn dieses Restaurant hat das beste Bibimbap.

- 제가 제임스를 잘 알아요. 제 친구거든요. Ich kenne James sehr gut. Er ist nämlich mein Freund.

- A 왜 이렇게 피곤해 보여요? Warum sehen Sie so müde aus?

  B 어제 잠을 못 잤거든요. Weil ich gestern nicht gut geschlafen habe.

-지 그래요?   sanft einen Vorschlag machen

KT S. 300

A   많이 아파요? 그럼 병원에 가 보지 그래요?

     Sind Sie sehr krank? Warum gehen Sie nicht mal zum Arzt?

병원에
가 보지 그래요?

B   아니에요. 괜찮아요.

     Nein, ist schon gut.

-지 그래요? wird verwendet, um eine sanfte Anregung oder einen Ratschlag für die Zuhörenden auszudrücken. Es wird an den Verbstamm angehängt und wird verwendet, wenn man in einer angenehmen Situation ist. Wenn man den Hörenden vorschlägt, etwas nicht zu tun, ergänzt man -지 말다 und macht daraus -지 말지 그래요? Wenn man jemanden fragt, warum eine Person etwas nicht getan hat, kann -지 그랬어요? verwendet werden, aber da es eine leicht anklagende Konnotation hat, darf diese Form nur mit jüngeren oder gleichaltrigen Personen verwendet werden.

- 배부르면 그만 먹지 그래요? Sollten Sie nicht aufhören zu essen, wenn Sie satt sind?

- 머리가 아프면 오늘 밖에 나가지 말지 그래요?
  Wäre es nicht besser, wenn Sie nicht rausgehen, wenn Sie Kopfschmerzen haben?

- 늦었는데 택시를 타지 그랬어요? 그러면 늦지 않았을 거예요.
  Warum haben Sie kein Taxi genommen, obwohl Sie zu spät waren? Dann wären Sie nicht zu spät gewesen.

1 두 문장이 이어지도록 알맞은 것끼리 연결하세요.

(1) 좀 천천히 말해 주세요.   •   • ⓐ 밤에 늦게 자거든요.

(2) 담배를 꺼 주시겠어요?   •   • ⓑ 길이 많이 막히거든요.

(3) 제가 오늘 집까지 태워 줄게요.   •   • ⓒ 오늘 차를 가져왔거든요.

(4) 출근 시간에는 지하철을 타요.   •   • ⓓ 여기는 금연 구역이거든요.

(5) 보통 아침에 늦게 일어나는 편이에요. •   • ⓔ 제가 아직 한국어를 잘 못하거든요.

2 다음에서 알맞은 답을 골라서 '-거든요'를 사용하여 문장을 완성하세요.

있다   살다   잘하다   다르다   오다

(1) 저 사람을 믿지 마세요. 저 사람은 거짓말을 _____.

(2) 저는 독일로 자주 출장 가요. 독일에 우리 회사 지사가 _____.

(3) 마크가 한자를 조금 읽을 수 있어요. 전에 중국에서 _____.

(4) 지금 공항에 마중 나가야 해요. 친구가 한국에 _____.

(5) 저는 이 빵집에서만 빵을 사요. 다른 빵집하고 맛이 _____.

3 알맞은 답을 고르세요.

(1) A 보일러가 자꾸 고장 나요.

    B 그럼,   ⓐ 새 보일러로 바꾸지 그래요?
               ⓑ 새 보일러로 바꾸지 말지 그래요?

(2) A 우산이 없어서 비를 맞았어요.

    B 오는 길에 편의점에서   ⓐ 우산을 사지 그래요?
                       ⓑ 우산을 사지 그랬어요?

(3) A 친구가 기분이 안 좋아요.

    B 그럼, 지금   ⓐ 얘기해 보지 그래요?   얘기는 나중에 하는 게 좋겠어요.
               ⓑ 얘기하지 말지 그래요?

(4) A 어제 연락 못 해서 미안해요. 오늘 약속이 취소됐어요.

    B ⓐ 미리 전화해 주지 그래요?
       ⓑ 미리 전화해 주지 그랬어요?

옆집 소리가 다 들리거든요.

옆집에 가서 직접 말하지 그래요?

리나	얼굴이 안 좋아 보여요. 무슨 일 있어요?
마크	피곤해서 그래요. 어제 잠을 한숨도 못 잤거든요.
리나	왜요? 무슨 문제가 있어요?
마크	화장실에 문제가 생겨서 밤새 고쳤어요.
리나	그래요?
마크	게다가 창문 틈으로 바람이 많이 들어와서 방이 너무 추워요.
리나	집주인한테 얘기하지 그랬어요?
마크	얘기했어요. 집주인이 다음 주에 고쳐 주기로 했어요.
리나	다행이네요.
마크	그런데 문제가 또 있어요. 제 방에서 옆집 소리가 다 들리거든요.
리나	그래요? 옆집에 가서 얘기해 봤어요?
마크	아니요, 옆집 사람하고 아직 인사도 못 했어요.
리나	그러지 말고 옆집에 가서 직접 말하지 그래요? 이번 기회에 인사도 하세요.
마크	그게 좋겠네요.

Rina	Du siehst nicht gut aus. (wtl. Dein Gesicht sieht nicht gut aus.) Was ist los?
Mark	Ich bin müde, deshalb sehe ich so aus. Ich konnte gestern überhaupt nicht schlafen (wtl. keinen Atemzug schlafen).
Rina	Warum? Gibt es ein Problem?
Mark	Ich habe die ganze Nacht versucht, etwas im Badezimmer zu reparieren.
Rina	Wirklich?
Mark	Außerdem ist mein Zimmer sehr kalt, weil durch einen Spalt in meinem Fenster viel Luft hereinkommt.
Rina	Warum hast du nicht mit der Vermieterin gesprochen?
Mark	Ich habe mit ihr gesprochen. Sie sagte, dass sie es nächste Woche repariert.
Rina	Gott sei Dank!
Mark	Aber es gibt noch ein Problem. Denn in meinem Zimmer höre ich die Geräusche von den Nachbarn.
Rina	Wirklich? Hast du mal mit deinem Nachbarn darüber gesprochen?
Mark	Nein, ich konnte sie noch nicht einmal begrüßen.
Rina	Solltest du nicht direkt mit ihnen sprechen? Bei dieser Gelegenheit kannst du dich auch vorstellen.
Mark	Ich glaube, das wäre gut.

Neue Wörter ▶ S. 329

숨 | 밤새 | 고치다 | 게다가 | 틈 | 들어오다 | 다행이다 | 옆집 | 소리 | 들리다 | 인사하다 | 기회

Neue Redewendungen ▶ S. 330

- 다행이네요.
- 그러지 말고 …지 그래요?
- 그게 좋겠네요.

💡 Tipps

1 Redewendungen für Mengen

Mengenausdrücke können auf folgende Art und Weise verwendet werden, um zu betonen, dass man etwas nicht kann. Es wird mit Zählwörtern, der Partikel 도 und Verneinungen verwendet.

- 어제 바빠서 빵 **한 입도 못 먹었어요.** Weil ich gestern beschäftigt war, konnte ich nicht einen Bissen Brot essen.
- 저는 술을 **한 모금도 못 마셔요.** Ich kann nicht einen Schluck Alkohol trinken.
- 너무 무서워서 말 **한 마디도 못 했어요.** Ich hatte solche Angst, dass ich nicht ein Wort sagen konnte.
- 돈이 **한 푼도 없어요.** Ich hatte überhaupt kein Geld.

2 그러지 말고 Überzeugung ausdrücken

Beim Versuch jemanden zu überzeugen, etwas anderes zu tun, als das, was er gesagt oder getan hat oder tun will, wird 그러지 말고 verwendet. Es folgt darauf ein Befehl oder ein Vorschlag.

- A 오늘 영화 보는 게 어때요? Wie wäre es heute einen Film zu sehen?
  B **그러지 말고** 쇼핑하러 가요. Kein Film, ich möchte shoppen gehen.
- **그러지 말고** 내 얘기 좀 들어 보세요. Nein, hören Sie meine Geschichte.

Typische Probleme in der Wohnung

1.

물이 새다

das Wasser leckt

2.

수도꼭지가 고장 났다

der Wasserhahn ist kaputt

3.

변기가 막혔다

die Toilette ist verstopft

4.

하수구에서 냄새가 나다

es stinkt aus dem Abfluss

5.

창문이 안 닫히다

das Fenster schließt nicht

6.

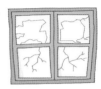

창문이 깨졌다

das Fenster ist zerbrochen

7.

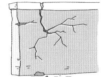

벽에 금이 갔다

es gibt Risse in der Wand

8.

벽에 곰팡이가 생겼다

an der Wand hat sich Schimmel gebildet

9.

불이 안 켜지다

das Licht lässt sich nicht ansschalten

10.

가스가 안 켜지다

das Gas (beim Herd) lässt sich nicht
anschalten

11.

난방이 안 되다

die Heizung funktioniert nicht

12.

더운 물이 안 나오다

es kommt kein warmes Wasser

13.

문이 잠겼다

die Tür ist abgeschlossen

14.

손잡이가 망가지다

der Türgriff ist kaputt

15.

소음이 심하다

der Lärm ist sehr stark

16.

벌레가 많다

es gibt viel Ungeziefer

🔆 **Wichtige Redewendungen**

• 직접 고쳤어요. Ich habe es selbst repariert.
• 수리 기사를 불렀어요. Ich habe den Handwerker gerufen.
• 문제를 그대로 내버려 뒀어요. Ich habe das Problem so belassen.

Lassen Sie uns sprechen!

- 사실은… Tatsächlich,
- 실제로는… Eigentlich,
- 꼭 그런 건 아니에요. Das stimmt nicht unbedingt.
- 오히려 반대예요. Es ist eigentlich das Gegenteil.

❶ 지금 어디에 살고 있어요?

- 어떻게 이 집을 알게 됐어요?
- 왜 이 집을 선택했어요?
- 어떤 점이 마음에 들었어요?

❷ 지금 살고 있는 집이 어때요?

- 지금 살고 있는 집의 장점이 뭐예요?
- 지금 살고 있는 집의 단점이 뭐예요?
- 집을 구할 때 어떤 점이 가장 중요해요?

☐ 날씨	☐ 시설	☐ 가격
☐ 크기	☐ 집주인	☐ 이웃
☐ 주변 환경	☐ 채광 (햇빛)	☐ 통풍 (바람)
☐ 방범	☐ 편의 시설 (병원, 식당, 편의점 등)	

Frage

여기 사무실의 반(1/2)쯤 돼요. Es ist ungefähr die Hälfte des Büros hier.
여기 사무실의 반의 반(1/4)쯤 돼요. Es ist ungefähr die Hälfte der Hälfte (ein Viertel) des Büros hier.
여기 사무실의 2배쯤 돼요. Es ist ungefähr das Doppelte des Büros hier.

저는 가능하면 월세가 싼 집을 찾아요. 지금 학생이니까 월세가 비싸면 부담 돼요.

전 오히려 반대예요. 전에는 월세가 싼 집을 찾고 싶어서 싼 집을 찾자마자 계약했어요. 하지만 집이 오래돼서 벽에 곰팡이가 많이 생기고 벌레도 많았어요. 그래서 그다음부터 저한테는 가격보다 시설이 더 중요해요.

Neue Wörter

장점 Vorteil (starker Punkt) | 단점 Nachteil (schwacher Punkt) | 구하다 suchen, erwerben | 시설 Einrichtung | 크기 Größe | 이웃 Nachbar | 채광 Beleuchtung | 통풍 Lüftung | 방범 Vorbeugung von Verbrechen | 편의 시설 Freizeiteinrichtung | 배 Mal | 월세 (monatliche) Miete | 부담되다 belastend sein | 계약하다 einen Vertrag (ab)schließen | 벽 Wand | 곰팡이 Schimmel

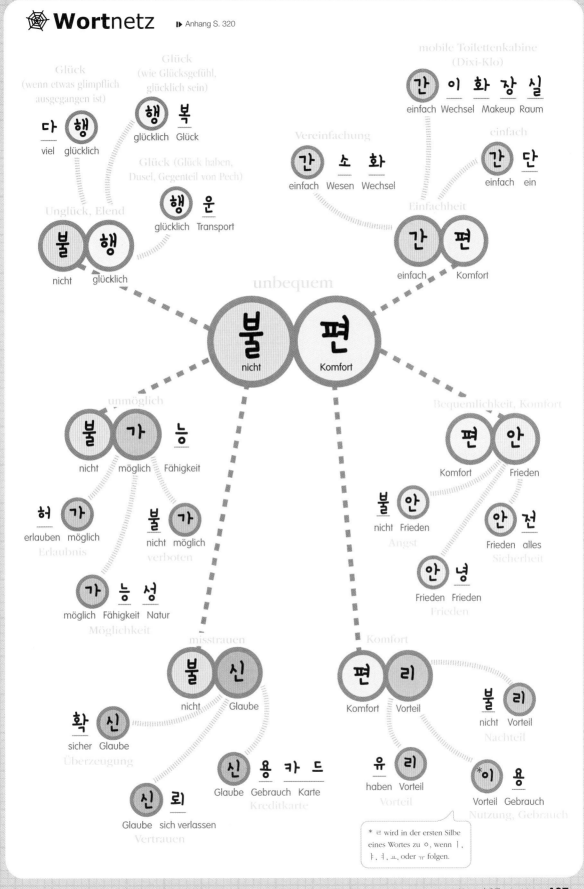

Glück
(wenn etwas glimpflich
ausgegangen ist)

다 행
viel glücklich

Glück
(wie Glücksgefühl,
glücklich sein)

행 복
glücklich Glück

Glück (Glück haben,
Dusel, Gegenteil von Pech)

행 운
glücklich Transport

mobile Toilettenkabine
(Dixi-Klo)

간 이 화 장 실
einfach Wechsel Makeup Raum

Vereinfachung

간 소 화
einfach Wesen Wechsel

einfach

간 단
einfach ein

Unglück, Elend

불 행
nicht glücklich

Einfachheit

간 편
einfach Komfort

unbequem

불 편
nicht Komfort

unmöglich

불 가 능
nicht möglich Fähigkeit

허 가
erlauben möglich
Erlaubnis

불 가
nicht möglich
verboten

가 능 성
möglich Fähigkeit Natur
Möglichkeit

Bequemlichkeit, Komfort

편 안
Komfort Frieden

불 안
nicht Frieden
Angst

안 전
Frieden alles
Sicherheit

안 녕
Frieden Frieden
Frieden

misstrauen

불 신
nicht Glaube

확 신
sicher Glaube
Überzeugung

신 용 카 드
Glaube Gebrauch Karte
Kreditkarte

신 뢰
Glaube sich verlassen
Vertrauen

Komfort

편 리
Komfort Vorteil

불 리
nicht Vorteil
Nachteil

유 리
haben Vorteil
Vorteil

*이 용
Vorteil Gebrauch
Nutzung, Gebrauch

> * ㄹ wird in der ersten Silbe
> eines Wortes zu ㅇ, wenn ㅣ,
> ㅑ, ㅕ, ㅛ, oder ㅠ folgen.

Lassen Sie uns 방 (Raum) und 집 (Haus) lernen!

• Kommen Sie in unser gemütliches Geschäft (방)!

In Korea erzeugt das Wort 방 ein warmes, gemütliches Bild, wenn es mit einem anderen Wort kombiniert wird. Während das ähnliche Wort 실 für einen Ort mit einer bestimmten Größe und einem bestimmten Zweck genutzt wird, u. a. 교실 (Klassenzimmer), 화장실 (Badezimmer) und 사무실 (Büro), rufen Worte, die 방 verwenden, ein Gefühl von Ordnung und die Erinnerung an vertraute Düfte wach. Das warme und gemütliche Wort 방 wird auch für Bereiche außerhalb des Hauses verwendet. Repräsentative Beispiele sind 노래방 (Karaokebar), 찜질방 (Sauna), 만화방 (Comic-Buchladen) und PC 방 (Internetcafé). Es wird im Allgemeinen für Orte verwendet, die getrennte Räume haben, wie 노래방 und 찜질방, aber es kann auch für Orte wie 만화방 und PC 방 verwendet werden, die nicht aus separaten

Räumen bestehen, aber dennoch etwas abgetrennte, kleine Bereiche haben. Es ist jedoch wichtig, sich zu merken, dass das Wort 방 nichts mit der Größe oder der Einrichtung des Ortes zu tun hat, sondern auch von Unternehmen verwendet wird, um die Intimität und Gemütlichkeit eines Ortes auszudrücken.

• Willkommen in unserem Laden (집)!

집 bezieht sich auf einen Raum, in dem eine Familie zusammenlebt. Jenseits der Bezugnahme auf das eigene Zuhause kann 집 auch verwendet werden, um das Bild eines warmen und gemütlichen Ortes hervorzurufen. In vielen Fällen verweist 집 auf einen besonders kleinen und einladenden Raum. Die repräsentativen Beispiele sind 꽃집 (Blumenladen), 빵집 (Bäckerei), 떡집 (Reiskuchenladen), 술집 (Bar) und 고깃집 (Fleischrestaurant, Steakhaus), die alle häufig in einem Viertel vorkommen. 집 kann an alles angefügt werden, was in einem Geschäft verkauft wird, um „ein Geschäft, das verkauft" auszudrücken. Darüber hinaus fragen Koreaner im Alltag oft Angestellte im Laden „이 집에서 뭐가 제일 맛있어요?" (Was ist das leckerste Essen in diesem Laden?) oder „이 집에서 뭐가 제일 잘 나가요?" (Was wird in diesem Laden am meisten verkauft?). Auch

wenn es für den spezifischen Geschäftstyp ein anderes Wort gibt wie z.B. 식당 (Restaurant), kann 집 verwendet werden, um sich auf den Laden zu beziehen, sobald man sich darin befindet. Hier bedeutet das Wort 집 „der Ort, an dem ich bin".

Kapitel **08**

쇼핑

Einkaufen

Ziele
- nach Produkten fragen und antworten
- über die Vor- und Nachteile von Produkten sprechen
- Vergleichen
- Produkte kaufen
- Produktumtausch erfragen
- Produktprobleme erklären
- nach der Absicht der Zuhörenden fragen
- Gründe für den Austausch von Produkten erklären
- Rückgabe von Artikeln erklären

Grammatik
❶ -(으)ㄴ/는데 „aber"; kontrastierend
   - 는 동안에 „während"

❷ -(으)니까 eine Realisation nach einer bestimmten Handlung ausdrücken
   -(으)시겠어요? „Würden Sie...?"

❸ -(스)ㅂ니다 formelle Rede
   - 는 대로 „sobald"

Grammatik ❶

-(으)ㄴ/는데 „aber"; kontrastierend

KT S. 308

A 친구하고 어떻게 달라요?

Wie unterscheiden Sie sich von Ihrem Freund?

B 저는 운동을 좋아하는데
제 친구는 운동을 안 좋아해요.

Ich mag Sport, aber mein Freund mag keinen Sport.

-(으)ㄴ/는데 wird verwendet, um zwei Ideen zu vergleichen oder zu kontrastieren. Die Konjugation entspricht der von -(으)ㄴ/는데 in Kapitel 4. Es ist üblich die Partikel 은/는 an das Thema des Vergleichs zu hängen, um den Gegensatz zu betonen.

- 저 여자는 얼굴은 예쁜데 성격은 안 좋아요. (= 저 여자는 얼굴은 예뻐요. 그런데 성격은 안 좋아요.)
  Die Frau dort hat ein hübsches Gesicht, aber ihr Charakter ist nicht so. (= Die Frau dort hat ein hübsches Gesicht. Aber sie hat keinen guten Charakter.)
- 열심히 준비했는데 시험을 잘 못 봤어요. Ich habe mich fleißig vorbereitet, aber die Prüfung verlief nicht gut.
- 3년 전에는 학생이었는데 지금은 학생이 아니에요. Vor 3 Jahren war ich Student, aber jetzt bin ich kein Student.

-는 동안에 „während"

▶ Anhang S. 272   KT S. 301

A 언제 어머니가 책을 읽어요?

Wann liest die Mutter ein Buch?

B 아기가 자는 동안에 어머니는 아기 옆에서
책을 읽어요.

Während das Baby schläft, liest die Mutter ein Buch neben dem Baby.

-는 동안에 wird verwendet, um eine Handlung oder einen Zustand, die gleichzeitig mit einer anderen Handlung oder einem Zustand stattfinden, auszudrücken. -는 동안에 verbindet Verbstämme. -는 동안에 verbindet zwei gleichzeitig ablaufende Handlungen, während -(으)ㄴ 동안에 einen aktuellen Zustand ausdrückt, der das Ergebnis einer schon abgeschlossenen Handlung ist. Im letzten Beispiel unten findet die zweite Handlung nach dem Verlassen statt und das nicht anwesend sein steht an dessen Stelle.

- 밥을 먹는 동안에 텔레비전을 보지 마세요. Sehen Sie kein Fernsehen, während Sie essen.
- 내가 옷을 구경하는 동안에 도둑이 내 지갑을 훔쳐 갔어요.
  Während ich mir Kleidung angesehen habe, hat ein Taschendieb mein Portemonnaie gestohlen.
- 선생님이 교실에 없는 동안에 학생들이 장난을 쳤어요. (= 선생님이 교실을 나간 동안에 학생들이
  장난을 쳤어요.) Während der Lehrer nicht im Klassenzimmer war, haben die Schüler Unfug gemacht.

▸ Lösungen S. 315

1 문장을 완성하도록 알맞은 것끼리 연결하세요.

(1) 그 식당은 음식이 맛있는데 •

(2) 제 친구가 밥은 많이 먹는데 •

(3) 10년 전에는 날씬했는데 •

(4) 제 친구는 돈을 많이 버는데 •

(5) 어제 친구들의 이름을 외웠는데 •

• ⓐ 값이 너무 비싸요.

• ⓑ 지금은 살이 쪘어요.

• ⓒ 돈을 쓰지 않아요.

• ⓓ 하나도 생각이 안 나요.

• ⓔ 운동은 전혀 안 해요.

2 다음에서 알맞은 답을 골라서 '-는 동안에'를 사용하여 문장을 완성하세요.

| 살다 | 다니다 | 외출하다 | 회의하다 | 공부하다 |

(1) 학교에 _____ 마크는 한 번도 결석하지 않았어요.

(2) 도서관에서 _____ 말 한 마디도 안 하고 책만 읽었어요.

(3) 친구하고 한 집에서 같이 _____ 작은 문제 때문에 많이 싸웠어요.

(4) 회사에서 _____ 전화를 진동으로 바꾸세요.

(5) 엄마가 _____ 아이가 컴퓨터 게임을 했어요.

3 그림을 보고 알맞은 답을 고르세요.

(1)

ⓐ 아기가 자면서 엄마가 집안일을 해요.

ⓑ 아기가 자는 동안에 엄마가 집안일을 해요.

(2)

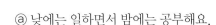

ⓐ 낮에는 일하면서 밤에는 공부해요.

ⓑ 낮에는 일하는 동안에 밤에는 공부해요.

(3)

ⓐ 비가 온 동안에 운동을 못 했어요.

ⓑ 비가 오는 동안에 운동을 못 했어요.

(4)

ⓐ 여자가 화장실을 가면서 남자가 전화했어요.

ⓑ 여자가 화장실을 간 동안에 남자가 전화했어요.

🎤 Dialog ❶

직원	뭐 찾으세요?
링링	노트북 보러 왔는데요.
직원	어떤 거 찾으세요?
링링	사용하기 편한 거 찾아요.
직원	이거 어떠세요? 요즘 이게 제일 잘 나가요.
링링	이게 어디 거예요?
직원	한국 거예요.
링링	디자인은 마음에 드는데 좀 비싸네요. 다른 거 없어요?
직원	그럼, 이거 어떠세요? 이건 좀 값이 싸서 젊은 사람들한테 인기가 있어요.
링링	음……, 값은 괜찮은데 색이 마음에 안 들어요. 다른 색 있어요?
직원	죄송합니다. 다른 색은 없는데요.
링링	그럼, 이 중에서 어떤 게 고장이 잘 안 나요?
직원	둘 다 튼튼해요. 사용하는 동안에 문제가 생기면 언제든지 가져오세요. 수리해 드릴게요.
링링	그럼, 이걸로 주세요.

Angestellter	Was suchen Sie?
Ling Ling	Ich bin gekommen, um mir einen Laptop anzusehen.
Angestellter	Welche Art von Laptop suchen Sie?
Ling Ling	Ich suche einen, der einfach zu bedienen ist.
Angestellter	Wie wäre dieser? Das ist in letzter Zeit der, der am meisten verkauft wird.
Ling Ling	Wo wurde er hergestellt? (wrtl. Woher kommt er?)
Angestellter	Er ist aus Korea.
Ling Ling	Ich mag das Design, aber er ist ein bisschen teuer. Haben Sie keinen anderen?
Angestellter	Wie wäre dann dieser? Er ist bei jüngeren Leuten beliebt, weil er recht günstig ist.
Ling Ling	Mh… Der Preis ist ok, aber ich mag die Farbe nicht. Haben Sie den in einer anderen Farbe?
Angestellter	Entschuldigen Sie, wir haben keine anderen Farben.
Ling Ling	Welcher davon geht nicht leicht kaputt?
Angestellter	Sie sind beide stabil. Wenn es Probleme beim Benutzen gibt, bringen Sie ihn jederzeit her. Wir reparieren es.
Ling Ling	Dann geben Sie mir bitte diesen.

Neue Wörter ▸S.330

사용하다 ┃ 잘 나가다 ┃ 젊다 ┃ 인기가 있다 ┃
색 ┃ 고장이 나다 ┃ 둘 다 ┃ 튼튼하다 ┃
가져오다 ┃ 수리하다

Neue Redewendungen ▸S.330

• 요즘 이게 제일 잘 나가요.
• 이게 어디 거예요?
• 이걸로 주세요.

💡 Tipps

1 Möglichkeiten zum Kürzen

In der gesprochenen Sprache werden oft Formen von 이것 „dies" mit Partikeln gekürzt.

이것이 → 이게/이거	이것은 → 이건
이것을 → 이걸/이거	이것으로 → 이걸로

• **이게** 제일 싸요. (= 이것이 제일 싸요.)
  Dies ist sehr günstig. (=Dies ist am günstigsten.)
• **이걸로** 보여 주세요. (= 이것으로 보여 주세요.)
  Zeigen Sie mir das bitte.

2 Die zwei Bedeutungen von 어떤

어떤 ist ein Fragewort mit zwei Bedeutungen. In dem Dialog wird das erste 어떤 verwendet, um nach den Eigenschaften oder dem Zustand (welche Art) zu fragen, während beim Zweiten Zuhörenden nach einer Entscheidung zu einer Auswahl (welche) gefragt werden.

• 사장님이 **어떤** 사람이에요?
  Was für ein Mensch ist der Geschäftsführer?
• 이 중에서 **어떤** 게 제일 맛있어요?
  Was von diesen schmeckt am besten?

● Produkte beschreiben

1. 재료 Material

- 가죽 장갑
  Lederhandschuhe
- 금반지
  Goldring
- 은 목걸이
  Silberkette
- 유리 주전자
  Glaskanne
- 털장갑
  Fell/Wollhandschuhe
- 나무젓가락
  Holzstäbchen

- 천으로 만든 가방
  Stofftasche
- 나무로 만든 의자
  Holzstuhl
- 흙으로 만든 도자기
  Keramik aus Ton

2. 가격 Preis

- 값이 싸다 (= 저렴하다)
  billig sein (= günstig sein)
- 값이 적당하다 angemessener Preis
- 값이 비싸다 teuer sein

- 값이 적당해서 사려고 해요.
  Ich kaufe es, weil der Preis angemessen ist.

3. 디자인 Design

- 최신식이다 das neueste Model sein
  ↔ 구식이다 ein altes Model sein
- 디자인이 마음에 들다 ein Design mögen
- (사람)한테 잘 어울리다
  gut aussehen an/bei (jemandem)

- 이 제품은 디자인이 독특해서 마음에 들어요.
  Ich mag dieses Produkt, weil sein Design einzigartig ist.

4. 품질 Qualität

- 품질이 좋다 gute Qualität haben
  ↔ 품질이 나쁘다 schlechte Qualität haben
- 정품이다 ein echtes Produkt sein
  ↔ 정품이 아니다 kein echtes Produkt sein
- 튼튼하다 = 고장이 잘 안 나다
  stabil sein = nicht leicht kaputt gehen

- 품질이 좋아요. Die Qualität ist gut.
- 품질이 나빠요. Die Qualität ist schlecht.
- 정품이에요. Das Produkt ist echt.
- 정품이 아니에요. Das Produkt ist nicht echt.
- 튼튼해요. Es ist stabil.
- 고장이 잘 안 나요. Es geht nicht schnell kaputt.

5. 무게 Gewicht

- 가볍다 → 들고 다니기 쉽다
  leicht sein → leicht zu tragen sein
- 무겁다 → 들고 다니기 어렵다
  schwer sein → schwer zu tragen sein

- 이건 가벼워서 들고 다니기 쉬워요.
  Es ist einfach zu tragen, weil es leicht ist.

- 가죽 가방은 들고 다니기 어려울 거예요.
  Die Ledertasche wird schwierig zu tragen sein.

6. 부피 Umfang

높이 Höhe
세로 Länge
가로 Breite

💡 **Wichtige Redewendungen**
- 어떻게 생겼어요? = 어떤 모양이에요?
  Wie sieht es aus?
- (디자인/색)이 어때요?
  Wie ist (das Design/die Farbe)?
- 값이 얼마나 해요?/크기가 얼마나 해요?
  Wie teuer ist es?/Wie groß ist es?

-(으)니까 — eine Realisation nach einer bestimmten Handlung ausdrücken

▶ Anhang S. 273

A 빵을 안 사 왔어요?

　　Haben Sie kein Brot gekauft?

B 빵집에 가니까 문을 안 열었어요.

　　Als ich zur Bäckerei ging, war sie nicht geöffnet.

-(으)니까 wird verwendet, um die Realisation einer Sache nach einer Handlung oder nach Auftreten einer Situation auszudrücken. Es wird an den Verbstamm der durchgeführten Handlung oder an die Situation, die stattgefunden hat, gehängt, während das, was realisiert wird, danach folgt. Obwohl -(으)니까 eine vergangene Handlung oder Situation ausdrückt, kann es nicht immer mit -았/었- kombiniert werden, wenn es mit einer realisierten Tatsache verwendet wird. Es kann jedoch mit -았/었- verwendet werden, wenn ein Grund erklärt wird. Es kann mit der Form -아/어 보다 kombiniert werden, um -아/어 보니까 zu bilden. Der Ausdruck drückt eine Erkenntnis aus, die erlangt wird, nachdem etwas Neues versucht wurde.

- 사무실에 전화하니까 민호 씨는 벌써 퇴근했어요.

  Ich habe im Büro angerufen, aber Mino hat schon Feierabend gemacht.

- 어른이 되니까 부모님의 마음을 더 잘 이해할 수 있어요.

  Da ich erwachsen geworden bin, kann ich meine Eltern besser verstehen.

- 김치가 매워 보였는데 먹어 보니까 맵지 않고 맛있었어요.

  Das Kimchi sieht scharf aus, aber nachdem ich es probiert habe, war es nicht scharf und schmeckte gut.

-(으)시겠어요? — „Würden Sie...?"

KT S. 306

A 어떤 걸로 하시겠어요?

　　Welche möchten Sie?

B 파란색으로 할게요.

　　Ich hätte gern die Blaue.

어떤 걸로 하시겠어요?

-(으)시겠어요? wird verwendet, um jemanden mit höherem Status höflich zu fragen, was er tun möchte. -(으)시- wird ergänzt, um dem Subjekt gegenüber Respekt auszudrücken. Um beispielsweise nach ihren Absichten zu fragen, kann diese Form von einem Kind gegenüber seinen Eltern, von einem Schüler gegenüber seinem Lehrer, von einem Angestellten am Arbeitsplatz gegenüber einem Vorgesetzten, von einem Angestellten eines Geschäftes gegenüber einem Kunden oder einem Fremden benutzt werden. -(으)시겠어요? wird an Verbstämme gehängt. Wenn man jemanden fragt, dem kein Respekt gezollt werden muss, kann stattdessen -겠어요? verwendet werden. Als Antwort auf eine solche Frage kann -(으)ㄹ게요 verwendet werden, um die eigene Absicht auszudrücken.

- A 어디에서 기다리시겠어요? Wo werden Sie warten?

  B 1층에서 기다릴게요. Ich werde im 1. Stock warten.

- A 커피와 녹차가 있는데 뭐 드시겠어요? Es gibt Kaffee und grünen Tee, was möchten Sie trinken?

  B 저는 커피 마실게요. Ich nehme Kaffee.

1 알맞은 답을 고르세요.

(1) 집에 가니까 ⓐ 편지를 썼어요. / ⓑ 편지가 와 있었어요.

(2) 책을 보니까 ⓐ 어렸을 때를 생각했어요. / ⓑ 어렸을 때가 생각 났어요.

(3) 한국에 살아 보니까 ⓐ 지하철이 정말 편해요. / ⓑ 지하철을 안 타 봤어요.

(4) 회사에 도착하니까 ⓐ 아무도 없었어요. / ⓑ 일한 적이 있어요.

2 다음에서 알맞은 답을 골라서 '-아/어 보니까'를 사용하여 문장을 완성하세요.

전화하다　　태권도를 배우다　　지하철을 타다　　차를 마시다　　음악을 듣다

(1) _____ 이상한 노래였어요.

(2) _____ 아무도 전화를 받지 않았어요.

(3) _____ 기침에 효과가 있어요.

(4) _____ 생각보다 어렵지 않았어요.

(5) _____ 깨끗하고 편리했어요.

3 그림을 보고 '-(으)시겠어요?'를 사용하여 대화를 완성하세요.

(1)

A 어떤 신발을 _____?

B 구두를 신을게요.

(2)

A 뭐 _____?

B 저는 커피를 마실게요.

(3)

A 어떤 선물을 _____?

B 둘 다 사고 싶은데요.

(4)

A 어느 영화를 _____?

B 저는 둘 다 보고 싶지 않아요.

직원	어떻게 오셨어요?
링링	며칠 전에 여기에서 노트북을 샀는데요. 집에 가서 보니까 전원이 안 켜져요.
직원	그러세요? 노트북 좀 보여 주시겠어요?
링링	여기 있어요.
직원	*(nach dem Checken des Laptops)* 죄송합니다, 손님. 확인해 보니까 전원 버튼에 문제가 있네요.
링링	바꿔 줄 수 있어요?
직원	물론이죠. 새 제품으로 교환해 드릴게요. 같은 제품으로 하시겠어요?
링링	네, 같은 걸로 주세요.
직원	알겠습니다. 영수증 좀 보여 주시겠어요?
링링	여기 영수증요.
직원	*(nach einer Weile)* 여기 새 제품 있습니다. 확인해 보시겠어요?
링링	네, 확인해 볼게요. *(nach dem Checken des Laptops)* 문제없네요. 이걸로 가져갈게요.

Angestellte	Kann ich Ihnen helfen (wtl. Wie sind Sie hierher gekommen?)
Ling Ling	Vor ein paar Tagen habe ich hier einen Laptop gekauft. Als ich nach Hause kam, habe ich festgestellt, dass er sich nicht anschalten lässt.
Angestellte	Achso, könnten Sie mir den Laptop einmal zeigen?
Ling Ling	Bitteschön.
Angestellte	*(nach dem Checken des Laptops)* Es tut mir Leid. Ich habe ihn geprüft und es gibt ein Problem mit dem Anschaltknopf.
Ling Ling	Können Sie ihn austauschen?
Angestellte	Natürlich. Ich tausche ihn in einen Neuen um. (wtl. in ein neues Produkt). Möchten Sie den gleichen Laptop?
Ling Ling	Ja, bitte geben Sie mir den Gleichen.
Angestellte	OK, könnten Sie mir bitte Ihre Quittung zeigen?
Ling Ling	Hier ist die Quittung.
Angestellte	*(nach einer Weile)* Hier ist der neue Laptop. Möchten Sie ihn ansehen?
Ling Ling	Ja, ich sehe ihn mir einmal an. *(nach dem Checken des Laptops)* Es gibt kein Problem. Ich nehme ihn.

Neue Wörter ▸S. 330

전원 ∣ 켜지다 ∣ 버튼 ∣ 새 ∣ 제품 ∣ 교환하다 ∣ 영수증

Neue Redewendungen ▸S. 330

- 어떻게 오셨어요?
- 전원이 안 켜져요.
- [Nomen] 좀 보여 주시겠어요?
- 물론이죠.

💡 Tipps

1 Das Hilfsverb -아/어 주다

Das Verb 주다 wird verwendet, um auszudrücken, dass eine Handlung für jemand anderen ausgeführt wird. In diesem Dialog wird 교환해 주다 verwendet, um auszudrücken, dass die Handlung für den Kunden ausgeführt wird. Statt 주다 wurde 드리다 benutzt, um dem Empfänger der Handlung gegenüber Respekt auszudrücken.

- 친구를 위해 이 사실을 말해 **줘야** 해요.
  Für deinen Freund solltest du ehrlich mit ihm sein.
- 부모님을 위해 스마트폰 사용법을 설명해 **드렸어요**.
  Ich habe meinen Eltern erklärt, wie ein Smartphone genutzt wird.

2 Richtungsänderung mit (으)로

Die Partikel (으)로 wird verwendet, um eine Richtungsänderung auszudrücken. In Fällen, bei denen man von Punkt A zu B wechselt, einen Artikel A zu B umtauscht, oder von einem Ort A zu B umzieht, wird (으)로 an B gehängt.

- 종로에서 3호선**으로** 갈아타세요.
  Steigen Sie bei Jongno in die Linie 3 um.
- 명동**으로** 이사할 거예요.
  Ich ziehe nach Myeongdong um.
- 원을 달러**로** 환전해 주세요.
  Bitte wechseln Sie diese Won in Dollar.

① Probleme mit Kleidung

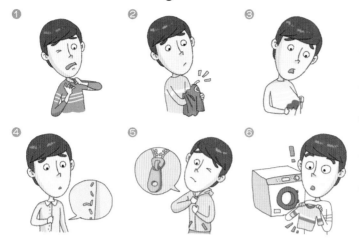

1. 사이즈가 안 맞아요.
   Die Größe passt nicht.

2. 옷에 구멍이 났어요.
   Die Kleidung hat ein Loch.

3. 옷에 얼룩이 있어요.
   Die Kleidung hat einen Fleck.

4. 바느질이 엉망이에요.
   Die Naht ist unordentlich.

5. 지퍼가 고장 났어요.
   Der Reißverschluss ist kaputt.

6. 세탁 후에 옷이 줄어들었어요.
   Die Kleidung ist nach der Wäsche eingelaufen.

② Probleme mit Elektronik

1. 전원이 안 들어와요.
   Es fließt kein Strom.

2. 버튼이 망가졌어요.
   Der Knopf ist kaputt.

3. 이상한 소리가 나요.
   Es macht ein komisches Geräusch.

4. 작동이 안 돼요.
   Es funktioniert nicht.

5. 과열됐어요.
   Es ist überhitzt.

6. 배터리가 금방 떨어져요.
   Der Akku entlädt sich schnell.

③ Probleme mit Möbeln

1. 흠집이 났어요. Es ist zerkratzt.
2. 금이 갔어요. Es hat Risse.
3. 찌그러졌어요. Es ist verbeult.
4. 페인트가 벗겨졌어요.
   Die Farbe blättert ab.
5. 뭐가 묻었어요. Es ist fleckig.
6. 냄새가 나요. Es stinkt.

☀️ Wichtige Redewendungen

- 교환 가능하죠?
  Ich kann (das) umtauschen, oder?

- 다른 걸로 바꿔 주세요.
  Bitte tauschen Sie es um.

- 환불하고 싶어요.
  Ich würde (das) gerne zurückgeben.

Grammatik ❸

-(스)ㅂ니다 formelle Rede

▶ Anhang S. 273 KT S. 312

A 죄송합니다. 지금 커피가 떨어졌습니다.
Entschuldigen Sie, der Kaffee ist gerade ausgegangen.

B 그럼, 녹차 주세요.
Dann geben Sie mir bitte grünen Tee.

지금 커피가 떨어졌습니다.

-(스)ㅂ니다 ist eine formelle oder offizielle Endung, die in öffentlichen Reden, Präsentationen oder in Situationen verwendet wird, in denen man wie im Rahmen einer Geschäftsbeziehung formell sein muss. Für Verben und Adjektive, die auf einen Vokal und auf -이다 enden, wird -ㅂ니다 verwendet, während -습니다 für die verwendet wird, die auf einen Konsonanten enden. Wenn gegenüber dem Subjekt des Satzes Respekt ausgedrückt werden soll, wird -(으)시- angehängt, sodass die Endung zu -십니다 wird, wenn es keinen Konsonanten im Auslaut gibt und zu -으십니다, wenn es keinen Konsonanten gibt.

- 도시는 교통이 편리해서 살기 좋습니다.
  In Städten sind die Verkehrsverbindungen angenehm, so dass es sich dort gut leben lässt.
- 오늘은 회의가 있기 때문에 일이 늦게 끝납니다. Da heute ein Meeting ist, werde ich die Arbeit spät beenden.
- 사장님께서 사무실에 오셔서 같이 회의하십니다.
  Der Geschäftsführer ist jetzt ins Büro gekommen und wir haben zusammen ein Meeting.

-는 대로 „sobald"

KT S. 301

A 언제 전화할 거예요?
Wann rufen Sie mich an?

B 집에 도착하는 대로 연락할게요.
Ich rufe Sie an, sobald ich zu Hause ankomme.

-는 대로 wird verwendet, um auszudrücken, dass eine Handlung unmittelbar nach dem Geschehen einer anderen Handlung oder Situation passiert. -는 대로 wird an Verben gehängt und kann nicht mit -았/었- kombiniert werden.

- 회의가 끝나는 대로 출발합시다.
  Lass uns losfahren, sobald das Meeting vorbei ist.
- 진수 소식을 듣는 대로 선생님께 알려 드렸어요.
  Sobald ich die Nachricht von Jinsu gehört hatte,
  habe ich es dem Professor mitgeteilt.

> **Vorsicht**
>
> -는 대로 kann in den meisten Situationen synonym zu -자마자 verwendet werden, da die Bedeutungen ähnlich sind. Jedoch kann -는 대로 nicht für zufällige Situationen verwendet werden.
> - 기차가 출발하는 대로 사고가 났어요. (X)
> - 기차가 출발하자마자 사고가 났어요. (O)
>   Unmittelbar nach der Abfahrt des Zuges gab es einen Unfall.

1 보기 와 같이 '-(스)ㅂ니다'를 사용하여 문장을 완성하세요.

> 보기 제 친구에 대해 _____소개하겠습니다.___ (소개할게요)

친구의 직업은 (1) _____ (변호사예요)
학생 때 그 친구와 많은 시간을 함께 (2) _____ (보냈어요)
그런데 요즘은 친구가 바쁘니까 자주 못 (3) _____ (만나요)
그래서 가끔 전화로 이야기를 (4) _____ (주고받아요)
그 친구와 자주 못 보는 것이 (5) _____ (아쉬워요)

우리 회사 사장님에 대해 (6) _____ (말씀드릴게요)
사장님께서는 건강을 위해 운전하지 않고 지하철을
(7) _____ (타세요) 평소에 사장님께서 우리를 가족처럼
(8) _____ (대해 주세요) 어제도 사장님께서
회사 사람들과 함께 (9) _____ (식사하셨어요)
우리 모두는 사장님을 (10) _____ (존경하고 있어요)

2 밑줄 친 것을 '-(스)ㅂ니다'로 바꾸세요.

(1) A 혹시 경찰이세요? ➡
    B 아니요, 저는 이 회사 직원이에요. ➡

(2) A 미국에서 오셨어요? ➡
    B 그래요. ➡

(3) A 저한테 전화해 주세요. ➡
    B 그렇게 할게요. ➡

(4) A 같이 식사부터 해요! ➡
    B 그래요. ➡

3 다음에서 알맞은 답을 골라서 '-는 대로'를 사용하여 문장을 완성하세요.

읽다	밝다	받다	끝나다

(1) 연락을 _____ 제가 여기로 오겠습니다.

(2) 일이 _____ 출발하세요.

(3) 날이 _____ 여기를 떠나세요.

(4) 이 책을 다 _____ 저한테도 빌려주세요.

Track **24**

직원	'패션 쇼핑몰'입니다. 무엇을 도와드릴까요?
영주	인터넷으로 회색 바지를 샀는데, 바지를 입어 보니까 바지가 딱 껴서 불편해요. 더 큰 사이즈로 교환돼요?
직원	사이즈가 있으면 교환됩니다. 성함이 어떻게 되십니까?
영주	박영주예요.
직원	확인되었습니다. 그런데 죄송하지만, 같은 상품으로 더 큰 사이즈는 없습니다.
영주	그래요? 그럼, 반품은 돼요?
직원	네, 됩니다. 다만, 배송비는 고객님이 내셔야 합니다.
영주	할 수 없죠. 배송비 낼게요. 반품 접수해 주세요.
직원	반품 접수되었습니다. 상품을 상자에 넣어서 포장해 주십시오. 내일 오전 중에 택배 기사님이 방문할 겁니다.
영주	알겠어요. 언제 환불돼요?
직원	상품을 확인하는 대로 환불 처리해 드리겠습니다. 다른 문의 사항은 없으십니까?
영주	없어요. 감사합니다.

Angestellter	Hier ist „Fashion Shopping Mall". Was kann ich für Sie tun?
Yeongju	Ich habe eine graue Hose im Internet gekauft, aber als ich sie anprobiert habe, habe ich festgestellt, dass sie zu eng ist (sodass es unbequem war). Könnte ich sie in eine größere Größe umtauschen?
Angestellter	Sie können sie umtauschen, wenn wir die Größe haben, die Sie brauchen. Darf ich fragen, wie Sie heißen?
Yeongju	Mein Name ist Park Yeongju.
Angestellter	OK. (wtl. Ich habe Ihren Namen überprüft.) Es tut mir leid, aber wir haben das gleiche Produkt nicht in einer größeren Größe.
Yeongju	Wirklich? Kann ich sie dann zurückgeben?
Angestellter	Ja, können Sie. Aber Sie müssen die Versandkosten bezahlen
Yeongju	Es bleibt mir wohl nichts anderes übrig. Ich zahle sie. Bitte bestätigen Sie mir die Rücknahme.
Angestellter	Wir bestätigen Ihnen die Rücknahme. Bitte packen Sie die Hose für uns in ein Paket. Ein Zusteller kommt sie morgen früh abholen.
Yeongju	OK. Wann wird mir das Geld zurückerstattet?
Angestellter	Wir zahlen das Geld zurück, sobald wir das Produkt bekommen haben. Haben Sie noch andere Fragen?
Yeongju	Nein. Vielen Dank.

Neue Wörter ▸ S. 330

딱 끼다 | 성함 | 반품 | 배송비 | 고객님 | 접수 | 상품 | 상자 | 포장하다 | 택배 기사님 | 환물 | 방문하다 | 처리하다 | 문의 사항

Neue Redewendungen ▸ S. 330

- 무엇을 도와드릴까요?
- 성함이 어떻게 되십니까?
- 다른 문의 사항은 없으십니까?

🖉 Tipps

1 -아/어 드릴까요?

-아/어 줄까요? wird gebildet, indem -(으)ㄹ까요? an das Verb -아/어 주다 gehängt wird. Es wird verwendet, um dem Gegenüber anzubieten, etwas zu tun. Wenn den Zuhörenden gegenüber Respekt ausgedrückt wird, wird -아/ 어 드릴까요? verwendet. Die korrekte Antwort ist -아/어 주세요.

- 파전 먹고 싶어요? 제가 만들**어 줄까요**? Möchtest du Pfannkuchen mit Frühlingszwiebeln? Soll ich sie für dich machen?
- A 길을 잃어버리셨어요? 제가 길을 가르쳐 **드릴까요**? Haben Sie sich verlaufen? Soll ich Ihnen den Weg zeigen?
  B 감사합니다. 좀 가르쳐 주세요.
  Danke schön. Bitte zeigen Sie mir den Weg.

2 오전 중에 vs. 오전 내내

Wenn 중에 nach einer Zeitangabe wie 오전 (Vormittag) verwendet wird, bedeutet es „irgendwann am Morgen und nicht später". Wenn jedoch 내내 in dem gleichen Beispiel verwendet wird, bedeutet es „den ganzen Morgen".

- 비는 **오전 중에** 그치겠습니다.
  Der Regen sollte am Vormittag aufhören.
- **오전 내내** 전화했지만 그 사람이 전화를 안 받아요.
  Ich habe sie den ganzen Vormittag angerufen, aber sie hat nicht abgenommen.

1 Verben im Zusammenhang mit Geld

Gegensätzliche Redewendungen

- 돈을 벌다 Geld verdienen ↔ • 돈을 쓰다 Geld ausgeben
- 돈을 절약하다 Geld sparen ↔ • 돈을 낭비하다 Geld verschwenden

Handlungen und Ergebnisse

- 돈을 모으다 Geld sparen → • 돈이 모이다 gespart werden
- 돈을 들이다 Geld geht aus → • 돈이 들다 Geld kosten
- 돈을 남기다 Geld übrig lassen → • 돈이 남다 Geld bleibt übrig

Verwendung von Geld	Geldfluss	Andere
• 값을 깎다 Preis senken • 계산하다 berechnen • 돈을 내다 (= 지불하다) bezahlen • 돈을 받다 Geld bekommen	• 돈을 빌려주다 Geld verleihen • 돈을 빌리다 Geld leihen • 돈을 돌려주다 Geld zurückgeben • 돈을 갚다 Geld zurückzahlen	• 돈이 떨어지다 Geld ausgehen • 환전하다 Geld umtauschen

- 친구는 **돈을 벌지** 않고 **쓰기**만 해요. Mein Freund verdient kein Geld und gibt es nur aus.
- **돈을 모으고** 있는데 **돈이 모이**면 여행 갈 거예요. Ich spare gerade Geld. Wenn ich genug gespart habe, mache ich eine Reise.
- **돈을 들여서** 집을 고쳤어요. 생각보다 **돈이** 많이 **들었어요.**
  Ich habe Geld ausgegeben, um meine Wohnung zu reparieren. Es hat mehr gekostet, als ich gedacht habe.
- **돈이 떨어지면** 저한테 연락하세요. Wenn Sie kein Geld mehr haben, melden Sie sich bei mir.
- **돈을 빌려주세요.** 돈이 생기면 바로 **갚을게요.**
  Bitte leihen Sie mir etwas Geld. Ich zahle es Ihnen zurück, sobald ich wieder etwas habe.
- 길에서 돈을 주워서 주인에게 **돌려줬어요.** Ich habe Geld von der Straße aufgehoben und es seinem Besitzer zurückgegeben.

2 Hanja zum Thema Geld

1. OO값 Preis für einen Gegenstand	2. OO비 Geld in Zusammenhang mit Ausgaben	3. OO금 Geld für einen besonderen Zweck	4. OO료 Geld in Zusammenhang mit Gebühren	5. OO세 Geld in Zusammenhang mit Steuern
옷값 Preis für Kleidung 신발값 Preis für Schuhe 가방값 Preis für Taschen 가구값 Preis für Möbel	교통비 Transportkosten 식비 Essenskosten 숙박비 Übernachtungsgebühr 수리비 Reparaturgebühren	등록금 Studiengebühren 장학금 Stipendium 벌금 Strafgebühr 상금 Preisgeld	수수료 Gebühren 입장료 Eintrittsgebühr 보험료 Versicherungsgebühr 대여료 Mietgebühr	소득세 Einkommenssteuer 재산세 Eigentumssteuer 주민세 Einwohnersteuer 부가 가치세 Mehrwertsteuer (MwSt.)

3 Zahlmethoden

1. 돈 Geld
   - 현금 Bargeld
   - 지폐 Geldschein (Papiergeld)
   - 동전 Münze
   - 수표 Check

2. 신용 카드 Kreditkarte
   - 일시불 Einmalzahlung
   - 할부 Ratenzahlung
   - 이자 Zinsen
   - 무이자 할부 Ratenzahlung ohne Zinsen
   - 수수료 Gebühren

3. Andere
   - 공짜 kostenlos
   - 거스름돈 (= 잔돈) Wechselgeld
   - 영수증 Quittung
   - 사은품 Werbegeschenk

Wichtige Redewendungen

- 돈이 남아요. Geld bleibt übrig.
- 돈이 모자라요. Geld reicht nicht aus.

☕ Lassen Sie uns sprechen!

Sprechstrategie ➤ **Überraschung ausdrücken**

- ein positives Gefühl

우와! **Wow!**
끝내준다! **Wunderbar!**

- ein negatives Gefühl oder Ungläubigkeit

진짜? **Wirklich?**
말도 안 돼! **Auf keinen Fall!**

1 쇼핑할 때 주로 사는 게 뭐예요?

옷   신발   화장품   전자 제품

가전제품   가구   생활용품   식료품

2 물건을 살 때 뭐가 제일 중요해요?

☐ 디자인	☐ 가격	☐ 품질	☐ 크기	☐ 상품평
☐ 기능	☐ 브랜드	☐ 색	☐ 무게	☐ 보증 기간

3 최근에 산 물건 중에 가장 마음에 드는 게 뭐예요?
어떤 점이 마음에 들어요? 그 물건값이 어때요? 정가예요?
할인받았어요? 바가지 썼어요?

4 단골 가게가 있어요? 그 가게가 어디에 있어요?
왜 단골이 됐어요? 얼마나 자주 가요?

5 최근에 산 물건 중에서 문제가 있는 것이 있었어요?
어떤 물건이에요?
어떤 문제가 있었어요?
문제를 어떻게 해결했어요?

최근에 인터넷으로 물건을 주문했는데
배송받아 보니까 상품이 잘못 왔어요.

진짜요? 그래서
어떻게 했어요?

Neue Wörter

전자 제품 Elektronik | 가전제품 Haushaltsgeräte | 생활용품 Alltagsprodukte | 식료품 Lebensmittel | 품질 Produktqualität | 기능 Funktion |
무게 Gewicht | 보증 기간 Garantie | 정가 Verkaufspreis, Nettopreis | 할인 Rabatt | 바가지 zu viel Berechneter Betrag | 해결하다 lösen

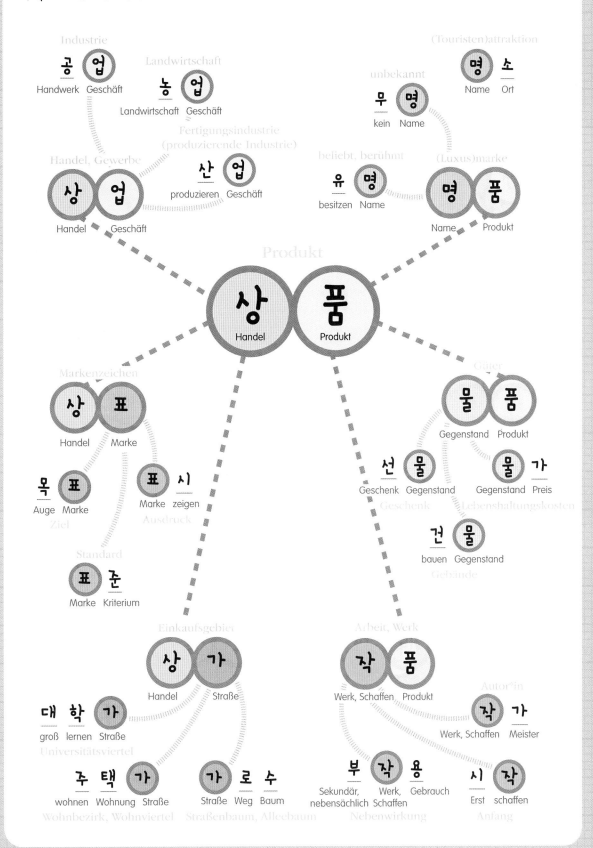

Ein Wort zur Kultur

Ausdrücke beim Shoppen

• 바가지 쓰다 übers Ohr gehauen werden

30만 원이에요.

15만 원

Wenn Sie schon einmal unwissentlich mehr für etwas bezahlt haben, als es wert war, dann können Sie 바가지를 썼다 sagen. Dieser Ausdruck bezieht sich darauf, dass man den Preis nicht wahrnimmt, selbst wenn er direkt vor den Augen geschrieben steht, weil man eine 바가지 (große Schale) auf dem Kopf trägt. 바가지 씌운다 wird verwendet, um auszudrücken, dass jemand einen Kunden übers Ohr haut, indem er einen höheren Preis oder eine höhere Gebühr verlangt. Es wäre am besten, besonders vorsichtig zu sein, wenn kein Preisschild angebracht oder keine Gebühr angegeben ist, denn man kann leicht übers Ohr gehauen werden.

축하

• 대박 Super!

대박 wird verwendet, um metaphorisch auf eine gute Sache zu verweisen. 대박 bezieht sich wörtlich auf einen großen Kürbis. Denn seit jeher galten Kürbisse als Schatzkisten und wurden daher mit Erfolg in Verbindung gebracht. Wenn man ein Produkt zu einem günstigen Preis kaufen kann, kann es als 대박 bezeichnet werden. Wenn 대박 상품 bei einem ausgestellten Gegenstand geschrieben ist, bedeutet es, dass der Gegenstand sehr stark heruntergesetzt ist. Außerdem wird 대박 mit einem Film oder einem Theaterstück verwendet, wenn es ein Kassenschlager ist. So kann 대박 für jede sich ereignende überraschende, gute Sache verwendet werden.

• 싸구려 Ramsch und beschämende Handlungen

싸구려 bezieht sich auf einen billigen Gegenstand oder schlechte Qualität. Es ist abgeleitet von 싸다 (billig sein). Es kann auch für wahllose oder schändliche Handlungen verwendet werden. Da 싸구려 bedeutet, dass die Qualität oder das Niveau niedrig ist, hat es eine negative Bedeutung, und daher sollte man 싸구려 nicht verwenden, um sich auf die Kleidung oder den Besitz der Zuhörenden zu beziehen. Auf traditionellen Märkten wird 싸구려! jedoch von Verkäufern gerufen, um die Aufmerksamkeit der Kunden zu erregen und den niedrigen Preis von Produkten hervorzuheben.

Kapitel **09**

한국 생활
Leben in Korea

Ziele
· das jetzige Korea mit dem Zeitpunkt vergleichen, als man zum lezten Mal da war
· über Fehler sprechen
· Gefühle ausdrücken
· über Schwierigkeiten beim Lernen von Koreanisch sprechen
· nach Rat fragen und Rat geben
· über aktuelle Job- und Zukunftsziele sprechen

Grammatik
❶ -(으)ㄹ 때 „wenn", „als"
   - 겠- das spekulative Suffix

❷ -아/어도 „selbst wenn", „obwohl"
   - 아/어지다 „werden", „mehr werden"

❸ -(으)려고 „um zu", „damit"
   - (으)려면 „wenn man etwas beabsichtigt, zu...",
      „wenn man vorhat, zu..."

Grammatik

-(으)ㄹ 때 „wenn", „als"

▶ Anhang S. 275 KT S. 304

A 한국에서는 사진을 찍을 때 뭐라고 말해요?
Was sagt man in Korea, wenn man ein Foto macht?

B 사진을 찍을 때 '김치'라고 말해요.
Wenn wir ein Foto machen, sagen wir „Kimchi".

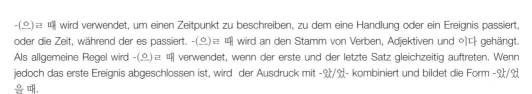

-(으)ㄹ 때 wird verwendet, um einen Zeitpunkt zu beschreiben, zu dem eine Handlung oder ein Ereignis passiert, oder die Zeit, während der es passiert. -(으)ㄹ 때 wird an den Stamm von Verben, Adjektiven und 이다 gehängt. Als allgemeine Regel wird -(으)ㄹ 때 verwendet, wenn der erste und der letzte Satz gleichzeitig auftreten. Wenn jedoch das erste Ereignis abgeschlossen ist, wird der Ausdruck mit -았/었- kombiniert und bildet die Form -았/었 을 때.

- 밤에 잘 때 무서운 꿈을 꿨어요. Als ich in der Nacht geschlafen habe, hatte ich einen beängstigenden Traum.
- 저는 스트레스를 받을 때 많이 먹어요. Wenn ich Stress bekomme, esse ich viel.
- 그 사람을 처음 만났을 때 잠깐 얘기했어요.
  Als ich die Person das erste Mal traf, habe ich nur kurz mit ihr gesprochen.

-겠- das spekulative Suffix

KT S. 299

A 뭐 먹을까요?
Was sollen wir essen?

B 저게 맛있겠네요. 저거 주문할까요?
Das sieht aus, als wäre es lecker. Wollen wir das bestellen?

 맛있겠네요.

-겠- wird verwendet, um eine Vermutung auf Grundlage einer Tatsache zu machen, die man kennt, sieht oder von einer anderen Person gehört hat. Es wird an den Stamm von Verben, Adjektiven und 이다 gehängt. -았/었- kann angehängt werden, um -았/었겠- (muss gewesen sein) zu bilden, wenn man Vermutungen zu bereits geschehenen Handlungen aufstellt.

- 아침을 안 먹었으니까 배고프겠어요. Da Sie nicht gefrühstückt haben, müssen Sie sehr hungrig sein.
- 음식을 많이 만들었어요. 혼자 다 먹을 수 없겠어요.
  Ich habe viel gekocht. Ich werde nicht alles alleine essen können.
- 혼자 이사했으니까 힘들었겠어요. Es muss schwer gewesen sein, alleine umzuziehen.

1 알맞은 것끼리 연결하세요.

(1) 회사에서 승진했을 때 　　　　　　・ 　　　　　・ ⓐ 짜증 나요.

(2) 친구가 약속 때마다 늦게 올 때 　　　・ 　　　　　・ ⓑ 아쉬웠어요.

(3) 지하철에서 지갑을 잃어버렸을 때 　・ 　　　　　・ ⓒ 신기해요.

(4) 좋은 기회였는데 기회를 놓쳤을 때 　・ 　　　　　・ ⓓ 속상했어요.

(5) 어린아이가 어려운 수학 문제를 풀 때 ・ 　　　　　・ ⓔ 신났어요.

2 다음에서 알맞은 답을 골라서 '-(으)ㄹ 때'를 사용하여 대화를 완성하세요.

　　　처음 만나다　　　　시간이 나다　　　　회사를 그만두다　　　하기 싫은 일을 하다

(1) A 보통 언제 친구하고 문자를 주고받아요?

　　 B ＿＿＿＿＿＿＿＿＿＿＿＿＿＿ 때마다 문자를 주고받아요.

(2) A 보통 언제 스트레스를 받아요?

　　 B ＿＿＿＿＿＿＿＿＿＿＿＿＿＿ 때 스트레스를 많이 받아요.

(3) A 언제부터 그 사람이 마음에 들었어요?

　　 B ＿＿＿＿＿＿＿＿＿＿＿＿＿＿ 때부터 마음에 들었어요.

(4) A 언제까지 한국에서 살 거예요?

　　 B ＿＿＿＿＿＿＿＿＿＿＿＿＿＿ 때까지 한국에서 살 거예요.

3 알맞은 답을 고르세요.

(1) A 제 친구는 매일 하루에 2번씩 라면을 먹어요.

　　 B 와! 진짜 많이 ⓐ 먹어요. / ⓑ 먹겠어요.

(2) A 제 집 바로 앞에 버스 정류장이 있어요.

　　 B 정말 ⓐ 편해요. / ⓑ 편하겠어요.

(3) A 요즘 매일 야근하고 있어요.

　　 B ⓐ 피곤해요. / ⓑ 피곤하겠어요.

(4) A 지난주에 3시간 동안 걸었어요.

　　 B 많이 ⓐ 걸었어요. / ⓑ 걸었겠어요.

Track **25**

유키	마크 씨, 한국 생활이 어때요?
마크	지금은 괜찮지만, 처음에는 힘들었어요.
유키	언제 제일 힘들었어요?
마크	한국 사람하고 말이 안 통할 때 정말 힘들었어요.
유키	힘들었겠네요. 지금은 말이 잘 통해요?
마크	조금요. 말이 통하니까 한국 생활도 더 재미있어요.
유키	한국하고 미국은 생활 방식도 사고방식도 다른데 적응하기 쉬웠어요?
마크	아니요, 처음에는 문화 차이 때문에 적응이 안 됐어요. 또, 왜 그렇게 해야 하는지 모르니까 실수도 많이 했어요.
유키	지금은 적응했어요?
마크	완벽하게 적응하지 못했지만, 이제 많이 익숙해졌어요. 실수하면서 많이 배웠어요.
유키	예를 들면 어떤 실수를 했어요?
마크	전에 어떤 아줌마한테 반말을 해서 혼난 적도 있어요.

Yuki	Mark, wie ist das Leben in Korea?
Mark	Jetzt ist es in Ordnung, aber am Anfang war es schwierig.
Yuki	Wann war es am schwierigsten?
Mark	Es war wirklich schwierig, als ich nicht mit Koreanern kommunizieren konnte.
Yuki	Das muss schwer gewesen sein. Kannst du jetzt gut mit den Leuten kommunizieren?
Mark	Ein bisschen. Das Leben in Korea macht auch mehr Spaß, seit ich mit den Leuten sprechen kann.
Yuki	Koreaner und Amerikaner haben verschiedene Lebensstile und auch Denkweisen. War es einfach, sich daran zu gewöhnen?
Mark	Nein, Ich hatte zuerst Probleme mich an die kulturellen Unterschiede zu gewöhnen. Und ich habe auch viele Fehler gemacht, weil ich nicht wusste, warum ich bestimmte Sachen tun sollte.
Yuki	Hast du dich jetzt daran gewöhnt?
Mark	Ich konnte mich zwar nicht vollständig daran anpassen, aber ich habe mich daran gewöhnt. Durch meine Fehler habe ich viel gelernt.
Yuki	Was für Fehler hast du zum Beispiel gemacht?
Mark	Ich habe von einer älteren Frau Ärger bekommen, weil ich sie in Banmal angesprochen habe.

Neue Wörter ▸ S. 330

말이 통하다 | 생활 방식 | 사고방식 | 차이 | 적응이 되다 | 실수 | 완벽하게 | 어떤 | 반말 | 혼나다

Neue Redewendungen ▸ S. 330

• 적응이 안 됐어요.
• 이제 많이 익숙해졌어요.
• 예를 들면

Tipps

1 Das Adverb 잘 vs. 안

Das Adverb 잘 kann genutzt werden, um die Bedeutung einer Aussage zu betonen. Wenn 안 in der Aussage steht, wird die Verneinung betont.

• 그 사람과는 말이 **잘** 안 통해요. (말이 통하다)
  Mit dieser Person kann ich nicht gut kommunizieren.
• 이 음식은 제 입에 **잘** 맞아요. (입에 맞다)
  Dieses Essen entspricht genau meinem Geschmack.
• 사업은 제 적성에 **잘** 안 맞아요. (적성에 맞다)
  Selbstständiger (Unternehmer) zu sein passt nicht gut zu mir.

2 Ausdrücke für Ergebnisse mit 되다

Passive Ausdrücke werden oft für die Ergebnisse von Handlungsverben verwendet. Um die Passivform von Verben zu bilden, die aus einem Nomen mit 하다 gebildet wurden, wird die Partikel 이/가 an das Nomen gehängt und 하다 durch 되다 ersetzt. Die negative Form ist 안 되다.

• 이 부분을 여러 번 읽으니까 **이해가 돼요**.
  Nachdem ich diesen Teil mehrmals gelesen habe, verstehe ich ihn.
• 집중하려고 했지만 너무 시끄러워서 **집중이 안 돼요**.
  Ich habe zwar versucht mich zu konzentrieren, aber weil es so laut ist, geht es nicht.

① Redewendungen für Gefühle mit Hanja und 하다

- **당황하다**: 외국인이 저한테 외국어로 말을 걸었을 때 **당황했어요**.
  in Verlegenheit geraten, nervös werden (weil man nicht weiß, was zu tun ist): Ich wurde nervös, als ein Ausländer mich in einer ausländischen Sprache ansprach.

- **창피하다**: 사람들 앞에서 미끄러졌을 때 정말 **창피했어요**.
  peinlich sein (wegen eines Fehlers): Es war wirklich peinlich, als ich vor den Leuten ausgerutscht bin.

- **불안하다**: 18살짜리 동생이 혼자 여행을 떠났을 때 걱정돼서 **불안했어요**.
  beunruhigt sein/sich unwohl fühlen: Ich war beunruhigt, weil ich mir Sorgen machte, als mein 18 jähriger, kleiner Bruder allein reiste.

- **실망하다**: 친구가 저한테 거짓말을 한 것을 알았을 때 친구한테 **실망했어요**.
  enttäuscht sein: Ich war von meiner Freundin enttäuscht, als ich herausfand, dass sie mich angelogen hatte.

- **좌절하다**: 계속해서 시험에 다섯 번 떨어졌을 때 정말 **좌절했어요**.
  frustriert sein: Ich war wirklich frustriert, als ich im Test zum fünften Mal hintereinander durchgefallen bin.

- **우울하다**: 돈도 없고 여자 친구도 없고 취직도 안 돼서 정말 **우울해요**.
  deprimiert sein: Ich bin wirklich deprimiert, weil ich kein Geld, keine Freundin und keinen Job habe.

- **억울하다**: 제가 잘못하지 않았는데 엄마가 저를 혼낼 때 **억울했어요**.
  ungerecht sein: Es ist ungerecht, dass ich von meiner Mutter Ärger bekommen habe, obwohl ich nichts falsch gemacht habe.

② koreanische Redewendungen für Gefühle mit 하다

- **심심하다**: 나는 약속도 없고 할 일이 없을 때 **심심해요**.
  langweilig sein: Mir ist langeweilig, wenn ich keine Verabredung oder Sachen zu tun habe.

- **답답하다**: 시험에서 공부한 단어가 생각 안 날 때 **답답해요**.
  frustriert sein (bedrückend, beklemmend): Ich bin frustriert, wenn ich mich in der Prüfung nicht an die gelernten Vokabeln erinnere.

- **속상하다**: 어머니께 선물 받은 소중한 목걸이를 잃어버렸을 때 **속상했어요**.
  bestürzt sein: Ich war bestürzt, als ich die wertvolle Kette, die meine Mutter mir geschenkt hatte, verloren habe.

- **서운하다**: 친한 친구가 제 생일을 잊어버리고 지나갔을 때 친구한테 **서운했어요**.
  enttäuscht sein (wegen der Erwartung an jemanden): Ich war von einem guten Freund enttäuscht, als mein Geburtstag vorbeiging und er ihn vergessen hatte.

③ Redewendungen für Gefühle gegenüber einer Person oder einem Gegenstand

- **지겹다**: 매일 똑같은 음식을 먹으면 그 음식이 **지겨울 거예요**.
  etwas satt haben: Wenn du jeden Tag das gleiche isst, wirst du es satt haben.

- **부럽다**: 조금만 공부해도 잘 기억하는 사람이 **부러워요**.
  neidisch sein: Ich bin neidisch auf Leute, die sich Sachen gut merken, auch wenn sie nur ein bisschen lernen.

- **귀찮다**: 주말에 집에서 쉴 때 집안일 하는 것이 **귀찮아요**.
  lästig/nervig sein: Es ist lästig, die Hausarbeit zu machen, wenn ich mich am Wochenende zu Hause ausruhe.

- **그립다**: 오랫동안 외국에서 사니까 고향 음식이 너무 **그리워요**.
  vermissen: Ich vermisse wirklich das Essen meiner Heimat, weil ich lange im Ausland lebe.

- **대단하다**: 저 사람은 혼자 한국어를 공부했는데 정말 잘해요. 저 사람이 **대단해요**.
  beeindruckend sein: Diese Person ist wirklich beeindruckend. Sie ist wirklich gut in Koreanisch, obwohl sie alleine gelernt hat.

- **지루하다**: 영화가 너무 **지루해서** 영화 보다가 잠이 들었어요.
  langweilig/gelangweilt sein: Weil der Film so langweilig war, bin ich beim Gucken eingeschlafen.

- **신기하다**: 한국어를 잘 못하는데 한국 사람하고 말이 잘 통하는 것이 **신기해요**.
  erstaunt sein: Ich kann nicht gut Koreanisch sprechen, aber ich bin verblüfft, wenn ich mich mit Koreanern verständigen kann.

- **불쌍하다**: 부모가 없는 아이들이 어렵게 생활하는 것을 보면 아이들이 **불쌍해요**.
  bemitleidenswert sein: Wenn ich Kinder ohne Eltern sehe, die ein hartes Leben führen, finde ich sie bemitleidenswert.

- **끔찍하다**: 뉴스에 나온 교통사고 장면이 정말 **끔찍했어요**.
  schrecklich sein: Die Szene mit dem Verkehrsunfall in den Nachrichten war wirklich schrecklich.

- **징그럽다**: 큰 벌레가 정말 **징그러웠어요**.
  ekelhaft sein: Großes Ungeziefer ist wirklich ekelhaft.

> **Vorsicht!**
>
> Wenn Gefühle oder eine Einstellung gegenüber etwas oder jemandem ausgedrückt werden, wird die sprechende Person weggelassen und 이/가 an das gehängt, zu dem man diese Gefühle hat. Im Satz wird dieses als Subjekt behandelt.
>
> **Bsp.** (저는) 이 음식이 지겨워요.
> Ich habe von diesem Essen genug.

💡 Wichtige Redewendungen

- 신기한 느낌이 들어요.
  Es fühlt sich fantastisch an.

- 신기하게 생각하고 있어요.
  Ich denke, dass das fantastisch ist.

- 신기하다고 생각해요.
  Ich denke, das ist fantastisch.

Grammatik ❷

-아/어도 „selbst wenn", „obwohl"

KT S. 302

A 그 사람 이름이 뭐예요?

Wie heißt diese Person?

B 아무리 생각해도 그 사람 이름이
생각 안 나요.

Egal wie sehr ich auch nachdenke, ich kann mich nicht an
seinen Namen erinnern.

-아/어도 wird verwendet, um Handlungen oder Ereignisse auszudrücken, die sich anders als erhofft oder erwartet ereignet haben. Es wird an den Stamm von Verben und Adjektiven gehängt. Wenn es nach 이다 kommt, wird es zu (이)라도. Das Adverb 아무리 (egal wie) kann vor dem ersten Satz zur Betonung ergänzt werden.

• 운동해도 살이 빠지지 않아요. Obwohl ich Sport mache, nehme ich nicht ab.

• 아무리 버스를 기다려도 버스가 오지 않아요. Egal wie lange ich auf den Bus warte, er kommt nicht.

• 동생이 똑똑하니까 걱정하지 않아도 잘할 거예요.
Da Ihr jüngerer Bruder intelligent ist, brauchen Sie sich keine Sorgen zu machen. Er wird es gut machen.

• 학생이라도 자기 잘못은 책임져야 해요.
Auch wenn Sie Student sind, müssen Sie Verantwortung für Ihre eigenen Fehler übernehmen.

-아/어지다 „werden", „mehr werden"

▶ Anhang S. 275 — KT S. 303

A 날씨가 어때요?

Wie ist das Wetter?

점점 더워져요.

B 6월이 되니까 점점 더워져요.

Jetzt da es Juni wird, wird es langsam heißer.

-아/어지다 wird an den Stamm von Adjektiven gehängt, um eine Zustandsänderung auszudrücken. Adjektive, an die -아/어지다 gehängt wird, funktionieren wie Verben.

• 자주 만나면 그 사람과 더 친해져요. Wenn Sie sich öfter treffen, kommen Sie sich näher.

• 텔레비전에 나온 후 그 가수가 유명해졌어요.
Diese Sängerin wurde berühmt, nachdem sie im Fernsehen aufgetreten ist.

• 새로 사업을 시작했으니까 앞으로 바빠질 거예요.
Da Sie ein neues Geschäft angefangen haben, werden Sie von nun an sehr beschäftigt sein.

1 알맞은 답을 고르세요.

(1) 여러 번 전화해도
    ⓐ 전화를 받았어요.
    ⓑ 전화를 안 받았어요.

(2) 밥을 많이 먹어도
    ⓐ 아직 배가 고파요.
    ⓑ 벌써 배가 불러요.

(3) 아무리 얘기해도
    ⓐ 제 말을 잘 들어요.
    ⓑ 제 말을 듣지 않아요.

(4)
    ⓐ 열심히 일해서
    ⓑ 열심히 일해도
    돈을 모았어요.

(5)
    ⓐ 물건값이 싸서
    ⓑ 물건값이 싸도
    품질이 좋아요.

(6)
    ⓐ 음식이 싱거우니까
    ⓑ 음식이 싱거워도
    소금을 넣지 마세요.

2 문장을 완성하도록 알맞은 것끼리 연결하세요.

(1) 봄이 되면 •
(2) 운동을 하면 •
(3) 겨울이 되면 •
(4) 담배를 피우면 •
(5) 어두운 곳에서 책을 읽으면 •
(6) 외모에 신경을 쓰면 •

• ⓐ 몸이 건강해져요.
• ⓑ 건강이 나빠질 거예요.
• ⓒ 눈이 나빠져요.
• ⓓ 더 예뻐질 거예요.
• ⓔ 날씨가 추워져요.
• ⓕ 날씨가 따뜻해져요.

3 다음에서 알맞은 답을 골라서 '-아/어도'나 '-아/어지다'를 사용하여 문장을 완성하세요.

춥다	편하다	비싸다	연습하다	한국인이다

(1) 그 음식은 값이 ＿＿＿＿＿＿＿＿ 맛없어요.

(2) 컴퓨터 덕분에 옛날보다 생활이 ＿＿＿＿＿＿＿＿.

(3) 아무리 ＿＿＿＿＿＿＿＿ 한국어 발음이 쉽지 않아요.

(4) 가을이 되면 바람이 불어서 날씨가 ＿＿＿＿＿＿＿＿.

(5) ＿＿＿＿＿＿＿＿ 한국어 문법을 모를 때가 있어요.

리나	무슨 고민이 있어요? 왜 그래요?
케빈	요즘 한국어를 배우고 있는데, 열심히 공부해도 한국어 실력이 늘지 않아요. 말하기도 너무 어렵고요.
리나	한국어를 공부한 지 얼마나 됐어요?
케빈	한 6개월쯤 됐어요.
리나	얼마 안 됐네요. 실력이 늘 때까지 시간이 어느 정도 걸려요.
케빈	저도 알고 있지만 실력이 좋아지지 않아서 자신감이 점점 없어져요.
리나	보통 공부할 때 어떻게 해요? 한국 친구를 자주 만나요?
케빈	아니요, 일도 해야 되고 숙제도 많아서 친구 만날 시간이 없어요.
리나	혼자 열심히 공부해도 사람들하고 연습하지 않으면 실력이 늘지 않아요.
케빈	네, 저도 그렇게 생각해요.
리나	한국 친구를 최대한 많이 만나세요. 한국 친구하고 얘기할 때 한국어만 사용하고요.
케빈	알겠어요. 그렇게 해 볼게요.
리나	매일 꾸준히 연습하면 한국어 실력이 곧 좋아질 거예요.

Rina	Worüber machst du dir Sorgen? Was ist los?
Kevin	Ich lerne in letzter Zeit Koreanisch, aber obwohl ich fleißig lerne, werde ich nicht besser. Sprechen ist auch schwierig.
Rina	Wie lange lernst du schon Koreanisch?
Kevin	Seit ungefähr sechs Monaten.
Rina	Das ist nicht lang. Es dauert etwas, bis deine Fähigkeiten besser werden.
Kevin	Das weiß ich, aber ich verliere langsam mein Selbstvertrauen, weil ich nicht besser werde.
Rina	Wie lernst du normalerweise? Triffst du dich oft mit koreanischen Freunden?
Kevin	Nein, ich muss arbeiten und so viele Hausaufgaben machen, dass ich keine Zeit habe, Freunde zu treffen.
Rina	Selbst wenn du viel lernst, wirst du nicht besser, wenn du nicht mit Leuten übst.
Kevin	Ja, das denke ich auch.
Rina	Treff dich so oft wie möglich mit koreanischen Freunden. Wenn du mit ihnen sprichst, sprich nur Koreanisch.
Kevin	In Ordnung, das versuche ich einmal.
Rina	Wenn du konsequent jeden Tag übst, wird dein Koreanisch bald besser.

Neue Wörter ▸ S. 331

고민 | 실력 | 한 | 어느 정도 | 자신감 | 점점 | 없어지다 | 최대한 | 꾸준히 | 곧

Neue Redewendungen ▸ S. 331

- 무슨 고민이 있어요?
- 저도 그렇게 생각해요.
- 최대한 많이

🔍 Tipps

1 -고요: auch

-고요 wird genutzt, um eine zusätzliche Aussage zu einem Thema zu machen. In der Alltagssprache hört man üblicherweise -구요.

- 채소를 많이 드세요. 그리고 매일 운동하세요.
  Essen Sie viel Gemüse. Und machen Sie täglich Sport.
  → 채소를 많이 드세요. 매일 운동하**고요**.

- 혼자 문제를 푸세요. 그리고 사전을 보지 마세요.
  Lösen Sie die Aufgabe alleine. Und schauen Sie nicht ins Wörterbuch.
  → 혼자 문제를 푸세요. 사선을 보**지 말고요**.

2 Der Infinitiv -(으)ㄹ

-(으)ㄹ wird verwendet, um ein Verb vor einem Nomen so zu modifizieren, dass es die Bedeutung erhält, in Zukunft eintreten zu können oder in Zukunft gemacht zu werden. In dem obigen Dialog hat die sprechende Person seine Freunde noch nicht getroffen, aber es gibt eine Möglichkeit, dass sie sich in der Zukunft treffen, sodass statt 만나는 시간 eher 만날 시간 verwendet werden muss.

- 어제 해야 할 일이 많아서 늦게 잤어요.
  Ich bin spät ins Bett gegangen, da ich gestern viel zu tun hatte.

1 Redewendungen für Gefühle mit 나다

- 화나다 (= 화가 나다): 친구가 나를 무시했을 때 진짜 **화가 났어요**.
  wütend/verägert sein: Ich wurde richtig wütend, als mein Freund mich ignorierte.
- 짜증 나다 (= 짜증이 나다): 공부하는데 친구가 자꾸 말을 시켜서 **짜증 났어요**.
  genervt sein: Ich war genervt, weil mein Freund mich die ganze Zeit ansprach, als ich lernte.
- 신나다 (= 신이 나다): 사람들이 음악을 듣고 **신이 나서** 춤을 추기 시작해요.
  aufgeregt sein: Menschen werden aufgeregt und fangen an, zu tanzen,
  wenn sie Musik hören.
- 겁나다 (= 겁이 나다): 사업에서 실패할 수 있다고 생각하니까 **겁이 났어요**.
  Angst haben: Ich hatte Angst, weil ich dachte, dass meine unternehmerischen
  Tätigkeiten scheitern könnten.
- 싫증 나다 (= 싫증이 나다): 공부에 **싫증 나서** 더 이상 공부하고 싶지 않아요.
  etwas satt haben: Ich möchte nicht mehr lernen, weil ich es satt habe.

> **Vorsicht!**
>
> 이/가 나다 Redewendungen für
> Emotionen können alternativ mit
> 을/를 내다 verwendet werden, was
> impliziert, dass die Emotion mit
> einer Handlung ausgedrückt wird.
>
> - 너무 많이 화가 나서 처음으로
>   친구에게 **화를 냈어요**.
>   Weil ich so wütend war, ließ ich
>   Meine Wut zum ersten Mal an
>   meinen Freund ab.

2 Redewendungen für Emotionen mit 되다

- 긴장되다: 취업 면접을 앞두고 너무 **긴장돼요**.
  nervös sein: Ich bin wegen meines bevorstehenden Vorstellungsgesprächs sehr nervös.
- 걱정되다: 내일이 시험인데 합격을 못 할까 봐 **걱정돼요**.
  sich sorgen: Morgen ist meine Prüfung und ich sorge mich, dass ich durchfallen könnte.
- 안심되다: 어두운 길을 걸을 때 친구와 함께 걸으면 **안심돼요**.
  sich sicher fühlen: Ich fühle mich sicher, wenn ich den dunklen Weg mit einem
  Freund entlang gehe.
- 기대되다: 새로운 곳에서 새로운 경험을 할 것이 **기대돼요**.
  etwas erwarten, sich freuen auf: Ich freue mich darauf, an einem neuen Ort
  neue Sachen zu erfahren.
- 흥분되다: 우리 축구 팀이 이겼을 때 정말 **흥분됐어요**.
  aufgeregt sein: Ich war sehr aufgeregt, als unsere Fußballmannschaft gewann.
- 후회되다: 젊었을 때 더 많은 경험을 했으면 좋았을 텐데 **후회돼요**.
  bedauern, bereuen: Ich bedauere, nicht so viele Erfahrungen gemacht zu haben, als ich jung war.

> **Vorsicht!**
>
> Bei der Beschreibung eines Gefühls
> in einer allgemeinen Aussage/
> Situation wird im Gegensatz zu einer
> Beschreibung eines gegenwärtigen
> Gefühls 하다 verwendet.
>
> - 저는 시험 전에는 항상 **긴장해서**
>   아무것도 먹지 않아요.
>   Ich esse nichts, weil ich vor einem
>   Test immer nervös bin. (allgemeine
>   Äußerung)
> - 5분 후에 시험이 있어요. **긴장돼요**.
>   In 5 Minuten ist ein Test. Ich bin
>   nervös. (aktuelles Gefühl)

3 andere Redewendungen für Gefühle

- 즐겁다: 다른 사람을 도와주면, 몸은 힘들지만 마음이 **즐거워요**.
  glücklich/fröhlich/unterhaltsam sein: Wenn man anderen Menschen hilft, ist der Körper müde, aber man selbst ist glücklich.
- 기쁘다: 오랫동안 준비해 온 시험에 합격했을 때 정말 **기뻤어요**.
  glücklich sein: Als ich die Prüfung bestanden habe, auf die ich mich lange vorbereitet habe, war ich wirklich glücklich.
- 무섭다: 밤에 집에 혼자 있을 때 이상한 소리가 나면 **무서워요**.
  Angst haben: Wenn ich nachts alleine zu Hause bin, habe ich Angst, wenn ein Geräusch erklingt.
- 외롭다: 크리스마스에 외국에서 혼자 지내야 하니까 **외로운** 생각이 들었어요.
  alleine/einsam fühlen: Ich fühlte mich einsam, weil ich Weihnachten alleine in einem fremden Land verbringen musste.
- 괴롭다: 이상한 직장 상사 때문에 회사 생활이 너무 **괴로워요**.
  unangenehm/stressig/qualvoll sein: Wegen eines komischen Vorgesetzten ist das Alltagsleben in der Firma qualvoll.
- 부끄럽다: 아이한테 한 약속을 내가 지키지 않았을 때 아이한테 **부끄러웠어요**.
  peinlich sein: Es war mir peinlich, als ich das Versprechen, das ich einem Kind gemacht habe, nicht einhalten konnte.
- 안타깝다: 친구가 열심히 노력했지만 시험에서 떨어져서 **안타까워요**.
  schade/bedauerlich sein (dass etwas jemand anderem passiert ist): Es ist schade, dass mein
  Freund sich so sehr angestrengt hat und dennoch durch die Prüfung gefallen ist.
- 아깝다: 하루에 술값으로 100만 원을 쓰다니 정말 돈이 **아까워요**.
  schade/eine Verschwendung sein: Es ist eine solche Geldverschwendung,
  1 Million Won pro Tag für Alkohol auszugeben.
- 아쉽다: 한국에서 더 있고 싶은데 내일 떠나야 해서 정말 **아쉬워요**.
  schade sein (wegen einer verpassten Möglichkeit): Ich möchte länger in Korea bleiben.
  Es ist schade, dass ich morgen gehen muss.

> 💡 **Wichtige Redewendungen**
>
> - 언제 이런 느낌이 들어요?
>   Wann fühlst du dich so?
> - 언제 이런 느낌을 받아요?
>   Wann bekommst du dieses Gefühl?

Grammatik ❸

-(으)려고 „um zu", „damit"

▶ Anhang S. 276 KT S. 306

A 왜 이 책을 샀어요?
   Warum haben Sie dieses Buch gekauft?

B 지하철에서 읽으려고 이 책을 샀어요.
   Ich habe dieses Buch gekauft, um es in der U-Bahn zu lesen.

-(으)려고 wird verwendet, um eine Absicht oder ein Ziel auszudrücken. In einem Satz mit -(으)려고 erscheint zuerst die Absicht oder das Ziel und die Handlung, die unternommen wird, um die Absicht oder das Ziel zu erreichen, folgt. -(으)려고 wird an Verbstämme gehängt. Das Subjekt auf jeder Seite des Ausdrucks muss identisch sein.

- 나중에 유학 가려고 외국어를 공부하고 있어요.
  Ich habe vor in der Zukunft im Ausland zu studieren und lerne gerade eine Fremdsprache.

- 설날에 입으려고 한복을 준비했어요.
  Ich habe einen Hanbok(traditionelle koreanische Kleidung) für Seollal(das koreanische Neujahr) vorbereitet.

- 약속에 늦지 않으려고 아침 일찍 출발했어요.
  Ich bin früh am Morgen losgefahren, um nicht zu spät zur Verabredung zu kommen.

-(으)려면 „wenn man die Absicht hat, zu...", „wenn man vorhat, zu..."

KT S. 306

A 명동에 어떻게 가요?
   Wie kommt man nach Myeongdong?

B 명동에 가려면 여기에서 버스를 타세요.
   Wenn Sie nach Myeongdong fahren möchten,
   nehmen Sie hier den Bus.

-(으)려면 wird verwendet, um in einer Situation zu erklären, was jemand vorhat zu tun. Die Handlung zum Erreichen des Ziels steht nach -(으)려면 und kann eine Aufforderung, einen Vorschlag, eine erforderliche Situation, eine Absicht oder eine Handlung beinhalten, die erforderlich ist, um eine Absicht zu verwirklichen. -(으)려면 wird an Verbstämme gehängt.

- 표를 사려면 일찍 가서 줄을 서야 돼요.
  Wenn Sie ein Ticket kaufen möchten, müssen Sie früh hingehen
  und in der Schlange anstehen.

- 수업 시간에 졸지 않으려면 커피를 마셔야 돼요.
  Wenn Sie im Unterricht nicht schläfig sein möchten,
  müssen Sie einen Kaffee trinken.

- 건강해지려면 담배를 끊고 운동하세요.
  Wenn Sie gesund werden wollen, hören Sie auf zu Rauchen und
  machen Sie Sport.

> **Vorsicht!**
>
> Beide Grammatikpunkte oben beinhalten Handlungen zum Erreichen eines Zieles, aber die Formen in den folgenden Sätzen unterscheiden sich.
> - 한국어를 잘하**려고** 열심히 연습**했어요**.
>   Ich habe fleißig gelernt, um gut Koreanisch zu sprechen.
> - 한국어를 잘하**려면** 열심히 연습하**세요**.
>   Lernen Sie fleißig, um gut Koreanisch zu sprechen.

1 문장을 완성하도록 알맞은 것끼리 연결하세요.

(1) 가방이 너무 무거워서 • • ① 돈을 벌려고 • • ⓐ 녹음해요.

(2) 선생님 말이 너무 빨라서 • • ② 빨리 가려고 • • ⓑ 새 노트북을 샀어요.

(3) 돈이 다 떨어져서 • • ③ 가볍게 들고 다니려고 • • ⓒ 택시를 타요.

(4) 약속에 늦어서 • • ④ 나중에 다시 들으려고 • • ⓓ 아르바이트를 시작했어요.

2 다음에서 알맞은 답을 골라서 '-(으)려면'을 사용하여 대화를 완성하세요.

| 타다 | 잘하다 | 후회하다 | 거절하다 | 화해하다 |

(1) A 한국어 공부가 어려운데 한국어를 _____ 어떻게 해야 돼요?

　　 B 일단 한국 친구를 많이 사귀세요.

(2) A 고속버스를 _____ 어느 쪽으로 가야 돼요?

　　 B 저기 매점에서 오른쪽으로 가면 터미널이 나와요.

(3) A 친구의 부탁을 _____ 어떻게 해야 돼요?

　　 B 친구가 기분 나빠하지 않게 솔직하게 말하세요.

(4) A 친구와 싸웠는데 _____ 어떻게 해야 돼요?

　　 B 먼저 친구에게 사과하세요.

(5) A 나중에 자기 인생을 _____ 어떻게 해야 돼요?

　　 B 하고 싶은 일을 포기하지 말고 도전하세요.

3 알맞은 답을 고르세요.

(1) 시간 있으면 우리 집에 ⓐ 놀러 / ⓑ 놀려고 오세요.

(2) ⓐ 운동하러 / ⓑ 운동하려고 헬스장에 등록했어요.

(3) 시험을 잘 ⓐ 보려고 / ⓑ 보려면 수업에 빠지지 마세요.

(4) 서로 잘 ⓐ 이해하려고 / ⓑ 이해하려면 많이 노력했어요.

(5) 비행기 표를 싸게 ⓐ 사려고 / ⓑ 사려면 인터넷에서 사세요.

유키	요즘 어떻게 지내요?
웨이	한국 요리를 배우고 있어요.
유키	재미있겠네요. 그런데 어렵지 않아요?
웨이	한국 사람처럼 잘하기는 어렵지만 생각보다 재미있어요.
유키	대단하네요. 그런데 왜 요리를 배워요?
웨이	저는 원래 한국 문화에 관심이 많이 있어요. 요리도 한국 문화를 더 잘 이해하려고 배워요.
유키	웨이 씨만큼 요리하려면 얼마나 배워야 돼요?
웨이	사람마다 다르죠. 익숙해지려면 적어도 6개월 이상 배워야 돼요.
유키	그렇군요. 저는 가요나 드라마 같은 것을 좋아해요. 특히 요즘에는 한국어 연습하려고 드라마를 잘 봐요.
웨이	드라마가 한국어 연습에 도움이 돼요?
유키	그럼요. 듣기 연습도 되고 문화도 배울 수 있어서 좋아요.
웨이	저는 드라마를 봤을 때 잘 못 알아들어서 금방 포기했어요.
유키	포기하지 말고 꾸준히 해 보세요. 자꾸 들으면 알아들을 수 있게 돼요.

Yuki	Was machen Sie in letzter Zeit?
Wei	Ich lerne, koreanisches Essen zu kochen.
Yuki	Das macht bestimmt Spaß. Ist es nicht schwierig?
Wei	Es ist schwierig, so gut wie Koreaner zu kochen, aber es macht mehr Spaß als ich erwartet habe.
Yuki	Das ist beeindruckend. Aber warum lernen Sie kochen?
Wei	Ich war immer (wtl. ursprünglich) sehr an der koreanischen Kultur interessiert. Das Kochen lerne ich auch, um die koreanische Kultur besser zu verstehen.
Yuki	Wie viel muss ich lernen, um so gut zu kochen wie Sie?
Wei	Es kommt auf die Person an. Wenn man sich daran gewöhnen will, muss man es mindestens sechs Monate lernen.
Yuki	Das macht Sinn. Ich mag koreanische Musik und Serien. In letzter Zeit gucke ich viele Serien, um Koreanisch zu üben.
Wei	Sind koreanische Serien hilfreich, um Koreanisch zu üben?
Yuki	Natürlich. Sie sind gut, weil sie eine Hörübung sind und man gleichzeitig auch etwas über die Kultur lernen kann.
Wei	Als ich Serien gesehen habe, habe ich sofort aufgegeben, weil ich sie nicht gut verstehen konnte.
Yuki	Geben Sie nicht auf, sondern versuchen Sie es weiter. Wenn Sie es immer wieder hören, werden Sie es verstehen können.

Neue Wörter ▶ S. 331

대단하다 ㅣ 원래 ㅣ 이해하다 ㅣ 만큼 ㅣ 적어도 ㅣ
이상 ㅣ 알아듣다 ㅣ 포기하다 ㅣ 자꾸

Neue Redewendungen ▶ S. 331

- 요즘 어떻게 지내요?
- 사람마다 다르죠.
- (A)이/가 (B)에 도움이 돼요.

💭 Tipps

1 Die Partikel 만큼

Die Partikel 만큼 wird verwendet, um ein Ausmaß entsprechend dem Nomen, bei dem es steht, auszudrücken.

- 그 사람도 가수**만큼** 노래해요.
  Die Person singt auch so gut wie ein Sänger.
- 벌레가 손바닥**만큼** 커요.
  Das Ungeziefer ist so groß wie meine Handfläche.

2 Die zwei Bedeutungen von 잘

Das Adverb 잘 hat zwei Bedeutungen. In diesem Dialog bedeutet das erste 잘 in 잘 이해하다 „detailliert und genau". Das Zweite in 잘 보다 bedeutet „viel".

- 그 사람에 대해 **잘** 알고 있어요.
  Ich weiß viel über diese Person.
- 아이들은 **잘** 울어요. Kinder weinen viel.

1 ## Nomen + 있다: „sein", „haben"

- 재미: 재미가 있다 interressant/lustig sein
  - ↔ 재미가 없다 uninteressant/nicht lustig sein
- 인기: 인기가 있다 beliebt sein
  - ↔ 인기가 없다 unbeliebt sein
- 예의: 예의가 있다 höflich sein
  - ↔ 예의가 없다 unhöflich sein
- 실력: 실력이 있다 kompetent/fähig sein
  - ↔ 실력이 없다 inkompetent/unfähig sein
- 책임감: 책임감이 있다 Verantwortungsbewusstsein haben
  - ↔ 책임감이 없다 kein Verantwortungsbewusstsein haben
- 의미: 의미가 있다 sinnvoll sein
  - ↔ 의미가 없다 sinnlos sein

- 관심: 관심이 있다 interresiert sein
  - ↔ 관심이 없다 nicht interessiert sein
- 자신: 자신이 있다 selbstbewusst sein
  - ↔ 자신이 없다 nicht selbstbewusst sein
- 매력: 매력이 있다 charmant sein
  - ↔ 매력이 없다 nicht charmant sein
- 재능: 재능이 있다 talentiert sein
  - ↔ 재능이 없다 nicht talentiert sein
- 효과: 효과가 있다 effektiv sein
  - ↔ 효과가 없다 ineffektiv sein
- 관련: 관련이 있다 verwandt/verbunden sein
  - ↔ 관련이 없다 nicht verwandt/verbunden sein

- 언제나 **예의가 있는** 남자가 여자에게 **인기가 있어요.** Höfliche Männer sind bei Frauen immer beliebt.

2 ## Nomen + 많다: „viel/etwas viel haben"

- 돈: 돈이 많다 ↔ 돈이 없다
  viel Geld haben ↔ kein Geld haben
- 정: 정이 많다 ↔ 정이 없다
  sehr mitfühlend/sympathisch sein ↔ nicht sehr mitfühlend/sympathisch sein

- 욕심: 욕심이 많다 ↔ 욕심이 없다
  habgierig sein ↔ selbstlos sein
- 인내심: 인내심이 많다 ↔ 인내심이 없다
  geduldig sein ↔ ungeduldig sein

- 그 사람은 **돈이 없지만** 착하고 **정이 많은** 사람이에요. Diese Person hat kein Geld, aber sie ist eine nette und großzügige Person.

3 ## Nomen + 나다: „geben"

- 화: 화가 나다 ↔ 화가 안 나다
  verärgert/wütend sein ↔ nicht verärgert/wütend sein
- 힘: 힘이 나다 ↔ 힘이 안 나다
  Energie haben ↔ keine Energie haben

- 차이: 차이가 나다 ↔ 차이가 안 나다
  sich unterscheiden ↔ sich nicht unterscheiden
- 샘: 샘이 나다 ↔ 샘이 안 나다
  eifersüchtig sein ↔ nicht eifersüchtig sein

- 그 사람과 생각이 **차이 나지만** 그 사람과 얘기하는 것이 재미있어요.
  Meine Meinung unterscheidet sich zwar von dieser Person, aber es macht Spaß, sich mit ihr zu unterhalten.

4 ## Nomen + 되다: „werden", „passieren"

- 이해: 이해가 되다 ↔ 이해가 안 되다
  verstehen ↔ nicht verstehen
- 적응: 적응이 되다 ↔ 적응이 안 되다
  sich gewöhnen ↔ sich nicht gewöhnen

- 도움: 도움이 되다 ↔ 도움이 안 되다
  hilfreich sein ↔ nicht hilfreich sein
- 해: 해가 되다 ↔ 해가 안 되다
  schädlich/verletzend sein ↔ nicht schädlich/verletzend sein

- 건강에 **해가 되는** 음식을 왜 먹는지 **이해가 안 돼요.**
  Ich verstehe nicht, warum Menschen etwas essen, das gesundheitsschädlich ist.

5 ## Andere

- 힘이 세다 stark sein ↔ 힘이 약하다 schwach sein
- 키가 크다 groß sein ↔ 키가 작다 klein sein
- 나이가 많다 alt sein ↔ 나이가 적다 jung sein
- 운이 좋다 Glück haben ↔ 운이 나쁘다 kein Glück haben
- 기분이 좋다 gute Laune haben ↔ 기분이 나쁘다 schlechte Laune haben
- 마음이 넓다 großzügig sein ↔ 마음이 좁다 geizig sein

-☆- **Wichtige Redewendungen**
- 어떤 것에나 관심이 있어요.
  Ich interessiere mich für alles.
- 어떤 것에도 관심이 없어요.
  Ich interessiere mich für nichts.

Lassen Sie uns sprechen!

> **Sprechstrategie** ➡ **Auf die Gefühle von anderen reagieren**
>
> • Mit den aktuellen Gefühlen des Gegenübers mitfühlen 그렇겠네요. Es muss (schwierig/traurig/etc.) sein.
> • Mit den vergangenen Gefühlen des Gegenübers mitfühlen 그랬겠네요. Es muss (schwierig/traurig/etc.) gewesen sein.

1 여러분은 언제 이런 느낌이 들어요?

Positive Emotionen

신나요. Es ist aufregend.
편해요. Es ist bequem.
신기해요. Es ist erstaunlich.
힘이 나요. Ich habe Energie.
재미있어요. Es ist interessant/lustig.
감동적이에요. Es ist berührend.
흥미가 생겨요. Ich interessiere mich dafür.
호기심이 생겨요. Ich bin neugierig.
자신감이 생겨요. Ich habe Selbstvertrauen.

Negative Emotionen

걱정돼요. Ich sorge mich.
긴장돼요. Ich bin nervös.
겁이 나요. Ich habe Angst.
불편해요. Es ist unangenehm.
힘들어요. Es ist schwierig.
헷갈려요. Ich bin verwirrt.
당황했어요. Ich war verlegen.
황당했어요. Es war lächerlich.
이해가 안 돼요. Ich verstehe es nicht.

영어에는 존댓말이 없어서 언제 존댓말을 쓰고 언제 반말을 써야 하는지 아직도 헷갈려요.

그렇겠네요.

2 한국 사람과 언제 사고방식의 차이를 느껴요? 여러분 나라와 한국이 어떤 문화 차이가 있어요?

한국에서는 회사에서 회의할 때 자기보다 나이가 많거나 지위가 높은 사람 앞에서 자신의 의견을 솔직하게 말하는 사람이 적은 것을 보고 깜짝 놀랐어요. 정말 사고방식이 달라요.

일본에서는 친구나 동료하고 같이 식사하면 반반씩 돈을 내지만, 한국에서는 돌아가면서 돈을 내는 경우가 많아요. 이럴 때 한국하고 일본이 사고방식이 다른 것을 느껴요.

한국에서는 나이가 많은 사람에게 이름을 부르는 경우가 적은데, 미국에서는 저보다 3-4살 많아도 이름을 부르는 것이 보통이에요. 나이가 많아도 친구니까 그냥 이름을 불러도 돼요.

3 한국에서 생활하면서 어떤 실수를 한 적이 있어요?

전에 실수로 아줌마한테 반말로 말한 적이 있는데 아줌마가 화를 내서 당황했어요. 그때 저는 왜 아줌마가 화가 났는지 이해가 안 됐어요. 그래서 ……

Neue Wörter

감동적이다 berührend sein | 흥미 Interesse | 호기심 Neugierde | 헷갈리다 verwirrt sein | 지위 Status | 솔직하게 ehrlich | 돌아가면서 auf dem Rückweg | 경우 Fall, Umstand

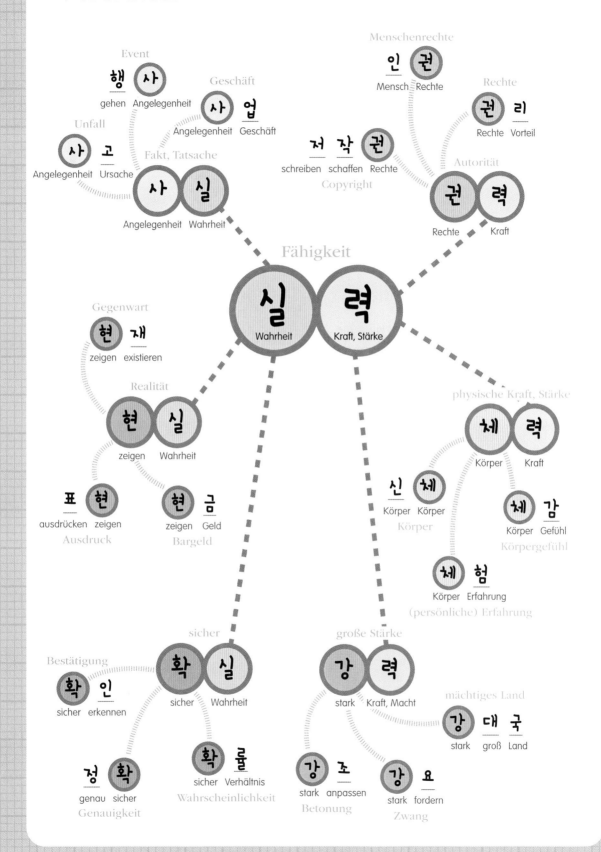

Event
행 사
gehen Angelegenheit

Geschäft
사 업
Angelegenheit Geschäft

Menschenrechte
인 권
Mensch Rechte

Rechte
권 리
Rechte Vorteil

Unfall
사 고
Angelegenheit Ursache

저 작 권
schreiben schaffen Rechte
Copyright

Fakt, Tatsache
사 실
Angelegenheit Wahrheit

Autorität
권 력
Rechte Kraft

Fähigkeit
실 력
Wahrheit Kraft, Stärke

Gegenwart
현 재
zeigen existieren

Realität
현 실
zeigen Wahrheit

physische Kraft, Stärke
체 력
Körper Kraft

표 현
ausdrücken zeigen
Ausdruck

현 금
zeigen Geld
Bargeld

신 체
Körper Körper
Körper

체 감
Körper Gefühl
Körpergefühl

체 험
Körper Erfahrung
(persönliche) Erfahrung

sicher
확 실
sicher Wahrheit

große Stärke
강 력
stark Kraft, Macht

Bestätigung
확 인
sicher erkennen

mächtiges Land
강 대 국
stark groß Land

정 확
genau sicher
Genauigkeit

확 률
sicher Verhältnis
Wahrscheinlichkeit

강 조
stark anpassen
Betonung

강 요
stark fordern
Zwang

Ein Wort zur Kultur

Von Koreanern häufig verwendete Interjektionen

• 아이고! Ah!

Koreaner sagen oft 아이고! wenn sie Schmerzen haben, wenn sie Schwierigkeiten haben oder wenn sie leicht überrascht oder verblüfft sind. Die Aussprache ist „아이구" und alle benutzen es: Männer und Frauen, junge und alte Leute. Koreaner sagen oft 아이고!, wenn sie versehentlich etwas fallen gelassen haben, wenn sie irgendwo gegen stoßen, auf schlechte Nachrichten von jemandem reagieren oder plötzlich etwas feststellen.

• 깜짝이야! Meine Güte!

깜짝 ist ein Adverb, das verwendet wird, wenn man plötzlich erschrocken ist, während 깜짝이야 ein Ausruf ist, der verwendet wird, wenn man überrascht ist. Wenn man zum Beispiel im Sitzen träumt und plötzlich von jemandem auf die Schulter getippt wird, oder wenn man nachts allein spazieren geht und plötzlich ein dunkles Objekt aus dem Nichts auftaucht, drückt 깜짝이야 das Gefühl des Erschreckens in diesen Situationen aus. Es drückt ein stärkeres Gefühl als 아이고 aus und wird verwendet, wenn man überrascht ist oder Erleichterung ausdrückt, nachdem man festgestellt hat, dass eine Nachricht nicht so ernst war, wie man gedacht hat.

• 맙소사! 세상에! Oh nein!

맙소사! wird verwendet, wenn man verblüfft und sprachlos ist. Es kann als ein Ausruf in Situationen verwendet werden, die man sich nie hätte vorstellen können, z.B. wenn man erfahren, dass ein Familienmitglied oder ein Bekannter einen Unfall hatte oder dass die Investitionen von jemandem sich als Betrug herausstellen. 세상에! wird in diesen Fällen verwendet, kann aber auch verwendet werden, um auf die schlechten Nachrichten von jemandem zu reagieren. Beide Interjektionen werden gebraucht, wenn man eine ernste Situation erlebt hat und seine Ungläubigkeit ausdrückt.

• 이야~! Wow!

이야 wird benutzt, wenn man darüber überrascht ist, wie beeindruckend etwas ist oder wenn man einen Freund triff, den man lange nicht gesehen hat. Wenn es im wirklichen Leben benutzt wird, wird es oft lang ausgesprochen und hört sich ähnlich an wie 이야~.

Kapitel **10**

문제
Probleme

Ziele
· Fragen zu Problemen stellen und antworten

· um einen Gefallen bitten

· einen Gefallen erweisen

· Bedenken zum Wetter

· neue Ideen vorschlagen

· Verpflichtungen nennen

· über Entscheidungen sprechen

Grammatik   ❶ 반말 „Banmal" (informelle Sprache)

-(으)ㄴ/는데요? nach mehr Details fragen

❷ -(으)ㄹ 줄 알다 „können (und wissen wie)"

-(으)ㄹ까 봐 „Ich befürchte, dass…"

❸ -아/어야지요 „Du/Sie solltest"

-아/어야겠다 „Ich sollte"

Grammatik ①

반말 „Banmal" (informelle Sprache)

▶ Anhang S. 276 KT S. 313

A 지금 뭐 하고 있어요?
Was machst du gerade?

B 책 읽고 있어요.
Ich lese ein Buch.

책 읽고 있어.

Banmal wird benutzt, wenn man mit jemandem spricht, zu dem man eine persönliche Beziehung hat, u. a. einem jüngeren Familienmitglied (Geschwister, Kinder, Neffen und Nichten usw.), Freund*innen (Schul- oder Jugendfreunde/-freundinnen), befreundeten, jüngeren Kolleg*innen, Kommiliton*innen oder Leuten, die erheblich jünger sind. Es ruft ein Gefühl der Intimität hervor und wird normalerweise in der gesprochenen Sprache verwendet.

- A 어제 친구 만났어요? Hast du gestern einen Freund getroffen?
  B 아니요, 집에 있었어요. Nein, ich bin zu Hause geblieben.
- 너한테 할 말이 있으니까 내 얘기 좀 들어 봐. (← 보세요) Da ich dir etwas sagen möchte, hör mir bitte zu.
- 이따가 나하고 같이 영화 보자. (← 봅시다) Lass uns gleich einen Film zusammen ansehen.

-(으)ㄴ/는데요? nach mehr Details fragen

 KT S. 308

A 배가 아파요.
Mein Bauch tut weh.

B 무슨 음식을 먹었는데요?
Was hast du denn gegessen?

무슨 음식을
먹었는데요?

-(으)ㄴ/는데요? wird verwendet, um zu dem, was jemand gerade gesagt hat, nähere Informationen zu erfragen. Es handelt sich dabei um eine Frage mit Fragewörtern. Als Frage darf -(으)ㄴ/는데요? nur in der gesprochenen Sprache verwendet werden und da sie eine Reaktion auf einen vorherigen Satz ist, wird sie nicht am Anfang eines Dialogs verwendet. Der Ausdruck wird in gleicher Weise konjugiert wie -(으)ㄴ/는데 in Kapitel 4.

- A 나는 고기를 안 먹어. Ich esse kein Fleisch.
  B 그럼, 무슨 음식을 좋아하는데?
  Mh, welches Essen magst du dann?

- A 어제 집에 있었어요. Ich bin gestern zu Hause geblieben.
  B 집에서 뭐 했는데요? Und was haben Sie gestern gemacht?

> **Vorsicht**
>
> -(으)ㄴ/는데요? kann nur mit Fragen, die ein Fragewort beinhalten, verwendet werden. Es kann nicht bei Ja-/Nein-Fragen verwendet werden.
> - 한국 음식을 좋아하는데요? (X)
> - 무슨 음식을 좋아하는데요? (O)
>   Welches Essen mögen Sie?

1 그림을 보고 더 적절한 답을 고르세요.

(1)

ⓐ 뭐 먹고 싶어요?
ⓑ 뭐 먹고 싶어?

(2)

ⓐ 회의가 언제 시작합니까?
ⓑ 회의가 언제 시작해?

(3)

ⓐ 몇 번 버스가 남산에 가요?
ⓑ 몇 번 버스가 남산에 가?

(4)

ⓐ 우리 집에 가요.
ⓑ 우리 집에 가자.

2 다음 대화를 반말로 바꾸세요.

리나 진수 씨, 내일 시간 있어요?	리나 너, 내일 시간 (1) _____?
진수 네, 있어요. 왜요?	진수 (2) _____, 있어. (3) _____?
리나 내일 같이 영화 보러 가요.	리나 내일 같이 영화 보러 (4) _____.
진수 좋아요. 제가 표를 살게요.	진수 좋아. (5) _____ 표를 살게.
리나 아니에요. 표는 저한테 있어요.	리나 (6) _____. 표는 (7) _____ 있어.
진수 씨는 저녁을 사 주세요.	(8) _____ 저녁을 (9) _____.
진수 알았어요. 내일 봐요.	진수 알았어. 내일 (10) _____.

3 밑줄 친 것을 고치세요.

(1) <u>저는</u> 요즘 건강을 위해 운동을 시작했어. ➡

(2) <u>네가</u> 이따가 전화할게. ➡

(3) 오늘 시간 있어요? 같이 밥 <u>먹자</u>. ➡

(4) A 지금 여권 있어?

　　B <u>네</u>, 있어. ➡

Dialog ❶

내 부탁 좀 들어줘.

무슨 부탁인데?

리나	진수야! 지금 뭐 하고 있어?
진수	아무것도 안 해. 그냥 쉬고 있어.
리나	그래? 그럼, 내 부탁 좀 들어줘.
진수	무슨 부탁인데?
리나	내 컴퓨터가 고장 났는데, 고치는 것 좀 도와줘.
진수	그래? 어떻게 안 되는데?
리나	갑자기 컴퓨터가 안 켜져. 왜 그런지 모르겠어.
진수	언제부터 그랬어?
리나	지금 막 고장 났어. 좀 전까지는 괜찮았는데…….
진수	선도 연결되어 있어?
리나	어, 그것도 확인했는데 선에는 아무 문제 없어.
진수	그럼, 이따가 저녁 먹은 후에 가서 고쳐 줄게.
리나	좀 급한데 지금 와서 도와주면 안 돼?
진수	알았어. 금방 갈게.

Rina	Jinsu! Was machst du gerade?
Jinsu	Ich mache gar nichts. Ich ruhe mich nur aus.
Rina	Wirklich? Dann lass mich dich um einen Gefallen bitten.
Jinsu	Was für einen Gefallen?
Rina	Mein Computer ist kaputt gegangen. Kannst du mir helfen, ihn zu reparieren?
Jinsu	Wirklich? Was funktioniert nicht?
Rina	Er ließ sich plötzlich nicht mehr anmachen und ich weiß nicht warum.
Jinsu	Seit wann ist das so?
Rina	Er ist gerade kaputt gegangen. Bis eben war alles in Ordnung…
Jinsu	Ist der Stecker drin? (wtl. Ist er verbunden?)
Rina	Ja, das habe ich gecheckt und es gibt kein Problem mit dem Stecker.
Jinsu	Dann repariere ich ihn später nach dem Abendessen für dich.
Rina	Es ist ein bisschen dringend. Kannst du nicht jetzt kommen und mir helfen?
Jinsu	Alles klar. Ich komme gleich.

Neue Wörter ▸ S. 331

아무 | 부탁을 들어주다 | 고장 나다 |
고치다 | 갑자기 | 막 | 선 | 연결되다 |
문제 | 급하다

Neue Redewendungen ▸ S. 331

• 아무것도 안 해.
• 지금 막 고장 났어.
• (Nomen)에는 아무 문제 없어.

Tipps

1 Die zwei Bedeutungen von 좀

좀 hat zwei Bedeutungen. In diesem Dialog bedeuten das erste und das zweite 좀 „bitte" und werden verwendet, um höflich um einen Gefallen zu bitten. Das dritte und vierte 좀 sind eine Kurzform von 조금, die in der gesprochen Sprache verwendet wird.

• 이것 **좀** 도와주세요.
  Bitte helfen Sie mir damit.
• 저한테는 이 음식이 **좀** 매워요.
  Dieses Essen ist ein bisschen scharf für mich.

2 Die Verwendung von 아무

아무 bedeutet in Kombination mit einer Verneinung „nichts, kein" und in nicht negierten Sätzen bedeutet es „irgendwelche*r*s", „(kein/e bestimmt*e*r*es)".

• **아무도** 안 왔어요. Niemand kam.
• **아무** 말도 안 했어요. Ich habe nichts gesagt.
• **아무나** 들어가도 돼요. Jeder kann hineingehen.
• **아무거나** 얘기하세요. Sie können alles sagen.

● Verben zum Benutzen von Gegenständen

1.

불을 켜다 ↔ 불을 끄다
das Licht anmachen   das Licht ausmachen

2.

선풍기를 틀다 ↔ 선풍기를 끄다
den Ventilator anmachen   den Ventilator ausmachen

3.

소리를 높이다 ↔ 소리를 줄이다
den Ton lauter stellen   den Ton leiser stellen

4.

문을 밀다 ↔ 문을 당기다
eine Tür drücken   eine Tür ziehen

5.

책을 꺼내다 ↔ 책을 넣다
ein Buch herausnehmen   ein Buch hineinstecken

6.

가방을 들다 ↔ 가방을 놓다
eine Tasche hoch heben   eine Tasche abstellen

7.

수도꼭지를 올리다 ↔ 수도꼭지를 내리다
den Wasserhahn aufdrehen   den Wasserhahn zudrehen

8.

충전기를 꽂다 ↔ 충전기를 빼다
ein Ladekabel in die   ein Ladekabel aus der
Steckdose stecken   Steckdose ziehen

9. 창문을 열다 ↔ 창문을 닫다
ein Fenster öffnen ↔ ein Fenster schließen

10. 문을 열다 ↔ 문을 잠그다
eine Tür öffnen ↔ eine Tür schließen

11. 뚜껑을 열다 ↔ 뚜껑을 덮다
einen Deckel öffnen ↔ einen Deckel schließen

12. 책을 펴다 ↔ 책을 덮다
ein Buch öffnen ↔ ein Buch schließen

---

13. 버튼을 누르다 einen Knopf drücken

14. 채널을 돌리다 den Sender umschalten

15. 카드를 대다 eine Karte ranhalten

16. 손잡이를 잡다 die Türklinke halten, den Griff nehmen

17. 배터리를 충전하다 eine Batterie aufladen

18. 알람을 맞추다 einen Wecker stellen

💡 **Wichtige Redewendungen**

• 컴퓨터가 망가졌어.
Mein Computer ist kaputt gegangen.

• 배터리가 떨어졌어. Mein Akku war alle.

• 시계가 죽었어. Meine Uhr ist stehen geblieben.

-(으)ㄹ 줄 알다 „können (und wissen wie)"

A **수영할 줄 알아요?**
Können Sie schwimmen?

수영할 줄 몰라요.

B **아니요, 수영할 줄 몰라요.**
Nein, ich kann nicht schwimmen.

-(으)ㄹ 줄 알다 drückt aus, ob jemand die Fähigkeit oder das Wissen besitzt, etwas zu tun. Wenn man nicht über diese Fähigkeit oder das Wissen, wie man etwas tut, verfügt, wird -(으)ㄹ 줄 모르다 verwendet. -(으)ㄹ 줄 알다 wird an Verbstämme angehängt.

- **중국 사람이니까 한자를 읽을 줄 알아요.**
  Da sie Chinesin ist, kann sie die chinesischen Schriftzeichen, Hanja, lesen.

- **자전거를 탈 줄 몰라요. 가르쳐 주세요.**
  Ich kann kein Fahrrad fahren. Bringen Sie es mir bei.

- **전에는 독일어를 할 줄 알았는데, 지금은 다 잊어버렸어요.**
  Ich konnte vorher Deutsch, aber jetzt habe ich alles vergessen.

> **Vorsicht**
>
> Weil -(으)ㄹ 줄 알다 sich auf erlerntes Wissen bezieht, darf es nicht für eine angeborene Fähigkeit oder eine Fähigkeit, die man ohne zu lernen hat, verwendet werden.
>
> - 저는 텔레비전을 볼 줄 알아요. (X)
> - 저는 텔레비전을 볼 수 있어요. (O)
>   Ich kann fernsehen.

-(으)ㄹ까 봐 „Ich befürchte, dass…"

A **왜 아이스크림을 안 먹어요?**
Warum essen Sie kein Eis?

살이 찔까 봐
안 먹어요.

B **살이 찔까 봐 안 먹어요.**
Ich esse es nicht, weil ich befürchte, zuzunehmen.

Der Satz nach -(으)ㄹ까 봐 enthält eine Handlung, die aus Sorge ergriffen wird, damit die im Satz vor -(으)ㄹ까 봐 genannte Befürchtung nicht eintritt. Es wird an den Stamm von Verben, Adjektiven und 이다 gehängt. Wenn sich jemand sorgt, dass eine Handlung bereits stattgefunden hat, kann -았/었- ergänzt werden und bildet die Form -았/었을까 봐.

- **시험이 너무 어려워서 떨어질까 봐 걱정돼요.**
  Da die Prüfung sehr schwierig war, mache ich mir Sorgen, dass ich durchgefallen bin.

- **약속에 늦을까 봐 택시를 탔어요.**
  Ich machte mir Sorgen, dass ich zu spät zur Verabredung war, und nahm ein Taxi.

- **기차가 벌써 출발했을까 봐 기차역까지 뛰어갔어요.**
  Ich bin zum Bahnhof gelaufen, aus Angst, dass der Zug schon abgefahren sein könnte.

> **Vorsicht**
>
> Da die Handlung nach -(으)ㄹ까 봐 schon passiert ist oder eine normale Handlung ist, dürfen -(으)세요, -(으)ㅂ시다, und -아/어야 하다, die sich auf zukünftige Handlungen beziehen, nicht mit dem Ausdruck kombiniert werden.
>
> - 비가 올까 봐 우산을 가져세요. (X)
> - 비가 올까 봐 우산을 가져왔어요. (O)
>   Ich habe einen Regenschirm mitgenommen, da es regnen könnte.

1 '-(으)ㄹ 줄 알다'나 '-(으)ㄹ 줄 모르다'를 사용하여 문장을 완성하세요.

(1) 저는 한국 요리를 좋아하지만 _____. (만들다)

(2) 자전거를 _____ 니까 저한테 자전거가 필요 없어요. (타다)

(3) 제가 컴퓨터를 _____ 니까 문제 생기면 말씀하세요. (고치다)

(4) _____ 면 저 대신에 운전 좀 해 주세요. (운전하다)

(5) 교통 카드를 _____ 서 개찰구 앞에서 계속 서 있었어요. (사용하다)

2 문장을 완성하도록 알맞은 것끼리 연결하세요.

(1) 학생들이 이해 못 할까 봐 •   • ⓐ 지도를 가져왔어요.

(2) 길을 헤맬까 봐 •   • ⓑ 밤새 공부했어요.

(3) 아침에 못 일어날까 봐 •   • ⓒ 선생님이 천천히 말했어요.

(4) 시험을 못 볼까 봐 •   • ⓓ 가방에 신경 많이 썼어요.

(5) 물건을 도둑맞을까 봐 •   • ⓔ 알람 시계를 두 개 맞췄어요.

3 알맞은 답을 고르세요.

(1) 한국 노래를   ⓐ 부를 줄 아니까   저는 미국 노래만 불렀어요.
                ⓑ 부를 줄 모르니까

(2) 친구 연락처를   ⓐ 기억할까 봐   핸드폰에 저장했어요.
                 ⓑ 잊어버릴까 봐

(3) 아기가 침대에서   ⓐ 떨어질까 봐   엄마가 아기 옆에서 보고 있어요.
                  ⓑ 떨어지지 않을까 봐

(4) 친구가 컴퓨터를   ⓐ 사용할 줄 아니까   가르쳐 주고 있어요
                  ⓑ 사용할 줄 모르니까

(5) 건강이 더   ⓐ 좋아질까 봐   술과 담배를 끊었어요.
            ⓑ 안 좋아질까 봐

(6) 부모님이 핸드폰 사용법을   ⓐ 이해할까 봐   다시 설명해 드렸어요.
                       ⓑ 이해하지 못할까 봐

🎙️ Dialog ❷

마크	새라야, 무슨 일 있어? 왜 그래?
새라	이번 주말에 비가 올까 봐 걱정이야.
마크	주말 날씨에 왜 신경을 쓰는데?
새라	이번 주말에 부모님 모시고 제주도로 여행 떠나거든.
마크	우산 가지고 가면 되지, 뭐.
새라	제주도의 유명한 '올레' 길을 걸으려고 하는데, 날씨 때문에……..
마크	그렇구나! 비가 오면 걷기 힘들겠다!
새라	그래서 어떻게 해야 할지 생각하고 있어.
마크	운전할 줄 알아?
새라	알지. 그건 왜?
마크	그럼, 제주도에서 자동차를 빌려서 드라이브하면 어때?
새라	그런데 제주도에 뭐가 있는지도 잘 모르는데…….
마크	제주도는 바다 경치가 유명하니까 바닷가 근처에 좋은 데가 있을 거야.
새라	그거 좋은 생각이다. 알려 줘서 고마워.
마크	고맙긴. 여행 잘 다녀와.

Mark	Sarah, was ist los?
Sarah	Ich mache mir Sorgen, dass es dieses Wochenende regnet.
Mark	Warum sorgst du dich um das Wetter am Wochenende?
Sarah	Ich nehme dieses Wochenende meine Eltern zur Insel Jeju mit.
Mark	Nimm doch einfach einen Regeschirm mit.
Sarah	Ich habe vor, den berühmten Wanderweg „Olleh" zu laufen, aber wegen des Wetters…
Mark	Ach so. Das wird schwierig, wenn es regnet.
Sarah	Deshalb denke ich gerade darüber nach, was ich machen soll.
Mark	Kannst du Auto fahren?
Sarah	Natürlich. Aber warum?
Mark	Warum mietest du kein Auto und machst eine Spazierfahrt auf der Insel Jeju?
Sarah	Aber ich weiß nicht, was es auf der Insel Jeju zu sehen gibt…
Mark	Da die Insel Jeju berühmt für ihre Landschaften am Meer ist, gibt es schöne Orte in der Nähe des Meeres.
Sarah	Das ist eine gute Idee. Danke, dass du mir das gesagt hast.
Mark	Kein Grund mir zu danken. Viel Spaß bei deiner Reise.

Neue Wörter ▸ S. 331

날씨 ǀ 모시고 ǀ 걷다 ǀ 빌리다 ǀ 바닷가 ǀ 경치 ǀ 데 ǀ 알리다

Neue Redewendungen ▸ S. 331

• 무슨 일 있어?
• 그거 좋은 생각이다.
• 여행 잘 다녀와.

📝 Tipps

1 -(으)면 되지, 뭐: Informelle Ratschläge

Diese Redewendung wird verwendet, um Rat zu einem Problem zu geben und impliziert, dass das Problem unbedeutend ist. Sie wird in der Regel in informellen Situationen zwischen engen Freunden verwendet. 뭐 kann am Ende angehängt werden, um die Leichtigkeit des Vorschlags zu betonen.

• 지금부터 공부하**면 되죠, 뭐**.
Lern einfach von jetzt an.

2 Fragewort (was, wie, wo, etc.) + -아/어야 할지

-아/어야 할지 wird verwendet, um auszudrücken, dass eine Handlung ausgeführt werden muss.

• 무엇을 **해야 할지** 알려 주세요.
Lassen Sie mich wissen, was ich tun soll/muss.

• 어디에 **가야 할지** 모르겠어요.
Ich weiß nicht, wohin ich gehen soll/muss.

Zusätzlicher Wortschatz

① Wortschatz zum Wetter

1. 나다
2. 끼다
3. 오다/내리다
4. 불다
5. 치다

- **해가 나다**
  die Sonne scheint

- **구름이 끼다**
  es ist wolkig
- **안개가 끼다**
  es ist neblig

- **비가 오다/내리다**
  regnen
- **눈이 오다/내리다**
  schneien

- **바람이 불다**
  der Wind bläst
- **태풍이 불다**
  es gibt einen Taifun

- **번개가 치다**
  es blitzt
- **천둥이 치다**
  es donnert

- **햇빛** Sonnenlicht
- **햇볕** Sonnenstrahl

- **먹구름** dunkle Wolken

- **소나기** Regenschauer
- **폭우** Sturm
- **폭설** Schneesturm

- **비바람** Regensturm

- **벼락** Blitzschlag

- **소나기가 내린 후 해가 났어요.** Nach dem Regenschauer kam die Sonne raus.
- **바람이 불고 번개가 치는** 날에는 밖에 안 나가는 게 좋아요.
  Es ist gut an Tagen, an denen der Wind bläst und es blitzt, nicht nach draußen zu gehen.

② Wetterbeschreibungen

1.

맑다 klar sein   **흐리다** wolkig sein   **개다** aufklaren

(비/눈/바람/태풍)이/가 그치다
aufhören (Regen/Schnee/Taifun)
(구름/안개)이/가 걷히다
aufklaren (Wolken/Nebel)
- **추위** Kälte
- **더위** Hitze

2.

춥다 kalt sein   **쌀쌀하다** kühl sein   **시원하다** frisch sein   **따뜻하다** warm sein   **덥다** heiß sein

3.

건조하다 trocken sein   햇빛이 강하다 die Sonnenstrahlen sind stark
습도가 높다 hohe Luftfeuchtigkeit   (날씨가) 변덕스럽다 unbeständig, wechselhaft sein (das Wetter)
후텁지근하다 schwül sein   (날씨가) 포근하다 angenehm sein (das Wetter)

- **비가 그치고** 날씨가 **갰으니까** 이따가 산책 가요. Der Regen hat aufgehört
  und das Wetter hat sich aufgeklärt, also lass uns nachher spazieren gehen.
- **날씨가 쌀쌀하니까** 밖에 나가려면 겉옷을 가져가야 해요.
  Wir müssen Jacken mitnehmen, wenn wir rausgehen möchten, da es kalt ist.
- 겨울에는 너무 **건조해서** 크림을 바르는 게 피부에 좋아요.
  Weil es im Winter so trocken ist, ist es gut für die Haut, sich einzucremen.

🔅 Wichtige Redewendungen

- **오전 내내 비가 오겠습니다.**
  Es regnet wahrscheinlich den ganzen Morgen.
- **오후에 비가 그치겠습니다.**
  Der Regen wird wahrscheinlich am Nachmittag aufhören.

Kapitel 10 · Probleme **169**

- 아/어야지요 „Du/Sie solltest"

▶ Anhang S. 277

A 물건이 잘못 배송되었는데 어떡하죠?
Ich habe das falsche Paket bekommen. Was soll ich machen?

B 우선 고객 센터에 전화해야지요.
Sie sollten zuerst den Kundenservice anrufen.

-아/어야지요 wird verwendet, um den Zuhörenden zu sagen, dass es etwas gibt, das eindeutig getan werden muss. Es kann auch einen Zustand betonen, der so sein muss. Es wird an den Stamm von Verben, Adjektiven und 이다 gehängt und wird in der Regel in der gesprochenen Sprache verwendet. Wenn etwas gesagt wird, was auf jeden Fall nicht getan werden muss, wird -지 않다 oder -지 말다 vor -아/어야지요 hinzugefügt, um -지 않아야지요 bzw. -지 말아야지요 zu bilden. Wenn man den Wunsch der sprechenden Person betont, wird -지 말아야지요 bevorzugt.

* 감기에 걸렸으면 푹 쉬어야지요. Da Sie sich erkältet haben, sollten Sie sich gut ausruhen.
* 가게 직원은 손님에게 친절해야죠. Verkäufer sollten nett zu den Kunden sein.
* 어제 지각했으면 오늘은 늦지 말아야지요. Wenn Sie gestern zu spät waren, sollten Sie heute pünktlich sein.

- 아/어야겠다 „Ich sollte"

A 벌써 8시네요.
Wow, es ist schon 20 Uhr.

B 이제 집에 가 봐야겠어요.
Ich sollte jetzt nach Hause gehen.

-아/어야겠다 wird verwendet, um die starke Absicht des Redners auszudrücken etwas, das er tun muss, zu tun. Es wird auch verwendet, wenn man sich auf ein Versprechen bezieht oder sich selbst zurechtweist. Es wird an den Stamm von Verben und Adjektiven gehängt und wird in der Regel in der gesprochenen Sprache verwendet. Wenn es verneint wird, wird -지 않다 oder -지 말다 davor ergänzt, um die Form -지 않아야겠다 bzw. -지 말아야겠다 zu bilden. Wenn man den Wunsch der sprechenden Person betont, wird -지 말아야겠다 bevorzugt.

* 요즘 친구가 연락이 안 돼요. 전화해 봐야겠어요.
  Zur Zeit habe ich keinen Kontakt zu meinen Freunden. Ich sollte mich bei ihnen melden.
* 행복하게 살려면 건강해야겠어요. Um glücklich zu leben, müssen wir gesund sein.
* 이제부터 회사에 지각하지 말아야겠어. Von nun an sollen Sie nicht zu spät zur Firma kommen.

1 알맞은 답을 고르세요.

(1) 수영장에 가려면
ⓐ 수영복을 가져와야죠.
ⓑ 수영복을 가져오지 않아야죠.

(2) 그 사람이 친구라면
ⓐ 거짓말을 해야죠.
ⓑ 거짓말을 하지 말아야죠.

(3) 내일까지 일을 끝내려면
ⓐ 오늘 다른 약속을 잡아야죠.
ⓑ 오늘 다른 약속을 잡지 않아야죠.

(4) 여권을 잃어버리면
ⓐ 경찰에게 숨겨야죠.
ⓑ 경찰에게 신고해야죠.

2 다음에서 알맞은 답을 골라서 '-아/어야겠다'를 사용하여 대화를 완성하세요.

일하다	피우다	준비하다	알아보다

(1) A 자주 길을 잃어버려서 걱정이에요.

    B 맞아요. 다음부터는 꼭 지도를 _____.

(2) A 사고를 예방하려면 왜 사고가 났는지 알아봐야죠.

    B 맞아요. 먼저 사고 원인부터 _____.

(3) A 이번에 승진이 안 됐어.

    B 어, 내년에 승진하려면 더 열심히 _____.

(4) A 요즘 건강이 안 좋아졌어요? 얼굴이 안 좋아 보여요.

    B 네, 요즘 건강이 안 좋아요. 이제 담배를 _____.

3 문장을 완성하도록 알맞은 것끼리 연결하세요.

(1) 비가 오니까　　　　　　　•　　　　　• ⓐ 재료부터 사 와야지.

(2) 여행을 가려면　　　　　　•　　　　　• ⓑ 우산을 사야겠어요.

(3) 음식을 만들려면　　　　　•　　　　　• ⓒ 먼저 돈을 모아야죠.

(4) 친구가 오해할 수 있으니까　•　　　　　• ⓓ 계획을 잘 세워야지요.

(5) 실패하지 않으려면　　　　•　　　　　• ⓔ 사실을 말해야겠어요.

링링	지갑을 잃어버렸어. 어떡하지?
웨이	어디에서 잃어버렸는지 기억나?
링링	잘 모르겠어, 기억 안 나.
웨이	잘 생각해 봐. 마지막으로 언제 지갑을 봤는데?
링링	아까 식당에서 계산했을 때 지갑을 꺼냈어. 그 후에는 지갑을 못 봤어.
웨이	지갑 안에 뭐가 들어 있는데?
링링	카드하고 현금, 신분증이 들어 있어.
웨이	카드는 정지했어?
링링	아니, 깜빡 잊어버리고 아직 못 했어.
웨이	카드를 빨리 정지해야지. 그렇지 않으면 더 큰 문제가 생길 수도 있어.
링링	맞다! 은행에 전화해야겠다.
웨이	유실물 센터에는 가 봤어?
링링	아니, 아직 못 가 봤어.
웨이	유실물 센터에도 가 봐야지.
링링	알았어. 일단 유실물 센터부터 가 봐야겠다.

Ling Ling	Ich habe mein Portemonnaie verloren. Was soll ich bloß tun?
Wei	Erinnerst du dich, wo du es verloren hast?
Ling Ling	Ich weiß es nicht. Ich kann mich nicht daran erinnern.
Wei	Denk mal gut nach. Wann hast du dein Portemonnaie das letzte Mal gesehen?
Ling Ling	Als ich eben im Restaurant die Rechnung bezahlt habe, habe ich es wie jetzt herausgenommen. Danach habe ich es nicht gesehen.
Wei	Was ist denn alles drin?
Ling Ling	Meine Karte, Bargeld und mein Personalausweis sind drin.
Wei	Hast du deine Karte gesperrt?
Ling Ling	Nein, das habe ich vergessen und habe es noch nicht gemacht.
Wei	Du solltest sie schnell sperren. Sonst könntest du große Probleme bekommen.
Ling Ling	Das stimmt! Ich sollte die Bank anrufen.
Wei	Warst du schon beim Fundbüro?
Ling Ling	Nein, da war ich noch nicht.
Wei	Du solltest auch zum Fundbüro gehen.
Ling Ling	Alles klar. Ich werde zuerst zum Fundbüro gehen.

Neue Wörter ▸ S. 331

지갑 ┃ 잃어버리다 ┃ 기억나다 ┃ 마지막으로 ┃
계산하다 ┃ 꺼내다 ┃ 들어 있다 ┃ 현금 ┃
신분증 ┃ 정지하다 ┃ 깜빡 ┃ 잊어버리다 ┃
유실물 센터 ┃ 일단

Neue Redewendungen ▸ S. 332

• 어떡하지?
• 기억 안 나.
• 깜빡 잊어버리고 아직 못 했어.

🖉 Tipps

1 기억하다/생각하다 vs. 기억나다/생각나다

기억하다 und 생각하다 beziehen sich auf die bewusste Handlung, an etwas zu denken oder zu versuchen, sich an etwas zu erinnern, während 기억나다 und 생각나다 sich auf das plötzliche und unbeabsichtigte Erinnern oder Erinnertwerden an etwas beziehen. Die Partikel 을/를 folgt also auf 기억하다, während 이/가 auf 기억나다 folgt.

• 그 사람의 이름을 **생각해도** 이름이 **생각** 안 **나요**.
  Obwohl ich versuche mich an den Namen der Person zu erinnern, fällt er mir nicht ein.

2 일단 (Nomen)부터: „zuerst (Nomen)"

Wenn es viele Dinge gibt, die zu tun sind, kann 일단 vor einem Nomen stehen, um die allererste Sache, die getan werden muss zu sagen, 부터 steht dann hinter dem Nomen.

• **일단** 밥**부터** 먹읍시다.
  Lassen Sie uns zuallererst essen.

• **일단** 책**부터** 정리하죠.
  Lassen Sie uns zuerst die Bücher sortieren.

● **typische Probleme**

1.

여권을 잃어버리다
den Pass verlieren

2.

지갑을 도둑맞다
das Portemonnaie wird gestohlen

3.

중요한 서류가 없어지다
ein wichtiges Dokument verschwindet

4.

길을 헤매다
sich verlaufen

5.

버스나 지하철을 잘못 타다
den falschen Bus oder die falsche
U-Bahn nehmen

6.

차가 밀리다 (= 길이 막히다)
ein Stau entsteht

7.

우산을 놓고 오다
den Regenschirm vergessen (wtl. den
Regenschirm liegen lassen und kommen)

8.

비밀번호를 잊어버리다
ein Passwort vergessen

9.

시험에서 떨어지다
in einer Prüfung durchfallen

10.

전자 제품이 망가지다
ein Elektrogerät geht kaputt

11.

다른 사람의 물건을 망가뜨리다
einen Gegenstand einer anderen
Person kaputt machen

12.

돈이 다 떨어지다
kein Geld mehr haben

13. 거짓말이 들통나다 eine Lüge wird aufgedeckt

14. 사업이 망하다 ein Geschäft geht Bankrott

15. 사기를 당하다 betrogen werden

-ᗅᗅ- Wichtige Redewendungen

• 일단 신고부터 하세요. Melden Sie es zuerst.

• 일단 전화부터 해 보세요. Rufen Sie zuerst an.

• 일단 가방부터 다시 살펴보세요.
Schauen Sie zuerst (in) der Tasche nach.

☕ Lassen Sie uns sprechen!

Sprechstrategie ➡ **Rat geben**

- 제 경우에는 혼자 생각해 보는 것이 도움이 많이 됐어요.
  In meinem Fall war es hilfreich, alleine darüber nachzudenken.

- 다른 사람과 얘기할 시간을 갖는 것이 좋겠어요.
  Es wäre gut, sich etwas Zeit zu nehmen, um mit jemanden zu sprechen.

- 먼저 그 사람과 얘기를 해 보는 게 좋지 않을까요?
  Wäre es nicht gut, zuerst mit der Person zu sprechen?

① 어떤 고민이 있었어요? 고민이 있을 때 어떻게 했어요? 고민이 해결됐어요?

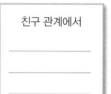

어렸을 때

친구 관계에서

학교생활에서

회사 생활에서

제 친구 중에 어떤 친구가 너무 자주 전화하고 문자해서 제 생활에 방해가 돼요.

그 친구에게 솔직하게 얘기하는 게 좋지 않을까요?

② 친구의 고민을 듣고 좋은 조언을 해 주세요.

- 친구가 자꾸 나를 오해해서 그 친구와 사이가 불편해졌어요.
- 직장 상사가 저를 싫어해요. 저는 매일 직장 상사에게 혼나요.
- 주변에 사람이 많아도 진짜 친구가 없어서 항상 외로워요.
- 아직 젊은데 머리가 자꾸 빠져요. 그래서 머리에 자꾸 신경이 쓰여요.
- 여러 가지 해 봐도 흥미가 없어요. 몸도 게을러져요.
- 열심히 공부하지만 단어를 외워도 자꾸 잊어버려요.
- 몸이 피곤하지만 밤에 잠이 안 와요.
- 외국어로 말할 때 너무 긴장해서 말이 안 나와요.
- 회사에서 언제 해고될지 몰라서 불안해요.
- 일을 그만두고 싶은데 돈이 없어서 계속 일해야 돼요.
- 아내가 낭비가 심해서 항상 돈이 부족해요.
- 하고 싶은 일이 있는데 부모님이 반대하세요.

제 경우에는 …….

Neue Wörter

해결되다 gelöst werden | 방해가 되다 ein Hindernis sein | 조언 Rat, Ratschlag | 오해하다 missverstehen | 직장 상사 Vorgestzte*r (bei der Arbeit) | 외롭다 allein, einsam sein | 신경이 쓰이다 Aufmerksamkeit schenken, sich sorgen | 흥미가 없다 kein Interesse haben | 외우다 auswendig lernen | 해고되다 gekündigt werden | 낭비가 심하다 sehr verschwenderisch sein | 부족하다 ungenügend sein | 반대하다 ablehnen

✺ **Wort**netz ▶ Anhang S. 321

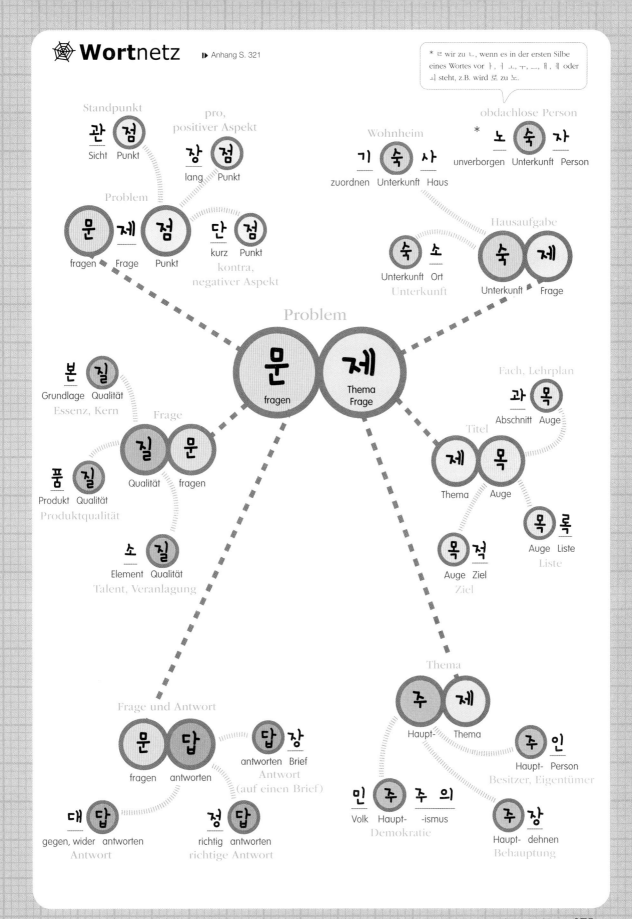

* ㄹ wir zu ㄴ, wenn es in der ersten Silbe eines Wortes vor ㅏ, ㅓ, ㅗ, ㅜ, ㅡ, ㅐ, ㅔ oder ㅚ steht, z.B. wird 로 zu 노.

Standpunkt
관 **점**
Sicht Punkt

pro, positiver Aspekt
장 **점**
lang Punkt

obdachlose Person
* 노 **숙** 자
unverborgen Unterkunft Person

Wohnheim
기 **숙** 사
zuordnen Unterkunft Haus

Problem
문 제 **점** 단 **점**
fragen Frage Punkt   kurz Punkt
kontra, negativer Aspekt

Hausaufgabe
숙 제
Unterkunft Frage

숙 소
Unterkunft Ort
Unterkunft

Problem
문 **제**
fragen Thema Frage

본 **질**
Grundlage Qualität
Essenz, Kern

Frage
질 문
Qualität fragen

품 **질**
Produkt Qualität
Produktqualität

소 **질**
Element Qualität
Talent, Veranlagung

Fach, Lehrplan
과 **목**
Abschnitt Auge

Titel
제 목
Thema Auge

목 록
Auge Liste
Liste

목 적
Auge Ziel
Ziel

Thema
주 제
Haupt- Thema

주 인
Haupt- Person
Besitzer, Eigentümer

민 **주** 주 의
Volk Haupt- -ismus
Demokratie

주 장
Haupt- dehnen
Behauptung

Frage und Antwort
문 **답** **답** 장
fragen antworten   antworten Brief
Antwort (auf einen Brief)

대 **답**
gegen, wider antworten
Antwort

정 **답**
richtig antworten
richtige Antwort

Wann kann man 너 sagen?

반말 ist eine informelle Sprechweise, die in Situationen verwendet werden kann, in denen es nicht erforderlich ist, höflich zu sein, wie z.B. mit Geschwistern, engen Freund*innen oder einer wesentlich jüngeren Person. Man kann sich das so vorstellen, dass man Freund*innen, mit denen man sich gut versteht, mit einem einzigen kurzen Wort antwortet. Allerdings ist es für Ausländer schwierig zu verstehen, was genau mit einer „angenehmen Beziehung" gemeint ist. Wann sollte 반말 verwendet werden?

Handelt es sich bei der zuhörenden Person um ein siebenjähriges Kind, ist es akzeptabel, 반말 zu verwenden, auch wenn man sich zum ersten Mal trifft, also kann auch 너 verwendet werden. Es ist jedoch gefährlich, unbedacht 반말 bei einer gleichaltrigen oder nur wenig jüngeren Person zu verwenden, wenn man sie zum ersten Mal trifft. Es ist vor allem dann möglich, jemanden mit 반말 zu beleidigen, wenn die Zuhörenden nur wenig jünger und bereits erwachsen sind. Denn 반말 drückt aus, dass man nicht höflich sein muss, und kann daher als Herablassung interpretiert werden, wenn man es gegenüber Fremden verwendet. Daher verwendet man 반말 nicht bei
Gleichaltrigen, die man zum ersten Mal trifft. Auch wird es meist verwendet, wenn sich die beiden Personen darauf geeinigt haben, 반말 zu verwenden. 반말 kann verwendet werden, wenn eine enge Beziehung entstanden ist.

Für Menschen, die in derselben Gemeinschaft leben, kann die Verwendung von 반말 ein Symbol für Intimität sein. Wenn zum Beispiel ältere Studierende 반말 mit jüngeren Studierenden benutzen, mit anderen aber nicht, so bedeutet dies, dass man sich den Studierenden, mit denen man 반말 nutzt, näher fühlt. Man kann es auch meiden, 반말 zu nutzen, um zu einer unfreundlichen Person eine Distanz aufrecht zu erhalten.

Nur weil sich zwei Menschen nahe stehen, heißt das jedoch nicht, dass 반말 bedingungslos verwendet werden darf. Selbst wenn man zum Beispiel eine enge Beziehung aufgebaut hat, wird 반말 im Allgemeinen nicht mit Kolleg*innen, Kund*innen, Ladenbesitzer*innen oder in ähnlichen geschäftsmäßigen Situationen verwendet. Es wird zwischen Schulfreund*innen verwendet, vor allem mit denen, mit denen man persönliche Erinnerungen und Gedanken teilen kann. So ist es unhöflich, 반말 gegenüber einer jungen Teilzeitkraft in einem Geschäft zu verwenden, das man häufig besucht. Außerdem ist es noch unhöflicher, wenn man 너 gegenüber jemandem verwendet, den man in diesen Situationen kennengelernt hat, da es impliziert, dass die andere Person unter der eigenen Würde ist. Daher hängen die Beziehungen, in denen man 반말 verwenden kann, vom Grad der Intimität ab und deuten auf eine informelle und enge Beziehung hin.

Kapitel 11

사람

Menschen

Ziele
· das Auftreten von Personen beschreiben
· über Übergänge und Zustandsänderungen sprechen
· das Outfit von Personen beschreiben
· vage Fragen formulieren
· Informationen bestätigen
· über Wünsche sprechen
· über die Ziele eigener Handlungen sprechen

Grammatik ❶ -(으)ㄴ/는 Nomen mit Verben/Adjektiven näher beschreiben
  - 아/어 보이다 „(Adjektiv) aussehen"

❷ -(으)ㄹ까요? vage Fragen formulieren
  - 잖아요 Zuhörende an bekannte Tatsachen erinnern

❸ -았/었으면 좋겠다 „Ich wünsche, ...", „Ich hoffe, ...",
              „Es wäre schön, wenn"
  - 도록 „um zu", „damit"

Grammatik ❶

-(으)ㄴ/는   Nomen mit Verben/Adjektiven näher beschreiben

▶ Anhang S. 278
KT S. 307

A 지금 뭐 해요?
Was machen Sie gerade?

B 학생들한테 받은 편지를 읽고 있어요.
Ich lese Briefe, die ich von Schülern bekommen habe.

Diese Struktur wird in Relativsätzen verwendet, die ein Nomen näher erläutern. Diese Relativsätze stehen immer vor dem Nomen, das sie erläutern. Die Struktur unterscheidet sich je nachdem, ob sie an ein Verb, ein Adjektiv oder an 이다 ergänzt wird und in welcher Zeitform die Relativsätze stehen. -는, -(으)ㄴ und -(으)ㄹ können alle an Verbstämme ergänzt werden. -는 drückt eine nähere Erläuterung im Präsens aus. -(으)ㄴ drückt die Vergangenheit aus, und -(으)ㄹ drückt die Zukunft aus. -(으)ㄴ wird auch an den Stamm von Adjektiven ergänzt, drückt aber eine nähere Erläuterung im Präsens aus.

- [음악을 좋아하는] 사람들이 이곳에 자주 가요. Menschen, die Musik mögen, gehen oft zu diesem Ort.
- [아까 먹은] 음식의 이름이 뭐예요? Wie heißt das Essen, dass wir eben gegessen haben?
- [내일 여행 갈] 사람은 오늘까지 신청하세요. Die Leute, die morgen reisen, melden sich bitte bis heute an.

-아/어 보이다   „[Adjektiv] aussehen"

KT S. 303

A 그 사람의 첫인상이 어때요?
Wie ist Ihr erster Eindruck von dieser Person?

B 정말 무서워 보여요.
Er sieht unheimlich aus.

-아/어 보이다 wird verwendet, um zu erraten oder auszudrücken, wie eine Person aussieht, wenn man sie ansieht. Es beschreibt den Eindruck, den man von ihrem Aussehen hat. -아/어 보이다 wird an den Stamm von Adjektiven ergänzt.

- 옷을 그렇게 입으니까 젊어 보여요.
  So gekleidet sehen Sie jünger aus.

- 이 음식이 정말 맛있어 보여. 이거 먹어 보자.
  Das Essen sieht sehr lecker aus. Lass es uns probieren.

- 신발이 편해 보여서 샀는데 실제로 불편해요.
  Da die Schuhe bequem aussehen, habe ich sie gekauft,
  aber in Wahrheit sind sie unbequem.

> **Vorsicht!**
>
> 보이다 wird wie -아/어 보이다 an Adjektivstämme ergänzt, aber 처럼 보이다 an Nomen.
>
> - 화장을 하니까 예뻐 보여요.
>   Geschminkt sehen Sie schön aus.
>
> - 화장을 하니까 배우처럼 보여요.
>   Geschminkt sehen Sie wie eine Schauspielerin aus.

1 알맞은 답을 고르세요.

(1) 몇 년 전에 ⓐ 졸업하는 / ⓑ 졸업한 학교에 다시 가 보려고 해요.

(2) 이 목걸이는 10년 전에 친구가 ⓐ 주는 / ⓑ 준 목걸이예요.

(3) 어렸을 때 키가 ⓐ 작은 / ⓑ 작았던 친구가 지금은 제일 키가 커요.

(4) ⓐ 할 / ⓑ 하는 말이 있는데 잠깐 얘기할 수 있어요?

(5) 지난주에 슈퍼에 가서 다음 주에 ⓐ 먹을 / ⓑ 먹은 음식을 사 왔어요.

(6) 어제 만난 사람 중에서 마음에 ⓐ 드는 / ⓑ 들 사람이 있었어요.

2 다음에서 알맞은 답을 골라서 '-(으)ㄴ/는'을 사용하여 대화를 완성하세요.

시설이 깨끗하다	친구하고 같이 보다	스트레스를 받지 않다	얘기를 잘 들어 주다

(1) A 어떤 집을 구하고 있어요?

B _____ 집을 구하고 있어요.

(2) A 어떤 생활을 하고 싶어요?

B _____ 생활을 하고 싶어요.

(3) A 어떤 사람을 좋아해요?

B _____ 사람을 좋아해요.

(4) A 어떤 영화가 재미있었어요?

B 어제 _____ 영화가 재미있었어요.

3 그림을 보고 다음에서 알맞은 답을 골라서 '-아/어 보이다'를 사용하여 문장을 완성하세요.

친하다	맛있다	나이 들다	피곤하다

(1)

케이크가 진짜 _____ 보이네요.
저거 한번 먹어 봐요.

(2)

얼굴이 _____ 보이네요.
어제 잠을 못 잤어요?

(3)

이런 옷을 입으면 _____ 보여요.

(4)

두 사람이 정말 _____ 보이네요.
오랜 친구 같아요.

🎙 Dialog ❶

Track **31**

마크	이 중에서 네 남자 친구가 누구야?
새라	맨 오른쪽에 있는 사람이야.
마크	갈색 머리에 수염 있는 사람?
새라	어, 맞아.
마크	야~ 네 남자 친구 진짜 멋지다! 배우 같다!
새라	그치? 키도 크고 체격도 좋아.
마크	성격도 좋아 보이는데? 네가 딱 좋아하는 스타일이네.
새라	외모만이 아니야. 좋아하는 것도 나랑 비슷해.
마크	그래? 그나저나 처음에 어떻게 만났는데?
새라	전에 회사에서 같이 일한 적이 있는데 그때 얘기를 많이 하면서 친해졌어.
마크	첫눈에 반한 거야?
새라	아니야. 처음에는 그냥 그랬는데, 계속 만나니까 진짜 마음에 들어. 같이 얘기하면 마음이 되게 편해져.
마크	그렇구나. 좋겠다! 잘해 봐.
새라	나중에 기회가 되면 너한테 소개할게.

Mark	Wer von diesen Personen ist dein Freund?
Sarah	Die Person ganz rechts.
Mark	Die Person mit braunen Haaren und einem Bart?
Sarah	Ja, richtig.
Mark	Wow, dein Freund sieht wirklich gut aus. Er sieht wie ein Schauspieler aus!
Sarah	Ja, nicht? Er ist groß und ist kräftig. (wtl. Sein Körperbau ist auch gut.)
Mark	Sein Charakter scheint auch gut zu sein. Er ist genau der Typ. (wtl. Er ist genau der Typ, den du magst.)
Sarah	Es ist nicht nur sein Aussehen. Seine Interessen sind meinen auch ähnlich.
Mark	Echt? Übrigens, wie hast du ihn zum ersten Mal getroffen?
Sarah	Wir haben früher zusammen in meiner Firma gearbeitet. Wir haben viel geredet und sind uns nahe gekommen.
Mark	War es Liebe auf den ersten Blick?
Sarah	Nein. Anfangs war er nur in Ordnung, aber je öfter ich ihn traf, desto mehr gefiel er mir. Ich fühle mich sehr wohl, wenn ich mich mit ihm unterhalte.
Mark	Aha. Das ist gut. Viel Glück.
Sarah	Ich stelle ihn dir mal vor, wenn es eine Gelegenheit gibt.

Neue Wörter ▸ S. 332

맨 | 갈색 | 수염 | 배우 | 체격 | 딱 |
그나저나 | 친하다 | 첫눈에 반하다 | 계속 |
되게 | 소개하다

Neue Redewendungen ▸ S. 332

• 그치?
• 첫눈에 반한 거야?
• 잘해 봐.

🔍 Tipps

1 Redewendungen mit 같다

Wenn etwas verglichen wird, wird 같다 an das Nomen gehängt, dem das Verglichene ähnelt. Je nachdem wo 같다 im Satz steht, wird es konjugiert.

• 그 사람이 영화배우 **같아요**.
Diese Person sieht wie ein Schauspieler aus. (wie ein Prädikat)

• 그 사람이 배우 **같은** 옷을 입었어요.
Diese Personen hat Klamotten wie ein Schauspieler an. (vor einem Nomen, wie ein Attribut)

• 그 사람이 배우 **같이** 말해요. (= 그 사람이 배우처럼 말해요.)
Diese Person spricht wie ein Schauspieler. (vor einem Verb, wie ein Adverb)

2 (이)랑: „und"

하고, 와/과 oder (이)랑 können zwischen Nomen verwendet werden und bedeuten dann „und". Wenn man sehr umgangssprachlich zu jemandem mit ähnlichem Status spricht, wird (이)랑 für „und" verwendet.

• 김치**와** 밥 = 밥**과** 김치 (formelle)

• 김치**하고** 밥 = 밥**하고** 김치 (informell)

• 김치**랑** 밥 = 밥**이랑** 김치
(umgangssprachlich)

1 Gesichtszüge

- 얼굴이 둥글다 rundes Gesicht
- 눈이 크다 große Augen
- 눈썹이 짙다 dicke Augenbrauen
- 쌍꺼풀이 있다 doppelte Augenlider
- 코가 납작하다 flache Nase
- 입술이 두껍다 dicke Lippen
- 턱수염이 있다 einen Bart am Kinn haben
- 콧수염이 없다 keinen Schnurrbart haben
- 피부가 까무잡잡하다 gebräunte Haut haben

- 얼굴이 갸름하다 schmales Gesicht
- 눈이 작다 kleine Augen
- 눈썹이 가늘다 dünne Augenbrauen
- 쌍꺼풀이 없다 Schlupflider haben
- 코가 오뚝하다 hohe Nase
- 입술이 얇다 schmale Lippen
- 턱수염이 없다 keinen Bart am Kinn haben
- 콧수염이 있다 einen Schnurrbart haben
- 피부가 하얀 편이다 helle Haut haben

2 Haare

- 검은색 머리
  schwarze Haare
- 생머리
  glatte Haare
- 단발머리
  kurze Haare
- 핀을 꽂다
  eine Haarspange ins Haar stecken

- 갈색 머리
  braune Haare
- 곱슬머리
  lockige Haare
- 커트 머리
  Kurzhaarschnitt
- 머리띠를 하다
  ein Haarband benutzen

- 금발 머리
  blonde Haare
- 파마머리
  Dauerwelle
- 긴 머리
  Langhaarschnitt
- 머리를 묶다
  einen Zopf machen

- 그 사람은 **이마가 넓고 눈썹이 짙고 수염이 있어서** 남자다워요.
  Diese Person hat eine große Stirn, ihre Augenbrauen sind dick und sie hat Gesichtsbehaarung, sodass sie sehr männlich wirkt.
- 제 동생은 동양인인데 **피부가 까무잡잡한** 편이에요. Meine jüngere Schwester ist Ostasiatin, aber ihre Haut ist ziemlich dunkel.
- 제 친구는 **긴 생머리를 묶고** 다녔는데, 요즘 머리를 짧게 잘랐어요.
  Früher hat meine Freundin ihr glattes, langes Haar zusammengebunden getragen, aber vor kurzem hat sie es abgeschnitten.

Frage
- 갈색으로 염색한 머리
  braun gefärbtes Haar
- 머리카락 = 머리 Haar

Vorsicht
- 그 사람은 검은색 머리가 있어요. (X)
- 그 사람은 검은색 머리예요. (O)
  Diese Person hat schwarze Haare.

Frage
- 흰머리가 있다 weiße Haare haben
- 대머리이다 eine Glatze haben
- 가발을 쓰다 eine Perücke tragen

3 Körperbau und Alter

- 키가 크다
  groß sein
- 마르다
  dünn sein
- 20대 초반이다
  Anfang der 20er sein

- 보통 키이다
  normal groß sein
- 보통 체격이다
  normales Körpergewicht haben
- 30대 중반이다
  Mitte der 30er sein

- 키가 작다
  klein sein
- 뚱뚱하다
  dick sein
- 40대 후반이다
  Ende der 40er sein

4 Erste Eindrücke

- 아름답다 schön sein
- 귀엽다 süß/niedlich sein
- 날씬하다 schlank (bei Frauen)
- 잘생겼다 gut aussehend sein
- 남성적이다 maskulin sein
- 어려 보이다 jung aussehen

- 예쁘다 hübsch sein
- 멋지다 cool sein
- 깔끔하다 ordentlich sein
- 못생겼다 häßlich sein
- 여성적이다 feminin sein
- 나이 들어 보이다 alt aussehen

💡 Wichtige Redewendungen

- (Nomen)처럼 생겼어요.
  Er/sie sieht aus wie (Nomen).
- (Nomen)하고 닮았어요. (= 비슷해요.)
  Er/sie ähnelt (Nomen).
- (Nomen)하고 안 닮았어요.
  Er/Sie ähnelt (Nomen) nicht.

Grammatik ❷

-(으)ㄹ까요? *vage Fragen stellen*

KT S. 304

A 두 팀 중에서 누가 이길까요?
Welche der beiden Mannschaften wird Ihrer
Meinung nach gewinnen?

B 글쎄요, 저도 잘 모르겠는데요.
Mh, da bin ich mir auch nicht sicher.

Der Ausdruck -(으)ㄹ까요? drückt Zweifel aus, indem Sprechende eine rhetorische Frage stellen oder Zuhörende nach einer Vermutung fragen. -(으)ㄹ까요? wird oft mit -(으)ㄹ 거예요 beantwortet, was eine Vermutung ausdrückt. -(으)ㄹ까요? wird an den Stamm von Verben, Adjektiven und 이다 gehängt. Kombiniert mit -았/었- wird der Ausdruck -았/었을까요? gebildet, um eine Vermutung zu einem bereits vergangenen Ereignis auszudrücken.

- 공부하면 정말 시험을 잘 볼 수 있을까? Wenn ich lerne, werde ich die Prüfung dann wirklich gut machen?
- A 내일 전시회에 사람들이 많이 올까요? Kommen morgen viele Leute zur Ausstellung?

  B 아마 많이 올 거예요. Es werden wahrscheinlich viele kommen.
- 누가 아침 일찍 와서 청소를 했을까요? Wer ist heute Morgen früh gekommen und hat geputzt?

-잖아요 *Zuhörende an bekannte Tatsachen erinnern*

KT S. 299

A 어디가 좋을까요?
Wo wäre es gut?

B 남산이 제일 유명하잖아요. 거기로 가 보세요.
(Sie wissen doch, dass) der Berg Namsan am berühmtesten ist.
Gehen Sie dort einmal hin.

-잖아요 bestätigt, dass Zuhörende eine Tatsache kennen. Es wird außerdem verwendet, um Zuhörende an eine Tatsache zu erinnern, die bereits bekannt sind. Es wird in der Regel in der gesprochenen Sprache und nicht schriftlich verwendet. -잖아요 hat die Nuance, Gesprächspartner*innen zu „unterrichten", sodass es im Allgemeinen nicht mit älteren Menschen, sondern nur mit engen Freund*innen oder jüngeren Menschen verwendet wird. Wenn es mit älteren Menschen verwendet wird, sollte es von einem vorsichtigen Ton begleitet werden. -잖아요 wird an die Stämme von Verben, Adjektiven und 이다 gehängt. Wenn die Tatsache, die bestätigt wird, bereits abgeschlossen ist, wird der Ausdruck kombiniert mit -았/었- zu -았/었잖아요.

- 내가 고기를 안 먹잖아. 그러니까 고기 말고 다른 것 먹자.
  Ich esse doch kein Fleisch. Lass uns daher etwas anderes als Fleisch essen.
- 제가 요즘 시험 때문에 바쁘잖아요. 이해해 주세요.
  Wegen der Prüfung bin ich zur Zeit sehr beschäftigt. Bitte haben Sie Verständnis.
- 제가 전에 말했잖아요. 기억 안 나요? Das habe ich vorher gesagt. Erinnern Sie sich nicht daran?

1 보기 와 같이 '-(으)ㄹ까요'를 사용하여 문장을 완성하세요.

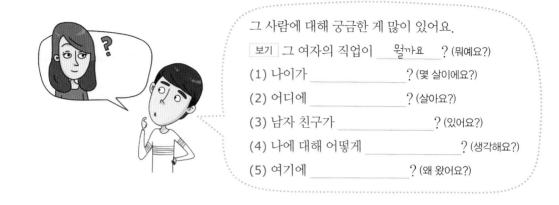

그 사람에 대해 궁금한 게 많이 있어요.

보기 그 여자의 직업이 ___뭘까요___ ? (뭐예요?)

(1) 나이가 _____? (몇 살이에요?)

(2) 어디에 _____? (살아요?)

(3) 남자 친구가 _____? (있어요?)

(4) 나에 대해 어떻게 _____? (생각해요?)

(5) 여기에 _____? (왜 왔어요?)

2 알맞은 답을 고르세요.

(1) A 높은 구두를 사고 싶어요.

   B 왜요? ⓐ 키가 작잖아요. / ⓑ 키가 크잖아요. 높은 구두 안 신어도 돼요.

(2) A 운동 갔다 올게요.

   B 지금 비가 ⓐ 오잖아요. / ⓑ 안 오잖아요. 운동은 나중에 하세요.

(3) A 진수한테도 이번 여행에 대해 말해야지.

   B 어제 만나서 ⓐ 말했잖아. / ⓑ 말 안 했잖아. 생각 안 나?

(4) A 매튜한테 한자 책을 사 주면 어때요?

   B 매튜가 오랫동안 중국에서 ⓐ 살았잖아요. / ⓑ 안 살았잖아요. 한자를 잘 알아요.

(5) A 자신이 없어서 너무 긴장돼요.

   B 이제까지 ⓐ 잘했잖아요. / ⓑ 잘 못했잖아요. 이번에도 잘할 수 있을 거예요.

3 대화를 완성하도록 알맞은 것끼리 연결하세요.

(1) 그 사람이 나를 좋아할까요? •

(2) 이번 시험이 많이 어려울까요? •

(3) 영화가 벌써 시작했을까요? •

(4) 친구가 다른 사람에게 비밀을
　　 말했을까요? •

• ⓐ 고민하지 말고 직접 물어보면 되잖아요.

• ⓑ 친구가 약속했잖아요. 친구를 믿어 보세요.

• ⓒ 선생님이 말했잖아요.
　　 아마 어렵지 않을 거예요.

• ⓓ 시작 전에 광고를 하잖아요.
　　 아직 시작 안 했을 거예요.

🎙 Dialog ❷

연락처는 나도 모르는데.

네 친구한테 물어보면 되잖아.

리나	아까 여기에 온 사람이 누구야?
진수	누구?
리나	회색 티셔츠에 청바지 입은 사람 말이야.
진수	누구지? 키가 크고 좀 마른 사람?
리나	어, 파란색 큰 우산을 들고 온 사람.
진수	내 친구의 친구 준기야. 근데 그건 왜?
리나	어디선가 봤는데 이름이 생각 안 나서.
진수	지난 수업 때 준기가 발표하는 거 같이 봤잖아.
리나	아! 맞다! 근데 머리 모양이 달라져서 못 알아봤어. 어쨌든 그 사람이 여기에 이 우산을 놓고 갔어.
진수	우산을? 그 사람이 우산을 찾으러 다시 올까?
리나	글쎄. 네가 그 사람 연락처를 알면 이것 좀 갖다줘.
진수	연락처는 나도 모르는데. 어떡하지?
리나	네 친구한테 물어보면 되잖아.
진수	맞다! 친구가 알겠구나! 그럼, 이거 내가 전해 줄게.

Rina	Wer war die Person, die gerade gekommen ist?
Jinsu	Wer?
Rina	Die Person, die ein graues T-Shirt und eine Jeans trug.
Jinsu	Wer? Die Person, die groß und ein bisschen dünn war?
Rina	Ja, die, die einen großen, blauen Regenschirm dabei hatte.
Jinsu	Das ist Jungi, ein Freund meines Freundes. Aber warum fragst du? (wtl. aber warum das?)
Rina	Ich frage, weil ich ihn schon einmal irgendwo gesehen habe, mich aber nicht an seinen Namen erinnern kann.
Jinsu	Wir haben doch letzte Woche seinen Vortrag im Unterricht gehört.
Rina	Ah! Richtig! Ich hab ihn nicht erkannt, weil seine Haare anders sind. Jedenfalls hat er seinen Regenschirm hier gelassen.
Jinsu	Seinen Regenschirm? Denkst du er kommt zurück, um ihn zu suchen?
Rina	Mh, wenn du seine Kontaktdaten hast, dann bring ihm bitte den Regenschirm.
Jinsu	Ich habe seine Kontaktdaten auch nicht. Was sollen wir machen?
Rina	Frag einfach deinen Freund.
Jinsu	Oh, ja! Mein Freund weiß das bestimmt. Ich gebe ihm einfach den Regenschirm.

Neue Wörter ▸ S. 332

청바지 | 들다 | 그건 | 어디선가 | 생각나다 | 지난 | 발표하다 | 어쨌든 | 놓고 가다 | 갖다주다

Neue Redewendungen ▸ S. 332

- 어디선가 봤는데
- 아! 맞다!
- 글쎄.

🖉 Tipps

1 Nomen 말이다: ein Thema betonen

말이다 darf nicht alleine verwendet werden. Es folgt einem Nomen oder einer Redewendung und wird in der gesprochenen Sprache in den folgenden zwei Situationen verwendet. Die zweite Bedeutung wurde in diesem Dialog verwendet.

(1) Einführen eines neuen Themas zu Gesprächsbeginn
- 어제 만난 사람 **말이야**. 그 사람 이름이 뭐지?
  Die Person, die ich gestern traf. Wie hieß sie nochmal?

(2) Klärung eines zuvor erwähnten Themas
- A 그 영화 재미있었지요? Der Film war interssant, oder?
  B 무슨 영화요? Welcher Film?
  A 어제 본 영화 **말이에요**.
  Den Film, den wir gestern gesehen haben.

2 Die Verneinung mit 못

In der Regel unterscheiden sich die Bedeutung und die Verwendung von 안 (nicht machen) und 못 (nicht können). Aber bei Verben der Wahrnehmung wie 알다 (wissen), 인식하다 (wahrnehmen), 알아차리다 (realisieren) und 알아보다 (erkennen durch sehen) wird 못 und nicht 안 benutzt, selbst wenn die Bedeutung „nicht machen" ist.

- 그 사람이 누군지 알아차리**지 못했어요**.
  Ich habe nicht realisiert, wer diese Person war.
- 안경을 안 써서 **못** 알아봤어요.
  Ich habe sie nicht erkannt, weil ich meine Brille nicht trug.

❶ Kleidung tragen

1.

입다 Beim Tragen am Körer				

- 긴팔 티셔츠 langärmeliges Hemd
- 반팔 티셔츠 kurzärmeliges T-Shirt
- 정장 Kostüm
- 반바지 kurze Hose
- 청바지 Jeans

2.

신다 Beim Tragen an den Füßen

- 구두 Schuhe
- 운동화 Turnschuhe

3.

쓰다 Beim Tragen auf dem Kopf

- 모자 Mütze
- 안경 Brille

4.

하다 Beim Tragen als Accessoire

- 목걸이 Kette
- 귀걸이 Ohrringe

5.

끼다 Beim Tragen als Accesssoire, das „angesteckt" werden muss

- 반지 Ring
- 장갑 Handschuhe

6.

차다 Beim Tragen um ein Körperteil

- 시계 Uhr
- 벨트 Gürtel

> **Frage**
>
> Selbst beim gleichen Gegenstand kann das Verb sich je nach Art des Tragens unterscheiden.
> - 넥타이: 하다 (wie ein Accessoire)
>   매다 (beim um den Hals Binden)
> - 안경: 쓰다 (beim Anziehen)
>   끼다 (beim an die Ohren Stecken)
> - 우산: 쓰다 (beim über den Kopf Tragen)
>   들다 (beim in den Händen Tragen)
> - 가방: 들다 (beim in den Händen Halten)
>   메다 (beim über der Schulter Tragen)
>   끌다 (beim Ziehen einer Tasche mit Rädern)

❷ Produkte beschreiben

1. 모양 Form

- 둥근 거울 runder Spiegel
- 네모난 안경 rechteckige Brille
- 세모난 귀걸이 dreieckige Ohrringe
- 사과 모양의 머리핀 eine Haarklammer in Apfelform
- 하트 모양의 목걸이 eine herzförmige Kette
- 별 모양의 귀걸이 ein sternförmiger Anhänger

2. 크기 Größe

- 옷이 딱 끼다 eng sein
- 소매가 짧다 kurze Ärmel

- 옷이 딱 맞다 perfekt passen

- 옷이 헐렁헐렁하다 zu weit sein
- 소매가 길다 lange Ärmel

3. 무늬 Muster

- 줄무늬 셔츠 gestreiftes Hemd
- 체크무늬 셔츠 kariertes Hemd
- 무늬 없는 셔츠 (= 민무늬 셔츠) einfarbiges Hemd

4. 색 Farben

- 연한 보라색 helles lila
- 진한 갈색 dunkelbraun

> **Wichtige Redewendungen**
>
> - 옷이 그 사람한테 잘 어울려요. ↔ 옷이 안 어울려요.
>   Die Kleidung steht ihm. ↔ Die Kleidung steht ihm nicht.
> - 옷을 잘 입어요. ↔ 옷을 못 입어요.
>   Jemand ist stylisch. ↔ Jemand ist nicht stylisch.
> - 세련됐어요. ↔ 촌스러워요.
>   Jemand ist schick. ↔ Jemand ist altmodisch.

Grammatik ❸

-았/었으면 좋겠다 „Ich wünsche, …", „Ich hoffe, …", „Es wäre schön, wenn"

▶ Anhang S. 279 KT S. 305

A 지금 제일 바라는 게 뭐예요?
Was wünschst du dir jetzt am meisten?

잘했으면 좋겠어요.

B 한국어를 잘했으면 좋겠어요.
Ich wünsche mir, dass ich gut Koreanisch sprechen kann.

Die Struktur -았/었으면 좋겠다 wird verwendet, wenn man den Wunsch äußert, dass etwas mit einem selbst geschehen soll oder dass die Situation nicht den Tatsachen entspricht. -았/었으면 좋겠다 folgt auf die gewünschte Situation und wird an den Stamm von Verben, Adjektiven und 이다 ergänzt. Wenn eine unerwünschte Situation ausgedrückt wird, steht -지 않다 oder -지 말다 vor -았/었으면 좋겠다. -지 말았으면 좋겠다 drückt den starken Wunsch der sprechenden Person aus, dass die Situation nicht eintreten möge. In der Sprache wird 좋겠다 oft durch 하다 ersetzt, um -았/었으면 하다 zu bilden.

- 부모님이 건강하셨으면 좋겠어요. Es wäre schön, wenn die Eltern gesund wären.
- 사업이 잘됐으면 좋겠어요. Es wäre schön, wenn die Prüfung gut wäre.
- 여기에 쓰레기를 버리지 말았으면 좋겠어요. Es wäre gut, wenn hier kein Müll weggeworfen wird.
- 후회할 일을 하지 않았으면 해요. Ich hoffe, Sie machen nichts, was sie später bereuen.

-도록 „um zu", „damit"

▶ Anhang S. 279 KT S. 300

A 잊어버리지 않도록 메모하세요.
Notieren Sie es sich es, damit Sie es nicht vergessen.

잊어버리지 않도록 메모하세요.

B 알겠어요. 메모할게요.
In Ordnung. Ich notiere es mir.

Der Satzteil, der vor -도록 steht, drückt ein Ziel, ein Kriterium oder ein Ergebnis einer Handlung aus, während der nachfolgende Satz die Handlung ausdrückt. Im obigen Beispiel werden Notizen gemacht, um etwas nicht zu vergessen. -도록 wird an Verbstämme ergänzt und kann nicht mit -았/었- kombiniert werden. Das Subjekt in den Sätzen kann auf beiden Seiten von -도록 identisch oder verschieden sein.

- 친구가 한국 생활에 쉽게 적응하도록 제가 도와줬어요.
  Ich habe meinem Freund geholfen, sich leicht an das Leben in Korea zu gewöhnen.
- 다시는 회사에 늦지 않도록 조심하겠습니다. Ich werde vorsichtig sein, nicht wieder zu spät zur Firma zu kommen.
- 감기에 걸리지 않도록 손을 깨끗이 씻읍시다. Waschen wir uns gut die Hände, damit wir uns nicht erkälten.

1 그림을 보고 '-았/었으면 좋겠다'를 사용하여 문장을 완성하세요.

(1) 한국에서 일을 _____.
　　　　　　　　　　　　　　(구하다)

(2) 한국 친구를 많이 _____.
　　　　　　　　　　　　　　(사귀다)

(3) 아버지께서 _____.
　　　　　　　　　　　　　　(건강하다)

(4) 행복하게 _____.
　　　　　　　　　　　　　　(지내다)

(5) 집에 문제가 _____.
　　　　　　　　　　　　　　(생기다)

2 알맞은 답을 고르세요.

(1) 옆으로　　ⓐ 지나가도록　　길 좀 비켜 주시겠어요?
　　　　　　ⓑ 지나가지 못하도록

(2) 눈이 오면 길이 미끄러우니까　　ⓐ 넘어지도록　　조심하세요.
　　　　　　　　　　　　　　　　ⓑ 넘어지지 않도록

(3) 지하철역이 가까우니까 약속에　　ⓐ 늦도록　　지하철을 타는 게 어때요?
　　　　　　　　　　　　　　　　ⓑ 늦지 않도록

(4) 비가 올 수도 있으니까 비를 맞지 않도록 우산을　　ⓐ 가져가세요.
　　　　　　　　　　　　　　　　　　　　　　　　ⓑ 집에 두고 가세요.

(5) 날씨가 쌀쌀하니까 감기에 걸리지 않도록　　ⓐ 얇은　　옷을 입는 게 좋겠어요.
　　　　　　　　　　　　　　　　　　　　　ⓑ 두꺼운

3 문장을 완성하도록 알맞은 것끼리 연결하세요.

(1) 스트레스를 풀 수 있도록　　•　　•ⓐ 자동차가 있었으면 좋겠어요.

(2) 건강한 음식을 먹을 수 있도록　　•　　•ⓑ 한국어를 잘했으면 좋겠어요.

(3) 한국 사람과 말이 잘 통하도록　　•　　•ⓒ 요리를 배울 수 있었으면 좋겠어요.

(4) 편하게 이동할 수 있도록　　•　　•ⓓ 성격이 사교적이었으면 좋겠어요.

(5) 걸을 때 발이 아프지 않도록　　•　　•ⓔ 이번 주말에 여행 갔으면 좋겠어요.

(6) 많은 사람들과 어울릴 수 있도록　　•　　•ⓕ 가볍고 편한 신발을 샀으면 좋겠어요.

케빈	한국 친구를 사귀고 싶은데 어떻게 하면 좋을까요?
리나	동호회에 가입하지 그래요?
케빈	제가 수줍음이 많아서요. 괜찮은 한국 친구 있으면 좀 소개해 주세요.
리나	좋아요. 어떤 사람이 마음에 들어요?
케빈	제가 조용한 편이니까 좀 활발한 사람이었으면 좋겠어요.
리나	활발한 사람요. 그리고요?
케빈	같이 편하게 지낼 수 있도록 저하고 말이 잘 통했으면 좋겠어요.
리나	나이는요?
케빈	나이는 상관없어요. 하지만 성격이 중요해요. 전에 어떤 사람을 소개받았는데, 저하고 성격이 안 맞아서 힘들었거든요.
리나	또 다른 건 뭐가 중요해요?
케빈	제 취미는 운동인데요. 함께 얘기도 하면서 운동할 수 있도록 그 사람이 운동을 좋아했으면 좋겠어요.
리나	알겠어요. 그런 사람으로 찾아볼게요.

Kevin	Ich möchte koreanische Freunde kennenlernen. Was soll ich machen?
Rina	Warum wirst du nicht Mitglied eines Vereins?
Kevin	Ich bin ziemlich schüchtern. Kannst du mir koreanische Freunde vorstellen, wenn du welche hast?
Rina	OK. Welche Art von Leuten magst du?
Kevin	Da ich eher ruhig bin, wäre es schön jemanden zu treffen, der etwas aufgeschlossen ist.
Rina	Eine aufgeschlossene Person. Und noch?
Kevin	Es wäre gut, wenn wir gut kommunizieren könnten, damit wir gut miteinander auskommen.
Rina	Was ist mit dem Alter?
Kevin	Alter spielt keine Rolle, aber die Persönlichkeit ist wichtig. Ich wurde schon einmal jemandem vorgestellt, aber es war schwierig (mit ihm befreundet zu sein), weil unsere Persönlichkeiten nicht zueinander gepasst haben.
Rina	Was ist noch wichtig?
Kevin	Mein Hobby ist es, Sport zu machen. Es wäre schön, wenn die Person gerne Sport macht, damit wir es zusammen machen könnten, während wir uns unterhalten.
Rina	OK. Ich werde nach so jemandem suchen.

Neue Wörter ▶ S. 332

사귀다 ¦ 동호회 ¦ 가입하다 ¦ 수줍음이 많다 ¦
활발하다 ¦ 상관없다 ¦ 성격이 맞다

Neue Redewendungen ▶ S. 332

• 어떻게 하면 좋을까요?
• 나이는 상관없어요.
• 또 다른 건 뭐가 …?

💭 Tipps

1 Typische Kürzungen in der gesprochenen Sprache

In der gesprochenen Sprache ist es üblich, Wörter wegzulassen und so zu kürzen, dass sie im Kontext verstanden werden können. In diesem Dialog kann die Frage 그리고 어떤 사람 이 마음에 들어요? mit 그리고 und 요 zu 그리고요? gekürzt werden, da der Kontext klar ist.

2 Bei Fragen kann die Partikel 이/가 nicht weggelassen werden

Bei Fragen wird die Objektpartikel 을/를, die beim Fragewort steht, oft weggelassen. Aber wenn die Subjektpartikel 이/가 angefügt ist, kann diese nicht weggelassen werden.

• 뭐가 마음에 안 들어요? Was gefällt dir nicht?

• 뭐를 제일 좋아해요? Was gefällt Ihnen am meisten?

❶ Gegensätzliche Persönlichkeitsmerkmale

1. 착하다 ↔ 못됐다
   gut sein- ↔ schlecht sein

   • 옛날 이야기에서 **착한** 사람은 복을 받고 **못된** 사람은 벌을 받아요.
   In alten Geschichten erhalten gute Menschen Glück und böse Menschen werden bestraft.

2. 겸손하다 ↔ 거만하다
   bescheiden sein ↔ arrogant sein

   • **겸손한** 사람은 자기 자랑을 하지 않는데 **거만한** 사람은 다른 사람을 무시해요. Bescheidene Menschen prahlen nicht, während arrogante Menschen auf andere herabschauen.

3. 활발하다 ↔ 조용하다
   aufgeschlossen sein ↔ ruhig sein

   • **활발한** 사람과 함께 있으면 힘이 생기고, **조용한** 사람과 있으면 차분해져요.
   Wenn ich mit aufgeschlossenen Menschen zusammen bin, bekomme ich Kraft, und wenn ich mit stillen Menschen zusammen bin, werde ich ruhig.

4. 부지런하다 ↔ 게으르다
   fleißig sein ↔ faul sein

   • **부지런한** 사람은 항상 열심히 일하는 반면에, **게으른** 사람은 항상 일을 미뤄요.
   Fleißige Menschen arbeiten immer fleißig, während faule Menschen immer etwas aufschieben.

5. 예의 바르다 ↔ 예의 없다
   höflich sein ↔ unhöflich sein

   • **예의 바른** 사람은 예의 있게 행동하는데, **예의 없는** 사람은 자기 마음대로 행동해요. Höfliche Menschen verhalten sich höflich, während unhöfliche Menschen sich so verhalten, wie sie wollen.

6. 다정하다 ↔ 냉정하다
   liebevoll sein ↔ kaltherzig sein

   • **다정한** 사람은 정이 많아서 따뜻한데, **냉정한** 사람은 차가워요.
   Liebevolle Menschen sind warm, weil sie viel Nächstenliebe haben, aber kaltherzige Menschen sind kalt.

7. 보수적이다 ↔ 개방적이다
   konservativ sein ↔ aufgeschlossen sein

   • **보수적인** 사람은 새로운 것보다 전통을 좋아하는 반면에, **개방적인** 사람은 새로운 것을 좋아해요. Konservative Menschen mögen Traditionen mehr als neue Dinge, während aufgeschlossene Menschen neue Dinge mögen.

8. 적극적이다 ↔ 소극적이다
   durchsetzungsfähig sein ↔ untätig sein

   • **적극적인** 사람은 문제가 생겼을 때 열심히 해결하는 반면에, **소극적인** 사람은 문제를 피해요. Durchsetzungsfähige Menschen lösen aktiv Probleme, wenn sie entstehen, während untätige Menschen Probleme vermeiden.

9. 자신감이 있다 ↔ 자신감이 없다
   selbstbewusst ↔ nicht selbstbewusst sein

   • **자신감이 있는** 사람은 자신의 능력을 믿는데, **자신감이 없는** 사람은 자신의 능력을 믿지 않아요. Selbstbewusste Menschen glauben an ihre eigenen Fähigkeiten, während nicht selbstbewusste Menschen nicht an ihre eigenen Fähigkeiten glauben.

10. 책임감이 있다 ↔ 책임감이 없다
    verantwortungsbewusst sein ↔ verantwortungslos sein

    • **책임감이 있는** 사람은 맡은 일을 끝까지 하는데, **책임감이 없는** 사람은 금방 포기해요. Verantwortungsbewusste Menschen machen die Arbeit, die ihnen zugewiesen wird, bis sie fertig ist, aber verantwortungslose Menschen geben sofort auf.

11. 인내심이 많다 ↔ 인내심이 없다
    geduldig sein ↔ ungeduldig sein

    • **인내심이 많은** 사람은 힘들어도 참을 수 있는데, **인내심이 없는** 사람은 참을 수 없어요. Geduldige Menschen können etwas ertragen, selbst wenn es schwierig ist, während ungeduldige Menschen es nicht aushalten können.

12. 고집이 세다 ↔ 고집이 없다
    stur, eigensinnig sein ↔ nachgiebig, uneigensinnig sein

    • **고집이 센** 사람은 자신의 생각을 잘 바꾸지 않는데, **고집이 없는** 사람은 다른 사람의 의견을 잘 들어요. Eigensinnige Menschen ändern ihre eigene Meinung nicht, während nachgiebige Menschen oft auf die Meinung anderer hören.

❷ Andere Persönlichkeitsmermanle

• **이기적이다**: **이기적인** 사람은 자기만 생각하고 다른 사람을 배려하지 않아요.
egoistisch sein: Egoistische Menschen denken nur an sich selbst und nicht an andere.

• **변덕스럽다**: **변덕스러운** 사람은 기분이 자꾸 바뀌어서 옆에 있는 사람이 힘들어요. launisch sein: Die Laune von launischen Menschen ändert sich oft, sodass es für Menschen in ihrer Umgebung schwierig ist.

• **욕심이 많다**: **욕심이 많은** 사람은 자기가 갖고 있는 것에 만족하지 못해요.
gierig sein: Gierige Menschen sind unzufrieden mit dem, was sie haben.

• **사교적이다**: **사교적인** 사람은 쉽게 친구를 사귈 수 있어요.
kontaktfreudig/sozial sein: Soziale Personen können leicht Freunde finden.

• **성실하다**: **성실한** 사람은 자기가 맡은 일을 열심히 해요.
ernst sein: Ernste Menschen arbeiten fleißig an ihren Aufgaben.

• **솔직하다**: **솔직한** 사람은 거짓말을 하지 않아요.
ehrlich sein: Ehrliche Menschen lügen nicht.

> 💡 **Wichtige Redewendungen**
> • 우리는 공통점이 많아요.
> Wir haben viele Gemeinsamkeiten.
> • 우리는 공통점이 하나도 없어요.
> Wir haben gar keine Gemeinsamkeiten.

☕ Lassen Sie uns sprechen!

Sprechstrategie ➤ **Personen beschreiben**

- 얼굴은 _____ 을/를 닮았어요. Sein/ihr Gesicht ähnelt _____.
- 스타일은 _____ 같아요. Sein/ihr Stil ist wie der von _____.
- 키는 _____ 만 해요. Er/sie ist so groß wie _____.
- _____ 처럼 행동해요. Er/sie verhält sich wie _____.

① 주변 인물을 소개해 보세요.

> 대학교 친구인데 4년 동안 항상 같이 다녔어요. 갸름한 얼굴에 눈이 크고 입이 작아서 귀엽게 생겼어요. 편한 옷을 즐겨 입는데, 특히 신발에 신경을 많이 쓰는 편이었어요. 우리는 둘 다 솔직하고 활발해서 마음이 잘 맞아요. 요즘에는 친구가 바빠서 자주 못 보지만 이메일로 연락해요.

어렸을 때 친구

대학교 친구

전 남자 친구

남자 친구

동료

직장 상사

(1) 누구
- 이름이 뭐예요?
- 어떤 관계예요?
- 언제 처음 만났어요? 어떻게 친하게 됐어요?

(2) 외모
- 어떻게 생겼어요? (얼굴, 머리 모양, 체격 등)
- 첫인상이 어땠어요?

(3) 옷차림
- 평소 옷차림이 어때요?
- 무엇에 신경 쓰는 편이에요? (옷, 머리 스타일, 피부, 말투 등)

(4) 성격
- 성격이 어때요?
- 어떤 점이 비슷해요? 어떤 점이 달라요?
- 그 친구 성격의 장점과 단점이 뭐예요?

(5) 현재
- 지금 그 친구는 어떻게 지내요?
- 얼마나 자주 연락해요?

② 어떤 사람이에요?

- 이성에게 매력적인 사람 (남자/여자)
- 회사 면접 때 인기가 좋은 사람 (남자/여자)
- 스트레스를 주는 사람 (남자/여자)
- 제일 존경하는 사람 (남자/여자)

Neue Wörter ....

즐기다 sich vergnügen | 관계 Beziehung, Zusammenhang, Verhältnis | 옷차림 Outfit | 매력적이다 attraktiv sein | 존경하다 respektieren

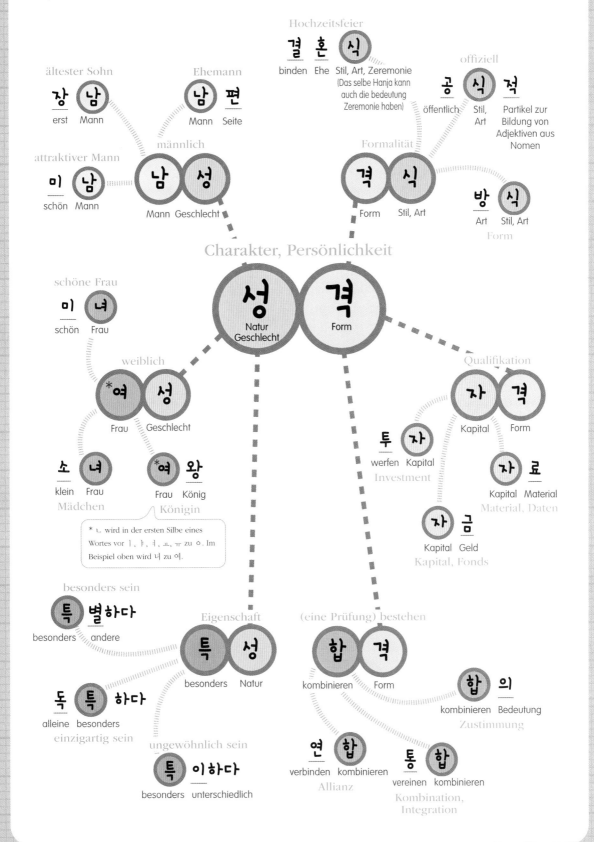

Hochzeitsfeier

결 혼 식
binden Ehe Stil, Art, Zeremonie
(Das selbe Hanja kann
auch die bedeutung
Zeremonie haben)

offiziell

공 식 적
öffentlich Stil, Partikel zur
Art Bildung von
Adjektiven aus
Nomen

ältester Sohn

장 남
erst Mann

Ehemann

남 편
Mann Seite

männlich

남 성
Mann Geschlecht

Formalität

격 식
Form Stil, Art

방 식
Art Stil, Art
Form

attraktiver Mann

미 남
schön Mann

Charakter, Persönlichkeit

성   격
Natur   Form
Geschlecht

schöne Frau

미 녀
schön Frau

weiblich

*여 성
Frau Geschlecht

Qualifikation

자 격
Kapital Form

투 자
werfen Kapital
Investment

소 녀
klein Frau
Mädchen

*여 왕
Frau König
Königin

자 료
Kapital Material
Material, Daten

자 금
Kapital Geld
Kapital, Fonds

* ㄴ wird in der ersten Silbe eines
Wortes vor ㅣ, ㅑ, ㅕ, ㅛ, ㅠ zu ㅇ. Im
Beispiel oben wird 녀 zu 여.

besonders sein

특 별하다
besonders andere

Eigenschaft

특 성
besonders Natur

(eine Prüfung) bestehen

합 격
kombinieren Form

독 특 하다
alleine besonders
einzigartig sein

합 의
kombinieren Bedeutung
Zustimmung

ungewöhnlich sein

특 이하다
besonders unterschiedlich

연 합
verbinden kombinieren
Allianz

통 합
vereinen kombinieren
Kombination,
Integration

Ein Wort zur Kultur

Lassen Sie uns einmal über Persönlichkeiten sprechen!

• 통이 크다 Großzügigkeit vs. 통이 작다 Geiz

Ursprünglich war 통 der Begriff für die Breite der Innenseite von Hosen oder Ärmeln, aber er kann auch bezeichnen, wie großzügig oder nachgiebig jemand ist. Daher bezieht sich 통이 크다 auf jemanden, der großzügig und nachsichtig ist, ohne auf unwichtige Dinge zu achten. Wenn man zum Beispiel beim Spenden nicht 1.000 Won oder 10.000 Won spendet, sondern 100.000.000 oder 1.000.000.000 Won, kann die Handlung als 통이 크게 beschrieben werden. Wenn man für jemanden zahlt, bezeichnet 통 크게 한턱내다 das Einladen zu einer seltenen und teuren Mahlzeit.

Umgekehrt bedeutet 통이 작다 geizig oder anspruchsvoll zu sein und somit auf unwichtige Probleme zu achten.

In der koreanischen Kultur, in der Großzügigkeit als wichtiges Merkmal angesehen wird, werden 통이 큰 Menschen natürlich bevorzugt. Insbesondere Männer müssen 통이 크다 sein. Dies liegt daran, dass man als geizig angesehen wird, wenn man immer versucht, beim Zahlen das Wechselgeld genau passend zu bekommen. Die Kultur, dass ältere Menschen und Männer Mahlzeiten ausgeben, ist ein bisschen mit der Vorliebe für 통이 큰 Menschen verbunden.

• 뒤끝이 있다 nachtragend sein vs. 뒤끝이 없다 nicht nachtragend sein

뒤끝 bezieht sich auf das noch bestehende, unangenehme Gefühl, wenn etwas vorbei ist (뒤). Zum Beispiel kann nach einem Streit und einer Versöhnung 뒤끝 있다 verwendet werden, um das negative Gefühl zu beschreiben, das nach einem Streit noch nachklingen kann. Im Gegensatz dazu bezeichnet 뒤끝 없다 die Fähigkeit, ein Problem zu lösen und es zu vergessen. In Korea ist 뒤끝 없다 eine positive Eigenschaft bei Menschen, genauso wie 통이 큰 Menschen positiv gesehen werden.

Kapitel **12**

건강
Gesundheit

Ziele　· Nachrichten

　　　· gerade Gehörtes bestätigen

　　　· vage Vermutungen anstellen

　　　· vage Vermutungen machen

　　　· Gerüchte bestätigen

　　　· nach Personen fragen und Personen grüßen

　　　· Gründe für Verletzungen und Krankheiten erklären

Grammatik　❶ - 다고 하다　indirekte Rede

　　　　　- 다고요?　„Haben Sie gesagt, (dass)...?"

　　　　❷ - (으)ㄴ/는 것 같다　„scheinen"

　　　　　- (으)ㄹ지도 모르다　„könnte"

　　　　❸ - 다면서요?　„Ich habe gehört… Ist das wahr?"

　　　　　- (으)ㄹ 뻔하다　„fast", „beinahe"

Grammatik ❶

-다고 하다   indirekte Rede

▶ Anhang S. 280 KT S. 310

A 진수가 "오늘은 시간이 없어."라고 했어요.
    Jinsu sagte: „Ich habe heute keine Zeit."

→ 진수가 오늘은 시간이 없다고 했어요.
    Jinsu sagte, dass er heute keine Zeit habe.

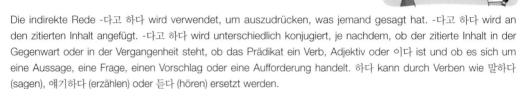

Die indirekte Rede -다고 하다 wird verwendet, um auszudrücken, was jemand gesagt hat. -다고 하다 wird an den zitierten Inhalt angefügt. -다고 하다 wird unterschiedlich konjugiert, je nachdem, ob der zitierte Inhalt in der Gegenwart oder in der Vergangenheit steht, ob das Prädikat ein Verb, Adjektiv oder 이다 ist und ob es sich um eine Aussage, eine Frage, einen Vorschlag oder eine Aufforderung handelt. 하다 kann durch Verben wie 말하다 (sagen), 얘기하다 (erzählen) oder 듣다 (hören) ersetzt werden.

- 진수가 "매일12시에 자요."라고 했어요. → 진수가 매일 12시에 잔다고 했어요.
  Jinsu sagte: „Ich gehe jeden Tag um zwölf ins Bett." → Jinsu sagte, dass er jeden Tag um zwölf ins Bett geht.

- 리나가 "보통 아침을 먹지 않아요."라고 말했어요. → 리나가 보통 아침을 먹지 않는다고 말했어요.
  Rina sagte: „Ich frühstücke normalerweise nicht." → Rina sagte, dass sie normalerweise nicht frühstückt.

- 민호가 "저한테 얘기하세요."라고 했어요. → 민호가 자기한테 얘기하라고 했어요.
  Minho sagte: „Sprechen Sie mit mir." → Minho sagte, dass ich mit ihm sprechen solle.

-다고요?   „Haben Sie gesagt…?"

A 어제 여권을 잃어버렸어요.
    Ich habe gestern meinen Pass verloren.

B 여권을 잃어버렸다고요?
    Haben Sie gesagt, dass Sie gestern Ihren Pass
    verloren haben?

-다고요? wird verwendet, um zu bestätigen, was jemand gesagt oder berichtet hat, indem man jemanden dazu zwingt, noch einmal darüber nachzudenken, was er gesagt hat. Nach dem zitierten Inhalt wird der Ausdruck -다고 하다 mit weggelassenem 하다 verwendet und ein Fragezeichen hinzugefügt, um eine bestätigende Frage auszudrücken. -요 wird an -다고 gehängt, wenn die Gesprächspartner*innen respektiert werden müssen. Diese Form wird auf die gleiche Art und Weise wie -다고 하다 konjugiert.

- A 나는 한국 친구가 한 명도 없어. Ich habe keinen einzigen koreanischen Freund.
  B 한국 친구가 한 명도 없다고? Sie sagen, sie haben keinen einzigen koreanischen Freund?

- A 내일 여행 갈까요? Wollen wir morgen wegfahren?
  B 네? 내일 여행 가자고요? Was? Sie schlagen vor, dass wir morgen wegfahren sollen?

1 보기 와 같이 '-다고 하다'를 사용하여 문장을 완성하세요.

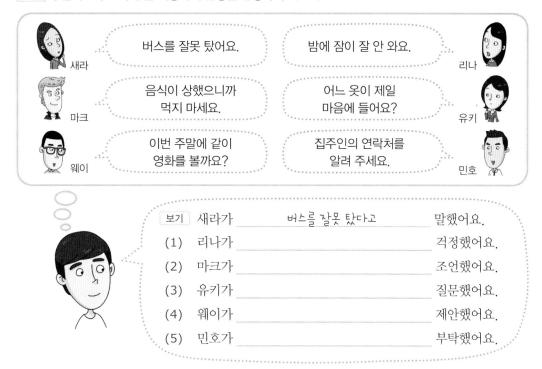

보기	새라가	_버스를 잘못 탔다고_	말했어요.
(1)	리나가	_____	걱정했어요.
(2)	마크가	_____	조언했어요.
(3)	유키가	_____	질문했어요.
(4)	웨이가	_____	제안했어요.
(5)	민호가	_____	부탁했어요.

2 '-다고요?'를 사용하여 대화를 완성하세요.

(1) A 친구를 사귀기 어려워요.

　　B 친구를 사귀기 _____? 맞아요. 저도 그래요.

(2) A 한국 노래를 하나도 몰라요.

　　B 한국 노래를 하나도 _____? 그럼, 제가 가르쳐 줄까요?

(3) A 다른 친구에게 비밀을 말하지 마세요.

　　B 다른 친구에게 비밀을 _____? 걱정하지 마세요.

(4) A 조금 후에 다시 전화할게.

　　B 조금 후에 다시 _____? 그럼, 전화 기다릴게.

3 밑줄 친 것을 고치세요.

(1) 친구가 <u>네라고</u> 대답했어요.　　　　　　　　→ _____

(2) 리나는 <u>제 지갑이</u> 갈색이라고 말했어요.　　→ _____

(3) 피터는 보통 편지를 <u>쓰지 않다고</u> 들었어요.　→ _____

(4) 동생이 한국 음식을 <u>먹고 싶는다고</u> 자주 말했어요. → _____

(5) 하숙집이 불편하면 원룸에서 <u>살으라고요</u>?　　→ _____

🎙 Dialog ❶

> 진수 씨가 어제 교통사고가 났다고 해요.

> 뭐라고요?

케빈　진수 씨 얘기 들었어요?

유키　아니요, 못 들었어요. 무슨 얘기요?

케빈　진수 씨가 어제 교통사고가 났다고 해요.

유키　뭐라고요? 어디를 다쳤대요?

케빈　다리를 다쳐서 병원에 입원했다고 들었어요.

유키　병원이라고요? 수술했대요?

케빈　그건 잘 모르겠어요. 저도 오늘 아침에 연락받았거든요.

유키　그렇군요. 많이 안 다쳤으면 좋겠네요.

케빈　저도 그러길 바라고 있어요.

유키　우리도 병원에 가야죠?

케빈　그럼요, 친구들한테 연락해서 같이 병문안 가요.
　　　제가 다른 친구들한테 연락해 볼게요.

유키　그 전에 병원에 전화해서 면회 시간을 알아보는 게
　　　좋겠어요.

케빈　그게 좋겠네요.

Kevin	Haben Sie gehört, was Jinsu passiert ist?
Yuki	Nein, ich habe es nicht gehört. Was ist passiert?
Kevin	Ich habe gehört, dass er gestern einen Verkehrsunfall hatte.
Yuki	Was haben Sie gerade gesagt? Wo hat er sich verletzt?
Kevin	Ich habe gehört, dass er ins Krankenhaus eingewiesen wurde, weil sein Bein verletzt ist.
Yuki	Ins Krankenhaus? Haben Sie gehört, ob er operiert wurde?
Kevin	Das weiß ich nicht. Ich bin auch erst heute Morgen kontaktiert worden.
Yuki	Ach so. Ich hoffe, dass er nicht zu schlimm verletzt ist.
Kevin	Das hoffe ich auch. (wtl. Ich wünsche das auch.)
Yuki	Wir sollten auch zum Krankenhaus gehen, oder?
Kevin	Natürlich. Lassen Sie uns Freunde kontaktieren und ihn besuchen. Ich versuche, sie zu erreichen.
Yuki	Es wäre gut, davor das Krankenhaus anzurufen und nach den Besuchszeiten zu fragen.
Kevin	Das wäre gut.

Neue Wörter　▸ S. 333

교통사고 ǀ 사고가 나다 ǀ 다치다 ǀ 입원하다 ǀ
수술하다 ǀ 바라다 ǀ 병문안 ǀ 면회

Neue Redewendungen　▸ S. 333

• 뭐라고요?
• 그건 잘 모르겠어요.
• 저도 그러길 바라고 있어요.

🖋 Tipps

1 Die Verneiung mit 못

안 (nicht) und 못 (nicht können) werden
unterschieden. Für Verben, die sich auf Sinne
wie Sehen (보다) und Hören (듣다) beziehen, ist
es jedoch natürlicher, 못 mit der Bedeutung
„nicht" zu verwenden, es sei denn man versucht
absichtlich, etwas nicht zu sehen oder zu hören.

• 조금 전에 여기서 흰색 자동차 **못** 봤어요?
　Haben Sie hier vor kurzem kein weißes Auto gesehen?

• 그런 얘기는 **못** 들었는데요.
　Ich habe die Geschichte nicht gehört.

2 -기 바라다: „wünschen/hoffen..."

-기 바라다 wird verwendet, um den Wunsch oder die
Hoffnung auszudrücken, dass eine Handlung gelingt
oder eine Situation herbeigeführt wird. Die Partikel 를
kann ergänzt werden, um -기를 바라다 zu bilden, das
auch zu -길 바라다 gekürzt werden kann. Es wird im
Allgemeinen in förmlicher Sprache und Schrift verwendet.

• 이번에 꼭 승진하**길 바라고 있어요**.
　Ich hoffe, dass ich dieses Mal unbedingt befördert werde.

• 올해도 하시는 일이 잘되시**길 바랍니다**.
　Ich wünsche Ihnen, dass Sie auch dieses Jahr Erfolg haben.

① Körperteile

- 머리 Kopf
- 머리카락 Haar
- 눈 Auge
- 눈썹 Augenbraue
- 쌍꺼풀 doppelte Lidfalte
- 코 Nase
- 귀 Ohr
- 턱 Kinn

- 점 Leberfleck
- 얼굴 Gesicht
- 이마 Stirn
- 볼 Wange
- 보조개 Grübchen
- 입 Mund
- 입술 Lippen
- 이 Zahn
- 혀 Zunge

- 등 Rücken
- 엉덩이 Gesäß
- 허리 Taille, unterer Rücken
- 옆구리 Seite, Flanke

- 다리 Bein
- 허벅지 Schenkel
- 무릎 Knie
- 발꿈치 Ferse

- 목 Hals, Nacken
- 가슴 Brust
- 팔 Arm
- 팔뚝 Unterarm
- 어깨 Schulter
- 배 Bauch
- 배꼽 Nabel
- 팔꿈치 Ellbogen

- 피부 Haar
- 피 Blut
- 털 Körperbehaarung
- 근육 Muskel
- 뼈 Knochen
- 지방 Fett

- 손 Hand
- 발 Fuß
- 손목 Handgelenk
- 발목 Fußgelenk
- 손가락 Finger
- 발가락 Zeh
- 손톱 Fingernagel
- 발톱 Fußnagel
- 손바닥 Handfläche
- 발바닥 Fußsohle
- 손등 Handrücken
- 발등 Fußrücken

② Verben mit Körperteilen

눈 Auge
- 눈을 감다 Augen schließen
- 눈을 뜨다 Augen öffnen
- 눈을 깜빡이다 blinzeln
- 눈을 찡그리다 Augen zusammenkneifen

코 Nase
- 냄새를 맡다 riechen
- 코를 골다 schnarchen
- 코를 막다 Nase zuhalten
- 코를 풀다 Nase putzen

입 Mund
- 하품하다 gähnen
- 숨을 쉬다 atmen
- 한숨을 쉬다 seufzen
- 말하다 sprechen
- 소리를 지르다 schreien
- 소리치다 schreien, brüllen
- 입을 다물다 leise sein
- 입을 벌리다 Mund öffnen
- 씹다 kauen
- 삼키다 schlucken
- 뱉다 spucken
- 토하다 erbrechen

손 Hand
- 들다 halten
- 잡다 greifen
- 놓다 hinlegen
- 악수하다 Hand schütteln
- 박수를 치다 klatschen
- 만지다 berühren
- 대다 berühren, anfassen
- 머리를 쓰다듬다 jemandem über die Haare streichen

몸 Körper
- 몸을 떨다 frösteln, zittern
- 몸을 흔들다 wippen (z.B. zu einem Takt)
- 땀을 흘리다 schwitzen
- 앉다 sitzen
- 서다 stehen
- 기대다 anlehnen
- 눕다 sich hinlegen

발 Fuß
- 걷다 gehen
- 뛰다 laufen
- 달리다 rennen
- 밟다 auftreten, betreten

☆ Wichtige Redewendungen
- 어디가 아파요? An welcher Stelle tut es weh?
- 아픈 데가 어디예요? Wo tut es weh?
- 다친 데 없어요? Sind Sie nicht verletzt?

Grammatik ❷

-(으)ㄴ/는 것 같다 „scheinen"

▶ Anhang S. 283

A 밖에 날씨가 어때요?
Wie ist das Wetter draußen?

B 비가 오는 것 같아요.
사람들이 우산을 쓰고 있어요.
Es scheint zu regnen. Die Menschen benutzen Regenschirme.

비가 오는 것
같아요.

-(으)ㄴ/는 것 같다 wird verwendet, um basierend auf Beobachtungen eine Vermutung darüber auszudrücken, ob eine Handlung, ein Zustand oder ein Ereignis stattfindet oder geschehen ist. Wenn die Vermutung zu etwas in der Gegenwart angestellt wird, wird -(으)ㄴ 것 같다 an den Adjektivstamm gehängt, während -는 것 같다 an Verbstämme gehängt wird. -(으)ㄴ/는 것 같다 wird auch verwendet, um subjektive Gedanken auszudrücken. In dieser Situation drückt -(으)ㄴ/는 것 같다 die Meinung der sprechenden Person auf höfliche, sanfte und indirekte Weise aus.

- 어제 마크 씨가 늦게 잔 것 같아요. 피곤해 보여요.
  Es sieht so aus, als wäre Mark letzte Nacht spät ins Bett gegangen. Er sieht müde aus.

- 요즘 진수가 일이 많은 것 같아. 주말에도 회사에 출근해.
  Ich vermute, Jinsu hat zur Zeit viel zu tun. Er geht auch am Wochenende zum Arbeiten in die Firma.

- 한국어를 공부해 보니까 생각보다 어렵지 않은 것 같아요.
  Jetzt, wo ich Koreanisch lerne, scheint es nicht so schwierig zu sein, wie gedacht.

-(으)ㄹ지도 모르다 „könnte"

A 야구 경기 보러 가요!
Lassen Sie uns ein Baseballspiel schauen gehen!

B 주말이니까 표가 없을지도 몰라요.
Da Wochenende ist, könnte es keine Tickets mehr geben.

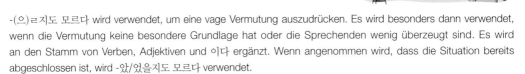

표가 없을지도
몰라요.

-(으)ㄹ지도 모르다 wird verwendet, um eine vage Vermutung auszudrücken. Es wird besonders dann verwendet, wenn die Vermutung keine besondere Grundlage hat oder die Sprechenden wenig überzeugt sind. Es wird an den Stamm von Verben, Adjektiven und 이다 ergänzt. Wenn angenommen wird, dass die Situation bereits abgeschlossen ist, wird -았/었을지도 모르다 verwendet.

- 그런 얘기를 하면 진수가 기분 나빠할지도 몰라.
  Aber wenn du das Jinsu erzählst, könnte er schlechte Laune bekommen.

- 바닷가는 저녁에 추울지도 모르니까 겉옷을 가져가세요.
  Da es abends am Meer kalt werden kann, nehmen Sie eine Jacke mit.

- 리나는 영화를 좋아하니까 벌써 그 영화를 봤을지도 몰라요.
  Da Rina Filme sehr mag, hat sie den Film vielleicht schon gesehen.

1   알맞은 답을 고르세요.

(1) 이 영화가   ⓐ 재미있는   것 같아. 평일에 가도 표가 없어.
         ⓑ 재미없는

(2) 마크 씨가 전에 중국에서   ⓐ 산   것 같아요. 중국어를 잘해요.
                              ⓑ 살은

(3) 리나 씨가 이 책을   ⓐ 읽지 않는   것 같아요. 이 책을 선물합시다!
                       ⓑ 읽지 않은

(4) 미리 준비하면 시험이 그렇게   ⓐ 어렵지 않은   것 같아요.
                                ⓑ 어렵지 않는

(5) 알람 시계가 없으면 내일도 늦게   ⓐ 일어나는   것 같아.
                                  ⓑ 일어날

(6) 여행을 가기 전에 더 많은 정보가   ⓐ 필요한   것 같아요.
                                  ⓑ 필요하는

2   두 문장이 이어지도록 알맞은 것끼리 연결하세요.

(1) 방에 불이 켜져 있어요.   •   • ⓐ 정말 똑똑한 것 같아요.

(2) 아이가 세 살인데 책을 읽어요.   •   • ⓑ 약속 시간 안에 못 갈 것 같아요.

(3) 길에 차가 너무 많아요.   •   • ⓒ 무슨 일이 생긴 것 같아요.

(4) 민호가 회사에 안 왔대요.   •   • ⓓ 변호사인 것 같아요.

(5) 한국어를 못해서 말이 안 통해요. •   • ⓔ 아직 안 자는 것 같아요.

(6) 법에 대해 잘 알아요.   •   • ⓕ 한국에서 살기 힘들 것 같아요.

3   다음에서 알맞은 답을 골라서 '-(으)ㄹ지도 모르다'를 사용하여 문장을 완성하세요.

| 알다 | 받다 | 가다 | 늦다 | 싸다 | 말하다 |

(1) 그 사람은 항상 지각하니까 오늘도 _____ 몰라요.

(2) 친구가 요즘 바쁘니까 전화를 안 _____ 몰라.

(3) 유키 씨가 마크 씨하고 친하니까 마크 씨 전화번호를 _____ 모르잖아요.

(4) 그 물건을 사기 전에 값을 물어보세요. 비싸 보이지만 실제로 _____ 몰라요.

(5) 리나 씨가 교실에서 일찍 나갔으니까 벌써 집에 _____ 몰라.

(6) 진수 씨가 민호 씨하고 친하니까 그 얘기를 민호 씨한테 벌써 _____ 몰라요.

🎙 Dialog ❷

어디가 아프대요?

감기에 걸린 것 같아요.

마크	약속 시간이 지났는데, 새라는 왜 안 와요?
리나	아까 새라한테서 전화 왔는데 연락 못 받았어요?
마크	아니요, 새라가 뭐라고 했어요?
리나	오늘 사정이 있어서 약속에 못 온다고 했어요.
마크	그래요? 왜요?
리나	잘 모르겠지만, 몸이 안 좋은 것 같아요.
마크	어디가 아프대요?
리나	그런 말은 안 했는데, 목소리를 들어 보니까 감기에 걸린 것 같아요.
마크	감기에 걸렸다고요? 많이 아픈 것 같아요?
리나	그런 것 같아요. 평소와 달리 힘이 너무 없었어요.
마크	새라한테 전화해 봐야겠네요.
리나	전화는 나중에 해 보세요. 지금 자고 있을지도 몰라요.
마크	낮인데요?
리나	몸이 안 좋잖아요. 전화는 내일 하는 게 좋을 것 같아요.

Mark	Es ist schon später als unsere die ausgemachte Uhrzeit. Warum kommt Sarah nicht?
Rina	Sarah hat mich gerade angerufen. Hat sie Sie nicht kontaktiert?
Mark	Nein. Was hat Sarah gesagt?
Rina	Sie sagte, dass sie es heute nicht schafft, weil etwas passiert ist.
Mark	Wirklich? Warum?
Rina	Ich weiß es nicht, aber es scheint ihr nicht gut zu gehen.
Mark	Sagte sie, was sie hat?
Rina	Sie hat nichts gesagt, aber wenn ich so ihre Stimme höre, scheint sie sich erkältet zu haben.
Mark	Sie hat sich erkältet? Denken Sie, dass sie sehr krank ist?
Rina	Ich glaube schon. Im Vergleich zu sonst hatte sie keine Energie.
Mark	Ich denke, ich sollte Sarah mal anrufen.
Rina	Versuchen Sie sie später anzurufen.
Mark	Es ist doch Tagsüber.
Rina	Aber sie ist doch krank. Es ist wahrscheinlich besser, sie morgen anzurufen.

Neue Wörter ▸ S. 333

(시간이) 지나다 | 아까 | 전화가 오다 | 사정이 있다 | 몸이 안 좋다 | 그런 | 목소리 | 감기에 걸리다 | 힘이 없다 | 낮

Neue Redewendungen ▸ S. 333

- 뭐라고 했어요?
- 그런 것 같아요.
- 평소와 달리

🔎 Tipps

1 **Mit 어디 nach einem Bereich oder einem Teil von etwas fragen**

어디 wird verwendet, um nach einem bestimmten Teil von etwas oder einem Bereich zu fragen. In diesem Dialog wird 어디가 아프대요? benutzt, um zu fragen, welcher Teil von Sarahs Körper weh tut.

- **어디** 좀 봅시다. Lassen Sie uns einen Blick drauf werfen.
- **어디**가 문제가 있어요? Wo gibt es ein Problem?

2 **-(으)ㄴ/는데요?: „Aber..."**

-(으)ㄴ/는데요? wird verwendet, um Zweifel zu dem anzumelden, was die andere sprechende Person gesagt hat. 낮인데요? impliziert im obigen Dialog „Es ist Tag, aber sie schläft?" Die Bedeutung ähnelt der von -아/어도 in Kapitel 9.

- A 밖에 나가서 운동해요.
  Ich gehe raus, um Sport zu machen.

  B 지금 비가 오**는데요**? Aber es regnet doch gerade.

1 Redewendungen mit 아프다 und Körperteilen

- 허리가 아프다 der untere Rücken tut weh
- 어깨가 아프다 die Schulter tut weh
- 목이 아프다 der Hals tut weh

2 Redewendungen mit dem Hanja 통 (Schmerz) und Körperteilen

- 두통이 있다 (= 머리가 아프다)
  Kopfschmerzen haben (= der Kopf tut weh)
- 치통이 있다 (= 이가 아프다)
  Zahnschmerzen haben (= der Zahn tut weh)
- 통증이 있다 Schmerzen haben

3 Redewendungen für Körperbeschwerden und Verletzungen mit dem Verb 나다

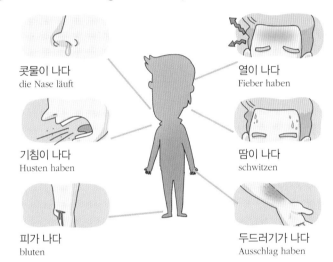

콧물이 나다
die Nase läuft

기침이 나다
Husten haben

피가 나다
bluten

열이 나다
Fieber haben

땀이 나다
schwitzen

두드러기가 나다
Ausschlag haben

- 재채기가 나다 niesen
- 눈물이 나다 tränen
- 수염이 나다 ein Bart wächst
- 털이 나다 die Körperbehaarung wächst
- 흰머리가 나다 weiße Haare wachsen
- 여드름이 나다 Akne haben
- 상처가 나다 verletzt sein
- 혹이 나다 eine Beule am Kopf bekommen
- 멀미가 나다 reisekrank sein
- 몸살이 나다 erschöpft sein
- 배탈이 나다 sich den Magen verderben
- 설사가 나다 Durchfall haben

4 Redewendungen mit 걸리다 oder 있다 zum Beschreiben bestimmter Bedingungen

1. 걸리다

- 감기에 걸리다 eine Erkältung haben
- 눈병에 걸리다 eine Augenkrankheit haben
- 치매에 걸리다 Alzheimer haben
- (폐암/위암/간암)에 걸리다 (Lungen-/Magen-/Leberkrebs) haben
- (위염/장염)에 걸리다 Magenschleimhautentzündung (Gastritis)/
  Darmentzündung (Enteritis) haben

2. 있다

- 우울증이 있다 Depression haben
- 불면증이 있다 Schlafstörungen haben
- 건망증이 있다 vergesslich sein
- 변비가 있다 Verstopfung haben
- 알레르기가 있다 Allergie haben

5 Andere

- 소화가 안되다 (= 체했다)
  Verdauungsprobleme haben
- 어지럽다 schwindelig sein
- 가렵다 jucken
- 매스껍다 übel sein

- 목이 부었다
  einen geschwollenen Hals haben
- 어깨가 쑤시다
  Schmerzen in der Schulter haben
- 눈이 충혈됐다
  gerötete Augen haben

💡 **Wichtige Redewendungen**

- 평소처럼 목소리가 밝았어요.
  Sie ist energiegeladen wie immer.
  (wtl. Ihre Stimme ist so hell wie immer.)
- 평소와 달리 목소리가 힘이 없었어요.
  Sie ist nicht so energiegeladen wie sonst.
  (wtl. Anders als sonst ist ihre Stimme kraftlos.)

Grammatik ❸

-다면서요? „Ich habe gehört... Ist das wahr?"

A 시험에 합격했다면서요? 축하해요.
   Ich habe gehört, dass du die Prüfung bestanden hast,
   stimmt das? Herzlichen Glückwünsch.

B 고마워요.
   Dankeschön.

합격했다면서요?

-다면서요? wird verwendet, um Informationen zu bestätigen, die man gehört hat. Diese können von den Zuhörenden oder einer anderen Person sein. Diese Endung nutzt die indirekte Rede -다고 하다, indem -고 하다 mit -면서요? ersetzt wird, um -다면서요? zu bilden. Wenn man mit Freund*innen in Banmal (informeller Rede) spricht, kann man -다면서? verwenden oder es sogar zu -다며? kürzen. Die Konjugation entspricht der der indirekten Rede.

마신다고 <del>했어요.</del> + 면서요? → 마신다면서요?
읽으라고 <del>했어요.</del> + 면서요? → 읽으라면서요?

• 내일 학교에 일찍 오라면서? 무슨 일이야?
  Ich habe gehört, wir müssen morgen früh zur Universität kommen. Was ist los?

• 매일 아침 8시에 회의 시작한다면서요? 정말이에요?
  Ich habe gehört, Sie beginnen das Meeting täglich um 8 Uhr? Wirklich?

• 발표 준비를 같이 하자며? 잘 생각했어!
  Du sagtest du beginnst früh mit der Vorbereitung der Präsentation? Das ist eine gute Idee!

-(으)ㄹ 뻔하다 „fast", „beinahe"

KT S. 306

A 무슨 일 있었어?
   Was ist passiert?

넘어질 뻔했어.

B 길이 미끄러워서 넘어질 뻔했어.
   Ich bin fast hingefallen, weil es glatt war.

-(으)ㄹ 뻔하다 wird verwendet, um ein Ereignis auszudrücken, das fast passiert wäre. Es wird an Verbstämme gehängt. Der Ausdruck -(으)ㄹ 뻔했다 wird immer Präteritum verwendet, um diese Ereignisse zu beschreiben.

• 오늘 출근할 때 교통사고가 날 뻔했어요. 다행히 안 다쳤어요.
  Auf dem Weg zur Arbeit hatte ich fast einen Autounfall. Zum Glück habe ich mich nicht verletzt.

• 약속을 잊어버릴 뻔했는데 메모를 확인하고 약속에 나갔어요.
  Fast hätte ich die Verabredung vergessen, aber ich sah meine Notiz und ging zur Verabredung.

• 이번 시험에서 떨어질 뻔했는데 운이 좋아서 겨우 합격했어요.
  Ich wäre fast durch diese Prüfung durchgefallen, aber ich hatte Glück und habe sie gerade noch bestanden.

1 보기 와 같이 '-다면서요?'를 사용하여 문장을 완성하세요.

준기 씨가 지난주에
회사를 그만뒀어요.

준기 씨가 회사에 갈 때
버스로 2시간 걸려요.

준기 씨가 다음 달에
결혼할 거예요.

준기 씨가 바빠서
시간이 없어요.

준기 씨의 집이 크고
집세도 싸요.

준기 씨의 양복이
백만 원이에요.

보기 준기 씨가 지난주에 회사를 그만뒀다면서요 ? 그러면 앞으로 뭐 할 거라고 했어요?

(1) _____? 저도 그런 집에서 살고 싶어요.

(2) _____? 언제 시간이 날까요?

(3) _____? 자동차를 사는 게 좋겠어요.

(4) _____? 왜 그렇게 비싸요?

(5) _____? 어디에서 결혼하는지 알아요?

2 알맞은 답을 고르세요.

(1) 어제 길에서 ⓐ 넘어졌어요. / ⓑ 넘어질 뻔했어요. 그래서 다리를 심하게 다쳤어요.

(2) 친구에게 실수로 사실을 ⓐ 말했어요. / ⓑ 말할 뻔했어요. 다행히 말하지 않았어요.

(3) 배고파서 ⓐ 죽었어요. / ⓑ 죽을 뻔했어요. 그래서 밥을 많이 먹었어요.

(4) 학교에 ⓐ 갔어요. / ⓑ 갈 뻔했어요. 그런데 학교에 아무도 없었어요.

(5) 오늘 회사에 ⓐ 늦었어요. / ⓑ 늦을 뻔했어요. 뛰어가서 늦지 않게 도착했어요.

(6) 친구 생일을 ⓐ 잊어버렸어요. / ⓑ 잊어버릴 뻔했어요. 다행히 생각나서 선물을 샀어요.

3 밑줄 친 것을 고치세요.

(1) 그 사람이 <u>사장님이다면서요?</u> 저는 직원이라고 생각했어요. ➡

(2) 1시간 더 <u>기다려라면서요?</u> 진짜 그렇게 말했어요? ➡

(3) 시험을 못 봐서 <u>떨어질 뻔해요.</u> 다행히 떨어지지 않았어요. ➡

(4) 오늘 회식이 <u>있는다면서요?</u> 언제 모여요? ➡

새라	지난주에 다리를 다쳤다면서요?
진수	얘기 들었어요?
새라	네, 케빈한테서 들었어요. 많이 다쳤어요?
진수	교통사고가 나서 다리가 부러질 뻔했는데 다행히 괜찮아요. 다리는 안 부러졌고 그냥 약간 삐었어요.
새라	큰일 날 뻔했네요. 병원에는 갔어요?
진수	지금도 병원에 왔다 갔다 하면서 치료받고 있어요. 곧 괜찮아질 거예요.
새라	그렇군요. 많이 다쳤을까 봐 걱정 많이 했어요.
진수	걱정해 줘서 고마워요. 새라 씨도 감기에 심하게 걸렸다면서요? 괜찮아요?
새라	지난주에 많이 고생했는데, 지금은 다 나았어요.
진수	다행이네요. 요즘에 감기에 걸린 사람이 많은 것 같아요.
새라	그런 것 같아요. 건강에 더 신경 써야겠어요.
진수	저도요. 새라 씨, 몸조리 잘하세요.
새라	고마워요. 진수 씨도 빨리 낫기를 바랄게요.

Sarah	Ist es wahr, dass du dir letzte Woche das Bein verletzt hast?
Jinsu	Hast du das gehört?
Sarah	Ja, ich habe es von Kevin gehört. Bist du schlimm verletzt?
Jinsu	Ich habe mir fast das Bein bei einem Autounfall gebrochen, aber zum Glück war es in Ordnung. Ich habe es mir nicht gebrochen und nur ein bisschen verstaucht.
Sarah	Das war sehr knapp! (wtl. Fast wäre etwas schlimmes passiert.) Bist du zum Arzt gegangen?
Jinsu	Ich gehe regelmäßig zur Behandlung zum Arzt. Es wird bald in Ordnung sein.
Sarah	Ah! Ich hab mir Sorgen gemacht, dass du schlimm verletzt bist.
Jinsu	Danke für deine Sorge. Ich habe auch gehört, dass du eine starke Erkältung hattest. Stimmt das? Geht es dir wieder gut?
Sarah	Letzte Woche war es echt schlimm, aber jetzt ist es weg.
Jinsu	So ein Glück. Ich glaube, dass gerade viele Leute erkältet sind.
Sarah	Das glaube ich auch. Ich glaube, dass ich besser auf meine Gesundheit achten muss.
Jinsu	Ich auch. Pass gut auf deine Gesundheit auf, Sarah.
Sarah	Danke sehr. Ich hoffe, dass es dir auch bald besser geht, Jinsu.

Neue Wörter ▸ S. 333

부러지다 | 다행히 | 약간 | 큰일(이) 나다 | 왔다 갔다 하다 | 치료받다 | 걱정하다 | 심하게 | 고생하다 | 낫다

Neue Redewendungen ▸ S. 333

- 큰일 날 뻔했네요.
- 몸조리 잘하세요.
- 빨리 낫기를 바랄게요.

💡 Tipps

1 왔다 갔다 하다: „hin und her gehen (bei einer Handlung)"

Diese Redewendung drückt das wiederholte Ausführen zweier gegensätzlicher, aber verwandter Handlungen aus. -다 -다 하다 wird an die zwei Verben gehängt.

- 아이가 불을 **켰다 껐다 하면서** 장난을 쳐요.
  Das Kind machte Unsinn, indem es das Licht aus- und wieder einschaltete.
- 다리 운동을 위해 계단을 **올라갔다 내려갔다 하는** 운동을 하고 있어요.
  Ich trainiere meine Beine, indem ich die Treppe rauf und runter gehe.

2 Passiv mit 받다

Im Koreanischen gibt es verschiedene Möglichkeiten, um das Passiv auszudrücken. Eine Möglichkeit ist, anstelle von 하다 bestimmte Nomen mit 받다 zu verwenden. In diesem Gespräch erhält der Patient eine Behandlung, was mit 치료받다 ausgedrückt wird.

- 수술**받으면** 병을 고칠 수 있어요.
  Wenn man operiert wird, kann eine Krankheit geheilt werden.
- 사장님께 칭찬**받아서** 기분이 좋았어요.
  Ich hatte gute Laune, da mich der Geschäftsführer gelobt hat.

❶ Verletzuungen

불에 데다
sich verbrennen

칼에 베다
sich schneiden

가시에 찔리다
sich an einem
Dorn stechen

이마가 찢어지다
eine Platzwunde
an der Stirn haben

팔이 긁히다
am Arm gekratzt
werden

무릎이 까지다
eine Schürfwunde
am Knie haben

멍이 들다
einen Bluterguss
haben

뼈에 금이 가다
einen Knochenriss
haben

뼈가 부러지다
einen Knochen-
bruch haben

발목이 삐다
den Knöchel
verstauchen

눈에 뭐가 들어가다
etwas im Auge haben

얼굴에 뭐가 나다
etwas sprießt im
Gesicht (z.B. Pickel)

❷ Gründe für Verletzungen

- 넘어지다 hinfallen
- 미끄러지다 ausrutschen
- 다른 사람과 부딪치다 mit einer anderen Person zusammenstoßen
- 차에 치이다 von einem Auto angefahren werden
- 사고가 나다 einen Unfall haben

- 공에 맞다 von einem Ball getroffen werden
- 무리해서 운동하다 beim Sport überanstrengen
- 고양이가 할퀴다 von einer Katze gekratzt werden
- 개에게 물리다 von einem Hund gebissen werden
- 기절하다 ohnmächtig werden

❸ Verletzungen oder Krankheiten behandeln

1. 약
Medizin

- 소독하다 desinfizieren
- 약을 바르다
  Medizin auftragen
- 약을 뿌리다
  Medizin sprühen
- 약을 먹다
  Medizin einnehmen
- 약을 넣다
  Medizin benutzen
  (wtl. eingeben)
  (wie z.B. Augentropfen)

2. 붙이다, 감다
kleben, wickeln

- 파스를 붙이다
  ein medizinisches Pflaster
  ankleben
- 밴드를 붙이다
  ein Pflaster aufkleben
- 붕대를 감다
  einen Verband anlegen
- 깁스하다
  eingipsen, schienen

3. 맞다, 받다
injizieren, bekommen

- 주사를 맞다
  eine Spritze bekommen
- 링거를 맞다
  einen Tropf bekommen
- 침을 맞다
  Akkupunktur bekommen
- 응급 치료를 받다
  notversorgt werden
- 물리 치료를 받다
  eine physikalische
  Behandlung bekommen

4. Andere

- 수술하다 operieren
- 꿰매다 nähen
- 입원하다
  ins Krankenhaus
  einliefern
- 찜질하다
  eine Wärmekompresse
  benutzen
- 얼음찜질하다
  eine Kältekompresse
  benutzen

❹ Arten von Medizin

- 소화제 Mittel gegen Verstopfung
- 해열제 fiebersenkende Medizin
- 진통제 Schmerzmittel
- 수면제 Schlafmittel
- 소염제 entzündungshemmende Medizin

- 감기약 Erkältungsmedizin
- 멀미약 Medizin gegen Reisekrankheit
- 소독약 Desinfektionsmittel
- 구급약 Notfallmedizin
- 안약 Augentropfen

💡 **Wichtige Redewendungen**

- 빨리 나으세요. Gute Besserung.
- 몸조리 잘하세요.
  Passen Sie auf Ihre Gesundheit auf.

Lassen Sie uns sprechen!

- 제가 보기에… -(으)ㄴ/는 것 같아요 Meiner Meinung nach... scheint es so, dass...
- 제가 알기에… Soweit ich weiß...
- 제가 듣기에… Nachdem was ich so gehört habe...
- 제가 느끼기에… Ich empfinde (es so), dass...

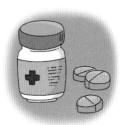

❶ 보통 아프면 어떻게 해요?
- 병원에 자주 가요? 약을 자주 먹는 편이에요?
- 자주 먹는 약이 있나요?

❷ 어렸을 때 심하게 아프거나 다친 적이 있어요?
- 언제 그랬어요? 왜 그랬어요?

❸ 병원에 일주일 이상 입원한 적이 있어요?
- 무슨 일로 입원했어요?
- 어떻게 치료했어요? 치료가 얼마나 걸렸어요?

❹ 건강을 위해 특별히 운동하고 있어요?
- 어떤 운동을 했어요?
- 효과가 있었어요?

❺ 보통 이럴 때 어떻게 해요?
- 효과적인 방법을 소개해 주세요.
- 실제로 해 봤어요?

잠이 안 올 때

제가 보기에 스트레스를 받을 때는 잠깐 일을 쉬는 게 도움이 되는 것 같아요.

어깨가 아플 때

감기에 걸렸을 때

스트레스를 심하게 받을 때

Neue Wörter

[Nomen]을/를 위해 um zu/für [Nomen] | 효과가 있다 einen Effekt haben | 효과적이다 effektiv sein

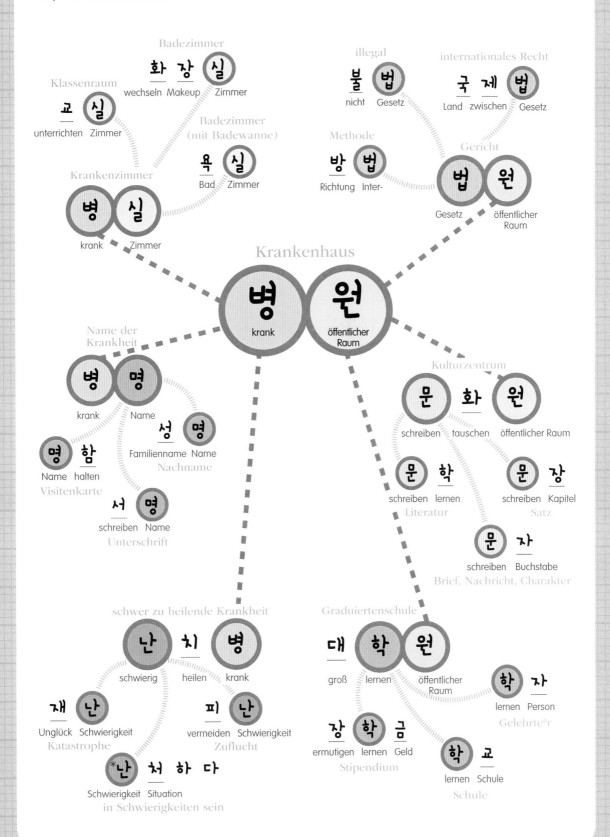

Klassenraum
교 실
unterrichten Zimmer

Badezimmer
화 장 실
wechseln Makeup Zimmer

Badezimmer
(mit Badewanne)
욕 실
Bad Zimmer

Krankenzimmer
병 실
krank Zimmer

illegal
불 법
nicht Gesetz

Methode
방 법
Richtung Inter-

internationales Recht
국 제 법
Land zwischen Gesetz

Gericht
법 원
Gesetz öffentlicher Raum

Krankenhaus
병 원
krank öffentlicher Raum

Name der Krankheit
병 명
krank Name

명 함
Name halten
Visitenkarte

성 명
Familienname Name
Nachname

서 명
schreiben Name
Unterschrift

Kulturzentrum
문 화 원
schreiben tauschen öffentlicher Raum

문 학
schreiben lernen
Literatur

문 장
schreiben Kapitel
Satz

문 자
schreiben Buchstabe
Brief, Nachricht, Charakter

schwer zu heilende Krankheit
난 치 병
schwierig heilen krank

재 난
Unglück Schwierigkeit
Katastrophe

피 난
vermeiden Schwierigkeit
Zuflucht

*난 처 하 다
Schwierigkeit Situation
in Schwierigkeiten sein

Graduiertenschule
대 학 원
groß lernen öffentlicher Raum

학 자
lernen Person
Gelehrte*r

장 학 금
ermutigen lernen Geld
Stipendium

학 교
lernen Schule
Schule

Redewendungen mit dem Körperteil 애

• 애타다 (= 애가 타다) voller Sorge sein

애 bedeutete in der Vergangenheit ursprünglich „Eingeweide". In der heutigen Zeit bezeichnet der Begriff das Innere des Herzens, das sich mit Sorge füllt. 애가 타다 ist die Redewendung dafür, dass jemand sich so lange sorgt, bis die Sorgen sich in seine Eingeweide brennen. Zum Beispiel kann 애가 탄다 gesagt werden, wenn man ängstlich wartet, während ein Familienmitglied nach einem schweren Unfall eine Notoperation erhält.

• 애태우다 (= 애를 태우다) Sorgen bereiten

애를 태우다 bezieht sich darauf, einer anderen Person extreme Sorgen (애가 타다) zu bereiten. Wenn Eltern zum Beispiel besorgt auf ihr Kind warten, das von zu Hause weggelaufen ist, kann gesagt werden, dass das Kind seinen Eltern Sorgen bereitet (애를 태운다).

• 애쓰다 (= 애를 쓰다) sich anstrengen

애를 쓰다 ist der Ausdruck dafür, seine Energie ganzherzig für eine Sache aufzuwenden. Es bedeutet „etwas mit aller Kraft versuchen", „mühsam sein" oder „viel Mühe haben". 애쓰고 있다 kann für jemanden verwendet werden, der fleißig versucht zu lernen, um eine schwierige Prüfung zu bestehen oder zu jemanden gesagt werden, der ein Problem gelöst, einen schwierigen Job beendet oder eine stressige Zeit durchgemacht hat.

• 애먹다 (= 애를 먹다) Schwierigkeiten haben

애를 먹다 bezeichnet jemanden, der sich in einer Notlage befindet. Der Ausdruck kann so verstanden werden, dass jemand sich so sehr bemüht, dass er „den eigenen Darm isst". Wenn zum Beispiel eine Fluggesellschaft während einer Reise ins Ausland Ihr Gepäck verliert und dies unvorhergesehene Schwierigkeiten verursacht, kann ihre schwierige Situation mit 애먹었다 beschrieben werden. Ein anderes Beispiel in dem 애먹고 있다 verwendet werden kann, ist z.B. wenn Angestellte für unausstehliche und pedantische Vorgesetzte arbeiten müssen, die schwierig zufrieden zu stellen sind und den Angestellten Schwierigkeiten bereiten.

Kapitel **13**

관심사
Interessen

Ziele
- über Pläne sprechen
- Vorschläge machen
- Sorgen ausdrücken
- Ermutigen
- Die eigene Meinung höflich ausdrücken
- Rat geben

Grammatik

❶ -(으)ㄹ 테니까 „da (jemand) wahrscheinlich…", „(Ich) werde, also..."

-(으)ㄹ래요 „Ich möchte", „Ich will"

❷ -(으)ㄹ까 하다 „überlegen etwas zu tun"

„darüber nachdenken etwas zu tun"

-(으)ㄹ수록 „je mehr…"

❸ -기는 하지만 „Es ist… zwar, aber"

-군요 Realisation und Verständnis einer neu gelernten
Tatsache ausdrücken

Grammatik ❶

-(으)ㄹ 테니까 „da (jemand) wahrscheinlich…", „(Ich) werde, also…"

A 다녀올게요.
Tschüss. (wtl. Ich gehe und komme wieder.)

B 이따가 비가 올 테니까 우산을 가져가세요.
Später wird es wohl regnen, nehmen Sie einen Regenschirm mit.

-(으)ㄹ 테니까 drückt eine Handlung aus, die auf Basis einer Vermutung, dass etwas geschieht, unternommen wird. In dieser Verwendung wird -(으)ㄹ 테니까 an den Stamm von Verben, Adjektiven und 이다 gehängt, das Subjekt des Satzes kann jeder sein. Wenn man vermutet, dass etwas bereits abgeschlossen ist, wird -았/었- an die Form -았/었을 테니까 ergänzt. Eine andere Verwendung von -(으)ㄹ 테니까 besteht darin, ein Versprechen oder eine Absicht auszudrücken, dass man handeln wird, damit sie Sprechenden ihrerseits die Hörenden um einen Gefallen bitten oder einen Rat geben können. Bei dieser Verwendung wird -(으)ㄹ 테니까 an Verbstämme ergänzt, und das Subjekt des ersten Satzes muss die sprechende Person sein.

- 너도 그 사람을 보면 알 테니까 나중에 서로 인사해.
  Da du auch die Person kennst, wenn du sie siehst, begrüße sie später.
- 이제 회의가 끝났을 테니까 전화해도 될 거예요. Sie können mich anrufen, da das Meeting jetzt vorbei ist.
- 이 책을 빌려줄 테니까 다음 주에 돌려주세요. Geben Sie mir das Buch nächste Woche zurück, da ich es ihnen leihe.

-(으)ㄹ래요 „Ich möchte", „Ich will"

▶ Anhang S. 284

A 지금 점심 먹으러 가는데 같이 갈래요?
Ich gehe jetzt Mittag essen. Möchten Sie mitgehen?

B 좋아요. 같이 가요.
Gerne. Lassen Sie uns zusammen gehen.

-(으)ㄹ래요 drückt die Absicht oder den Wunsch der Sprechenden aus und wird an den Stamm von Verben gehängt. Wenn es in Frageform als -(으)ㄹ래요? verwendet wird, werden die Zuhörenden nach ihrer Absicht, um einen Gefallen oder nach einem Vorschlag gefragt. Es wird in der Regel in der gesprochenen Sprache verwendet und es wird genutzt, wenn Sprechende und Zuhörende eine angenehme Beziehung haben, da es eine Atmosphäre von Informalität und Intimität hervorruft.

- 시간이 오래 걸릴 테니까 먼저 갈래요? Möchten Sie gehen? Denn diese Sache dauert länger.
- 이 일이 힘들어도 이번에는 혼자 할래요. Obwohl diese Sache anstrengend ist, werde ich es dieses Mal alleine machen.
- 가방을 잃어버렸는데 도와줄래요? Ich habe eine Tasche verloren. Können Sie mir helfen?

1 다음에서 알맞은 답을 골라서 '-(으)ㄹ 테니까'를 사용하여 대화를 완성하세요.

| 짜다 | 말하다 | 돌보다 | 막히다 | 도착하다 |

(1) 소금을 더 넣으면 ＿＿＿＿＿＿＿＿＿＿＿＿ 그만 넣는 게 좋겠어요.

(2) 내가 아이를 잠깐 ＿＿＿＿＿＿＿＿＿＿＿＿ 밖에 나갔다 오세요.

(3) 지금은 길이 ＿＿＿＿＿＿＿＿＿＿＿＿ 지하철로 가는 게 어때요?

(4) 나도 그 사람에게 ＿＿＿＿＿＿＿＿＿＿＿＿ 너도 말하지 마.

(5) 지금쯤 집에 ＿＿＿＿＿＿＿＿＿＿＿＿ 한번 전화해 보세요.

2 알맞은 답을 고르세요.

(1) A 뭐 먹을래요?

　　B 비빔밥 ⓐ 먹을게요. / ⓑ 먹어 줄게요.

(2) A 잠깐만 기다려 줄래?

　　B 여기에서 ⓐ 기다릴게. / ⓑ 기다리자.

(3) A 내일부터 같이 운동할래?

　　B ⓐ 그럴래. / ⓑ 그러자.

(4) A 내 부탁 좀 들어줄래?

　　B ⓐ 들어줄게. / ⓑ 들어주자. 말해 봐.

(5) A 커피와 녹차 중에서 어떤 거 드실래요?

　　B 커피 ⓐ 마실래요. / ⓑ 마셔 줄래요.

(6) A 우리 계획 같이 세울래요?

　　B 좋아요. 같이 ⓐ 세울게요. / ⓑ 세웁시다.

3 문장을 완성하도록 알맞은 것끼리 연결하세요.

(1) 지난번보다 어려울 테니까　　•　　　　　• ⓐ 내 차에 탈래?

(2) 날씨 때문에 고생할 테니까　　•　　　　　• ⓑ 난 좀 더 연습할래요.

(3) 내가 먹을 것을 사 올 테니까　•　　　　　• ⓒ 여기에서 잠깐 기다릴래?

(4) 채소가 건강에 좋을 테니까　　•　　　　　• ⓓ 소풍을 다른 날로 연기할래?

(5) 내가 집까지 데려다줄 테니까　•　　　　　• ⓔ 이제부터 꾸준히 먹어 볼래요.

🎙 Dialog ❶

통역 아르바이트 소개해
줄 테니까 한번 해 볼래요?

민호	한국어를 배운 다음에 뭐 할 거예요?
유키	일을 찾으려고 해요.
민호	무슨 일을 하고 싶은데요?
유키	한국어를 사용해서 하는 일을 했으면 좋겠어요.
민호	혹시 한국에서 일을 찾고 있어요?
유키	네, 고향에 돌아가기 전에 한국에서 경험을 쌓고 싶어요.
민호	좋은 경험이 되겠네요.
유키	그런데 요즘 일자리가 별로 없어서 걱정이에요.
민호	그렇긴 하죠. 전에 아르바이트로 번역해 본 적이 있죠?
유키	네, 몇 번 해 봤어요.
민호	통역에도 관심 있다고 했죠?
유키	관심 있죠. 그런데 그건 왜요?
민호	제가 통역 아르바이트 소개해 줄 테니까 한번 해 볼래요?
유키	통역요? 통역은 해 본 적이 없는데 괜찮을까요?
민호	지금부터 준비하면 되죠. 잘할 수 있을 테니까 걱정하지 마세요.
유키	그렇게 얘기해 줘서 고마워요.

Minho	Was machen Sie, nachdem Sie Koreanisch gelernt haben?
Yuki	Ich habe vor, mir Arbeit zu suchen.
Minho	Was für eine Arbeit möchten Sie machen?
Yuki	Ich würde gerne eine Arbeit machen, bei der ich Koreanisch nutze.
Minho	Suchen Sie vielleicht Arbeit in Korea?
Yuki	Ja, bevor ich nach Hause zurückgehe, möchte ich viel Erfahrung in Korea sammeln.
Minho	Das werden bestimmt gute Erfahrungen.
Yuki	Aber weil es in letzter Zeit kaum freie Arbeitsstellen gibt, mache ich mir Sorgen.
Minho	Das stimmt. Sie haben zuvor schon einmal als Übersetzerin in Teilzeit gearbeitet, oder?
Yuki	Ja, ein paar Mal.
Minho	Sie hatten auch gesagt, dass Sie sich für das Dolmetschen interessieren, oder?
Yuki	Ja, dafür interessiere ich mich.
Minho	Ich stelle Ihnen einen Teilzeit-Dolmetscherjob vor. Möchten Sie es mal probieren?
Yuki	Dolmetschen? Ich habe vorher noch nie gedolmetscht. Denken Sie, dass ich das kann?
Minho	Sie können sich ja von jetzt an darauf vorbereiten. Machen Sie sich keine Sorgen, Sie werden das gut machen.
Yuki	Danke, dass Sie das gesagt haben. (wtl. Danke, dass Sie so gesprochen haben.)

Neue Wörter ▸ S. 333

고향 ｜ 경험을 쌓다 ｜ 일자리 ｜ 번역하다 ｜ 통역

Neue Redewendungen ▸ S. 333

- 그렇긴 하죠.
- 몇 번 해 봤어요.
- 그렇게 얘기해 줘서 고마워요.

💡 Tipps

1 Redewendungen für teilweise Zustimmung

Nachdem man gehört hat, was die andere Person gesagt hat, kann -긴 하죠 verwendet werden, wenn man eine abweichende Meinung hat, um halbherzige Übereinstimmung auszudrücken. -긴 하죠 wird an den Stamm von Verben, Adjektiven und 이다 gehängt. Wenn der Inhalt in der Vergangenheit liegt, kann -긴 했죠 verwendet werden.

- 그건 그래요. 주말에는 보통 늦잠을 자**긴 하죠**.
  Das stimmt. Normalerweise schlafe ich am Wochenende aus.
- 맞아요. 저도 어렸을 때 노는 것을 좋아하**긴 했죠**.
  Das stimmt. Auch ich mochte es, als Kind zu spielen.

2 Redewendungen der Dankbarkeit

-아/어 줘서 oder -아/어 주셔서 werden verwendet, um beim Bedanken mit 고맙다 oder 감사합니다 den Anlass für den Dank zu nennen.

- 제 얘기를 들었으니까 고마워요. (X)
- 제 얘기를 들어서 고마워요. (X)
- 제 얘기를 들**어 줘서** 고마워요. (O)
  Vielen Dank, dass Sie mir zugehört haben.

● Interessen

1. 여행 Reisen	2. 요리 Kochen	3. 독서 Lesen

1. 여행 Reisen
2. 요리 Kochen
3. 독서 Lesen
4. 음악 Musik
5. 미술 Kunst
6. 사진 Fotografie

7. 등산 Bergwandern
8. 스포츠 Sport
9. 건강 Gesundheit
10. 영화 Filme
11. 가요 Pop Songs
12. 드라마 Serien

13.  패션 Mode
14. 미용 Kosmetik
15. 쇼핑 Einkaufen
16.  외국어 Fremdsprachen
17. 서예 Kalligrafie
18. 낚시 Angeln

19. 게임 Spiele
20. 역사 Geschichte
21. 문학 Literatur
22. 정치 Politik
23. 경제 Wirtschaft
24. 환경 Umwelt

- 모으다 (= 수집하다) sammeln
- 만들다 machen (herstellen, kreieren)
- 글을 쓰다 einen Text verfassen, schreiben
- 인터넷을 검색하다 im Internet recherchieren
- 악기를 배우다 ein Instrument lernen
- 수리하다 reparieren
- 뜨개질을 하다 stricken
- 맛집을 찾아다니다 gute Restaurants suchen

- 취미 활동으로 다음 달부터 **악기를 배워** 보려고 해요.
  Ich habe vor, ab nächstem Monat ein Instrument als regelmäßiges Hobby zu lernen.

- 제 친구는 **여행하는** 것을 정말 좋아해요. 여러 나라의 **기념품을 모으고** 있어요.
  Meine Freundin reist wirklich gerne. Sie sammelt Souvenirs aus verschiedenen Ländern.

- 저는 음식에 관심이 많이 있어서 요즘에는 **맛집을 찾아다니고** 있어요.
  Zur Zeit suche ich gute Restaurants, weil ich mich für Essen interessiere.

💡 **Wichtige Redewendungen**

- 시간이 날 때마다
  jedes Mal, wenn man Zeit hat

- 여유가 있을 때마다
  immer wenn ich Freizeit habe

- 기회가 생길 때마다
  immer wenn es die Gelegenheit gibt

Grammatik ❷

-(으)ㄹ까 하다
„überlegen etwas zu tun"
„darüber nachdenken etwas zu tun"

▶ Anhang S. 285 KT S. 306

A 주말에 뭐 할 거예요?
Was machen Sie am Wochenende?

B 날씨가 더워지니까 여름 옷을 살까 해요.
Ich überlege, Sommerkleidung zu kaufen, weil es heißer wird.

-(으)ㄹ까 하다 drückt die zukünftigen Pläne oder Ideen der Sprechenden aus. Der Plan oder die Idee ist noch nicht konkret und ist nur vage im Kopf. Da die sprechende Person das Subjekt sein muss, wird -(으)ㄹ까 하다 nur in der ersten Person Singular verwendet. Es wird an den Verbstamm gehängt.

- 올해에는 태권도를 배워 볼까 해요. Ich überlege, in diesem Jahr Taekwondo zu lernen.
- 이따가 산책할지도 모르니까 운동화를 신을까 해요.
  Ich denke ich werde Turnschuhe tragen, weil ich vielleicht später spazieren gehe.
- 이번 휴가 때 여행을 갈까 말까 고민하고 있어요.
  Ich überlege gerade, ob ich in diesem Urlaub, eine Reise machen soll oder nicht.

-(으)ㄹ수록
„je mehr…"

KT S. 306

A 또 먹고 싶어요?
Möchten Sie schon wieder essen?

B 네, 먹을수록 더 먹고 싶어져요.
Ja. Je mehr ich esse, desto mehr möchte ich essen.

-(으)ㄹ수록 drückt aus, dass wenn die Situation im ersten Satz fortschreitet oder häufiger auftritt, dies auch im zweiten Satz so passiert. Es wird an den Stamm von Verben, Adjektiven und 이다 gehängt. Der Ausdruck -(으)면 kann vor -(으)ㄹ수록 stehen, um die Wiederholung der ersten Aktion zu betonen.

- 많이 연습할수록 실력이 늘겠죠. Je mehr Sie üben, desto besser werden Sie.
- 친구는 많으면 많을수록 좋아요. Je mehr Freunde Sie haben, desto besser.
- 나이가 들수록 기억력이 안 좋아요. Je älter man wird, desto schlechter wird das Erinnerungsvermögen.

1   알맞은 답을 고르세요.

(1) 한국 요리 수업이 주말에 있대요.

저도 주말에 그 수업을   ⓐ 들을까 해요. / ⓑ 듣지 말까 해요.

(2) 돈이 좀 부족하니까 이번 달에는   ⓐ 쇼핑할까 해요. / ⓑ 쇼핑하지 말까 해요.

(3) 건강에 좋다고 하니까 운동을   ⓐ 시작할까 해요. / ⓑ 시작하지 말까 해요.

(4) 혼자 여행하는 것은 위험하니까 앞으로 혼자   ⓐ 여행할까 해요. / ⓑ 여행하지 말까 해요.

2   그림을 보고 다음에서 알맞은 답을 골라서 '-(으)ㄹ까 하다'를 사용하여 문장을 완성하세요.

가다	먹다	배우다	사다

(1) 한국 노래를 하나도 몰라요.

　　　내년부터 한국 노래를 조금씩 ＿＿＿＿＿＿＿＿＿.

(2) 전에 제주도에 가 봤어요.

　　　그러니까 이번에는 제주도에 ＿＿＿＿＿＿＿＿＿.

(3) 오늘 점심은 국수를 ＿＿＿＿＿＿＿＿＿는데 너도 같이 갈래?

(4) 가방이 너무 비싸서 ＿＿＿＿＿＿＿＿＿말까 고민하고 있어요.

3   '-(으)ㄹ수록'을 사용하여 문장을 완성하세요.

(1) 물이 부족하면 건강에 안 좋아요. 물을 많이 ＿＿＿＿＿＿＿＿＿몸에 좋아요. (마시다)

(2) 돈이 없을 때는 욕심이 없었어요. 그런데 돈이 ＿＿＿＿＿＿＿＿＿욕심이 더 생겨요. (많다)

(3) 그 사람은 항상 함부로 말해요. 그래서 그 사람의 말을 ＿＿＿＿＿＿＿＿＿화가 나요. (듣다)

(4) 어렸을 때는 매일 친구하고만 놀았어요.

　　　그런데 나이가 ＿＿＿＿＿＿＿＿＿가족이 소중하게 느껴져요. (들다)

🎙 Dialog ❷

마크	다음 달부터 한자를 공부할까 하는데, 같이 할래?
새라	글쎄, 난 수영을 시작할까 해. 수영을 하나도 못하거든.
마크	왜 갑자기 수영을 시작하는데?
새라	요즘 살이 많이 쪘어. 그리고 나이 들수록 운동이 중요한 것 같아서.
마크	그건 그렇지!
새라	그런데 내가 보기에 수영이 어려운 것 같아서 걱정이야.
마크	아니야. 어렵지 않아. 너도 실제로 해 보면 생각이 바뀔걸.
새라	그럴까? 사실은 전에 수영을 배우려고 했는데 어려워 보여서 포기했거든.
마크	처음에는 어렵지. 그래도 연습하면 좋아져.
새라	많이 연습해야겠지? 잘하려면 얼마나 해야 돼?
마크	많이 연습할수록 좋지. 일주일에 2–3일씩 최소한 6개월 이상 해야 돼.
새라	내가 할 수 있을까? 자신이 없는데…….
마크	일단 시작해 봐. 내가 조금씩 가르쳐 줄게.
새라	알았어. 고마워.

Mark	Ich denke darüber nach, ab nächsten Monat Hanja zu lernen. Willst du mitmachen?
Sarah	Mh, ich weiß nicht. Ich denke darüber nach, mit schwimmen anzufangen. Ich kann überhaupt nicht schwimmen.
Mark	Warum hast du dich plötzlich entschieden, schwimmen zu lernen?
Sarah	Ich habe in der letzten Zeit zugenommen. Und je älter man wird, desto wichtiger scheint Sport zu sein.
Mark	Das stimmt.
Sarah	Aber so wie ich es sehe, ist schwimmen schwierig, deswegen mache ich mir Sorgen.
Mark	Nein, es ist nicht schwierig. Wenn du es wirklich anfängst, ändert sich deine Meinung.
Sarah	Ach ja? Ehrlich gesagt hatte ich schon vorher vor, schwimmen zu lernen, aber ich habe es aufgegeben, weil es schwer aussah.
Mark	Am Anfang ist es schwierig. Aber wenn du übst, wirst du besser.
Sarah	Ich glaube ich muss wohl viel üben, oder? Wenn ich gut darin sein möchte, wie viel muss ich üben?
Mark	Je mehr du übst, desto besser wirst du. Du musst es zwei oder dreimal in der Woche mindestens 6 Monate machen.
Sarah	Kann ich das schaffen? Ich bin mir nicht sicher…
Mark	Fang zuerst einmal an. Ich werde es dir Stück für Stück beibringen.
Sarah	Alles klar. Danke.

Neue Wörter ▸ S. 333

한자 | 살이 찌다 | 실제로 | 바뀌다 | 씩 | 최소한 | 조금씩

Neue Redewendungen ▸ S. 334

• 그건 그렇지!
• 내가 보기에
• 최소한 … 이상

🔎 Tipps

1 -(으)ㄹ걸요 : „könnte" (Spekulationen)

-(으)ㄹ걸요 wird verwendet, um eine unsichere Vermutung auszudrücken. Es vermittelt das Gefühl, keine Verantwortung für seine Vermutung zu übernehmen, daher wird es nicht mit höherrangigen Personen verwendet, sondern eher in Situationen mit niedrig- oder gleichrangigen Gesprächspartnern. Es wird an den Stamm von Verben, Adjektiven und 이다 ergänzt. Es ist keine Frage, aber die Intonation geht am Ende nach oben.

• 리나는 아마 집에 있**을걸**. Rina könnte zu Hause sein.
• 진수가 친구들한테 벌써 말했**을걸요**.
  Jinsu könnte es schon seinen Freunden erzählt haben.

2 Die Verwendung von -아/어야겠지?

-아/어야겠지? ist eine Frage, die benutzt wird, um eine Tatsache zu bestätigen, bei der die Sprechenden annehmen, dass die Hörenden das schon wissen. Die Hörenden können auf diese Frage mit der Nutzung der Endung 지, die wir in Kapitel 4 gelernt haben, antworten.

• A 내가 잘못했으니까 먼저 사과해**야겠지**?
  Da ich einen Fehler gemacht habe, sollte ich mich entschuldigen, oder?

  B 그럼, 먼저 사과하면 좋**지**.
  Natürlich. Es ist besser, sich zuerst zu entschuldigen.

❶ Gegensatzpaare von Adverbien

1. 최대한 ↔ 최소한
am meisten ↔ am wenigsten
- 보고서는 **최소한** 3페이지 이상 써야 해요.
Mindestens 3 Seiten müssen für diesen Bericht geschrieben werden.

2. 많아도 ↔ 적어도
am meisten ↔ am wenigsten
- 표는 **적어도** 일주일 전에는 예매해야 돼요.
Sie müssen die Tickets mindestens eine Woche im Voraus kaufen.

3. 빨라도 ↔ 늦어도
am frühesten ↔ am spätesten
- 2시에 시작하니까 **늦어도** 1시 50분까지 오세요.
Bitte kommen Sie spätestens um 13:50 Uhr, da es um 14:00 Uhr beginnt.

4. 오래 ↔ 잠깐
lange Zeit ↔ einen Moment
- 친구와 **오래** 얘기하고 싶었지만 **잠깐** 얘기했어요.
Ich wollte lange mit meinen Freunden sprechen, aber wir sprachen nur einen Moment.

5. 더 ↔ 덜
mehr ↔ weniger
- 채소는 **더** 먹고 고기는 **덜** 먹어야 돼요.
Sie müssen mehr Gemüse und weniger Fleisch essen.

6. 일찍 ↔ 늦게
früh ↔ spät
- **일찍** 도착하려고 했는데 **늦게** 도착했네요.
Ich plante, früh anzukommen, aber ich kam zu spät an.

7. 같이 ↔ 따로
zusammen ↔ getrennt
- 항상 식사비를 **같이** 계산했는데 이번에는 **따로** 계산했어요.
Wir haben das Essen immer zusammen bezahlt, aber dieses Mal haben wir separat bezahlt.

8. 함께 ↔ 혼자
zusammen ↔ alleine
- **함께** 먹으면 **혼자** 먹을 때보다 음식이 더 맛있어요.
Essen schmeckt besser, wenn es gemeinsam statt alleine gegessen wird.

9. 먼저 ↔ 나중에
zuerst ↔ später
- **먼저** 시작하세요. 전 **나중에** 해도 돼요.
Bitte beginnen Sie zuerst. Ich kann es später machen.

10. 전에 ↔ 나중에
vorher ↔ später
- **전에** 만난 적이 있죠? **나중에** 또 만나요.
Wir haben uns schon einmal getroffen, oder? Lassen Sie uns uns später wieder treffen.

11. 아까 ↔ 이따가
eben ↔ später
- **아까** 얘기 못했어요. **이따가** 얘기할게요.
Ich konnte es Ihnen vorher nicht sagen. Ich erzähle es Ihnen später.

12. 처음 ↔ 마지막으로
zuerst ↔ zum Schluss
- **처음** 만났을 때 첫인상이 정말 좋았어요.
Als ich ihn das erste Mal traf, war der erste Eindruck sehr gut.

13. 처음에 ↔ 마지막에
zuerst ↔ am Ende
- 영화 **처음에**는 재미있었는데 **마지막에**는 지루했어요.
Der Film war zuerst interessant, aber am Ende war er langweilig.

14. 아직 ↔ 벌써
noch nicht ↔ schon
- **아직** 안 왔어요? **벌써** 영화가 시작했어요.
Sie ist noch nicht gekommen? Der Film hat schon angefangen.

15. 계속 ↔ 그만
kontinuierlich ↔ unterbrechen
- 음식을 **계속** 먹을 수 있었지만 **그만** 먹었어요.
Ich hätte weiter essen können, aber ich hörte auf.

16. 실수로 ↔ 일부러
zufällig ↔ absichtlich
- **실수로** 잘못 말했어요. **일부러** 그런 건 아니에요.
Ich habe etwas Falsches gesagt. Das war nicht absichtlich.

17. 대충 ↔ 자세히
ungefähr ↔ genau
- 보통 뉴스를 **대충** 보지만 오늘 뉴스는 **자세히** 봤어요.
Normalerweise überfliege ich die Nachrichten, aber heute lese ich sie sorgfältig.

18. 충분히 ↔ 부족하게
ausreichend ↔ unzureichend
- 뭐든지 **충분히** 연습해야 돼요. Man muss alles gründlich üben.

❷ Geläufige Redewendungen

1. **이상** über ↔ **이하** unter
- 이 영화는 19세 **이상**만 볼 수 있습니다. 19세 **미만**은 볼 수 없습니다.
Nur Personen, die 19 Jahre oder älter sind, können diesen Film sehen. Leute jünger als 19 dürfen ihn nicht sehen.

2. **초과** mehr als ↔ **미만** weniger als
- 이 엘리베이터는 700kg을 **초과**하면 안 됩니다. 700kg 이하는 괜찮습니다.
Bei mehr als 700 kg Gewicht funktioniert dieser Aufzug nicht.
700 kg oder weniger sind in Ordnung.

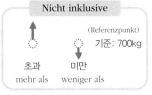

🔆 **Wichtige Redewendungen**
- 일주일에 최소한 세 번 이상
mindestens drei Mal in der Woche
- 적어도 30분 이상 mindestens 30 Minuten
- 늦어도 잠자기 한 시간 전에
spätestens eine Stunde vor dem Schlafen

Grammatik ❸

-기는 하지만 „Es ist... zwar, aber"

▶ Anhang S. 285 KT S. 298

A 이 구두 정말 예쁘죠?
Diese Schuhe sind wirklich schön, oder?

B 구두가 예쁘긴 하지만 값이 너무 비싸네요.
Die Schuhe sind schön, aber der Preis ist zu teuer.

-기는 하지만 erkennt den ersten Satz an, aber es folgt ein Satz mit gegensätzlichem Inhalt. Es ist weicher als -지만. -기는 하지만 wird an den Stamm von Verben, Adjektiven und 이다 ergänzt. -기는 kann zu -긴 verkürzt werden. Wenn der Inhalt in der Vergangenheit liegt, wird -기는 했지만 verwendet. Anstelle von -지만 kann -(으)ㄴ/는데 verwendet werden. Wenn jedoch -(으)ㄴ/는데 verwendet wird, wird -기는 하는데 ergänzt, wenn es ein Verb ist, während -기는 한데 ergänzt wird, wenn es ein Adjektiv ist.

• 한국어가 어렵기는 하지만 재미있어요. (= 한국어가 어렵기는 해요. 하지만 재미있어요.)
  Koreanisch ist zwar schwierig, aber interessant.

• 텔레비전을 보긴 하는데 무슨 말인지 이해할 수 없어요.
  Ich sehe zwar fern, aber ich kann nicht verstehen, was gesagt wird.

• 친구를 만나긴 했지만 그 얘기를 하지 못했어요.
  Ich habe zwar den Freund getroffen, aber ich konnte nicht mit ihm darüber sprechen.

-군요 Realisierung und Verständnis einer neu gelernten Tatsache ausdrücken

▶ Anhang S. 286 KT S. 309

A 매워서 먹을 수 없어요.
Ich kann es nicht essen, weil es scharf ist.

매운 음식을 못 먹는군요.

B 매운 음식을 못 먹는군요.
Ah, du kannst kein scharfes Essen essen.

-군요 wird verwendet, nachdem man eine Situation gesehen oder eine Information gehört und dadurch etwas Neues gelernt hat. Es impliziert auch, dass die sprechende Person die Tatsache bis jetzt nicht kannte. Es wird im Allgemeinen nur in der gesprochenen Sprache verwendet. -는군요 wird an Verbstämme im Präsens gehängt, während -군요 an die Stämme von Adjektiven und 이다 gehängt wird. Wenn auf eine gegenwärtige Tatsache Bezug genommen wird, kann -았/었- oder -겠- ergänzt werden, um -았/었군요 und -겠군요 zu bilden. Die Banmalform (informelle Form) von -군요 ist -구나.

• 한국어를 배워 보니까 발음이 어렵군요. Beim Lernen von Koreanisch ist die Aussprache sehr schwierig.

• 혼자 살면 한국 생활이 외롭겠군요. Wenn Sie alleine leben, ist das Leben in Korea bestimmt einsam.

• 아파서 학교에 안 나왔구나! Du bist nicht zur Universität gekommen, da du krank warst.

1 알맞은 답을 고르세요.

(1) 맛있긴 하지만 생각보다 ⓐ 비싸요. / ⓑ 안 비싸요.

(2) 그 사람에 대해 알긴 하지만 말해 줄 수 ⓐ 있어요. / ⓑ 없어요.

(3) ⓐ 마음에 들긴 한데 / ⓑ 마음에 들긴 하는데 너무 비싸서 못 샀어요.

(4) 한국에 온 지 ⓐ 오래되긴 하지만 / ⓑ 오래되긴 했지만 아직 한국어를 잘 못해요.

(5) 그 사람을 곧 ⓐ 만나긴 하겠지만 / ⓑ 만나긴 했지만 이번 주말에는 안 만날 거예요.

2 다음 대답 중에서 틀린 것 하나를 고르세요.

(1) A 집에서 회사까지 2시간이나 걸려요.

B ⓐ 시간이 많이 걸리는군요.
ⓑ 집에서 회사까지 멀군요.
ⓒ 아침마다 고생하겠군요.
ⓓ 집에서 일찍 출발하는군요.

(2) A 저녁에 운동하러 헬스장에 가요.

B ⓐ 건강해지는군요.
ⓑ 살이 빠지겠군요.
ⓒ 저녁에 집에 없겠군요.
ⓓ 집에서 운동 안 하는군요.

(3) A 내일 아침에 여행 떠나요.

B ⓐ 신나겠군요.
ⓑ 오늘 짐을 싸야겠군요.
ⓒ 스트레스가 풀리는군요.
ⓓ 내일 오후에 만날 수 없군요.

(4) A 어제 감기 때문에 너무 많이 아팠어.

B ⓐ 힘들었겠구나.
ⓑ 많이 아팠구나.
ⓒ 감기에 걸렸겠구나.
ⓓ 약이 필요했겠구나.

3 '-군요'를 사용하여 대화를 완성하세요.

(1) A 이 노래를 들어 보세요. 좋죠?

B 가수의 목소리가 듣기 _____. (좋다)
가수 이름이 뭐예요?

(2) A 한국에 온 지 1년 됐어요.

B 1년 전에 한국에 _____. (오다)
저보다 일찍 왔네요.

(3) A 몇 년 전에 부산에서 살았어요.

B 부산에 대해 잘 _____. (알다)
부산 여행 때 안내 좀 부탁해요.

(4) A 저는 어렸을 때하고 지금이 얼굴이 똑같아요.

B 그러면 어렸을 때도 _____. (귀엽다)
어렸을 때의 사진을 보고 싶네요.

Track **39**

리나	대학교를 졸업한 후에 뭐 할 거야?
진수	취직할까 대학원에 갈까 고민 중이야.
리나	아직 못 정했구나! 대학원에 갈 거라고 생각했는데.
진수	더 공부하고 싶긴 한데 사회에서 경험을 쌓는 것도 좋을 것 같아.
리나	그래도 계속 공부하는 게 낫지 않을까?
진수	그렇긴 하지만 공부하려면 돈이 필요해서 취직도 생각하고 있어.
리나	장학금을 받아서 공부하면 되잖아. 네 생각은 어때?
진수	그러면 좋지. 하지만 장학금 받는 게 쉽지 않잖아.
리나	하긴. 그런데 대학원에 가게 되면 뭐 전공하려고?
진수	국제 관계를 전공하려고 해.
리나	그렇구나! 같은 분야를 전공하는 사람과 얘기해 봤어?
진수	아니, 적당한 사람이 없어서 아직 얘기 못 해 봤어.
리나	그래? 내 친구 중에 국제 관계를 전공하는 친구가 한 명 있는데, 만나 볼래?
진수	정말? 만나면 도움이 많이 될 것 같아. 고마워.
리나	알았어. 그 친구한테 연락해 보고 말해 줄게.

Rina	Was wirst du nach deinem Uni-Abschluss machen?
Jinsu	Ich überlege, ob ich einen Job suchen oder zur Graduiertenschule gehen soll.
Rina	Oh, du hast dich noch nicht entschieden! Ich dachte, du würdest zur Graduiertenschule gehen.
Jinsu	Ich möchte mehr lernen, aber es scheint auch gut, etwas Arbeitserfahrung zu sammeln. (wtl. etwas Erfahrung in der Gesellschaft zu sammeln.)
Rina	Aber wäre es nicht besser, weiter zu studieren?
Jinsu	Das stimmt, aber wenn ich weiter studieren will, brauche ich auch Geld. Deshalb überlege ich, einen Job zu suchen.
Rina	Du kannst doch auch ein Stipendium erhalten. Was hältst du davon?
Jinsu	Das wäre gut, wenn ich das machen könnte. Aber es ist nicht leicht, ein Stipendium zu bekommen, weißt du?
Rina	Das ist richtig. Wenn du zur Graduiertenschule gehst, welches Fach möchtest du dann studieren?
Jinsu	Ich möchte internationale Beziehungen studieren.
Rina	Wirklich? Hast du mit Leuten gesprochen, die das gleiche Fach studieren?
Jinsu	Nein, ich habe mit niemandem gesprochen, weil ich niemanden gefunden habe. (wtl. weil es niemand passenden gibt)
Rina	Wirklich? Unter meinen Freunden gibt es jemanden, der internationale Beziehungen studiert, möchtest du ihn mal treffen?
Jinsu	Wirklich? Ich glaube, es wäre hilfreich ihn zu treffen. Danke.
Rina	OK. Ich versuche ihn zu kontaktieren und gebe dir Bescheid.

Neue Wörter ▸ S. 334

졸업하다 | 취직 | 대학원 | 사회 | 낫다 | 장학금 | 전공하다 | 국제 관계 | 분야

Neue Redewendungen ▸ S. 334

• 네 생각은 어때?
• 그러면 좋지.
• 하긴.

🔍 Tipps

1 하긴: „Das ist richtig."

하긴 kann verwendet werden, um Einsicht und Zustimmung auszudrücken, wenn jemand eine gegenteilige Meinung äußert. Es wird in Situationen verwendet, in denen man informell sprechen kann.

• A 백화점은 너무 비싸지 않아요? Sind Kaufhäuser nicht sehr teuer?
  B 비싸긴 하지만 품질이 좋잖아요.
    Das sind sie. Aber die Produkte sind von guter Qualität, oder?
  A **하긴** 품질은 좋지요. Das stimmt. Die Qualität ist gut.

2 Kürzungen in gesprochener Sprache

Beim Sprechen können in bestimmten Fällen Teile von Grammatikstrukturen weggelassen werden. Im obigen Dialog kann 뭐 전공하려고 해? zu 뭐 전공하려고? gekürzt werden. In diesem Fall kann der Satz auch 뭐 전공하려구? ausgesprochen werden.

❶ Beschreibungen von Kreisdiagrammen

1.	2.	3.	4.	5.
전부, 모든 N (100%) ganz, alle	대부분 (70-80%) der größte Teil, größtenteils	절반 (50%) die Hälfte (von)	일부 (10-20%) ein Teil	어떤 N도 … 안/못 (0%) niemand, kein

- 20대 남자 **전부가** 건강해요.
  Alle Männer in den Zwanzigern sind gesund.

- 20대 남자 **대부분이** 운동을 좋아해요.
  Die meisten Männer in den Zwanzigern machen gern Sport.

- 20대 남자 **절반이** 모임에 왔어요.
  Die Hälfte der Männer in den Zwanzigern kam zu dem Treffen.

- 20대 남자 **일부가** 졸업하지 않았어요.
  Ein Teil der Männer in den Zwanzigern hatte keinen
  Abschluss.

- 20대 남자 중 **어떤 사람도** 취직하**지 못했어요**.
  Keiner der Männer in den Zwanzigern konnte einen Job finden.

- **모든** 20대 남자가 건강해요.
  Alle Männer in den Zwanzigern sind gesund.

- **대부분의** 20대 남자가 운동을 좋아해요.
  Die meisten Männer in den Zwanzigern machen gern Sport.

- **절반의** 20대 남자가 모임에 왔어요.
  Die Hälfte der Männer in den Zwanzigern kam zu dem Treffen.

- **일부** 20대 남자가 졸업하지 않았어요.
  Ein Teil der Männer in den Zwanzigern hatten keinen
  Abschluss.

- **어떤** 20대 남자도 취직하**지 못했어요**.
  Keiner der Männer in den Zwanzigern konnte einen Job finden.

❷ Maße vergleichen

1. 1/2: 이 분의 일 die Hälfte	2. 만큼 so viel wie	3. 2 (두) 배 zweimal
1/3: 삼 분의 일 ein Drittel		3 (세) 배 dreimal
1/4: 사 분의 일 ein Viertel		1,5 (일점오) 배 anderthalbmal

- 우리 반 학생들의 **1/3이** 일본 사람이에요. Ein Drittel der Schüler unserer Klasse sind Japaner.
- 이 사무실은 내 **방만큼** 좁아요. Dieses Büro ist so klein wie mein Zimmer.
- 이 가방은 내 가방보다 **두 배** 비싸요. Diese Tasche ist doppelt so teuer wie meine Tasche.

❸ Grafiken lesen

hoch

- 값이 올라가다
  steigen (Preis)
- 실력이 늘다
  verbessern (Fähigkeit)
- 돈이 늘어나다/증가하다
  zunehmen (Geld)
- 수가 늘다/늘어나다/증가하다
  ansteigen/zunehmen (Anzahl)

↔
↔
↔
↔

- 값이 내려가다
  fallen (Preis)
- 실력이 줄다
  verschlechtern (Fähigkeit)
- 돈이 줄어들다/감소하다
  abnehmen (Geld)
- 수가 줄다/줄어들다/감소하다
  sinken/sich verringern (Anzahl)

runter

- 지난 10년 동안 집세가 점점 올라가고 있어요.
  In den letzten 10 Jahren sind die Mieten allmählich gestiegen.

- 한국어 실력이 많이 늘었어요.
  Dein Koreanisch hat sich sehr verbessert.

- 이번 휴가 때 관광객이 크게 늘어났어요.
  Während des Urlaubs stieg die Anzahl der Touristen stark an.

💡 **Wichtige Redewendungen**

- (Nomen)이/가 서서히 늘어났어요.
  (Nomen) ist allmählich gestiegen.

- (Nomen)이/가 급격히 줄어들었어요.
  (Nomen) ist stark gesunken.

- (Nomen)이/가 그대로예요. (Nomen) ist gleich.

 **Lassen Sie uns sprechen!**

❶ 무엇에 관심이 있어요? 왜 그것에 관심이 생겼어요?

	나	친구
• 좋아하는 책		
• 하고 싶은 운동		
• 자주 듣는 음악		
• 자주 보는 텔레비전 프로그램		
• 하기 싫은 일		
• 잘하는 음식		
• 배우고 싶은 것		
• 일하고 싶은 분야		
• 한국에 대해 제일 관심 있는 것		
• 한국어를 배운 후 계획		

❷ 시간이 있을 때 주로 어떤 것을 해요?

책
- 무엇에 관한 책을 주로 읽어요?
- 좋아하는 작가가 누구예요?
  왜 좋아해요?
- 한국에 대한 책을 읽은 적이 있어요?

영화
- 어떤 영화를 좋아해요?
  (액션 영화, 드라마, 공포 영화, 코미디 영화, 스릴러 ……)
- 어떤 영화가 제일 좋았어요? 왜요?
- 그 영화에 어떤 배우가 나와요?
  영화감독이 누구예요?

공연이나 콘서트
- 어떤 공연을 좋아해요?
  얼마나 자주 가요?
- 최근에 어떤 공연을 봤어요?
  어디에서 했어요?
- 누구하고 같이 갔어요?

운동 경기
- 어떤 운동 경기를 자주 봐요?
- 최근에 언제 경기를 봤어요?
- 응원하는 팀이 이겼어요?
  누가 이겼어요? 누가 졌어요?

Neue Wörter

작가 Autor | 감독 Regisseur | 응원하다 anfeuern, unterstützen | 이기다 gewinnen | 지다 verlieren

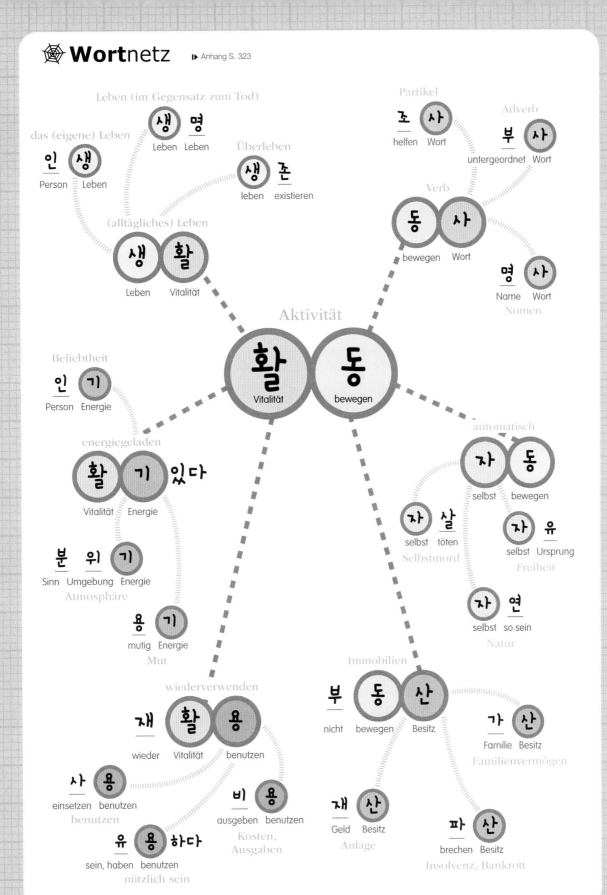

Lassen Sie uns über Leute sprechen!

• 괴짜 Er ist ein bisschen… exzentrisch!

괴짜 bezeichnet einen Exzentriker. „Exzentrisch" bezeichnet hier Menschen, die Handlungen ausführen, die die meisten Menschen nicht oft tun. Dies kann als positiv gesehen werden, da die Person eine faszinierende Wahrnehmung von sich selbst hat, aber es kann auch als negative Eigenschaft gesehen werden, da die Person Handlungen ausführt, die von normalen Menschen schlecht verstanden werden. Es gab früher die Vorstellung, dass es für einen 괴짜 schwierig ist, in der traditionellen koreanischen Gesellschaft zu überleben, in der es wichtig ist, zu lesen, was andere Menschen denken, aber heutzutage kann ein 괴짜 als einzigartig angesehen werden, da Kreativität in der modernen Generation als kritische Eigenschaft angesehen wird.

• 왕따 Grenzt mich nicht aus!

왕따 bezieht sich auf die Ächtung oder Entfremdung einer Person als Paria, Außenseiter. Das 따 kommt von 따돌림 (ausgrenzen) und das 왕 steht für „ernst machen" oder „oft machen". Jede Gesellschaft ist in dem Maße geeint, in dem sich Menschen mit ähnlichen Interessen zusammengefunden haben, aber in der koreanischen Gesellschaft, die sich auf Grundlage einer kollektivistischen Kultur entwickelt hat, ist ein 왕따 einer großen psychischen Belastung ausgesetzt, da sich diese Person keiner Gruppe anschließen kann. 왕따 ist mit vielen gesellschaftlichen Problemen konfrontiert, insbesondere in der Schule, beim Militär und in Unternehmen, in denen die Gruppenmentalität stark ausgeprägt ist.

• 컴맹 Wissen Sie, wie man einen Computer benutzt?

Da Computer in der letzten Zeit zu einem wesentlichen Bestandteil des Lebens geworden sind, ist ein Mangel an Computerkenntnissen besonders auffällig. 컴맹 bezeichnet Menschen, die nicht technologisch versiert sind. Das Wort setzt sich zusammen aus 컴, das für 컴퓨터 steht und 맹, was Unwissenheit bedeutet. Da Computer ein fester Bestandteil des Lebens geworden sind, ist dieses Wort auch üblich geworden. Der Begriff 컴맹 wird oft von Personen verwendet, die Schwierigkeiten bei der Benutzung von Computern haben, um sich selbst zu bezeichnen. Insbesondere dann, wenn sie computerversierte Personen um Hilfe oder die Reparatur eines Computers bitten.

• 몸짱 Was für ein Körper!

몸짱 bezeichnet Menschen, die fleißig Sport machen und sich um ihren Körper kümmern. Das Wort setzt sich aus den Wörtern 몸 (Körper) und 짱 (der Beste) zusammen. Somit bezieht sich 몸짱 auf Menschen, die einen Körper haben, den sich jeder wünscht. Es wird als Ausdruck der Bewunderung für die harte Arbeit verwendet, die jemand in die Pflege seines Körpers gesteckt hat, insbesondere in der heutigen Gesellschaft, in der eine gute Gesundheit geschätzt wird.

Kapitel **14**

여행
Reisen

Ziele · Vermutungen anstellen

· über Missverständnisse sprechen

· über Reiseerinnerungen sprechen

· zu Reiseerfahrungen fragen und darauf antworten

· über gewohnheitsmäßige Handlungen sprechen

· sich Entschuldigen

· etwas bedauern

Grammatik ❶ - 나 보다 „scheint zu sein"

　　　 -(으)ㄴ/는 줄 알았다 „gedacht haben, dass"

　　 ❷ - 던 Attribut für Rückblicke

　　　 - 곤 하다 „normalerweise", „normalerweise machen"

　　 ❸ - 느라고 „weil (ich zu dem Zeitpunkt... tat)"

　　　 -(으)ㄹ 걸 그랬다 „hätte sollen"

Grammatik ❶

-나 보다 „scheint zu sein"

 ▶ Anhang S. 286 | KT S. 309

A 저 식당에 많은 사람들이 줄을 서 있어요.
Viele Leute stehen bei dem Restaurant in einer Schlange.

B 저 식당 음식이 맛있나 봐요.
Das Essen des Restaurants scheint lecker zu sein.

-나 보다 wird verwendet, um eine Handlung oder einen Zustand auf der Grundlage dessen, was man gesehen hat, zu vermuten. Wenn Vermutungen zu Gegenwärtigem angestellt werden, wird -(으)ㄴ가 보다 an den Stamm von Adjektiven oder 이다 gehängt, während -나 보다 an Verbstämme gehängt wird. Wenn sie zu Vergangenem angestellt werden, wird -았/었나 보다 an den Stamm von Verben, Adjektiven und 이다 gehängt.

- 민호는 요즘 바쁜가 봐. 연락이 안 되네. Minho scheint zur Zeit sehr beschäftigt zu sein. Ich kann ihn nicht erreichen.

- 많은 사람들이 모여 있어요. 유명한 사람이 왔나 봐요.
  Viele Menschen versammeln sich. Eine berühmte Person scheint gekommen zu sein.

- 저 사람이 리나의 남자 친구인가 봐. 리나하고 손을 잡고 걸어가네.
  Die Person dort scheint Rinas Freund zu sein. Er hält mit Rina Händchen.

-(으)ㄴ/는 줄 알았다 „gedacht haben, dass"

 ▶ Anhang S. 287 | KT S. 307

A 저는 한국 음식이 다 매운 줄 알았어요.
그런데 이건 안 매워요.
Ich habe gedacht, dass koreanisches Essen immer scharf ist.
Aber das ist gar nicht scharf.

B 안 매운 음식도 있지요.
Es gibt auch Essen, dass nicht scharf ist.

-(으)ㄴ/는 줄 알았다 wird verwendet, um ein Missverständnis bezüglich einer Tatsache oder Situation auszudrücken. Der vorangestellte Satz drückt das Missverständnis aus. Wenn das Missverständnis zu Gegenwärtigem besteht, wird -는 줄 알았다 an den Stamm von Verben gehängt, während -(으)ㄴ 줄 알았다 an den Stamm von Adjektiven und 이다 gehängt wird. Wenn das Missverständnis zu Vergangenem besteht, wird -(은) an 알았다 an den Verbstamm gehängt. -(으)ㄴ 줄 알았다 wird an den Stamm von Verben, Adjektiven und 이다 gehängt, wenn Missverständnisse zu Zukünftigem oder Vermutungen ausgedrückt werden.

- 진수가 농담하는 줄 알았어요. 그런데 진심이었어요. Ich dachte, Jinsu hätte einen Witz gemacht. Aber es war wahr.

- 처음에는 한국 물가가 싼 줄 알았는데 와 보니까 생각보다 비싸요.
  Am Anfang dachte ich, dass Korea günstig sei, aber jetzt, wo ich hier bin, sehe ich, dass es teurer ist als gedacht.

- 영어를 잘해서 미국 사람인 줄 알았는데 독일 사람이에요.
  Ich dachte, er sei Amerikaner, da er so gut Englisch spricht, aber er ist Deutscher.

1 알맞은 답을 고르세요.

(1) 우리 선생님이 오늘 옷을 예쁘게 입었어요. ⓐ 배우인가 봐요. / ⓑ 데이트하나 봐요.

(2) 마크가 어제부터 아무것도 못 먹었다고 했어요. ⓐ 배가 아픈가 봐요. / ⓑ 배가 고픈가 봐요.

(3) 가게에 사람들이 줄을 서 있어요. ⓐ 음식이 맛있나 봐요. / ⓑ 돈을 많이 버나 봐요.

(4) 원래 집까지 30분 걸리는데 오늘은 2시간 걸렸대요. ⓐ 피곤한가 봐요. / ⓑ 길이 막혔나 봐요.

2 다음에서 알맞은 답을 골라서 '-나 보다'를 사용하여 문장을 완성하세요.

멀다	자다	오다	있다	유명하다

(1) 마크 씨 옷이 다 젖었어요. 밖에 비가 _____.

(2) 오늘 피곤해 보여요. 어제 잠을 못 _____.

(3) 사람들이 모두 저 사람의 이름을 알아요. 저 사람이 _____.

(4) 리나가 요즘에 항상 학교에 늦게 와요. 집이 학교에서 _____.

(5) 민호가 요즘 얼굴 표정이 밝아요. 민호에게 좋은 일이 _____.

3 '-(으)ㄴ/는 줄 알았다'를 사용하여 대화를 완성하세요.

(1) A 케빈은 전에 중국에서 살았나 봐요.

　　B 아니요, 그런 적이 없는데요.

　　A 그래요? 중국어를 잘해서 전에 중국에서 _____.

(2) A 리나는 영화 보러 자주 가나 봐요.

　　B 아니요, 시간이 없어서 자주 못 가요.

　　A 그래요? 영화에 대해 잘 알아서 영화 보러 자주 _____.

(3) A 오랫동안 여기에서 일했나 봐요.

　　B 아니요, 저도 일한 지 얼마 안 되는데요.

　　A 그래요? 회사 사람들하고 친해 보여서 오랫동안 _____.

(4) A 찌개가 매운가 봐요.

　　B 아니요, 하나도 안 매워요. 왜 그렇게 생각했어요?

　　A 사람들이 찌개를 먹으면서 땀을 많이 흘려서 _____.

Track **40**

Sarah	Wann wurde dieses Foto gemacht?
Jinsu	Es wurde in der Grundschule gemacht.
Sarah	Du warst sehr süß, als du jung warst. Wo hast du dieses Foto gemacht?
Jinsu	Wo war es nochmal? Ich glaube, es war, als ich nach Busan gereist bin.
Sarah	Die Person rechts sieht aus wie dein kleiner Bruder. Sein Gesicht sieht dir sehr ähnlich.
Jinsu	Nein, das Kind war mein Freund, als ich jung war.
Sarah	Wirklich? Ich dachte, dass es dein Bruder sei, weil eure Gesichter sich ähneln.
Jinsu	Das habe ich schon oft gehört.
Sarah	Ihr scheint eng befreundet gewesen zu sein, wenn ihr sogar zusammen reist.
Jinsu	In den Ferien bin ich oft mit der Familie meines Freundes an den Strand gegangen.
Sarah	Achso. Hast Du auch jetzt den Freund oft getroffen?
Jinsu	Nein, ich habe durch meinen Umzug den Kontakt zu meinem Freund verloren.
Sarah	Das ist schade.

새라	이게 언제 찍은 사진이에요?
진수	초등학교 때 찍은 사진이에요.
새라	어렸을 때 정말 귀여웠네요. 어디에서 이 사진을 찍었어요?
진수	어디더라? 부산에 여행 갔을 때 찍은 것 같아요.
새라	오른쪽 옆에 있는 사람이 동생인가 봐요. 얼굴이 닮았네요.
진수	아니요, 그 애는 어렸을 때 제 친구예요.
새라	그래요? 저는 얼굴이 비슷해서 동생인 줄 알았어요.
진수	그런 얘기 많이 들었어요.
새라	같이 여행도 다닌 것을 보니까 많이 친했나 봐요.
진수	방학 때 이 친구네 가족이랑 바닷가에 자주 놀러 갔어요.
새라	그랬군요. 지금도 이 친구를 자주 만나요?
진수	아니요, 제가 이사 가면서 친구하고 연락이 끊겼어요.
새라	안타깝네요.

Neue Wörter ▸ S. 334

초등학교 ǀ 어렸을 때 ǀ 귀엽다 ǀ 여행 다니다 ǀ 지금도 ǀ 이사 가다 ǀ 연락이 끊기다

Neue Redewendungen ▸ S. 334

• 어디더라?
• 그런 얘기 많이 들었어요.
• 안타깝네요.

🔎 Tipps

1 Sich an Informationen erinnern

-더라? wird verwendet, wenn man nach einer Erinnerung sucht. Da man den Ausdruck im Selbstgespräch (혼잣말) nutzt, gibt es keine formelle Form. -더라 wird an den Stamm von Verben, Adjektiven und 이다, sowie auch an Fragewörter gehängt.

• 이름이 뭐**더라?** 생각이 안 나네.
  Wie war sein Name nochmal? Ich kann mich nicht daran erinnern.

• 언제 여행 갔**더라?** 기억이 안 나네요.
  Wann sind wir gereist? Ich kann mich nicht erinnern.

2 네: Familie/ Wohnung einer Person

네 wird an ein sich auf eine Person beziehendes Nomen angehängt, um auf eine Gruppe zu verweisen, zu der diese Person gehört. In diesem Dialog bedeutet 친구네 가족 das gleiche wie 친구의 가족. 가족 oder 집 können verwendet oder weggelassen werden.

• 지난 주말에 동생**네**에 갔다 왔어요.
  Letztes Wochenende bin ich zu meinem jüngeren Bruder gegangen.

• 민수**네** 얘기를 들었어요?
  Hast du gehört, was Minsus Familie passiert ist?

① Position einer Person identifizieren

• 뒷줄 (세 번째 줄) ➡
hintere Reihe (dritte Reihe)

• 가운데 줄 (두 번째 줄) ➡
mittlere Reihe (zweite Reihe)

• 앞줄 (첫 번째 줄) ➡
vordere Reihe (erste Reihe)

❶ 마지막 줄의 맨 왼쪽에서 두 번째
die Zweite von links in der letzten Reihe

❷ 뒷줄의 중앙 (= 가운데)
in der Mitte der letzten Reihe

❸ 두 번째 줄의 맨 왼쪽
ganz links in der zweiten Reihe

❹ 앞줄의 왼쪽에서 두 번째
der Zweite von links in der Vorderen Reihe

❺ 가운데 줄의 오른쪽에서 세 번째
der Dritte von rechts in der mittleren Reihe

❻ 첫 번째 줄의 맨 오른쪽
ganz rechts in der ersten Reihe

② Bei einem Foto auf etwas hinweisen

❶ 사진의 **뒷면**에 날짜를 써서 친구에게 줬어요.
Ich habe das Datum auf die Rückseite des Fotos geschrieben und es meinem Freund gegeben.

❷ 사진의 **오른쪽 아래**에 사진 찍은 날짜가 나와 있어요.
Das Datum, an dem das Foto aufgenommen wurde, befindet sich unten rechts im Bild.

③ typische Beschreibungen eines Fotos

1. 사진이 잘 나왔어요. = 사진이 뚜렷하게 나왔어요.
Das Foto ist gelungen. = Das Foto ist scharf.

2. 사진이 잘 안 나왔어요.
Das Foto ist nicht gut gelungen.

3. 사진을 거꾸로 들고 있어요.
Das Foto wird verkehrt herum gehalten.

4. 사진을 뒤집어서 들고 있어요.
Das Foto wird mit der Rückseite nach vorne gehalten.

• 사진이 흐리게 나왔어요.
Das Foto ist verschwommen.

• 사진이 초점이 안 맞아요.
Der Fokus auf dem Bild ist nicht richtig.

• 사진이 흔들렸어요.
Das Foto ist verwackelt.

• 얼굴이 잘렸어요.
Das Gesicht ist abgeschnitten.

☀ Wichtige Redewendungen

• 언제 찍은 사진이에요? Wann wurde das Foto gemacht?
• 어디서 찍었어요? Wo haben Sie das Foto gemacht?
• 옆에 있는 사람이 누구예요? Wer ist die Person neben Ihnen?

Grammatik ❷

–던 Attribut für Rückblicke

▶ Anhang S. 288 KT S. 299

A 예전 집에 가 봤어요?

Haben Sie ihr altes Haus besucht?
(wtl. Sind Sie zu ihrem alten Haus gegangen?)

B 어릴 때 살던 집이 지금은 없어졌어요.

Das Haus, in dem ich lebte, als ich jung war, gibt es nicht mehr.

-던 wird als Attribut vor Nomen verwendet, die sich auf eine Erinnerung eines vergangenen Zustandes oder Ereignisses beziehen. Es wird an den Stamm von Verben, Adjektiven und 이다 gehängt. -던 bezieht sich auf eine Handlung oder Gewohnheit, die eine bestimmte Zeit lang wiederholt wurde, oder auf einen Zustand, der über einen festgelegten Zeitraum hinweg andauerte. Der Ausdruck kann mit -았/었- kombiniert werden, um die Form -았/었던 zu bilden. Diese impliziert, dass die Handlung oder der Zustand in der Vergangenheit einmal oder nur wenige Male aufgetreten ist.

- 항상 웃던 친구의 얼굴이 지금도 기억나요. Ich erinnere mich auch jetzt an das Gesicht der Freundin, die immer lachte.
- 내가 지난번에 말했던 얘기 생각나? Erinnerst du dich an das, was ich letztes Mal erzählt habe?
- 3년 전까지 야구 선수였던 사람이 지금은 가수가 됐어요.
  Die Person, die bis vor 3 Jahren Baseballspieler war, ist jetzt Sänger geworden.

–곤 하다 „normalerweise machen", „früher etwas gemacht haben"

KT S. 300

A 그 공원에 가 본 적이 있어요?

Sind Sie schon einmal zu diesem Park gegangen?

B 어렸을 때 가족과 같이 공원에 놀러 가곤 했어요.

Als ich jung war, pflegte meine Familie zusammen in diesen Park zu gehen.

-곤 하다 wird verwendet, um eine gewohnheitsmäßig wiederholte Handlung auszudrücken. Es wird an den Stamm von Verben gehängt. -곤 했다 wird für Handlungen verwendet, die in der Vergangenheit wiederholt, aber in der Gegenwart nicht mehr ausgeführt werden.

- 피곤하면 음악을 듣곤 해요. Wenn ich müde bin, höre ich normalerweise Musik.
- 어렸을 때 심하게 장난쳐서 엄마한테 혼나곤 했어요.
  Als ich ein Kind war, schimpfte meine Mutter immer mit mir, weil ich zu frech war.
- 전에는 친구와 가끔 점심을 먹곤 했는데 요즘은 바빠서 못 해요.
  Früher habe ich manchmal mit meinen Freunden zu Mittag gegessen, aber in letzter Zeit bin ich so beschäftigt, dass ich das nicht mehr schaffe.

1 그림을 보고 '-던'을 사용하여 문장을 완성하세요.

몇 년 전에 할머니께서 주셨어요.

5년 전에 제 회사 동료였어요.

어렸을 때 가지고 놀았어요.

70년대에 유행했어요.

전에 친구하고 갈비를 먹었어요.

학교 다닐 때 키가 작았어요.

(1) _____ 노래를 다시 들어 보고 싶어요.

(2) _____ 인형을 창고에서 발견했어요.

(3) _____ 식당이 어디에 있는지 생각 안 나요.

(4) _____ 친구가 지금은 우리 중에서 키가 제일 커요.

(5) _____ 사람이 우리 옆집에 살아요.

(6) _____ 반지를 어제 길에서 잃어버려서 너무 속상해요.

2 알맞은 답을 고르세요.

(1) 10년 동안 ⓐ 쓰는 / ⓑ 쓰던 자동차를 지난달에 바꿨어요.

(2) 1년 전에 ⓐ 결혼한 / ⓑ 결혼했던 부부가 지금도 잘 살고 있대요.

(3) 지난주에 ⓐ 보내던 / ⓑ 보냈던 편지가 아직도 도착 안 했나 봐요.

(4) 다 ⓐ 읽은 / ⓑ 읽었던 책은 책상 위에 놓아 주세요. 제가 나중에 정리할게요.

(5) 전화 끊었어? 그럼 아까 ⓐ 먹던 / ⓑ 먹었던 밥 계속 먹어.

3 '-곤 하다'를 사용하여 문장을 완성하세요.

(1) 평소에는 밖에서 사 먹지만 가끔 도시락을 싸 와서 _____ . (먹다)

(2) 혼자 영화 보는 것을 좋아해서 평일에 가끔 혼자 영화를 _____ . (보다)

(3) 지금은 동생하고 사이가 좋지만 어렸을 때는 가끔 _____ . (싸우다)

(4) 요즘에는 시간이 없어서 산책을 못 하지만 예전에는 시간이 날 때마다 한강에서

_____ . (산책하다)

Mark	Das ist ein Foto, das ich während meiner Reise in Thailand gemacht habe.
Rina	Was? Das bist du? Ich dachte, dass es jemand anders wäre, weil deine Frisur so anders ist.
Mark	Wirklich? Andere Leute sagen das auch.
Rina	Aber du hast ja alle Fotos selbst gemacht. Du scheinst wohl alleine gereist zu sein.
Mark	Ja, ich bin früher (viel) herumgekommen und bin dabei viel alleine gereist.
Rina	Reist du zur Zeit auch allein?
Mark	Nein, jetzt finde ich es bequem(er) mit Freunden zu reisen.
Rina	Ich auch. Von dem Essen, das du beim Reisen probiert hast, welches Essen ist dir da am meisten in Erinnerung geblieben?
Mark	Sogar jetzt kann ich den Geschmack von Pad Thai, das ich dort hatte, nicht vergessen.
Rina	War es so lecker?
Mark	Ja. Restaurants, zu denen Einheimische gehen, sind billiger und leckerer als solche, zu denen Touristen gehen.
Rina	Aha.

마크	이건 태국에 여행 가서 찍었던 사진이에요.
리나	네? 이 사람이 마크 씨예요? 머리 모양이 달라서 다른 사람인 줄 알았어요.
마크	그렇죠? 다른 사람들도 다 그렇게 말해요.
리나	그런데 전부 혼자 찍은 사진이네요. 혼자 여행 갔나 봐요.
마크	네, 전에는 혼자 여기저기 돌아다니면서 여행하곤 했어요.
리나	요즘에도 혼자 여행 가요?
마크	아니요, 이제는 친구랑 같이 편하게 다니는 게 좋아요.
리나	저도 그래요. 여행할 때 먹었던 음식 중에서 뭐가 제일 생각나요?
마크	거기에서 먹었던 팟타이 맛을 지금도 잊을 수 없어요.
리나	그렇게 맛있었어요?
마크	네, 관광객이 찾는 식당 말고 현지인들이 가는 식당이 더 싸고 맛있었어요.
리나	그렇군요.

▶ Neue Wörter ▸ S. 334

모양 ｜ 전부 ｜ 잊다 ｜ 관광객 ｜ 현지인

▶ Neue Redewendungen ▸ S. 334

- 다른 사람들도 다 그렇게 말해요.
- 뭐가 제일 생각나요?
- 지금도 잊을 수 없어요.

🔍 Tipps

1 Ausdrücke für unspezifische Dinge und Orte

- **여기저기** 찾아봤지만 지갑이 없어요.
  Ich habe überall gesucht, aber ich konnte mein Portemonnaie nicht finden.

- 오랜만에 쇼핑해서 **이것저것** 많이 샀어요.
  Ich habe dies und das gekauft, weil ich eine lange Zeit nicht mehr eingekauft habe.

- 친구를 만나서 **이런저런** 얘기를 했어요.
  Ich traf meine Freundin und sprach mit ihr über alles Mögliche.

- 친구는 변덕스러워서 항상 **이랬다저랬다** 해요.
  Mein Freund ist launisch, sodass er sich mal so mal so verhält.

2 Die Verwendung von 저도 그래요

Dieser Ausdruck wird verwendet, um auszudrücken, dass man mit der sprechenden Person ein Gefühl, eine gleiche Situation oder eine Erfahrung teilt. Es kann zu 저도요 verkürzt werden. Auf Koreanisch kann dies sowohl für positive als auch negative Sätze verwendet werden.

- A 여행할 때는 기차를 자주 타요.
  Wenn ich reise, nehme ich oft den Zug.
  B **저도 그래요.** Ich auch.

- A 오늘 기분이 안 좋아. Ich habe heute keine gute Laune.
  B **나도 그래.** Ich auch nicht.

❶ für Ausflüge packen

1. 의류
Kleidung

- 옷 Kleidung
- 속옷 Unterwäsche
- 양말 Socken
- 잠옷 Schlafanzug
- 겉옷 Oberbekleidung
- 수영복 Schwimmbekleidung
- 스키복 Ski-Kleidung
- 등산복 Wanderkleidung

2. 세면도구
Hygieneartikel

- 수건 Handtuch/Badetuch
- 칫솔 Zahnbürste
- 치약 Zahnpasta
- 비누 Seife
- 샴푸 Shampoo
- 린스 Haarpülung

3. 소지품
Persönliche Gegenstände

- 핸드폰 Handy
- 충전기 Aufladegerät
- 카메라 Kamera
- 여권 Reisepass
- 지갑 Portemonnaie
- 돈 Geld
- 화장품 Kosmetika
- 휴지 Taschentücher
- 지도 Karte
- 선글라스 Sonnenbrille
- 모자 Hut
- 비상약 Notfallmedikamente

4. 기타
Andere

- 노트북 Laptop
- 책 Buch
- 사전 Wörterbuch
- 필기도구 Schreibutensilien
- 모기약 Mücken-Abwehr-Spray
- 컵라면 Instant-Nudeln
- 통조림 Dosennahrung
- 부채 Fächer
- 우산 Regenschirm
- 장갑 Handschuhe
- 물병 Wasserflasche

❷ Reisevorbereitungen

- 여행 정보를 찾다 Reiseinformationen suchen
- 여행 일정을 짜다 ein Reisedatum festlegen
- (비행기/기차/버스) 표를 사다 Flug-/Zug-/Bustickets kaufen
- 숙소를 예약하다 Unterkunft reservieren
- 환전하다 Geld umtauschen
- 비자를 받다 ein Visum bekommen
- 예약을 확인하다 eine Reservierung bestätigen
- 여행자 보험에 들다 Reiseversicherung abschließen
- 비상약을 준비하다 Notfallmedikamente vorbereiten
- 예방 주사를 맞다 Reiseimpfungen bekommen

❸ Reiseziele

1. 도시
Stadt

- 시내 Innenstadt
- 관광지 Sehenswürdigkeit
- 맛집 beliebtes Restaurant
- 전시회 Ausstellung
- 백화점 Kaufhaus
- 면세점 Duty-free Shop
- 박물관 Museum
- 광장 Platz
- 전통적인 건물 traditionelles Gebäude
- 야경 명소 Sehenswürdigkeit mit einem guten Ausblick in der Nacht

2. 시골
Land

- 바다 Meer
- 강 Fluss
- 호수 See
- 시내 Bach
- 연못 Teich
- 바닷가 Strand
- 섬 Insel
- 산 Berg
- 계곡 Tal
- 폭포 Wasserfall
- 숲 Wald
- 동굴 Höhle
- 들 Feld
- 논 Reisfeld
- 역사 유적지 historische Sehenswürdigkeit
- 절 buddhistischer Tempel
- 교회 Kirche
- 성당 katholische Kirche
- 밭 Feld
- 일출 (일몰) 명소 Aussichtspunkt für Sonnenaufgang (Sonnenuntergang)

❹ Reisedauer

- 당일 여행 Tagestrip
- 1박 2일 2 Tage 1 Übernachtung
- 2박 3일 3 Tage 2 Übernachtungen
- 무박 2일 Reise ohne Übernachtung (2 Tage)

❺ Arten von Ausflügen

- 국내 여행 Inlandsreise
- 단체 여행 Gruppenreise
- 단기 여행 Kurztrip
- 해외여행 Auslandsreise
- 개별 여행 Einzelreise
- 장기 여행 Langzeitreise

-🔆- **Wichtige Redewendungen**

- 최대한 빨리
  so schnell wie möglich
- 되도록 일찍
  so früh wie möglich
- 가능하면 미리
  wenn möglich im Voraus

❻ Reiseausgaben

- 숙박비 Übernachtungskosten
- 교통비 Transportkosten
- 식비 Kosten für Verpflegung
- 입장료 (박물관, 공연 등) Eintrittsgebühren (Museum, Park, etc.)

Grammatik ❸

▶ Anhang S. 289 KT S. 301

-느라고 „weil (ich zu dem Zeitpunkt... tat)"

A 왜 전화를 안 받았어요?
   Warum sind Sie nicht ans Telefon gegangen?

B 음악을 듣느라고 전화 소리를 못 들었어요.
   Weil ich Musik gehört habe, habe ich es nicht klingeln gehört.

-느라고 wird verwendet, wenn ein unbeabsichtigtes, negatives Ergebnis, welches einer bestimmten Handlung folgt, beschrieben wird. Der Grund für die negative Konsequenz wird in dem Satz mit -느라고 ausgedrückt, während die Konsequenz in dem folgenden Satz angegeben wird. Das Thema beider Sätze muss identisch sein, und diese Grammatikstruktur wird häufig verwendet, um sich dafür zu entschuldigen, dass dem Subjekt eine unbeabsichtigte, negative Situation widerfuhr. -느라고 kann aber auch verwendet werden, um jemandem für die Arbeit zu danken, die er geleistet hat. In dieser Verwendung drückt -느라고 die Dankbarkeit der Sprechenden dafür aus, was das Subjekt getan und durchgemacht hat. In beiden Fällen wird -느라고 an den Verbstamm ergänzt, während -았/었- und das negative -지 않다 nicht ergänzt werden dürfen.

- 우리 아이는 밖에서 노느라고 공부는 안 해요. Mein Kind lernt nicht, da es draußen spielt.
- 돈을 모으느라고 한동안 여행을 못 갔어요. Ich konnte eine Weile nicht reisen, weil ich Geld gespart habe.
- 이렇게 많은 음식을 준비하느라고 수고하셨습니다. Vielen Dank, dass Sie so viel Essen zubereitet haben.

▶ Anhang S. 290 KT S. 306

-(으)ㄹ 걸 그랬다 „hätte sollen"

A 기차를 놓쳤네요.
   Sie haben ja den Zug verpasst.

B 집에서 1시간 일찍 나올 걸 그랬어요.
   Ich hätte das Haus eine Stunde früher verlassen sollen.

-(으)ㄹ 걸 그랬다 wird verwendet, wenn man bedauert, in der Vergangenheit keine andere Wahl getroffen zu haben. Es drückt ein Gefühl der Reue aus. Der Satz vor -(으)ㄹ 걸 그랬다 beschreibt die Handlung, die man bedauert, nicht getan zu haben. -(으)ㄹ 걸 그랬다 wird allgemein in gesprochener Sprache verwendet und an Verbstämme ergänzt. Um das Bedauern über eine Handlung auszudrücken, wird das negative -지 않을 걸 그랬다 oder -지 말 걸 그랬다 verwendet.

- 시험을 잘 못 본 것 같아요. 열심히 공부할 걸 그랬어요.
  Ich glaube, ich habe die Prüfung nicht bestanden. Ich hätte fleißiger lernen sollen.

- 약을 좀 더 일찍 먹을 걸 그랬어요. 그러면 지금쯤은 열이 내렸을 거예요.
  Ich hätte die Medizin früher nehmen sollen. Dann wäre das Fieber jetzt gesunken.

- 담배를 피우지 말 걸 그랬어요. 그러면 건강이 이렇게 나빠지지 않았을 거예요.
  Ich hätte nicht rauchen sollen. Wenn ich es nicht getan hätte, wäre meine Gesundheit nicht so schlecht.

1 다음에서 알맞은 답을 골라서 '-느라고'를 사용하여 문장을 완성하세요.

사다	참다	찾다	나오다	돌보다	공부하다

(1) 시험 때문에 어제 _____ 밤을 새웠어요.

(2) 웃음을 _____ 얼굴이 빨개졌어요.

(3) 이것저것 선물을 _____ 돈을 다 썼어요.

(4) 아이를 _____ 일을 그만뒀어요.

(5) 시간이 있을 때마다 정보를 _____ 정신이 없어요.

(6) 집에서 급하게 _____ 지갑을 집에 두고 왔어요.

2 밑줄 친 것을 고치세요.

(1) <u>비가 오느라고</u> 오늘은 운동 못 해요. ➡

(2) <u>바쁘느라고</u> 친구한테 연락 못 했어요. ➡

(3) 갑자기 <u>회의가 있느라고</u> 전화를 못 받았어요. ➡

(4) <u>동생이 음악을 듣느라고</u> 제가 공부하지 못했어요. ➡

(5) <u>여자 친구가 생기느라고</u> 요즘 열심히 공부하지 않아요. ➡

3 알맞은 답을 고르세요.

(1) 표를 사려고 하는데 다 팔렸어요.
    ⓐ 미리 표를 살 걸 그랬어요.
    ⓑ 미리 표를 사지 말 걸 그랬어요.

(2) 결혼하니까 정말 행복해요.
    ⓐ 일찍 결혼할 걸 그랬어요.
    ⓑ 일찍 결혼하지 말 걸 그랬어요.

(3) 길에서 지갑을 잃어버렸어요.
    ⓐ 집에서 지갑을 가지고 올 걸 그랬어요.
    ⓑ 집에서 지갑을 가지고 오지 말 걸 그랬어요.

(4) 아침에 늦게 일어나서 회사에 늦었어요.
    ⓐ 알람 시계를 맞추고 잘 걸 그랬어요.
    ⓑ 알람 시계를 맞추고 자지 않을 걸 그랬어요.

(5) 중고 자동차가 자꾸 고장 나요.
    ⓐ 중고 자동차를 살 걸 그랬어요.
    ⓑ 중고 자동차를 사지 말 걸 그랬어요.

🎙 Dialog ❸

일출은 봤어요?

자느라고 못 봤어요.

유키	지난 휴가 때 여행 갔다 왔다면서요?
케빈	얘기 들었어요? 친구들하고 동해에 갔다 왔어요.
유키	그래요? 여행이 어땠어요?
케빈	서울하고 분위기가 진짜 달라서 재미있었어요.
유키	좋았겠네요. 동해는 해산물이 유명한데 먹어 봤어요?
케빈	당연히 먹었죠. 정말 싱싱해서 서울에서 먹은 것보다 훨씬 맛있었어요.
유키	그럼, 일출은 봤어요?
케빈	아니요. 원래 일출을 보려고 했는데 자느라고 못 봤어요. 그 전날 설악산을 등산했거든요. 정말 아쉬워요.
유키	일출을 본 다음에 설악산에 가지 그랬어요?
케빈	맞아요. 먼저 일출부터 볼 걸 그랬어요.
유키	너무 아쉬워하지 마세요. 다음에 또 가면 되죠, 뭐.
케빈	그렇긴 해요.
유키	그럼, 다음에 같이 가는 게 어때요?
케빈	그래요. 시간 맞춰서 같이 가요.

Yuki	Ich habe gehört, dass Sie im letzten Urlaub einen Ausflug gemacht haben?
Kevin	Haben Sie das gehört? Ich habe mit meinen Freunden einen Ausflug nach Donghae gemacht.
Yuki	Wirklich? Wie war der Ausflug?
Kevin	Es hat Spaß gemacht, weil die Atmosphäre ganz anders ist als in Seoul.
Yuki	Es muss schön gewesen sein. In Donghae sind Meeresfrüchte berühmt. Haben Sie die probiert?
Kevin	Natürlich hab ich welche gegessen. Weil sie so frisch waren, waren sie viel schmackhafter als die, die ich in Seoul gegessen habe.
Yuki	Haben Sie den Sonnenaufgang gesehen?
Kevin	Nein, ursprünglich wollte ich den Sonnenaufgang sehen, aber ich konnte nicht, weil ich geschlafen habe. Am Tag davor sind wir am Seoraksan gewandert.
Yuki	Warum sind Sie nicht nach dem Sonnenaufgang den Berg Seorak-san hochgelaufen?
Kevin	Ja, wir hätten zuerst den Sonnenaufgang sehen sollen.
Yuki	Machen Sie sich nicht zu viele Gedanken. Sie können ja noch einmal hinfahren.
Kevin	Das stimmt wohl.
Yuki	Wie wäre es, wenn wir das nächste Mal zusammen fahren?
Kevin	OK. Lassen Sie uns die Zeit absprechen und zusammen hinfahren.

Neue Wörter ▶ S. 334

해산물 | 당연히 | 싱싱하다 | 일출 | 전날 | 등산하다 | 아쉽다

Neue Redewendungen ▶ S. 334

• 당연히 먹었죠.
• 너무 아쉬워하지 마세요.
• 시간 맞춰서 같이 가요.

📝 Tipps

1 Die Verwendung von 그

Ein Zeitraum, der sich auf einen anderen spezifischen Tag bezieht, wird als 그 bezeichnet, was sich im Gespräch auf den Tag bezieht, der als Referenz verwendet wird. 전 oder 다음, gefolgt von der angesprochenen Zeit, werden danach ergänzt.

• 그 전날 / 그다음 날
  der Tag davor / der Tag danach
• 그 전주 / 그다음 주
  die Woche davor / die Woche danach
• 그 전달 / 그다음 달
  der Monat davor / der Monat danach
  그 전해 / 그다음 해
  das Jahr davor / das Jahr danach

2 아쉽다 vs. 아쉬워하다

Im Koreanischen werden Adjektive für Emotionen verwendet, um Gefühle zu beschreiben, aber man kann nicht wirklich wissen, was eine andere Person fühlt. Da man nur Vermutungen über die Gefühle von jemand anderem anstellen kann, wird -아/어하다 an Adjektive für Emotionen ergänzt, um den vermuteten emotionalen Zustand / das Verhalten einer anderen Person zu beschreiben. Wenn -아/어하다 angehängt wird, wird es zu einem Verb.

• (제가) 지갑을 잃어버려서 속상해요.
  Ich bin aufgewühlt, weil ich mein Portemonnaie verloren habe.
• 너무 속상해하지 마세요. 지갑을 곧 찾을 거예요.
  Seien Sie nicht zu aufgewühlt. Sie finden es bestimmt bald wieder.
  (-지 마세요 verlangt nach einem Verb, sodass man -아/어하다 an ein Adjektiv hängen muss.)

❶ adverbiale Redewendungen

1. 대로

- 계획대로 nach Plan
- 생각대로 wie gedacht
- 예상대로 wie erwartet

2. 와/과 달리

- 계획과 달리 anders als geplant
- 생각과 달리 anders als gedacht
- 예상과 달리 anders als erwartet

3. 보다

- 계획보다 mehr/weniger als geplant
- 생각보다 mehr/weniger als gedacht
- 예상보다 mehr/weniger als erwartet

- 계획대로 되지 않아서 걱정돼요. Ich mache mir Sorgen, weil es nicht nach Plan lief.
- 예상과 달리 숙소가 너무 좁았어요. Anders als erwartet, war die Unterkunft sehr klein.
- 생각보다 날씨가 더웠어요. Das Wetter war heißer als gedacht.

4. 없이

- 계획 없이 ohne Pläne
- 생각 없이 ohne zu denken
- 돈 없이 ohne Geld

5. 외로

- 예상 외로 unerwartet
- 생각 외로 undenkbar
- 상상 외로 unvorstellbar

6. Other

- 일반적으로 (= 흔히, 보통)
  im Allgemeinen (= üblicherweise, normalerweise)
- 예외적으로 ausnahmsweise

- 생각 없이 말했는데 친구가 기분 나빠했어요. Ich sprach, ohne nachzudenken und verärgerte meinen Freund.
- 예상 외로 여행비가 많이 들었어요. Die Kosten für die Reise waren unerwartet hoch.
- 일반적으로 실내에서는 사진을 찍을 수 없어요. Im Allgemeinen dürfen in Innenräumen keine Fotos gemacht werden.
- 그런데 여기에서는 예외적으로 사진을 찍을 수 있어요. Aber hier dürfen Fotos ausnahmsweise gemacht werden.

❷ Reisethemen

1. 사람들 Menschen

- 말이 안 통하다 sich nicht gut verständigen
- 문화가 다르다 die Kultur ist anders
- 사람들이 불친절하다 die Menschen sind unfreundlich
- 아는 사람이 없다 niemanden kennen

2. 음식 Essen

- 음식이 입에 안 맞다
  das Essen schmeckt dem Speisenden nicht
- 배탈이 나다
  Verdauungsprobleme bekommen

3. 숙소 Unterkunft

- 숙소가 예약이 안 되어 있다
  die Unterkunft ist nicht reserviert
- 숙소에 빈방이 없다
  in der Unterkunft sind keine Zimmer frei

4. 쇼핑 Einkaufen

- 물가가 너무 비싸다
  die Preise sind zu hoch
- 바가지를 쓰다
  übers Ohr gehauen werden

5. 교통 Transport

- 기차를 놓치다 den Zug verpassen
- 비행기가 늦게 도착하다 (= 연착하다)
  das Flugzeug kommt zu spät an
- 멀미가 나다 Reisekrankheit bekommen

6. 사고 Unfälle

- 여권을 잃어버리다
  seinen Pass verlieren
- 가방을 도둑맞다
  die Tasche wird gestohlen

7. 날씨 Wetter

- 날씨가 너무 덥다 das Wetter ist zu heiß.
- 날씨가 너무 춥다 das Wetter ist zu kalt

8. 기타 Andere

- 여행지가 위험하다 das Reiseziel ist gefährlich
- 관광지가 공사 중이다 die Sehenswürdigkeit wird (um)gebaut
- 길을 헤매다 sich verlaufen
- 비행기가 결항하다 der Flug fällt aus
- 표가 매진되다 die Tickets sind ausverkauft

💡 **Wichtige Redewendungen**

- 바가지를 쓰는 것이 보통이에요.
  Es ist üblich, übers Ohr gehauen zu werden.
- 빈방이 있을 때가 드물어요.
  Es gibt selten freie Zimmer.

☕ Lassen Sie uns sprechen!

Sprechstrategie	Beim Sprechen zögern

- 음……. Mh...
- 글쎄요. Naja...
- 그게 말이에요. Was das angeht...

❶ 자주 여행 가요? 어떤 여행을 좋아해요?

휴양지

쇼핑 지역

역사 유적지

골프장

놀이공원

❷ 제일 기억에 남는 여행 장소를 소개해 주세요.

	어디예요?	언제 갔어요?	어떤 느낌?	주의 사항?
• 흥미로운 장소				
• 야경이 아름다운 곳				
• 음식이 색다른 곳				
• 다시 가고 싶지 않은 곳				
• 말이 안 통했던 곳				
• 문화가 많이 달랐던 곳				
• 경치가 좋았던 곳				
• 물가가 쌌던 곳				
• 바가지 썼던 곳				
• 혼자 여행하기 좋은 곳				

- 뭐가 인상적이었어요?
- 뭐 때문에 힘들었어요?
- 여행할 때 알면 좋은 정보가 뭐예요?

음……. 제 경우에는 여행지에 아는 사람이 없으면 숙소 서비스를 먼저 확인해요. 어떤 숙소는 예약하면 그 숙소에서 공항까지 저를 마중 나와서 편하거든요.

글쎄요. 여행지가 좋아도 밤늦게 혼자 돌아다니는 게 위험하니까 어두워진 후에 혼자 돌아다니지 마세요. 낮에도 위험한 곳이 있을 수 있어요.

Neue Wörter

휴양지 Resort | 유적지 historische Sehenswürdigkeit | 흥미롭다 interessant sein | 야경 Aussicht bei Nacht | 색다르다 ungewöhnlich sein | 물가 Preis | 인상적이다 unvergesslich sein, beeindruckend sei | 숙소 Unterkunft | 마중 나오다 abholen

✿ **Wort**netz ▶ Anhang S. 323

Glückslos
복 권
Glück Ticket

Geschenkgutschein
상 품 권
Handel Produkt Ticket

Eintrittskarte
입 장 권
eintreten Platz Ticket

Reisepass
여 권
Reise Ticket

Prioritäten(liste)
우 선 순 위
überlegen vorher Platz Reihenfolge

ranghöhere oder ältere
(nach Eintrittsdatum)
Kolleg*innen/Studierende
선 배
vorher gleichaltrig

Lehrer
선 생 님
vorher geboren

vorhergehen
선 행
vorher gehen

Reise
여 행
Reise gehen

Reisebüro
여 행 사
Reise gehen Gruppe

지 사
Niederlassung Gruppe
Niederlassung

사 장
Gruppe Leiter
CEO

사 회
Gruppe sich versammeln
Gesellschaft

Fortschritt
진 행
Fortschritt gehen

승 진
steigen vorangehen
Beförderung

직 진
gerade vorangehen
geradeaus

선 진 국
vorher Fortschritt Land
Industrieland

Pension
여 관
Reise öffentliches Gebäude

Botschaft
대 사 관
groß Gesandter öffentliches Gebäude

Bibliothek
도 서 관
Bild Buch öffentliches Gebäude

박 물 관
breit Gegenstand öffentliches Gebäude
Museum

Flugzeug
비 행 기
fliegen gehen Maschine

세 탁 기
waschen waschen Maschine
Waschmaschine

자 판 기
selbst verkaufen Maschine
Verkaufsautomat

기 계
Maschine Maschine
Maschine

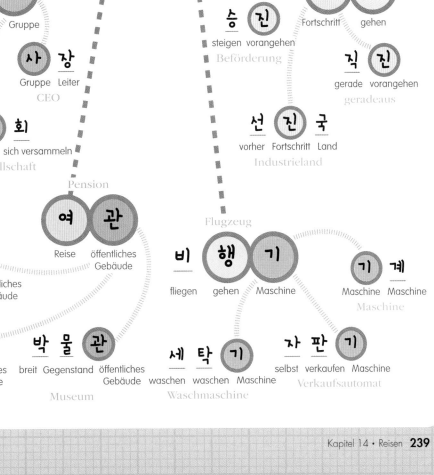

Ein Wort zur Kultur

Lassen Sie uns über Essen reden!

• 파전 Pfannkuchen mit Frühlingszwiebeln und 막걸리 Reiswein

An nassen, regnerischen Tagen essen Koreaner gerne bestimmte Nahrungsmittel. Dies sind 파전 (Pfannkuchen mit Frühlingszwiebeln) und 막걸리 (unraffinierter Reiswein). Koreaner glauben, dass wenn die Temperatur etwas niedriger als sonst ist, das Essen von gebratenem 파전, welches als die koreanische Version von Pfannkuchen gesehen werden kann, mit einem Glas 막걸리, der aus Reis hergestellt wird, gut zur Atmosphäre bei fallendem Regen passt. Koreaner glauben, dass auch fettiges Essen gut zu kühleren Regentagen passt. Natürlich gibt es auch Menschen, die an 찌개 und andere Suppengerichte denken, aber diejenigen, die in Korea geboren und aufgewachsen sind, denken an Regentagen an 파전 und 막걸리.

• 김밥 Gimbap (koreanische Reisrolle)

Wenn Schulkinder Picknick machen, packen sie 김밥, in getrocknete Algen eingwickelten Reis mit verschiedenen Zutaten wie Karotten, eingelegten Rettich, Schinkenwurst und in dünnen Streifen geschnittenes Omlett in Lunch-Boxen. Heute ist 김밥 preiswert erhältlich, aber in den 90er Jahren war es ein Essen, auf das man sich sehr freute, da es nur bei Picknicks gegessen wurde. Die Zutaten, mit denen 김밥 gemacht wird, unterscheiden sich je nach Vorliebe der Mutter. Wenn Koreaner an Picknicks denken, denken sie an 김밥.

• 짜장면 Nudeln mit schwarzer Bohnenpaste

An Tagen an denen wenig Zeit zum kochen ist, weil man umzieht oder putzt, bestellen Koreaner oft 짜장면 (koreanische Version der chinesischen Nudeln mit schwarzer Bohnenpaste). 짜장면 wird oft bestellt und gegessen, nicht weil es schöne Erinnerungen an selbst gemachte Gerichte oder an Essen an einem regnerischen Tag bietet, sondern weil es günstig, bequem und sättigend ist. 짜장면 hat sich zum Lieferessen schlechthin entwickelt, sodass es keine chinesischen Restaurants gibt, die 짜장면 nicht liefern. Ob man am Strand, im Park oder am Han-Fluss ist, 짜장면 kann nach einem kurzen Anruf schnell, überall und zu jeder Tageszeit geliefert werden.

• 치맥 Hähnchen und Bier

Wenn Koreaner Sport-Events wie Baseball oder Fußball ansehen oder Zeit im Freien verbringen, essen sie frittiertes Hähnchen mit kaltem Bier. Dies wird 치맥 genannt (eine Kombination der Silben aus 치킨 (Hähnchen) und 맥주 (Bier), So wie Leute beim Kino an Popcorn denken, denken Koreaner an 치맥, wenn sie Baseball oder Fußball schauen oder draußen sind. 치맥 ist bei weitem das beliebteste Essen, das Firmenangestellte nachts bestellen.

Kapitel 15

관계
Beziehungen

Ziele   · die eigenen Handlungen erklären

         · nach der Meinung fragen

         · jemanden für etwas Unerledigtes rügen

         · sich entschuldigen

         · sich offiziell entschuldigen

         · eine Bitte ablehnen

         · zukünftige Ereignisse vermuten

         · eine andere Person beschreiben

Grammatik   ❶ -다가 „während…", „inmitten/bei"

           -(으)ㄴ/는데도 „obwohl", „selbst wenn"

        ❷ -았/었어야지요 „Sie hätten… sollen"

           -았/었어야 했는데 „hätte sollen…, aber…"

        ❸ -(으)ㄹ 텐데 Vermutungen, Hoffnungen, hypothetische
                    Situationen ausdrücken: „wird wahrscheinlich…",
                    „Ich hoffe", „Ich wünsche"

           -(으)려던 참이다 „vorhaben, zu tun", „wollte gerade"

Grammatik ❶

-다가 „während...", „inmitten/bei"

▶ Anhang S. 291

KT S. 299, 300

A 왜 전화 안 했어요?
   Warum haben Sie nicht angerufen?

B 텔레비전을 보다가 잠이 들었어요.
   Ich bin eingeschlafen, während ich ferngesehen habe.

-다가 drückt die Unterbrechung einer Handlung durch eine andere Handlung oder einen anderen Zustand aus. Es wird an den Stamm von Verben und Adjektiven ergänzt, die eine sich verändernde Handlung oder den Zustand beschreiben. Das Subjekt des vorangegangenen und des nachfolgenden Satzes muss identisch sein. -다가 kann auch verwendet werden, wenn eine unerwartete Situation, normalerweise negativ, während einer anderen Handlung auftritt. In diesem Fall kann das Subjekt des letztgenannten Satzes sich vom ersten unterscheiden, aber die Situation des zweiten Satzes muss dem Subjekt des ersten Satzes widerfahren oder geschehen.

- 회의하다가 전화를 받았어요. Während ich im Meeting war, nahm ich den Anruf entgegen.
- 집에 가다가 편의점에 잠깐 들렀어요. Auf dem Weg nach Hause bin ich kurz bei einem Kiosk vorbeigegangen.
- 옷을 입다가 옷이 찢어졌어요. Beim Anziehen ist mir die Kleidung kaputt gegangen.

-(으)ㄴ/는데도 „obwohl", „selbst wenn"

KT S. 308

A 아까 커피를 안 마셨어요?
   Haben Sie nicht eben Kaffee getrunken?

B 커피를 세 잔이나 마셨는데도 계속 졸려요.
   Obwohl ich drei Tassen Kaffee getrunken habe, bin ich
   immer noch müde.

-(으)ㄴ/는데도 drückt aus, dass der nachfolgende Satz trotz des vorangegangenen Satzes auftritt. Im obigen Beispiel würde man erwarten, dass jemand nicht schläfrig ist, wenn er Kaffee getrunken hat, aber die sprechende Person fühlt sich trotz des Kaffeetrinkens schläfrig. Wenn der vorangehende Satz in der Gegenwart steht, wird -는데도 an Verbstämme und -(으)ㄴ데도 an den Stamm von Adjektiven und 이다 ergänzt. Wenn es sich um die Vergangenheit handelt, wird -았/있는데도 an die Stämme von Verben, Adjektiven und 이다 ergänzt. Die Konjugation entspricht der von -(으)ㄴ/는데 in Kapitel 4.

- 내 동생은 키가 작은데도 저보다 힘이 세요.
  Obwohl meine jüngere Schwester klein ist, ist sie stärker als ich.

- 그 사람의 얼굴을 아는데도 이름이 생각이 안 나요.
  Obwohl ich das Gesicht der Person kenne, erinnere ich mich
  nicht an den Namen.

- 몇 번이나 설명했는데도 그 사람은 제 말을
  이해 못 해요. Obwohl ich es mehrmals erklärt habe,
  versteht diese Person nicht, was ich sage.

> **Vorsicht**
>
> Die Anwendung von -(으)ㄴ/는데도 ähnelt der von
> -아/어도 im Kapitel 9. Während jedoch -아/어도
> für hypothetische Situation verwendet wird, geht
> dies mit -(으)ㄴ/는데도 nicht.
>
> - 앞으로 무슨 일이 있어도 저만 믿으세요. (O)
>   Egal was in Zukunft passiert, glauben Sie mir.
> - 앞으로 무슨 일이 있는데도 저만 믿으세요. (X)

1 문장을 완성하도록 알맞은 것끼리 연결하세요.

(1) 영화를 보다가   •   • ① 친구가 안 와서   •   • ⓐ 돈을 더 찾았어요.

(2) 친구를 기다리다가   •   • ② 소리가 너무 커서   •   • ⓑ 영화관 밖으로 나갔어요.

(3) 쇼핑하다가   •   • ③ 재미없어서   •   • ⓒ 비를 맞았어요.

(4) 음악을 듣다가   •   • ④ 돈이 떨어져서   •   • ⓓ 친구한테 전화했어요.

(5) 친구하고 얘기하다가   •   • ⑤ 갑자기 비가 와서   •   • ⓔ 전화 받으러 나갔어요.

(6) 길을 걷다가   •   • ⑥ 전화가 와서   •   • ⓕ 소리를 줄였어요.

2 그림을 보고 다음에서 알맞은 답을 골라서 '-다가'를 사용하여 문장을 완성하세요.

걷다   들다   졸다   놀다

(1) 무거운 물건을 _____ 허리를 다쳤어요.

(2) 친구하고 _____ 공에 맞아서 얼굴에 멍이 들었어요.

(3) 지하철에서 _____ 정류장을 지나쳤어요.

(4) 높은 구두를 신고 _____ 발목을 삐었어요.

3 알맞은 답을 고르세요.

(1) 여러 번 전화했는데도 전화를 ⓐ 받아요. / ⓑ 안 받아요.

(2) 저는 친구가 많은데도 항상 ⓐ 외로워요. / ⓑ 외롭지 않아요.

(3) 전화번호를 바꿨는데도 계속 전화가 ⓐ 와요. / ⓑ 안 와요.

(4) 제 친구는 매일 ⓐ 노는데도 / ⓑ 놀지 않는데도 시험을 잘 봐요.

(5) 이 가게 물건은 값이 ⓐ 싼데도 / ⓑ 비싼데도 품질이 안 좋아요.

(6) 제 동생은 ⓐ 운동선수인데도 / ⓑ 운동선수가 아닌데도 운동을 잘해요.

🎙 Dialog ❶

리나	저 리나인데요. 지금 통화 괜찮아요?
케빈	네, 잠깐이면 괜찮아요. 그런데 무슨 일이에요?
리나	영화 표 예매하다가 문제가 생겨서 전화했어요.
케빈	무슨 문제요?
리나	토요일에 보기로 한 영화 말이에요. 예매하려고 하는데 표가 다 팔렸어요.
케빈	다른 영화관에도 표가 없어요?
리나	이 영화가 인기가 많은가 봐요. 다른 영화관을 찾았는데도 자리가 없어요. 아무래도 다른 영화를 봐야 할 것 같아요.
케빈	저는 어떻게 하든지 상관없어요. 리나 씨 마음대로 하세요. 그럼, 얘기 다 끝난 거예요?
리나	잠깐만요. 하나만 더 물어볼게요. 영화가 좀 늦게 끝나도 괜찮아요? 아까 문자 몇 번이나 보냈는데도 답장이 없어서요.
케빈	미안해요. 제가 일하느라고 답장 못 보냈어요. 저는 몇 시든지 괜찮아요. 리나 씨! 제가 일하다가 전화 받아서 통화 오래 못 할 것 같아요.
리나	알겠어요. 그럼, 영화 표 예매하면 문자 보낼게요.

Rina	Hier ist Rina. Kannst du gerade telefonieren?
Kevin	Ja, wenn es kurz ist. Aber was ist los?
Rina	Ich rufe an, weil bei der Reservierung der Filmtickets ein Problem aufgekommen ist.
Kevin	Was für ein Problem?
Rina	Ich wollte Tickets für den Film reservieren, den wir am Samstag sehen wollten. Aber sie sind alle ausverkauft.
Kevin	Gibt es in anderen Kinos keine Karten mehr?
Rina	Der Film scheint sehr beliebt zu sein. Ich habe sogar bei anderen Kinos nachgesehen, aber da gibt es keine Plätze. Es sieht so aus, als müssten wir einen anderen Film sehen.
Kevin	Für mich ist alles in Ordnung, Wie du möchtest. Wäre das alles?
Rina	Moment. Ich habe noch eine andere Frage. Ist es OK, wenn der Film spät endet? Ich habe dir ein paar Nachrichten gesendet, aber du hast nicht geantwortet.
Kevin	Entschuldigung, bei der Arbeit konnte ich nicht antworten. Mir ist jede Zeit recht. Rina! Ich glaube, dass ich nicht lange telefonieren kann, weil ich den Anruf auf der Arbeit beantworte.
Rina	OK. Dann schicke ich dir eine Nachricht, wenn ich die Tickets für den Film reserviere.

◖ Neue Wörter ◗ ▸ S. 334

표가 팔리다 ∣ 영화관 ∣ 자리 ∣ 아무래도

◖ Neue Redewendungen ◗ ▸ S. 335

- 무슨 일이에요?
- 상관없어요.
- 하나만 더 물어볼게요.

🖋 Tipps

1 Angeschlossene Handlung bestätigen: -(으)ㄴ 거예요?

Dieser Ausdruck wird verwendet, um zu bestätigen, dass eine Handlung abgeschlossen ist. -(으)ㄴ 거예요 wird an den Verbstamm gehängt.

- 얘기 다 **끝난 거예요**? Sind wir mit Sprechen fertig?
- 밥이 다 **된 거예요**? Ist der Reis ganz fertig?
- 다 **말한 거예요**? Haben Sie alles gesagt?

2 Die zwei Bedeutungen von 몇

몇 kann als ein Fragewort vor einem Zählwort verwendet werden und „wie viele" bedeuten. Aber es wird auch für unbestimmte Mengen verwendet. Im obigen Dialog bedeutet es zum einen 몇 번이나 „mehrere Male" und zum anderen 몇 시든지 „wann auch immer".

- 우리 집에 **몇** 명 왔어요? Wie viele Leute sind zu uns gekommen?
- **몇** 명 왔어요. Ein paar Leute sind gekommen.

❶ Reservierungen vornehmen

1. Tickets reservieren

- 표를 예매하다 Tickets reservieren
- 주차비가 무료이다 Parken ist kostenlos.
  팝콘이 공짜다 Popcorn ist gratis.
- 표가 많이 남아 있다 Es sind viele Tickets übrig.
  표가 얼마 남아 있지 않다
  Es sind nicht mehr viele Tickets übrig.
- 표가 다 팔리다 (= 매진이 되다)
  alle Tickets verkaufen (= verkauft werden)
- 지정석 / 자유석
  reservierter Sitzplatz / nicht reservierter Sitzplatz
- 입장하다 / 퇴장하다
  (einen Ort) betreten / (einen Ort) verlassen
- 예매가 안 되다
  kein Vorverkauf möglich

2. Reservierungen

- 방을 예약하다 ein Zimmer reservieren
- 조식이 포함되어 있다 inklusive Frühstück
  조식이 포함되어 있지 않다 ohne Frühstück
- 빈방이 많다 Es gibt viele freie Zimmer.
  빈방이 얼마 남아 있지 않다
  Es gibt nicht viele freie Zimmer.
- 방이 다 차다 (= 빈방이 없다)
  alle Zimmer sind voll (= Es gibt kein freies Zimmer.)
- 1인실 / 2인실
  Einzelzimmer / Doppelzimmer
- 체크인(입실)하다 / 체크아웃(퇴실)하다
  einchecken / auschecken
- 예약이 안 되다
  keine Reservierung möglich

- 영화 표를 인터넷으로 **예매하려고** 했는데, 보고 싶은 영화 **표가 다 팔렸어요**. 그래서 다른 시간도 알아봤지만 **표가 얼마 남아 있지 않았어요**. Ich hatte vor, Tickets im Internet zu reservieren, aber alle Tickets für den Film, den ich sehen wollte, waren ausverkauft. Also habe ich nach anderen Zeiten gesucht, aber es sind nicht viele Tickets übrig.

- 호텔 방을 인터넷으로 **예약하려고** 했는데, 가고 싶은 호텔에는 **빈방이 없었어요**. 그래서 다른 호텔에도 알아봤지만 성수기라서 **빈방이 얼마 남아 있지 않았어요**. Ich hatte vor, ein Hotelzimmer im Internet zu reservieren, aber alle Hotels, zu denen ich wollte, hatten kein freies Zimmer. Daher habe ich andere Hotels überprüft, aber da Hochsaison ist, gab es nicht viele freie Zimmer.

❷ Telefon benutzen

1. 전화하다 telefonieren

- 전화를 걸다 anrufen
- 전화를 받다 Telefonat annehmen
- 통화하다 telefonieren
- 전화를 끊다 Telefon auflegen

2. 메시지 Nachrichten

- 문자/음성/영상 메시지를 보내다 SMS/Sprachnachricht/Video schicken
- 문자/음성/영상 메시지를 받다 SMS/Sprachnachricht/Video bekommen
- 문자/음성/영상 메시지를 확인하다 SMS/Sprachnachricht/Video checken

★ In gesprochener Sprache wird 문자 메시지 (Textnachricht) zu 문자 (Text) gekurzt und 음성 메시지 (Sprachnachricht) zu 음성 (Sprache) und 영상 메시지 (Videonachricht) zu 영상 (Video) gekurzt.

3. 전화할 때 사용하는 표현 Ausdrücke beim Nutzen des Telefons

- 통화 중이에요. Jemand telefoniert gerade.
- 외출 중이에요. Jemand ist gerade außer Haus.
- 회의 중이에요. Jemand ist in einem Meeting.
- 전화 잘못 걸었어요. Sie haben sich verwählt.
- 전화를 안 받아요. Jemand nimmt nicht ab.
- 신호가 약해요. Der Empfang ist schwach.
- 전원이 꺼져 있어요. Das Telefon ist ausgeschaltet.
- 배터리가 떨어졌어요. Der Akku war alle.

💡 **Wichtige Redewendungen**

sich am Telefon verabschieden
- 안녕히 계세요. Auf Wiederhören.
- 들어가세요. Tschüss. (wtl. Gehen Sie rein.)
- 전화 끊을게요. Tschüss. (wtl. Ich lege auf.)

Grammatik ❷

-았/었어야지요 „Sie hätten... sollen"

KT S. 302

A 그렇게 많이 아프면 병원에 갔어야죠.
왜 안 갔어요?

Wenn Sie so krank sind, sollten Sie zum Arzt gehen.
Warum sind Sie nicht gegangen?

병원에 갔어야죠.

B 어제까지 이렇게 안 아팠어요.

Bis gestern war ich nicht so krank.

-았/었어야지요 wird verwendet, um den Zuhörenden etwas vorzuwerfen, weil sie eine Handlung nicht ausgeführt hat, die sie hätte ausführen sollen, oder weil sie einen Zustand nicht beibehalten hat, den sie hätte beibehalten sollen. Er wird im Allgemeinen in gesprochener Sprache verwendet. Der vorangestellte Satz ist die Handlung, die in der Vergangenheit hätte ausgeführt werden müssen. -았/었어야지요 wird an den Stamm von Verben, Adjektiven und 이다 ergänzt. -지 않았어야지요 oder -지 말았어야지요 werden ergänzt, um jemandem eine Handlung vorzuwerfen, die nicht hätte ausgeführt werden dürfen. -지요 wird auch als -죠 abgekürzt.

- 약속을 했으면 약속을 지켰어야죠. 안 지키면 어떡해요?

  Wenn Sie ein Versprechen gegeben haben, hätten Sie es einhalten sollen. Was ist, wenn Sie es nicht enhalten?

- 그런 일이 있으면 나한테 미리 말했어야지. 왜 말 안 했어?

  Wenn es so etwas gibt, hättest du es mir im Vorhinein sagen sollen. Warum hast du es nicht gesagt?

- 그 사람의 비밀을 말하지 말았어야죠. 얘기하면 어떡해요?

  Sie hätten das Geheimnis dieser Person nicht erzählen sollen. Was ist, wenn Sie es erzählen?

-았/었어야 했는데 „hätte sollen..., aber..."

▶ Anhang S. 291   KT S. 302

A 생일 선물을 미리 준비했어야 했는데 미안해.

Ich hätte dein Geburtstagsgeschenk im Voraus vorbereiten
sollen. Tut mir Leid.

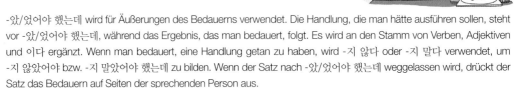

B 괜찮아. 선물 안 해도 돼.

Schon in Ordnung. Du brauchst mir nichts zu schenken.

-았/었어야 했는데 wird für Äußerungen des Bedauerns verwendet. Die Handlung, die man hätte ausführen sollen, steht vor -았/었어야 했는데, während das Ergebnis, das man bedauert, folgt. Es wird an den Stamm von Verben, Adjektiven und 이다 ergänzt. Wenn man bedauert, eine Handlung getan zu haben, wird -지 않다 oder -지 말다 verwendet, um -지 않았어야 bzw. -지 말았어야 했는데 zu bilden. Wenn der Satz nach -았/었어야 했는데 weggelassen wird, drückt der Satz das Bedauern auf Seiten der sprechenden Person aus.

- 미리 말했어야 했는데 걱정할까 봐 얘기 못 했어요.

  Ich hätte es früher sagen sollen, aber ich konnte es nicht, da sie sich Sorgen machen könnten.

- 무거운 짐을 혼자 들지 말았어야 했는데 결국 허리를 다쳤어요.

  Sie hätten keine schweren Sachen alleine tragen sollen. Jetzt haben Sie sich schließlich den Rücken verknackst.

▶ Lösungen S. 317

1 다음에서 알맞은 답을 골라서 '-았/었어야지요'나 '-지 말았어야지요'를 사용하여 문장을 완성하세요.

| 받다 | 참다 | 나가다 | 확인하다 | 예약하다 |

(1) 여름에 휴가 가려면 미리 호텔을 _____. 지금은 방이 없잖아요.

(2) 아무리 화가 나도 끝까지 _____. 그렇게 화를 내면 어떡해요?

(3) 중요한 회의 시간에는 전화를 _____. 사장님이 화가 나셨잖아요.

(4) 감기에 걸렸으면 밖에 _____. 감기가 낫지 않았잖아요.

(5) 그렇게 중요한 서류는 내기 전에 _____. 확인도 안 하면 어떡해?

2 '-았/었어야 했는데'를 사용하여 대화를 완성하세요.

(1) A 어제 모임에 늦게라도 갔어야죠. 왜 안 갔어요?

　　B _____ 갑자기 집에 일이 생겨서 못 갔어요.

(2) A 잘못했으면 먼저 사과했어야죠. 왜 사과 안 해요?

　　B _____ 사과할 기회가 없어서 못 했어요.

(3) A 어제까지 책을 돌려준다고 약속했으면 돌려줬어야죠. 왜 안 돌려줘요?

　　B _____ 집에 책을 놓고 와서 못 돌려줬어요.

(4) A 사장님이 심각하게 말씀하실 때 웃지 말았어야죠. 웃으면 어떡해요?

　　B _____ 갑자기 다른 일이 생각나서 웃었어요. 미안해요.

3 알맞은 답을 고르세요.

(1) 아프면 미리　ⓐ 말했어야죠.　　그냥 숨기면 어떻게 해요?
　　　　　　　　ⓑ 말하지 말았어야죠.

(2) 친구가 유학을 떠나기 전에　ⓐ 만났어야 했는데　　결국 못 만났어요.
　　　　　　　　　　　　　　　ⓑ 만나지 말았어야 했는데

(3) 친구가 부탁하면 그 부탁을　ⓐ 잊어버렸어야죠.　　잊어버리면 어떡해요?
　　　　　　　　　　　　　　 ⓑ 잊어버리지 말았어야죠.

(4) 아이에게 위험한 물건을　ⓐ 줬어야죠.　　혹시 아이가 다치면 어떡해요?
　　　　　　　　　　　　　ⓑ 주지 말았어야죠.

(5) 어제까지 보고서를　ⓐ 냈어야 했는데　　결국 못 냈어요.
　　　　　　　　　　 ⓑ 내지 않았어야 했는데

🎙 Dialog ❷

Track **44**

민호	늦어서 죄송합니다.
상사	왜 이렇게 늦었어요? 회의에 1시간이나 늦게 오면 어떡합니까?
민호	교통사고 때문에 길이 너무 많이 막혀서 늦었습니다.
상사	차가 밀리는 시간을 생각해서 일찍 출발했어야죠.
민호	더 일찍 출발했어야 했는데 죄송합니다.
상사	박민호 씨를 기다리다가 회의가 늦어졌잖아요.
민호	죄송합니다.
상사	전화는 왜 안 했어요? 늦으면 미리 전화를 했어야죠.
민호	미리 연락을 했어야 했는데 마침 배터리가 떨어져서 못 했습니다.
상사	박민호 씨, 요즘 왜 이렇게 정신이 없어요?
민호	죄송합니다. 앞으로 다시는 이런 일이 생기지 않도록 조심하겠습니다.
상사	다음부터는 회의 시간에 늦지 않도록 하세요.
민호	네, 알겠습니다.
상사	그리고 다음 회의 때 문제가 생기지 않도록 자료 준비는 미리 하세요.
민호	그렇게 하겠습니다.

Minho	Entschuldigen Sie die Verspätung.
Vorgesetzter	Warum haben Sie sich so verspätet? Was sollen wir machen, wenn Sie eine Stunde zu spät zum Meeting kommen?
Minho	Ich habe mich verspätet, weil es wegen eines Unfalls Stau gab.
Vorgesetzter	Sie hätten an den Verkehr denken (wtl. an die Rushhour) und früher losfahren müssen.
Minho	Ich hätte früher losfahren sollen. Entschuldigung.
Vorgesetzter	Das Meeting hat später angefangen, weil wir auf Sie gewartet haben.
Minho	Es tut mir Leid.
Vorgesetzter	Warum haben Sie mich nicht angerufen? Wenn Sie so spät kommen, hätten Sie vorher anrufen sollen.
Minho	Ich hätte vorher anrufen sollen, aber genau dann war mein Akku leer und ich konnte nicht anrufen.
Vorgesetzter	Herr Park, warum sind Sie in letzter Zeit so zerstreut?
Minho	Es tut mir leid. Ich werde darauf achten, dass das nicht noch einmal vorkommt.
Vorgesetzter	Verspäten Sie sich das nächste Mal nicht.
Minho	Ja, verstanden.
Vorgesetzter	Und das nächste Mal bereiten Sie sich (wtl. Material) im Voraus vor, damit es keine Probleme gibt.
Minho	Das mache ich.

Neue Wörter ▸ S. 335

죄송하다 | 길이 막히다 | 차가 밀리다 |
출발하다 | 마침 | 정신이 없다 | 조심하다 | 자료

Neue Redewendungen ▸ S. 335

• 늦어서 죄송합니다.
• 다음부터는 …지 않도록 하세요.
• 그렇게 하겠습니다.

💡 Tipps

1 Die Verwendung von 왜 이렇게

왜 이렇게 wird vor einem Adverb oder Adjektiv verwendet, um zu betonen, dass man eine Situation oder Handlung nicht verstehen kann oder davon überrascht ist.

• **왜 이렇게** 더워요? Warum ist es so heiß?
• **왜 이렇게** 많이 싸워요?
  Warum streitet du so viel?

2 Die formelle Redewendung: -도록 하세요

-도록 하세요 wird in formellen Situationen anstelle von -(으)세요 am Ende eines Satzes verwendet, wenn die sprechende Person eine hörende ermahnt oder auffordert, etwas zu tun. Es wird an Verbstämme gehängt.

• 내일까지 서류를 준비하**도록 하세요.** (= 준비하세요.)
  Bereiten Sie die Unterlagen bis morgen vor.
• 이 일을 잊지 않**도록 하세요.** (= 잊지 마세요.)
  Vergessen Sie das nicht.

● 받다: Verstecktes Passiv

1. 질문하다 – 질문받다
fragen – gefragt werden

- **질문받은** 것 중에서 이해 안 되는 게 있으면 **질문하세요.**
Fragen Sie bitte, wenn Sie etwas von den gestellten Fragen nicht verstehen.

2. 초대하다 – 초대받다
einladen – eingeladen werden

- 이 모임에는 **초대받은** 사람만 올 수 있어요.
Nur Leute, die zum Treffen eingeladen wurden, können kommen.

3. 부탁하다 – 부탁받다
bitten – gebeten werden

- **부탁받은** 것 중에서 친구가 **부탁한** 것을 먼저 할까 해요. Von den Dingen, um die ich gebeten wurde, mache ich zuerst das, worum mich mein Freund gebeten hat.

4. 조언하다 – 조언받다
raten – Rat erhalten

- 친구가 **조언해** 준 것을 실천해 보려고 해요.
Ich habe vor, das zu tun, was mein Freund mir geraten hat.

5. 허락하다 – 허락받다
erlauben – Erlaubnis bekommen

- 결혼하기 전에 부모님께 결혼을 **허락받고** 싶어요.
Bevor ich heirate, möchte ich die Erlaubnis von meinen Eltern bekommen.

6. 명령하다 – 명령받다
befehlen – befohlen werden

- **명령하는** 사람은 그것에 대한 책임도 져야 해요. Die Person, die das befohlen hat, muss auch die Verantwortung dafür übernehmen.

7. 지시하다 – 지시받다
anweisen – angewiesen werden

- 어제 본부에서 **지시받았는데** 왜 시작도 안 했어요? Ich habe gestern Anweisungen von der Zentrale bekommen, warum haben wir noch nicht angefangen?

8. 요구하다 – 요구받다
anfordern – angefordert werden

- 인터넷으로 산 물건의 반품을 **요구했지만** 결국 반품 못 했어요. Ich habe zwar den Umtausch für ein im Internet gekauftes Produkt angefordert, doch am Ende konnte ich es nicht zurückgeben.

9. 신청하다 – 신청받다
sich anmelden – Anmeldung bekommen

- 이 프로그램을 하고 싶은 사람은 내일까지 사무실에 **신청하세요.** Alle, die an diesem Programm teilnehmen möchten, melden sich bitte bis morgen beim Büro an.

10. 사과하다 – 사과받다
sich entschuldigen – entschuldigt werden

- 잘못한 일을 **사과하는** 것은 용기 있는 행동이야.
Es ist mutig, sich für etwas zu entschuldigen, was man falsch gemacht hat.

11. 추천하다 – 추천받다
empfehlen – empfohlen werden

- 이번에는 **추천받은** 사람 중에서 뽑으려고 해요.
Dieses Mal beabsichtigen wir, jemanden aus den uns empfohlenen Bewerbern auszuwählen.

12. 소개하다 – 소개받다
vorstellen – vorgestellt werden

- **소개받은** 사람이 별로 마음에 들지 않아요.
Ich mag die Person, die mir vorgestellt wurde, nicht wirklich.

13. 칭찬하다 – 칭찬받다
loben – gelobt werden

- 잘 **칭찬하지** 않는 사장님께 **칭찬받아서** 정말 기분이 좋아요.
Ich habe wirklich gute Laune, weil ich von meinem Chef, der nicht oft lobt, gelobt wurde.

14. 비판하다 – 비판받다
kritisieren – kritisiert werden

- 정부를 **비판하는** 여론이 요즘 심해졌어요.
Die Regierung kritisierende öffentliche Meinung ist harscher geworden.

15. 인정하다 – 인정받다
anerkennen – anerkannt werden

- 회사에서 **인정받지** 못한 사람은 승진할 수 없어요.
Diejenigen, die nicht in der Firma nicht anerkannt werden, können nicht befördert werden.

16. 무시하다 – 무시받다
ignorieren – ignoriert werden

- 다른 사람을 **무시하는** 것은 예의 없는 행동이에요.
Andere Leute zu ignorieren, ist rücksichtsloses Verhalten.

17. 위로하다 – 위로받다
trösten – getröstet werden

- 안 좋은 일이 있는 친구를 **위로하느라고** 집에 못 갔어요. Weil ich einen Freund dem eine schlechte Sache widerfahren war tröstete, konnte ich nicht nach Hause.

18. 격려하다 – 격려받다
ermutigen – ermutigt werden

- 선생님이 **격려해** 주셔서 다시 자신감을 찾았어요. Weil mein Lehrer mich ermutigt hat, habe ich Selbstbewusstsein gewonnen.

19. 방해하다 – 방해받다
hindern – gehindert werden

- 어른이 됐으니까 다른 사람에게 **방해받고** 싶지 않아요.
Jetzt, wo ich erwachsen bin, möchte ich mich nicht von anderen Menschen behindern lassen.

20. 간섭하다 – 간섭받다
sich einmischen – eingemischt werden

- 이건 제 일이에요. 남의 일에 **간섭하지** 마세요.
Das ist meine Arbeit. Bitte mischen Sie sich nicht in die Arbeit anderer ein.

21. 용서하다 – 용서받다
vergeben – vergeben werden

- 너무 크게 잘못해서 이번에는 **용서받기** 어려울 것 같아.
Ich glaube, dass es schwierig wird dieses Mal Vergebung zu erhalten, weil du einen großen Fehler begangen hast.

22. 제안하다 – 제안받다
vorschlagen – vorgeschlagen werden

- 같이 일하자고 **제안했지만** 그 사람은 받아들이지 않았어요.
Ich habe zwar vorgeschlagen, zusammen zu arbeiten, aber diese Person hat es abgelehnt.

-💡- **Wichtige Redewendungen**

- 반드시 (= 꼭) 질문하세요.
Fragen Sie unbedingt.

- 절대(로) 방해하지 마세요.
Behindern Sie uns auf keinen Fall.

-(으)ㄹ 텐데

Vermutungen, Hoffnungen, hypothetische Situationen ausdrücken: „wird wahrscheinlich...", „Ich hoffe", „Ich wünsche" ▶ Anhang S. 292

A 비 오는 날에 운전하면 위험할 텐데.
Es ist wahrscheinlich gefährlich, an regnerischen Tagen zu fahren.

B 그러게 말이에요.
Das stimmt.

-(으)ㄹ 텐데 wird verwendet, um eine Vermutung auszudrücken. Wenn ein Satz auf -(으)ㄹ 텐데 folgt, kann er sich auf den Inhalt beziehen oder einen Gegensatz ausdrücken, der vor -(으)ㄹ 텐데 steht. -(으)ㄹ 텐데 wird an den Stamm von Verben, Adjektiven und 이다 gehängt. Genau wie bei -(으)ㄴ/는데 kann der Inhalt nach -(으)ㄹ 텐데 weggelassen werden.

- 아침부터 아무것도 안 먹었으니까 배고플 텐데 이것 좀 드세요.
  Da Sie seit dem Morgen überhaupt nichts gegegessen haben, sind sie bestimmt hungrig. Essen Sie dies.
- 옷을 그렇게 두껍게 입으면 오늘 더울 텐데 괜찮겠어요?
  Du hast so dicke Kleidung an obwohl es heute sehr warm wird, wirst du ok sein?
- 조금만 더 열심히 하면 잘할 텐데 (아쉽네요).
  Wenn Sie sich noch ein bisschen mehr angestrengt hätten, hätten Sie es besser gemacht. (Schade.)

-(으)려던 참이다

„vorhaben, zu tun", „wollte gerade"

A 지금 뭐 해요?
Was machen Sie gerade?

B 막 자려던 참이었어요.
Ich hatte gerade vor, zu schlafen.

-(으)려던 참이다 drückt den Zeitpunkt aus, zu dem eine beabsichtigte Handlung durchgeführt werden soll. Es wird an Verbstämme gehängt.

- 마침 너한테 전화하려던 참인데, 전화 잘 했어. Ich war gerade dabei, dich anzurufen. Gut, dass du anrufst.
- 명동에 간다고? 나도 명동에 가려던 참인데 같이 가자.
  Du fährst nach Myeongdong? Ich hatte auch gerade vor nach Myeongdong zu fahren. Lass uns zusammen fahren.
- 잘 왔네요. 지금 점심을 먹으려던 참인데 같이 먹어요.
  Gut, dass Sie gekommen sind. Ich hatte gerade vor, zu Mittag zu essen. Essen wir zusammen.

▶ Lösungen S. 317

1 알맞은 답을 고르세요.

(1) 밖에 비가 오니까
ⓐ 더울 텐데
ⓑ 추울 텐데
겉옷을 가져가는 게 어때요?

(2) 아이들이 많이 오면 음식이
ⓐ 부족할 텐데
ⓑ 충분할 텐데
더 만들까요?

(3) 중요한 일이니까
ⓐ 잘할 텐데
ⓑ 잘해야 할 텐데
너무 긴장돼요.

(4) 아무 일도
ⓐ 없을 텐데
ⓑ 없어야 할 텐데
실수할까 봐 자꾸 걱정돼요.

(5) 친구한테 말하면 친구가
ⓐ 도와줄 텐데
ⓑ 도와줘야 할 텐데
왜 말 안 해요?

(6) 어제 늦게 자지 않았으면 오늘 이렇게
ⓐ 피곤했을 텐데
ⓑ 피곤하지 않았을 텐데
후회돼요.

2 다음에서 알맞은 답을 골라서 '-(으)ㄹ 텐데'를 사용하여 문장을 완성하세요.

비싸다	아니다	좋다	심심하다	화가 나다

(1) 웃으면서 인사하면 더 _____ 왜 저한테는 웃지 않을까요?

(2) 백화점이 시장보다 _____ 왜 백화점에 가요?

(3) 혼자 여행하면 _____ 나하고 같이 가자!

(4) 일부러 그런 것은 _____ 직접 얘기를 들어 보면 어때요?

(5) 그 사람도 분명히 _____ 화를 내지 않았어요.

3 문장을 완성하도록 알맞은 것끼리 연결하세요.

(1) 저도 식사하러 나가려던 참인데 •

(2) 이제 막 일을 끝내려던 참인데 •

(3) 그 얘기를 하려던 참이었는데 •

(4) 이 종이를 버리려던 참이었는데 •

• ⓐ 같이 드실래요?

• ⓑ 재활용하면 더 좋지요.

• ⓒ 무슨 일이 또 있어요?

• ⓓ 친구가 먼저 그 얘기를 꺼냈어요.

Minho	Hallo? Sarah, ich bin's, Minho.
Sarah	Minho? Ich wollte Sie auch gerade anrufen.
Minho	Wirklich? Was ist los?
Sarah	Eigentlich geht es um die Übersetzung, um die Sie mich letzte Woche gebeten haben. Ich glaube, dass ich es nicht schaffen werde.
Minho	Was? Warum nicht?
Sarah	Mir wurde eine andere Aufgabe in der Firma aufgetragen. Es tut mir leid.
Minho	Achso. Das ist gut für Sie. Aber ich mache mir Sorgen, weil es wohl schwierig sein wird, plötzlich eine andere Person zu finden.
Sarah	Haben Sie außer mir niemanden, den Sie darum bitten können?
Minho	Mh, ich könnte wahrscheinlich jemanden finden, wenn ich mehr Zeit hätte, aber ich weiß es gerade nicht.
Sarah	Wie wäre es, wenn ich Ihnen jemanden vorstelle?
Minho	Wen denn?
Sarah	Es ist eine Bekannte, die ich durch eine Freundin kenne. Sie hat bereits viel Erfahrung im Übersetzen woanders. Ich habe mir ihre Übersetzungen angesehen und sie scheint sehr gut zu sein.
Minho	Wirklich? Es wäre gut, wenn ich sie einmal treffen könnte.

민호	안녕하세요? 새라 씨. 저 민호예요.
새라	민호 씨? 저도 민호 씨한테 전화하려던 참이었는데 잘됐네요.
민호	그래요? 무슨 일 있어요?
새라	사실은 지난주에 부탁했던 번역 말이에요. 제가 못 하게 될 것 같아요.
민호	네? 왜요?
새라	이번에 회사에서 다른 일을 맡게 됐어요. 미안해요.
민호	그랬군요. 새라 씨한테 잘된 일이네요. 그런데 갑자기 다른 사람을 구하기 힘들 텐데 걱정이네요.
새라	저 말고 부탁할 사람이 없어요?
민호	글쎄요, 좀 더 시간이 있으면 찾을 수 있을 텐데 지금은 모르겠어요.
새라	그럼, 제가 다른 사람을 소개하면 어떨까요?
민호	어떤 사람인데요?
새라	제 친구를 통해 아는 사람인데요, 다른 데서 번역했던 경험이 많아요. 번역한 것을 보니까 실력도 좋은 것 같아요.
민호	그래요? 한번 만나 보면 좋겠네요.

⬤ Neue Wörter ▶ S. 335

잘되다 | 부탁하다 | 맡다 | 을/를 통해

⬤ Neue Redewendungen ▶ S. 335

• 전화하려던 참이었는데 잘됐네요.
• 저 말고 부탁할 사람이 없어요?
• 제가 다른 사람을 소개하면 어떨까요?

🔍 Tipps

1 Den Namen am Telefon nennen

Wenn jemand seinen Namen am Telefon nennt, wird wie in diesem Dialog 저 vor seinem Namen verwendet. Achten Sie darauf, nicht 저는 zu verwenden. Besonders wenn die Person am anderen Ende der Leitung Ihren Namen bereits kennt, ist es besser, nur 저 zu verwenden.

• 기억 안 나세요? **저** 민수예요.
  Erinnern Sie sich nicht? Ich bin's, Minsu.

2 Nomen 말고: „nicht", „anders als"

말고 wird verwendet, um auszudrücken, dass man nicht nach einer Sache, sondern nach einer anderen sucht. Es wird in der Regel in der gesprochenen Sprache verwendet und an ein Nomen gehängt.

• 빨간색 **말고** 파란색 없어요?
  Nicht rot. Haben Sie kein blau?

• 이 영화 **말고** 다른 영화 봐요.
  Nicht diesen Film. Lassen Sie uns einen anderen Film sehen.

● Dialoge beschreiben

1. 물어보다 fragen

이 문법은 언제 사용해요?

자세히 대답하다
detailliert antworten

간단하게 대답하다
kurz antworten

이 문법은 나이가 많은 사람에게……

이 문법은 부탁할 때 사용해요.

2. 허락을 구하다 um Erlaubnis fragen

노트북 좀 써도 돼요?

허락하다
erlauben, genehmigen

허락하지 않다
nicht erlauben, genehmigen

그럼요, 쓰세요.

미안하지만, 저도 지금 써야 하는데요.

3. 설명하다 erklären

이 문법은 주로 나이가 어린 ……

이해가 되다
verstehen

이해가 잘 안 되다
nicht wirklich verstehen

그렇군요. 알겠어요.

잘 모르겠는데요.

4. 초대하다 einladen

이번 주말에 우리 집에서 집들이하는데 올래요?

초대를 받아들이다
eine Einladung annehmen

초대를 거절하다
eine Einladung ablehnen

좋아요. 갈게요.

미안해요. 다른 일이 있어요.

5. 제안하다 vorschlagen

이번 주말에 같이 영화 보는 게 어때요?

제안을 받아들이다
einen Vorschlag annehmen

제안을 거절하다
einen Vorschlag ablehnen

좋아요. 같이 봐요.

미안해요. 다음에 같이 가요.

6. 부탁하다 bitten

다음 주말에 이사하는데 좀 도와줄래요?

부탁을 받아들이다
einer Bitte folgen

부탁을 거절하다
eine Bitte ablehnen

그래요. 몇 시까지 가면 돼요?

미안해요. 그날은 다른 약속이 있어요.

7. 사과하다 sich entschuldigen

늦어서 미안해요.

사과를 받아들이다
eine Entschuldigung annehmen

아니에요. 별로 오래 기다리지 않았어요.

8. 변명하다 sich rechtfertigen

길이 너무 많이 막혀서 늦었어요.

💡 Wichtige Redewendungen
• 글쎄요. Mh... Ich weiß nicht.
• 잠시만요. Moment.
• 생각 좀 해 볼게요. Ich denke darüber nach.

☕ Lassen Sie uns sprechen!

> **Sprechstrategie** → **Zustimmen und Widersprechen**
>
> Zustimmen
> - 저도 그렇게 생각해요. **Das denke ich auch.**
> - 제 생각도 같아요. **Genau mein Gedanke.**
> - 저도 마찬가지예요. **Ich ebenso.**
>
> Ablehnen
> - 저는 그렇게 생각하지 않아요. **Das denke ich nicht.**
> - 제 생각은 달라요. **Ich habe eine andere Meinung.**

❶ 친구나 아는 사람에게 이렇게 해 본 적이 있어요?

	나	친구 1	친구 2
• 친구에게 어려운 부탁을 하다			
• 추천받은 것에 실망하다			
• 친구의 부탁을 거절하다			
• 친구의 충고를 무시하다			
• 잘못했는데 사과 안 하다			
• 다른 사람이 기분 나빠할까 봐 거짓말하다			
• 잘 모르는 사람을 다른 사람에게 소개하다			
• 이해 못 했는데 이해한 척하다			
• 사람들 앞에서 칭찬받다			
• 다른 사람의 일에 간섭하다			

> 언제 이런 일이 있었어요?

> 그래서 어떻게 됐어요?

> 저는 친구의 부탁을 거절 못 하는 편이에요. 그래서 하기 싫어도 어쩔 수 없이 친구의 부탁을 들어줘요. 친구의 부탁을 거절하면 친구하고 관계가 멀어질 것 같아요.

> 저는 그렇게 생각하지 않아요. 하기 싫은데 억지로 부탁을 들어주면 그건 친구 사이가 아니라고 생각해요. 친구라면 솔직하게 말해야 해요.

❷ 사람들과 좋은 관계를 유지하려면 어떻게 해야 해요?

___

Neue Wörter

실망하다 enttäuscht sein | 거절하다 ablehnen | 무시하다 ignorieren | 잘못하다 einen Fehler machen | 사과하다 sich entschuldigen | -는 척하다 so tun, als ob… | 칭찬받다 gelobt werden | 간섭하다 sich einmischen | 어쩔 수 없이 es bleibt nichts anderes übrig

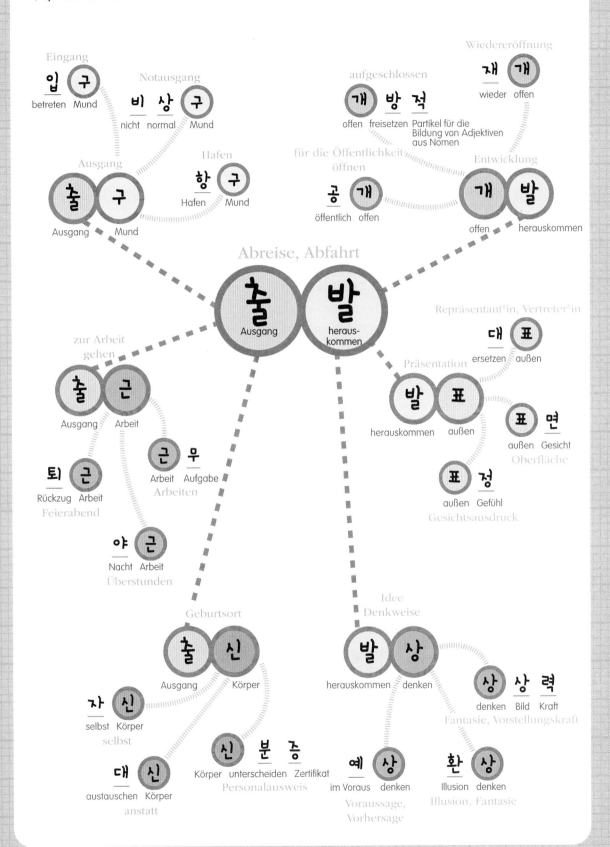

Lassen Sie uns ein paar Abkürzungen lernen!

Gewöhnen wir uns einmal an die Abkürzungen, die häufig von der SMS-liebenden Generation verwendet werden! Wörter, die mehr als drei Silben lang sind, werden gekürzt, um die Schreibgeschwindigkeit zu erhöhen und gleichzeitig ein gegenseitiges Verständnis unter der jüngeren Generation aufrechtzuerhalten. Unter den unzähligen Abkürzungen gibt es Wörter, die nicht der Standard sind und nicht im Wörterbuch stehen, unabhängig von der Generation aber häufig im Alltag verwendet werden. Machen wir uns mit einigen beliebten Ausdrücken vertraut.

• Abkürzungen mit den ersten Silben eines Wortes

Unter den Wörtern, die drei, vier oder mehr Silben haben, gibt es viele Ausdrücke, die gekürzt werden, indem nur der erste Teil eines jeden Wortes genommen wird. Typische Beispiele sind 남친 (Freund) und 여친 (Freundin). 남친 besteht aus den ersten Silben von 남자 und 친구, während 여친 aus den ersten Silben von 여자 und 친구 besteht. Es gibt eine große Anzahl dieser Wörter im Alltag, wie zum Beispiel 자판기 (Verkaufsautomat) gebildet aus 자동 판매기 und das beliebte 소맥 (Soju und Bier), aus 소주 und 맥주.

남친   여친

• Verkürzungen aus gekürzten Wörtern

Das dreisilbige Wort 선생님 wird zu 샘 gekürzt. Da diese informellen Wörter nur in engen Beziehungen verwendet werden können, drückt 샘 Intimität aus, aber beachten Sie, dass es nicht viel Respekt oder Höflichkeit ausdrückt. Wenn man sich in einer formellen Situation befindet, ist es besser, diese Verkürzung nicht zu verwenden. Es ist üblich, das Fremdwort 아르바이트 (Teilzeitjob) auf 알바 zu kürzen. Es ist auch üblich, Studierende, die einen Nebenjob ausüben, 알바생 zu nennen. 알바 wird nicht nur in informellen Gesprächen verwendet, sondern auch in Anzeigen, in denen nach Teilzeitkräften gesucht wird. Es wird gekürzt, weil es ein langes Fremdwort ist. Neben diesen Wörtern ist auch 욜 ein repräsentatives Beispiel, das nicht in Gesprächen, sondern häufig in Texten verwendet wird. Es wird aus 요일 (Wochentag) abgekürzt. So wird 화요일 zu 화욜 und 금요일 zu 금욜 gekürzt.

선생님 → 샘

아르바이트 → 알바

화요일 → 화욜

ANHANG

Grammatikanhang

Kapitel 1

● Fragewörter

1 Die Verwendung von Fragewörtern

Im Koreanischen haben Partikeln die grammatikalische Funktion, Rollen wie Subjekt und Objekt zu markieren. Daher ist die Reihenfolge der Wörter nicht so wichtig wie im Englischen. Das Prädikat muss am Ende stehen, aber abgesehen davon gibt es keine festgelegte Wortstellung. Wenn Fragen gestellt werden, muss der Satz nicht immer wie im Englischen oder Deutschen mit einem Fragewort anfangen. Stattdessen wird eine Partikel an das Fragewort gehängt, um seine Rolle im Satz zu markieren.

A 동생이 누구에게 책을 줬어요?
  Wem hat Ihr Bruder das Buch gegeben?

B 동생이 선생님에게 책을 줬어요.
  Mein Bruder hat dem Lehrer das Buch gegeben.

Menschen	누가 Wer (Subjekt)	누가 밥을 먹어요? Wer isst Reis?
	누구 Wer	진수 씨가 누구를 좋아해요? Wen mag Jinsu?
		조금 전에 누구하고 얘기했어요? Mit wem haben Sie gerade gesprochen?
Gegenstände	뭐 Was (informell)	뭐가 건강에 좋아요? Was ist gut für die Gesundheit?
		보통 저녁에 뭐 먹어요? Was essen Sie normalerweise abends?
		뭐에 관심이 있어요? Wofür interessieren Sie sich?
	무엇 Was (formell)	이름이 무엇입니까? Wie heißen Sie?
		무엇을 도와드릴까요? Wie kann ich Ihnen helfen?
Merkmale /Typen	무슨 Welch/Was	무슨 일을 해요? Was für Arbeit machen Sie?
	어떤 Welch	어떤 사람이에요? Was für ein Mensch ist sie?
	어느 Welch	어느 건물에서 일해요? In welchem Gebäude arbeiten Sie?
Zeit	언제 Wann	언제 여행을 떠나요? Wann verreisen Sie?
	며칠 An welchem Tag	며칠에 파티를 해요? An welchem Tag machen Sie die Party?

Zeitdauer	얼마나 Wie lange	집에서 회사까지 시간이 얼마나 걸려요? Wie lange dauert es von zu Hause bis zur Arbeit?
	얼마 동안 Wie lange	얼마 동안 한국에 살았어요? Wie lange haben Sie in Korea gelebt?
Ort	어디 Wo	화장실이 어디에 있어요? Wo ist das Badezimmer?
		어디에서 친구를 만났어요? Wo haben Sie Ihren Freund getroffen?
Grund	왜 Warum	왜 늦게 왔어요? Warum haben Sie sich verspätet?
Art und Weise	어떻게 Wie	어떻게 그 사실을 알았어요? Wie haben Sie das herausgefunden?
Preis	얼마 Wie viel	그 가방을 얼마에 샀어요? Für wie viel (Geld) haben Sie diese Tasche gekauft?
	얼마나 Wie teuer	돈이 얼마나 들었어요? Wie teuer war es?
Ausmaß	얼마나 Wie	집이 얼마나 커요? Wie groß ist Ihre Wohnung?
Häufigkeit	얼마나 자주 Wie oft	얼마나 자주 운동해요? Wie oft machen Sie Sport?
Zahlen zählen	몇 Wie viele	모자가 몇 개 있어요? Wie viele Mützen haben Sie?
		친구가 몇 명 집에 왔어요? Wie viele Freunde sind zu Ihnen gekommen?
		부산에 몇 번 가 봤어요? Wie oft waren Sie in Busan?
Zahlen lesen	몇 Welche*r*s	몇 번에 전화했어요? Welche Nummer haben Sie gewählt?

> **Frage**
>
> Das Fragewort 무엇 nimmt unterschiedliche Formen an, je nachdem, ob die Konversation informell oder formell ist.
>
> - 뭐 (informell): 이름이 뭐예요? Wie heißt du?
> - 무엇 (formell): 이름이 무엇입니까? Wie heißen Sie?
>
> In der gesprochenen Sprache kann die Partikel 을/를 nach einem Fragewort weggelassen werden, aber andere Partikeln nicht.
>
> - 어제 시장에서 뭐 샀어요?
>   Was haben Sie gestern auf dem Markt gekauft?
>   = 어제 시장에서 뭐를 샀어요?
> - 인사동은 뭐가 유명해요? (○)
>   Wofür ist Insadong bekannt?
>   인사동은 뭐 유명해요? (×)

2 Die Verwendung von Fragewörtern mit 이다

Wenn ein Fragewort (was, wer, wann, wo usw.) eine Information ersetzt (z.B. Namen, Personen, Objekte, Zeit, Ort, Preis usw.), dann steht das Fragewort mit 이다 am Ende des Satzes.

- 집이 어디예요? Wo ist Ihre Wohnung?
- 졸업식이 언제예요? Wann ist die Abschlussfeier?

3 Die koreanischen Wörter für „wer" sind 누가 und 누구

Die koreanischen Wörter, die „wer" entsprechen, sind 누가 und 누구. Wenn man nach dem Subjekt einer Handlung fragt (alle Prädikate außer 이다), wird 누가 (mit 가 als Ersatz für die Subjektpartikel) verwendet, während 누구 in allen anderen Fällen verwendet wird.

- 누가 일찍 왔어요? (○) Wer ist früh gekommen?
  누구 일찍 왔어요? (×)
- 지금 누구를 기다려요? Auf wen warten Sie gerade?
- 누구하고 같이 일했어요? Mit wem haben Sie gearbeitet?
- 마이클 씨가 누구예요? (○) Wer ist Michael?
  마이클 씨가 누가예요? (×)

4 Die Verwendung von 몇

몇 wird beim Zählen von Zahlen und beim Lesen von Zahlen verwendet. 몇 kann nicht alleine verwendet werden. Es muss ein Zählwort folgen, das je nach Nomen unterschiedlich ist.

- 모임에 사람들이 몇 명 왔어요?
  Wie viel Personen sind zu dem Treffen gekommen?
- 나이가 몇 살이에요?
  Wie alt sind Sie?
- 어제 삼겹살을 몇 인분 먹었어요?
  Wie viele Portionen Schweinebauch haben Sie gestern gegessen?

Als Antwort auf 몇 번 wird die Zahl anders gelesen, je nachdem, ob die Antwort eine Zahl oder eine Häufigkeitsangabe ist.

Eine Zahl lesen

A 몇 번 문제를 몰라요?
  Welche Aufgabe wissen Sie nicht?

B 3(삼) 번이에요. Nummer 3.
  (als sinokoreanische Zahl gelesen)

Häufigkeit ausdrücken

A 제주도에 몇 번 갔어요?
  Wie oft sind Sie auf die Insel Jeju gereist?

B 3(세) 번 갔어요. Ich bin drei Mal gereist.
  (als rein koreanische Zahl gelesen)

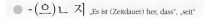

-(으)ㄴ 지 „Es ist (Zeitdauer) her, dass", „seit"

-(으)ㄴ 지 drückt aus, wie lange eine Handlung oder Situation stattfindet. -(으)ㄴ 지 wird an den Stamm von Verben gehängt und ein Nomen, das die Zeitdauer ausdrückt, folgt. 동안, das eine Zeitlänge ausdrückt, kann nicht mit -(으)ㄴ 지 verwendet werden.

- 한국에 산 지 2년 됐어요. (○) Ich lebe seit 2 Jahren in Korea.
  한국에 산 지 2년 동안 됐어요. (×)

> **Vorsicht**
>
> Folgende temporale Nomen unterscheiden sich danach, ob sie mit sinokoreanischen oder rein koreanischen Zahlen kombiniert werden.
>
> | 3초 (3 Sekunden) | 3분 (3 Minuten) | 3시간 (3 Stunden) | 3일 (3 Tage) | 3주일 (3 Wochen) | 3개월/3달 (3 Monate) | 3년 (3 Jahre) |
> | --- | --- | --- | --- | --- | --- | --- |
> | 삼 초 | 삼 분 | 세 시간 | 삼 일 | 삼 주일 | 삼 개월/세 달 | 삼 년 |

얼마나 wird verwendet, um zu fragen, wie viel Zeit vergangen ist.

A 태권도를 배운 지 얼마나 됐어요?
  Seit wann lernen Sie schon Taekwondo?

B 한 달 됐어요. Seit einem Monat.

Nach -(으)ㄴ 지 kann ein Nomen, das eine bestimmte Zeit ausdrückt, oder ein Nomen oder Adverb, das eine unbestimmte Zeit ausdrückt, wie z.B. 한참 („eine Weile") oder 오래 („eine lange Zeit") verwendet werden. 쯤 oder 정도 können an die Zeitangabe ergänzt werden, um eine Schätzung auszudrücken. Die Verben 되다, 지나다 oder 넘다 können nach -(으)ㄴ 지 verwendet werden.

- 이 회사에 다닌 지 3년 정도 됐어요.
  Ich arbeite seit ungefähr 3 Jahren bei dieser Firma.
- 결혼한 지 벌써 10년이 넘었어요.
  Wir sind jetzt schon seit mehr als 10 Jahren verheiratet.
- 그 사람하고 헤어진 지 한참 지났어요.
  Es ist schon lange her, dass ich mich von dieser Person getrennt habe.

(이)나 kann an das Nomen gehängt werden, das eine Zeitdauer ausdrückt, wenn die Sprechenden empfinden, dass die Zeitdauer besonders lange anhält. Wenn die sprechende Person empfindet, dass die Zeitdauer besonders kurz ist wird „밖에 + 안 + Verb" verwendet.

- 이 컴퓨터가 고장 난 지 일주일이나 지났어요.
  Es ist mehr als eine Woche vergangen, dass der Computer kaputt gegangen ist.
- 한국어 공부를 시작한 지 1년밖에 안 됐어요. 하지만 한국어를 잘해요. Es ist noch nicht ein Jahr vergangen, dass Sie angefangen haben, Koreanisch zu lernen. Aber Sie sprechen sehr gut.

- 이 선풍기를 산 지 얼마 안 됐어요. 그런데 벌써 고장 났어요.
  Es ist noch nicht lange her, dass ich diesen Ventilator gekauft habe. Aber er ist schon kaputt.

● -(으)러 „um zu/damit"

KT S. 306

Vorsicht

-(으)러 steht vor Bewegungsverben wie 가다, 오다 und 다니다 und drückt die Absicht aus, sich zu bewegen. -(으)러 kann an den Verbstamm ergänzt werden, um diesen Zweck auszudrücken. Das Ziel der Bewegung wird durch die Markierung 에 gefolgt und kann vor oder nach -(으)러 stehen.

- 우리 집에 집을 구경하러 한번 오세요.
  Kommen Sie einmal, um sich unsere Wohnung anzusehen.
- 다음 주에 친구 만나러 제주도에 갈 거예요.
  Nächste Woche reise ich auf die Insel Jeju, um einen Freund zu treffen.
- 어제 저녁 먹으러 친구 집에 갔어요.
  Gestern bin ich zu einem Freund gegangen, um dort zu Abend zu essen.

Vorsicht

Ein Verb mit Bewegung kann -(으)러 folgen, aber nicht vorangehen. -(으)려고 kann verwendet werden, wenn die Bewegung das Ziel ist.

- 고향에 가러 공항에 갔어요. (×)
  고향에 가려고 공항에 갔어요. (○) Ich bin zum Flughafen gefahren, um nach Hause zu fliegen.

Vorsicht

에 wird an das Ziel des Verbs mit Bewegung ergänzt, das nach -(으)러 steht. 에서 darf nicht verwendet werden. In den folgenden Beispielen ist 식당 nicht der Ort, an dem gegessen wird, sondern vielmehr das Ziel, zu dem das Subjekt geht, um zu essen. Daher wird 에 verwendet.

- 식당에 밥을 먹으러 갑시다. (○)
  Lassen Sie uns ins Restaurant essen gehen.
  식당에서 밥을 먹으러 갑시다. (×)

● Rein koreanische Zahlen lesen

Beim Lesen von Zahlen wie Telefonnummern, Passwörtern, Zimmernummern und Seitenzahlen werden sinokoreanische Zahlen verwendet, während rein koreanische Zahlen nach Zählwörtern für Gegenstände oder Personen verwendet werden. Die Zahlen von 1 bis 4 (sowie von 11 bis 14, 21 bis 24, 31 bis 34, usw.), sowie 20 unterscheiden sich leicht in ihrer Form, wenn ein Zählwort folgt.

	rein koreanische Zahl	Form vor Zählwörtern
1	하나	한 개
2	둘	두 개
3	셋	세 개
4	넷	네 개
5	다섯	다섯 개
6	여섯	여섯 개
7	일곱	일곱 개
8	여덟	여덟 개
9	아홉	아홉 개
10	열	열 개
11	열하나	열한 개
12	열둘	열두 개
13	열셋	열세 개
14	열넷	열네 개
15	열다섯	열다섯 개
20	스물	스무 개
21	스물하나	스물한 개
22	스물둘	스물두 개
23	스물셋	스물세 개
24	스물넷	스물네 개
25	스물다섯	스물다섯 개

Es gibt verschiedene Zählwörter, die von dem Nomen abhängen. Folgende Zählwörter werden häufig verwendet.

개 (Objekte)	명 (Personen)	분 (honorativ Personen)	마리 (Tiere)	장 (Papier)
한 개	두 명	세 분	네 마리	다섯 장
잔 (Tassen)	병 (Flaschen)	대 (Elektrogeräte)	송이 (Blumen)	켤레 (Paare)
여섯 잔	일곱 병	여덟 대	아홉 송이	열 켤레

살 (Alter)	번 (Häufig- keit)	통 (Briefe, Texte)	끼 (Mahlzeiten)	곡 (Lieder)
한 살	두 번	세 통	네 끼	다섯 곡
군데 (Orte)	마디 (Wörter)	방울 (Tropfen)	모금 (Schlücke von Flüssigkeit oder Gas)	입 (Bissen von Essen)
한 군데	한 마디	한 방울	한 모금	한입

- 보통 하루에 전화 열 통쯤 해요.
  Ich tätige normalerweise ungefähr 10 Anrufe am Tag.

- 말 한 마디도 못 했어요.
  Ich konnte kein einziges Wort sagen.

- 매장 여러 군데를 가 봤지만 물건이 없었어요.
  Ich bin zu mehreren Geschäften gegangen, aber das Produkt war ausverkauft.

Ursprünglich wurden rein koreanische Zahlen verwendet, um Gegenstände zu zählen, aber viele Zahlen (wie Hundert, Tausend, Zehntausend, usw.) werden normalerweise mit sinokoreanischen Zahlen wiedergegeben. Rein koreanische Zahlen werden in der Regel bis 20 verwendet, während sinokoreanische Zahlen in der Regel für Zahlen größer als 20 verwendet werden.

- 교실에 의자가 18(열여덟) 개 있어요.
  Es gibt 18 Stühle im Klassenzimmer.

- 편의점은 24(이십사) 시간 영업해요.
  Der Kiosk hat 24 Stunden geöffnet.

- 이 체육관은 한번에 50(오십) 명씩 운동할 수 있어요.
  In diesem Fitnessstudio können 50 Personen gleichzeitig trainieren.

Vor 살 werden jedoch immer rein koreanische Zahlen für alle Altersgruppen verwendet. 살 kann weggelassen werden und die rein koreanische Zahl darf allein verwendet werden, wenn das Alter einer älteren Person (aus der Sicht der Sprechenden) angegeben wird. In der gesprochenen Sprache wird die rein koreanische Zahl mit 살 verwendet, während in offiziellen Dokumenten 세 mit der sinokoreanischen Zahl verwendet wird.

10	20	30	40	50	60	70	80	90	100
열	스물	서른	마흔	쉰	예순	일흔	여든	아흔	백

- 제 동생은 30(서른) 살 안 됐어요.
  Mein jüngerer Bruder ist noch keine 30 Jahre alt.

- 우리 할머니는 90(아흔)이 다 되셨지만 건강하세요.
  Meine Großmutter ist zwar 90 Jahre alt, aber gesund.

- 23(이십삼) 세 이상 지원할 수 있습니다.
  Sie können es ab dem 23. Lebensjahr beantragen.

Vorsicht

Anders als im Deutschen wird das Alter von Menschen und Gegenständen mit anderen Wörtern ausgedrückt.

- 그 아이는 10살이에요. (Alter eines Menschen: 살)
  Dieses Kind ist 10 Jahre alt.

- 이 건물은 10년 됐어요. (Alter eines Gegenstandes: 년)
  Dieses Gebäude ist 10 Jahre alt.

Zusammen mit anderen Ausnahmen wie 킬로미터 (Kilometer) und 킬로그램 (Kilogramm), wird auch 인분 (Zählwort für „Portion (Essen)") mit sinokoreanischen Zahlen verwendet.

- 요즘 살이 3(삼) kg 빠졌어요.
  Ich habe in letzter Zeit 3 Kilo abgenommen.

- 저 사람은 혼자 삼겹살 5(오) 인분을 먹을 수 있어요.
  Die Person dort kann alleine 5 Portionen Schweinebauch essen.

Vorsicht

Abhängig von der Verwendung von Nomen wie 동 wird entweder die rein koreanische Zahl oder die sinokoreanische Zahl verwendet.

(beim Zählen der Anzahl von Apartmentgebäuden)
- 한강아파트는 모두 3(세) 동이 있어요.
  Die Hangang Apartments bestehen alle aus 3 Gebäuden.

(beim Lesen der Nummer des Apartmentgebäudes)
- 우리 집은 3(삼) 동 101호예요.
  Unsere Wohnung ist in Gebäude 3, Nummer 101.

Die Partikel 의 für Besitz

Die Partikel 의 drückt Besitz aus und erscheint zwischen dem Besitzer und dem besessenen Gegenstand. In der gesprochenen Sprache wird 의 oft als [에] ausgesprochen oder weggelassen.

- 그 사람의 목소리 = 그 사람 목소리
  die Stimme dieser Person

Wenn die Partikel 의 an Pronomen ergänzt wird, wird das resultierende Wort als 내 (나의: „mein") und 네 (너의: „dein") zusammengezogen. Da 내 (mein) und 네(dein) im Standardkoreanischen ähnlich ausgesprochen werden, wird 내 oft als [내] und 네 oft als [니] ausgesprochen, um deutlich unterschieden werden zu können.

- 나의 얘기 = 내 얘기 meine Geschichte
- 너의 계획 = 네 계획 (= 니 계획) dein Plan
- 저의 연락처 = 제 연락처 meine Kontaktdaten

Wenn die besitzende Person oder der besessene Gegenstand durch ein Nomen oder Adjektiv näher beschrieben wird, darf die Possessiv-partikel 의 nicht weggelassen werden.

- 친구의 빨간색 지갑 (○) ≠ 친구 빨간색 지갑 (×)
  das rote Portemonnaie meiner Freundin
- 우리 가족의 생활 (○) ≠ 우리 가족 생활 (×)
  das Leben meiner Familie

Wenn bei der besitzenden Person ein Pronomen steht, muss es gekürzt werden.

- 내 친구의 책 (○) ≠ 나의 친구의 책 (×)
  das Buch meiner*s Freundin*es

Kapitel 2

1 Verbinden von zwei Handlungen oder Zuständen

-고 wird verwendet, um zwei nicht chronologisch geordnete Handlungen oder Zustände zu beschreiben. Wenn die Sätze vor und nach -고 getauscht werden, ändert sich die Bedeutung nicht.
-고 wird an den Stamm von Verben, Adjektiven und 이다 gehängt und kann mit -았/었- kombiniert werden.

- 그 여자는 키가 커요. 그리고 머리가 길어요.
  Diese Frau ist groß. Und ihre Haare sind lang.
  → 그 여자는 키가 크고 머리가 길어요.
    (= 그 여자는 머리가 길고 키가 커요.)
- 지난 휴가 때 친구도 만나고 책도 많이 읽었어요.
  Im letzten Urlaub habe ich Freunde getroffen und viele Bücher gelesen.
  (= 지난 휴가 때 친구도 만나고 책도 많이 읽었어요.)
- 그 사람은 국적이 미국인이고 직업이 운동선수예요.
  Sie ist Amerikanerin und arbeitet als Profi-Sportlerin.

> **Vorsicht**
>
> „und" ändert seine Form, je nachdem, was davor steht.
>
> | | |
> |---|---|
> | 그리고 (um zwei Sätze zu verbinden) | 저녁을 먹어요. 그리고 책을 읽어요.
Ich esse zu Abend. Und ich lese Bücher. |
> | -고 (um zwei Verben/Adjektive zu verbinden) | 밥을 먹고 커피를 마셔요.
Ich esse und trinke Kaffee. |
> | 하고 (um zwei Nomen zu verbinden) | 밥하고 반찬을 먹어요.
Ich esse Reis und Beilagen. |

2 Die chronologische Reihenfolge zweier Handlungen ausdrücken

1) -고

-고 wird auch verwendet, um zwei Handlungen in einer Sequenz zu verbinden. In diesem Fall ist die zeitliche Reihenfolge wichtig, sodass die Bedeutung davon abhängt, welche Aktion zuerst angegeben wird.
-고 in dieser Verwendung wird an Verben gehängt, darf aber nicht nach -았/었- oder -겠- stehen. Das Thema beider Sätze kann unterschiedlich sein.

- 수업이 끝나고 학생들이 자리에서 일어났어요.
  Der Unterricht endete und die Studierenden standen von ihren Plätzen auf.
  (≠학생들이 자리에서 일어나고 수업이 끝났어요.)
- 어젯밤에 샤워하고 잤어요. (○)
  Ich habe gestern Abend geduscht und bin schlafen gegangen.
  어젯밤에 샤워했고 잤어요. (×)

2) -아/어서

-아/어서 wird anstelle von -고 verwendet, wenn zwei sequenzielle Handlungen verbunden werden, während -고 zwei nicht verwandte, sequenzielle Aktionen ausdrückt.

- 친구를 만나서 저녁을 먹었어요.
  Ich habe einen Freund getroffen und mit ihm zu Abend gegessen.
  (Die sprechende Person traf den/die Freund*in und sie aßen zusammen zu Abend.)
- 친구를 만나고 저녁을 먹었어요.
  Ich habe einen Freund getroffen, und ging dann zu Abend essen.
  (Die sprechende Person aß nicht mit dem/der Freund*in. Sie trafen sich nachdem er/sie vorher zu Abend gegessen hatte.)

Das Subjekt beider Sätze in -아/어서 muss identisch sein, wenn es mit der Bedeutung „und" verwendet wird.

- 동생이 돈을 모아서 여행을 가고 싶어 해요.
  Meine jüngere Schwester spart Geld und möchte dann reisen.
  (Meine jüngere Schwester möchte Geld sparen und reisen.)
- 제가 생선을 사서 요리할 거예요.
  Ich werde Fisch kaufen und ihn zubereiten.
  (Ich kaufe Fisch und werde ihn kochen.)
  ≠ 제가 생선을 사서 엄마가 요리할 거예요.
    Ich werde Fisch kaufen und meine Mutter wird ihn zubereiten.
    (Ich kaufe Fisch und meine Mutter kocht ihn.)

-(으)면서 „während"

1 Zwei gleichzeitig ablaufende Handlungen oder Zustände ausdrücken

-(으)면서 wird verwendet, um zwei gleichzeitig ablaufende Handlungen oder Zustände auszudrücken. Es wird an die Stämme von Verben, Adjektiven und 이다 gehängt und kann nicht mit -았/었- oder -겠- kombiniert werden.

- 운전하면서 전화하면 위험해요.
  Beim Autofahren ist es gefährlich zu telefonieren.
- 품질이 좋으면서 싼 물건은 많지 않아요.
  Es gibt nicht viele Dinge, die von guter Qualität sind und gleichzeitig günstig sind.
- 제 친구는 대학생이면서 작가예요.
  Meine Freundin ist Studentin und gleichzeitig Schriftstellerin.

-(으)면서 wird in der Regel in der gesprochenen Sprache verwendet, während -(으)며 in geschriebener Sprache verwendet wird.

- 책을 읽으면서 친구를 기다려요. (gesprochene Sprache)
  Ich warte auf meine Freundin, während ich ein Buch lese.
  책을 읽으며 친구를 기다린다. (geschriebene Sprache)

Das Subjekt der Sätze vor und nach -(으)면서 muss identisch sein.

- 친구가 운동하면서 전화가 왔어요. (×)
  친구가 운동하면서 전화를 받았어요. (○)
  Während mein Freund Sport machte, bekam er einen Telefonanruf.

2 Einen Gegensatz ausdrücken

-(으)면서 wird auch verwendet, um einen Gegensatz zwischen zwei Handlungen oder Zuständen auszudrücken. In diesen Beispielen ist es nicht mit -(으)며 austauschbar.

- 그 여자는 그 남자를 좋아하면서 싫어하는 척해요.
  Sie mag ihn, tut aber so, als ob sie ihn nicht mögen würde.
- 그 사람은 다 알면서 거짓말했어요.
  Er hat gelogen, obwohl er alles wusste.
- 이 식당은 비싸지 않으면서 음식 맛이 좋아요.
  Dieses Restaurant ist nicht teuer und das Essen schmeckt sehr gut.

-거나 „oder"

-거나 wird verwendet, um eine Wahl zwischen zwei Handlungen oder Zuständen auszudrücken. -거나 wird an den Stamm von Verben und Adjektiven gehängt und ist mit -았/었- kombinierbar.

- 바쁘지 않거나 관심이 있는 사람은 저한테 연락해 주세요.
  Diejenigen, die nicht beschäftigt oder interessiert sind, kontaktieren mich bitte.
- 그 돈은 벌써 썼거나 다른 사람에게 줬을 거예요.
  Das Geld ist bereits ausgegeben oder an andere Personen weitergegeben.

Left column

● -(으)ㄴ/는 편이다 „relativ", „mehr oder weniger" KT S. 307

-(으)ㄴ/는 편이다 wird verwendet, um statt einer absoluten Aussage zu dem Grad einer gewissen Eigenschaft eher eine relative Aussage zu machen.

- 우리 동네는 조용해요. (absolut) Mein Stadtviertel ist ruhig.
- 우리 동네는 조용한 편이에요. (relativ)
Mein Stadtviertel gehört zu den ruhigen Stadtvierteln. (Das Viertel gehört zur ruhigen Sorte.)

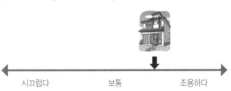

시끄럽다　　　　보통　　　　조용하다

-는 편이다 wird an Verben gehängt, während -(으)ㄴ 편이다 bei Adjektiven genutzt wird.

- 저는 노래는 못하는 편이니까 노래방에 가고 싶지 않아요.
Ich möchte nicht zum Karaoke gehen, weil ich nicht singen kann.
- 저는 음악을 즐겨 듣는 편이 아니에요.
Ich höre nicht so gerne Musik.
- 어렸을 때는 조용한 편이었는데 지금은 아니에요.
Als ich Kind war, war ich ruhig, aber jetzt bin ich nicht so.

Vorsicht

Wenn -는 편이다 an Verben gehängt wird, muss ein Adverb, das den Grad ausdrückt, ergänzt werden, da ein Verb selbst keinen Grad implizieren kann.

- 저는 물을 마시는 편이에요. (×)
저는 물을 (많이/조금/자주/가끔) 마시는 편이에요. (○)
Ich trinke (viel/wenig/oft/manchmal) Wasser.

Wenn die Verneinung -지 않다 mit -(으)ㄴ/는 편이다 verwendet wird, ändert sich der Ausdruck je nachdem, ob ob ein Verb oder Adjektiv davor steht.

	Verb	Adjektiv
Positiv	일찍 일어나는 편이에요. Ich bin Frühaufsteher.	키가 큰 편이에요. Ich bin groß.
Negativ	일찍 일어나지 않는 편이에요. Ich bin kein Frühaufsteher.	키가 크지 않은 편이에요. Ich bin nicht groß.

Vorsicht

-(으)ㄴ/는 편이다 kann nicht mit bestimmten Adjektiven verwendet werden, die wie z.B. 아프 다 „krank sein" im Koreanischen kein variables Ausmaß haben.

- 저는 머리가 아픈 편이에요. (×)
저는 머리가 아파요. (○) Ich habe Kopfschmerzen.

Right column

Kapitel 3

● -(으)ㄴ/는 것 Nomen aus Verben bilden KT S. 307

-(으)ㄴ/는 것 hat die Funktion, ein Verb, Adjektiv oder eine Phrase an Stellen, wo ein Nomen erscheinen kann, zu einem Nomen zu machen. Daher kann es in einem Satz eine Position ersetzen, an der ein Subjekt oder ein Objekt stehen könnte.

- 저는 한국 사람하고 얘기하는 것을 좋아해요.
(Position für ein Nomen)
Ich mag es, mich mit Koreanern zu unterhalten.

Wenn das Verb im Präsens steht, wird -는 것 an den Verbstamm gehängt. -(으)ㄴ 것 wird an den Stamm von Adjektiven gehängt.

- 한국어를 듣는 것은 괜찮지만 말하는 것이 어려워요.
Koreanisch zu hören, ist in Ordnung, aber zu sprechen, ist schwer.
- 한국 생활에서 제일 재미있는 것은 한국 친구를 사귀는 것이 에요.
Das Beste am Leben in Korea ist, Freunde kennenzulernen.
- 한국 회사에서는 일을 잘하는 것도 중요하지만 성실한 것이 더 중요해요.
In koreanischen Unternehmen ist es wichtig, fleißig zu arbeiten, aber noch wichtiger ist es, ehrlich zu sein.

Wenn bei 것 Partikeln stehen, wird die so entstehende Form in der gesprochenen Sprache gekürzt. 것이 wird zu 게, 것을 wird zu 걸, 것은 wird zu 건 und 것이에요 wird zu 거예요.

- 것을 → 걸 (= 거): 저는 운동하는 걸 좋아해요.
Ich mache Sport gern.
- 것이 → 게 (= 거): 요리를 잘하는 게 정말 부러워요.
Ich beneide Sie, dass Sie gut kochen.
- 것은 → 건: 친구들에게 연락하는 건 제가 할게요.
Ich werde die Freunde kontaktieren.
- 것이에요 → 거예요: 인생에서 중요한 것은 좋은 친구를 찾는 거예요.
Wichtig im Leben ist, gute Freunde zu finden.

● -(으)니까 „weil" KT S. 305

-(으)니까 wird verwendet, wenn der Grund oder die Gründe für ein Ereignis oder eine Situation angegeben werden. -(으)니까 wird an den Satz mit dem Grund ergänzt, der immer vor dem Satz stehen muss, der das Ergebnis ausdrückt. -(으)니까 wird an den Stamm von Verben, Adjektiven und 이다 gehängt. Es kann auch mit -았/었- kombiniert werden.

- 우리 집에 김치가 있으니까 제가 김치를 가져올게요.
  Da ich Kimchi zu Hause habe, bringe ich Kimchi mit.

- 오늘 일을 다 끝냈으니까 이제 퇴근해도 돼요.
  Sie können jetzt Feierabend machen, da alles von heute geschafft ist.

-(으)니까 hat eine ähnliche Funktion wie -아/어서, was einen Grund oder eine Ursache ausdrückt. Während -아/어서 jedoch nicht mit -았/있- kombiniert werden darf, geht dies bei -(으)니까.

- 어제 늦게 집에 들어갔으니까 피곤할 거예요.
  Da Sie gestern spät nach Hause gekommen sind, werden Sie müde sein.
  = 어제 늦게 집에 들어가서 피곤할 거예요.

Wenn ein Satz mit einer Aufforderung oder einem Vorschlag endet, kann -(으)니까 verwendet werden, um den Grund auszudrücken, aber -아/어서 nicht.

- 제가 옆에 있으니까 언제든지 저를 불러 주세요. (○)
  Rufen Sie mich jederzeit, da ich neben Ihnen bin.
  제가 옆에 있어서 언제든지 저를 불러 주세요. (×)

- 오늘은 시간이 있으니까 같이 영화 볼까요? (○)
  Da Sie heute Zeit haben, wollen wir zusammen einen Film sehen?
  오늘은 시간이 있어서 같이 영화 볼까요? (×)

-는 게 Strukturen mit -는 것

-는 것, gefolgt von der Partikel 이 (gekürzt zu -는 게) wird an ein Verb ergänzt, wenn eine Nominalisierung in der Position des Subjekts steht. Das Prädikat kann dann zum Beispiel wie in folgenden Satzstrukturen 어때요? oder 좋겠다 sein.

1 -는 게 어때요? „Wie wäre…?"

Der Ausdruck wird verwendet, um die zuhörende Person nach seinen Gedanken zu einer bestimmten Handlung zu fragen.
-는 게 어때요? wird an den Stamm von Verben gehängt und die Intonation geht am Satzende nach oben. -는 게 (=것이) 어때요? kann mit -는 건 (=것은) 어때요? ersetzt werden. Die Konjugation ist die gleiche wie bei -는 것.

A 제주도는 작년에 가 봤으니까 이번에는 부산에 가는 게 어때요?
  Wie wäre es, dieses Mal nach Busan zu fahren, da ich letztes Jahr auf die Insel Jeju gereist bin.

B 좋아요. 부산에 가요. Gut. Fahren wir nach Busan.

2 -는 게 좋겠다 „Es wäre gut zu…"

-는 게 좋겠다 wird verwendet, um den Zuhörenden gegenüber höflich eine subjektive Meinung auszudrücken. Es wird normalerweise verwendet,

um den Zuhörenden seine persönliche Meinung zu sagen oder Vorschläge zu machen. -는 게 좋겠다 wird an Verbstämme gehängt. Weil es eine Meinung ausdrückt, gehen dem Satz oft Ausdrücke wie 제 생각에는 (Ich denke) oder 제가 보기에는 (Meiner Meinung nach) voraus.

- 오늘은 늦게 일이 끝나니까 내일 만나는 게 좋겠어요.
  Es wäre gut uns morgen zu treffen, da ich heute meine Arbeit spät beende.

- 제 생각에는 혼자 지내는 것보다 사람들하고 함께 어울리는 게 좋겠어요.
  Meiner Meinung nach ist es besser, Zeit mit Freunden zu verbringen als allein.

이/가 좋겠다 wird verwendet, wenn das Empfohlene ein Nomen ist.

- 밤에 잠을 못 자니까 커피보다는 우유가 좋겠어요.
  Da ich nachts nicht schlafen kann, wäre Milch besser als Kaffee.

Kapitel 4

-(으)면 „wenn"

1 Bedingungen ausdrücken

-(으)면 wird verwendet, um eine Bedingung auszudrücken. -(으)면 wird an Verben, Adjektive und 이다 gehängt. -(으)면 kann mit -았/있- kombiniert werden.

- 열심히 준비하세요. 그러면 좋은 결과가 있을 거예요.
  Bereiten Sie es gut vor. Dann wird es gute Ergebnisse geben.
  → 열심히 준비하면 좋은 결과가 있을 거예요.
  Wenn Sie sich gut vorbereiten, werden Sie sehr gute Ergebnisse erzielen.

- 학생이면 무료예요. 그냥 들어가세요.
  Wenn Sie Student sind, ist es kostenlos. Gehen Sie einfach hinein.

- 이 일을 시작했으면 끝까지 책임지세요.
  Wenn Sie damit anfangen, übernehmen Sie die Verantwortung bis zum Ende.

> **Vorsicht**
>
> Auf Koreanisch bedeuten 그러면 und 그래서 beide „deswegen", „wenn/weil das so ist…" Denken Sie daran, dass 그러면 verwendet wird, wenn eine Bedingung und ein Ergebnis ausgedrückt werden und 그래서, wenn Ursache und Wirkung ausgedrückt werden.

- (Bedingung) 날씨가 추워요. 그러면 두꺼운 옷을 입으세요.
  Es ist kalt. Tragen Sie dann warme Kleidung.
- (Grund) 날씨가 추워요. 그래서 감기에 걸렸어요.
  Es ist kalt. Deshalb haben Sie sich erkältet.

Frage

그러면 wird in der gesprochenen Sprache auch zu 그럼 gekürzt.

---

2 Vermutungen ausdrücken

-(으)면 wird verwendet, um Annahmen zu unsicheren, unmöglichen oder unerfüllten Handlungen oder Situationen zu machen. Der erste Satz drückt die Annahme aus, im zweiten Satz folgt das Ergebnis.

- 돈을 많이 벌면 여행을 떠나고 싶어요.
  Wenn ich viel Geld verdiene, möchte ich reisen.
- 복권에 당첨되면 그 돈으로 뭐 하고 싶어요?
  Wenn Sie im Lotto gewinen, was möchten Sie mit dem Geld machen?
- 그 사실을 미리 알았으면 그 일을 하지 않았을 거예요.
  Wenn ich die Tatsache früher gewusst hätte, hätte ich es nicht gemacht.

 -(으)ㄴ/는데 Hintergrundinformationen geben   KT S. 308

-(으)ㄴ/는데 wird verwendet, um Hintergrund-informationen zu einer Frage, einer Anfrage, einem Vorschlag oder einer Aufforderung zu geben. Es dient auch dazu, einen Hintergrund zu liefern oder eine grobe Situation zu beschreiben, bevor bestimmte Informationen gegeben oder die Gefühle oder Gedanken der sprechenden Person wiedergegeben werden. Der erste Satz drückt die Situation oder den Hintergrund aus und wird von -(으)ㄴ/는데 gefolgt.

- 운동을 시작하고 싶은데 가르쳐 주시겠어요?
  Ich möchte anfangen, Sport zu machen, können Sie mich unterrichten? (vor einer Anfrage)
- 한국학을 전공하고 있는데 특히 한국 역사에 관심이 있어요.
  Ich studiere Koreanistik als Hauptfach, aber ich interessiere mich besonders für die koreanische Geschichte.
  (vor dem Angeben bestimmter Informationen)
- 요즘 태권도를 배우고 있는데 생각보다 어렵지 않아요.
  Ich lerne derzeit Taekwondo, und es ist nicht so schwer, wie ich gedacht habe. (vor dem Angeben seiner Gedanken oder Gefühle)

Wenn der Satz, der die Situation oder den Hintergrund erklärt, mit einem Verb in der Gegenwart endet, wird -는데 ergänzt, wenn der Satz mit einem Adjektiv endet, wird -(으)ㄴ데 angehängt und wenn er mit 이다 endet, wird 인데 angefügt. Wenn der Satz mit einem Verb oder Adjektiv in der Vergangenheit endet, wird -았/었는데 angehängt.

- 오늘은 좀 바쁜데 내일 만나는 게 어때요?
  Ich bin heute beschäftigt, aber wie wäre es, sich morgen zu treffen?
- 여기는 남산인데 야경이 아름다워요.
  Hier ist der Namsan, und die Aussicht ist wunderschön.
- 집에 들어갔는데 아무도 없었어요.
  Ich bin nach Hause gegangen, aber keiner war da.

Vorsicht

-아/어서 wird anstelle von -(으)ㄴ/는데 verwendet, um den Hintergrund oder die Situation einer direkten Ursache oder eines Grundes auszudrücken.

- 시간이 없는데 오늘 만날 수 없어요. (×)
  시간이 없어서 오늘 만날 수 없어요. (○)
  Ich kann Sie heute nicht treffen, da ich keine Zeit habe.

-(으)려고 하는데 wird verwendet, um den zukünftigen Hintergrund für die Absicht eines Subjekts auszudrücken, während -(으)ㄹ 건데 oft verwendet wird, um ein zukünftiges Ereignis auszudrücken, das nicht dem Willen der Sprechenden entspricht. -(으)ㄹ 텐데 wird verwendet, um den Hintergrund einer Vermutung auszudrücken.

- 내일 친구하고 부산에 여행 가려고 하는데 아직 표를 못 샀어요.
  Morgen fahre ich mit einem Freund nach Busan, aber wir konnten die Tickets noch nicht kaufen.
- 다음 주에 프로젝트가 끝날 건데 그다음에 뭐 할까요?
  Nächste Woche ist das Projekt zu Ende. Was sollen wir danach machen?
- 지금 출발하면 약속에 늦을 텐데 택시를 타는 게 좋겠어요.
  Selbst wenn wir jetzt gehen würden, kämen wir zu spät zum Meeting. Aber es wäre besser, wenn wir ein Taxi nehmen würden.

Vorsicht

-(으)ㄴ/는데 sollte nur einmal in einem Satz verwendet werden.

- 이번 주에 시험이 있는데 공부를 안 했는데 걱정돼요. (×)
  이번 주에 시험이 있는데 공부를 안 해서 걱정돼요. (○)
  Ich habe diese Woche eine Prüfung, aber ich machen mir Sorgen, weil ich nicht gelernt habe.

-(으)ㄴ/는지 — indirekte Fragen

**KT
S. 308**

-(으)ㄴ/는지 drückt eine indirekte Frage der sprechenden Person aus. Es kann in der Position eines Subjektes oder eines Objektes auftreten.

- 이 제품이 왜 인기가 많아요? + 알고 싶어요.
  Warum ist dieses Produkt beliebt? + wissen wollen
  이 제품이 왜 인기가 많은지 알고 싶어요.
  Ich möchte wissen, warum dieses Produkt beliebt ist.
  (Die Frage erscheint in der Objekt-Position des Verbes 알다.)

Wenn die Frage in der Präsensform eines Verbs endet, wird -는지 angehängt, während -(으)ㄴ지 angehängt wird, wenn es sich um ein Adjektiv im Präsens oder 이다 handelt. -았/었는지 wird angehängt, wenn es ein Verb oder Adjektiv in der Vergangenheitsform ist und -(으)ㄹ지, wenn es ein Verb oder Adjektiv im Futur ist.

- 한국 음식을 어떻게 만드는지 배울 거예요.
  Ich werde lernen, wie man koreanisches Essen kocht.

- 신청자가 얼마나 많은지 미리 알아보세요.
  Informieren Sie sich vorab, wie viele Bewerber es gibt.

- 그 사람 나이가 몇 살인지 궁금해요.
  Ich würde gerne wissen, wie alt er ist.

- 사장님이 왜 화가 났는지 잘 모르겠어요.
  Ich weiß nicht, warum der Geschäftsführer wütend ist.

- 앞으로 어떻게 할지 생각해 봐야겠어요.
  Ich werde darüber nachdenken, wie ich es in Zukunft machen werde.

Wenn die Frage verneint ist, unterscheidet sich die Form -지 않다 je nachdem, ob sie auf ein Adjektiv oder ein Verb folgt.

- 왜 일하지 않는지 그 이유를 모르겠어요. (Verb)
  Ich kenne nicht den Grund, warum es nicht funktioniert.

- 어떤 것이 맵지 않은지 알려 주세요. (Adjektiv)
  Bitte sagen Sie mir, was nicht scharf ist.

Wenn dem Fragewort 이다 folgt, wird es wie folgt konjugiert:

	(formell)	(informell)
뭐예요? →	무엇인지 /	뭔지
누구예요? →	누구인지 /	누군지
언제예요? →	언제인지 /	언젠지
어디예요? →	어디인지 /	어딘지

- 저 사람의 이름이 뭔지 아세요?
  Wissen Sie, wie die Person dort heißt?

- 저 사람이 누군지 확인한 다음에 알려 주세요.
  Geben Sie mir Bescheid, nachdem Sie überprüft haben, wer die Person ist.

-(으)ㄴ/는지 kann auch für Ja-/Nein-Fragen verwendet werden (ohne ein Fragewort).

- 그 사람이 한국 음식을 좋아하는지 알고 싶어요.
  Ich möchte wissen, ob sie koreanisches Essen mag.

- 친구에게 이 책을 읽어 봤는지 물어볼 거예요.
  Ich werde meinen Freund fragen, ob er dieses Buch gelesen hat.

-(으)ㄴ/는지 kann wie in folgenden Beispielen wiederholt werden.

- 몇 명이 가는지, 언제 출발하는지 확인하세요.
  Bitte überprüfen Sie wie viele Personen fahren und wann sie losfahren.

- 키가 큰지 작은지는 중요하지 않아요.
  Es ist nicht wichtig, ob jemand groß oder klein ist.

- 이따가 영화를 볼지 저녁을 먹을지 같이 정해요.
  Entscheiden wir zusammen, ob wir später einen Film sehen oder zu Abend essen.

-(으)ㄴ/는지 kann mit folgenden Verneinungen „oder nicht" ausdrücken

- 이게 사실인지 아닌지 솔직하게 말해 주세요.
  Sagen Sie mir ehrlich, ob es stimmt oder nicht.

- 이 일이 중요한지 중요하지 않은지 제가 말할 수 없어요.
  Ich kann nicht sagen, ob diese Sache wichtig oder unwichtig ist.

- 이 사실을 친구에게 말해야 할지 말지 아직 못 정했어요.
  Ich habe mich noch nicht entschieden, ob ich diese Tatsache meiner Freundin sage oder nicht.

Kapitel 5

-(으)려고 하다 — „vorhaben, zu tun", „die Absicht haben, zu tun"

**KT
S. 306**

1 Die Intention oder den Zweck des Subjekts ausdrücken

-(으)려고 하다 wird verwendet, um die Absicht oder den Zweck der sprechenden Person auszudrücken, etwas zu tun. Es wird an den Stamm von Handlungsverben ergänzt. -았/었- darf nur an 하다 ergänzt werden.

- 내년에는 꼭 취직하려고 해요.
  Ich plane, nächstes Jahr unbedingt einen Job zu finden.

- 주말에 등산하려고 하는데 같이 가면 어때요?
  Ich habe am Wochenende vor, zu wandern. Wie wäre es wenn wir zusammen gehen würden?

- 이제부터 담배를 피우지 않으려고 해요.
  Ich habe vor, von jetzt an mit dem Rauchen aufzuhören.

- 어제 전화하려고 했는데 시간이 없어서 못 했어요.
  Ich wollte gestern anrufen, aber ich konnte es nicht, weil ich keine Zeit hatte.

In der Umgangssprache wird -(으)려고 해요 oft zu -(으)려고요 gekürzt, wenn auf eine Frage über die zukünftige Intention geantwortet wird. Manchmal wird es wie -(으)려구요 ausgesprochen.

A 언제 숙제 시작할 거예요?

Wann fangen Sie mit den Hausaufgaben an?

B 조금 후에 시작하려고요.

Ich habe vor, ein bisschen später damit anzufangen.

Vorsicht

ㄹ wird oft an -(으)려고 하다 gehängt, obwohl es kein Standardkoreanisch ist.

• 이거 살려고 해요. Ich habe vor, das zu kaufen.
〔이거 사려고 해요 ist die Standardform.〕

Frage

-(으)려고 하다 drückt die Absicht des Subjekts aus, während -(으)ㄹ 거예요 etwas in der Zukunft Erwartetes ausdrückt.

• 내년에 미국에 유학 가려고 해요. 그래서 지금 열심히 영어를 공부해요.
Ich möchte nächstes Jahr in den USA studieren. Deshalb lerne ich jetzt fleißig Englisch.

• 열심히 공부하면 시험을 잘 볼 거예요.
Wenn Sie fleißig lernen, machen Sie die Prüfung gut.

---

2 Beschreibung einer bald stattfindenden Situation

-(으)려고 하다 wird auch verwendet, um eine Situation zu beschreiben, die bald stattfindet oder sich bald ändert.

• 영화가 시작하려고 해요. 빨리 들어갑시다.
Der Film soll beginnen. Lassen Sie uns schnell hereingehen.

• 아기가 울려고 하는데 어떡해요?
Das Baby ist dabei zu weinen. Was soll ich machen?

• 단추가 떨어지려고 하니까 다른 옷으로 갈아입으세요.
Wechseln Sie die Kleidung, da der Knopf dabei ist, abzufallen.

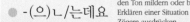 -(으)ㄴ/는데요

den Ton mildern oder beim Erklären einer Situation Zögern ausdrücken

KT S. 308

Im Koreanischen gibt es oft Fälle, bei denen Sprechende eine Aussage auslassen und indirekt eine Situation ausdrücken, um die Reaktion der Zuhörenden zu mildern. Koreaner*innen verwenden diesen Satz oft, wenn sie mit Sorgfalt sprechen, um höflich zu sein.

A 오늘 같이 저녁 먹을까요?

Wollen wir heute zusammen zu Abend essen?

B 다른 약속이 있는데요. Ich habe aber eine andere Verabredung (und daher keine Zeit).
〔Bedeutung: 같이 저녁 못 먹어요. Ich kann nicht zusammen zu Abend essen.〕

In diesen Situationen wird -(으)ㄴ/는데요 am Ende des Satzes angehängt. In folgendem Beispiel verweigert B sanft den Vorschlag von A, einen Spaziergang zu machen, indem er nur von heißem Wetter spricht und nicht direkt sagt, dass er nicht gehen möchte. -(으)ㄴ/는데요 wird unterschiedlich konjugiert, je nachdem, ob es einem Verb, Adjektiv oder 이다 folgt. Die Konjugation entspricht der von -(으)ㄴ/는데 In Kapitel 4 in diesem Buch.

A 잠깐 밖에 산책하러 가는 게 어때요?

Wie wäre es, kurz draußen spazieren zu gehen?

B 지금 더운데요. Es ist jetzt aber heiß.
〔Bedeutung: 산책하러 가고 싶지 않아요. Ich möchte nicht spazieren gehen.〕

A 이 모임을 계속할 거예요? Findet das Treffen weiter statt?

B 아직 못 정했는데요. Ich habe mich noch nicht entschieden.
〔Bedeutung: 왜 물어보세요? Eigentlich bedeutet es „Warum fragen Sie?"〕

-(으)ㄴ/는데 wird auch verwendet, um einen Vorschlag oder eine Bitte anzudeuten und auf die Antwort der zuhörenden Person zu warten, ohne direkt zu fragen. In folgendem Beispiel beschreibt die sprechende Person nur die Situation, dass es heutzutage viele gute Filme gebe, um der zuhörenden vorzuschlagen, mit ihnen einen Film zu sehen.

• 요즘 재미있는 영화가 많은데……
Es gibt viele interessante Filme zur Zeit...
〔같이 영화 봅시다. wird weggelassen. Weggelassen ist 같이 영화 봅시다 mit der Bedeutung „Lassen Sie uns zusammen einen Film sehen"〕

• 소금이 다 떨어졌는데……. Das Salz ist ausgegangen...
〔소금 좀 사다 주세요. wird weggelassen. Weggelassen ist 소금 좀 사다 주세요 mit der Bedeutung „Kaufen Sie bitte Salz."〕

 -(으)ㄴ/는 대신에 „anstatt/statt"

KT S. 307

-(으)ㄴ/는 대신에 wird verwendet, um auszudrücken, dass statt der Handlung des ersten Satzes mit -(으)ㄴ/는 대신에 die des zweiten Satzes ausgeführt wird. -는 대신에 wird an den Stamm von Verben gehängt, während -(으)ㄴ 대신에 an den Stamm von Adjektiven gehängt wird, wenn der vorangegangene und der folgende Satz gleichzeitig stattfinden. -(으)ㄴ 대신에 wird an den Stamm von Verben und Adjektiven ergänzt, wenn der erste Satz vor dem zweiten Satz endet. -(으)ㄴ 대신에 wird an Adjektive im Präsens gehängt.

• 제가 이 일을 하는 대신에 제 부탁 좀 들어주세요.
Bitte tun Sie mir einen Gefallen, anstatt diese Arbeit zu erledigen.

• 음식을 만드는 대신에 사 가려고 해요.
Ich habe vor etwas zu Essen zu kaufen, anstatt es zu kochen.

-(으)ㄴ/는 대신에 wird auch verwendet, um eine Situation zu beschreiben, die im Gegensatz zur Situation im ersten Satz steht.

- 월급을 많이 받는 대신에 늦게까지 일해야 돼요.
  Anstatt viel Geld zu bekommen, muss ich bis spät arbeiten.
- 동생에게 장난감을 양보하는 대신에 엄마에게 칭찬을 받았어요.
  Ich wurde von meiner Mutter gelobt, anstatt meinem jüngeren Bruder das Spielzeug zu überlassen.
- 칼로리 높은 음식을 많이 먹은 대신에 운동을 많이 해야 돼요.
  Statt Essen mit viel Kalorien zu sich zu nehmen, muss man viel Sport machen.

-(으)ㄴ/는 대신에 wird auch verwendet um eine Situation zu beschreiben, die gegensätzlich zur Situation im ersten Satz ist.

- 그 아이는 공부에 소질이 있는 대신에 운동에 소질이 없어요.
  Das Kind ist nicht gut im Sport, stattdessen ist es gut im Lernen.
- 그 가게는 비싼 대신에 품질이 더 좋아요.
  Statt teurer Produkte hat das Geschäft Produkte mit besserer Qualität.

대신에 kann allein an Nomen angehängt werden.

- 아침에 시간이 없어서 밥 대신에 사과를 먹어요.
  Ich habe am Morgen keine Zeit und esse stattdessen einen Apfel.

-아/어 보다 wird ergänzt, um die Form -아/어 본 적이 있다 zu bilden und um auszudrücken, dass man etwas versucht hat. 보다 ist das einzige Verb, mit dem das Hilfsverb 보다 nicht kombiniert werden kann. In dieser Situation wird stattdessen 본 적이 있다 verwendet.

- 몽골 음식을 먹어 본 적이 없으니까 한번 먹어 보고 싶어요.
  Da ich noch nie mongolisches Essen gegessen habe, möchte ich es einmal probieren.
- 한국 영화를 본 적이 있어요.
  Ich habe einmal einen koreanischen Film gesehen.
  ≠ 한국 영화를 봐 본 적이 있어요. (×)

-(으)ㄴ 적이 있다 wird verwendet, um wie in folgendem Beispiel eine Ja / Nein-Antwort zu erhalten. Nach Erhalt der Antwort werden Details in der einfachen Vergangenheitsform und nicht mit -(으)ㄴ 적이 있다 wiedergegeben.

A 삼계탕을 먹은 적이 있어요?
  Haben Sie schon mal Samgyetang gegessen?

B 네, 한 번 있어요. Ja, einmal.

A 언제 먹었어요? Wann haben Sie (es) gegessen?
  〔언제 먹은 적이 있어요? darf nicht verwendet werden.〕

B 1년 전에 처음 먹었어요.
  Vor einem Jahr habe ich es zum ersten Mal gegessen.

 -(으)ㄴ 적이 있다 „schon einmal gemacht haben"   KT S. 306

-(으)ㄴ 적이 있다 wird verwendet, um seine Erfahrungen auszudrücken. -(으)ㄴ 적이 있다 wird an den Stamm von Verben, Adjektiven und 이다 gehängt. -(으)ㄴ 적이 없다 wird verwendet, um den Mangel an einer Erfahrung auszudrücken. 적 kann durch 일 ersetzt werden. Weil -(으)ㄴ bereits Vergangenheit ausdrückt, braucht man nicht -(으)ㄴ 적이 있었다 sagen.

- 어렸을 때 팔을 다친 적이 있어요.
  Als ich Kind war, habe ich mir den Arm einmal verletzt.
- 이제까지 행복한 적이 없어요.
  Bis jetzt war ich nicht glücklich.
- 잃어버린 물건을 찾은 일이 한 번도 없어요.
  Ich habe noch nie einen verlorenen Gegenstand wiedergefunden.

Vorsicht

일 kann anstelle von 적 verwendet werden, um Erfahrungen auszudrücken, 것 kann jedoch nicht verwendet werden.

- 주차장에서 일한 적이 있어요. (○)
  Ich habe einmal auf einem Parkplatz gearbeitet.
  = 주차장에서 일한 일이 있어요.
  ≠ 주차장에서 일한 것이 있어요. (×)

 -고 있다 „dabei sein, etwas zu tun"   KT S. 300

1 Eine Handlung im Verlauf beschreiben

-고 있다 wird verwendet, um eine fortlaufende Handlung in der Gegenwart auszudrücken. Es drückt auch eine wiederholte Handlung aus, die sich während eines festgelegten Zeitrahmens ereignet. Dabei wird 이다 konjugiert, um das Tempus oder die Verneinung anzuzeigen. -고 있었다 drückt die Vergangenheit aus, -고 있을 것이다 die Zukunft und -고 있지 않다 die Verneinung.

- 요즘 일자리를 알아보고 있지만 좋은 일자리가 없어요.
  Ich suche zur Zeit nach Arbeitsstellen, aber es gibt keine guten Stellen.
- 어제 저녁 7시에 집에서 밥을 먹고 있었어요. 회사에 없었어요.
  Gestern habe ich um 7 Uhr zu Hause zu Abend gegessen. Ich war nicht in der Firma.
- 이사는 지금 생각하고 있지 않아요. 지금 집에 만족하고 있어요.
  Ich denke gerade nicht ans Umziehen. Ich bin jetzt mit der Wohnung zufrieden.

Frage

-고 있다 kann mit -고 계시다 ersetzt werden, um dem Subjekt gegenüber Respekt auszudrücken.

- (normal) 동생이 책을 읽고 있어요.
  Meine jüngere Schwester liest gerade ein Buch.

- (honorativ) 할아버지 책을 읽고 계세요.
  Mein Großvater liest gerade ein Buch.

Vorsicht

-고 있었다 wird nur verwendet, wenn eine Handlung zu einer bestimmten Zeit in der Vergangenheit ausgeübt wurde.

- 3년 전에 백화점에서 아르바이트를 하고 있었어요. (×)
  3년 전에 백화점에서 아르바이트를 했어요. (○)
  Vor 3 Jahren habe ich im Kaufhaus gejobbt.

- 어제 친구의 전화를 받았을 때 청소하고 있었어요. (○)
  Als ich den Anruf meiner Freundin gestern annahm, war ich gerade beim Putzen.

---

2 Zustand beschreiben

-고 있다 wird auch verwendet, um den Zustand des Besitzes von etwas mit ein paar Verben auszudrücken, wie 갖다 (halten, haben) oder 보관하다 (behalten).

- 유실물 센터에서 잃어버린 물건을 보관하고 있어요.
  Im Fundbüro werden verlorene Gegenstände aufbewahrt.

- 저는 그 책을 갖고 있지 않아요. 다른 사람에게 물어보세요.
  Ich habe dieses Buch nicht. Fragen Sie eine andere Person.

- 5년 전에 저는 자동차를 갖고 있었어요.
  Vor 5 Jahren habe ich ein Auto besessen.

-고 있다 wird auch verwendet, um Kleidung zu beschreiben. Während es im Englischen nur einen Ausdruck für „tragen" gibt, gibt es im Koreanischen verschiedene Verben, je nachdem, wie und wo am Körper das Kleidungsstück oder Accessoire getragen wird.

- 저는 검은색 옷에 청바지를 입고 있어요.
  Ich trage eine Jeans zu schwarzer Kleidung.
  〔입다: am Körper tragen (unabhängig davon, ob es am Oberkörper oder Unterkörper getragen wird)〕

- 친구는 운동화를 신고 있어요. Der Freund trägt Turnschuhe.
  〔신다: an den Füßen tragen: Schuhe, Socken, Strumpfhose〕

- 할머니가 모자를 쓰고 계세요.
  Die Großmutter trägt eine Mütze.
  〔쓰다: auf dem Kopf tragen: Hüte, Mützen, Brille, Toupet, Maske〕

- 선생님이 목걸이를 하고 있어요.
  Die Lehrerin trägt eine Kette.
  〔하다: ein Accessoire tragen: Schal, Ohrringe, Krawatte〕

- 저는 시계를 안 차고 있어요. Ich trage keine Uhr.
  〔차다: tragen durch Umwickeln: Uhr, Gürtel〕

- 친구는 반지를 끼고 있지 않아요.
  Meine Freundin trägt keine Ringe.
  〔끼다: tragen durch Anstecken: Ring, Handschuhe, Kontaktlinsen〕

Kapitel 6

-아/어도 되다 „dürfen"

1 Um Erlaubnis fragen

-아/어도 되다 wird in Fragen verwendet, um den/die Zuhörenden um Erlaubnis für eine Handlung oder einen Zustand zu bitten. -아/어도 되다 wird an den Stamm von Verben gehängt. -(으)세요 kann an das entsprechende Verb angehängt werden, um jemandem Erlaubnis für die Handlung zu erteilen. Wenn die Erlaubnis nicht gegeben wird, kann -(으)ㄴ/는데요 verwendet werden, um auf höflichere Weise abzulehnen als mit dem direkteren -지 마세요.

A 이 옷 좀 입어 봐도 돼요?
  Darf ich diese Kleidung anprobieren?

B 그럼요. 저기 탈의실에서 입어 보세요.
  Natürlich, probieren Sie sie in der Umkleidekabine drüben an.

A 이 물 마셔도 돼요?
  Kann ich das Wasser trinken?

B 이건 물이 아닌데요.
  Das ist kein Wasser.

괜찮다 oder 좋다 können beim Ausdruck -아/어도 되다 das Verb 되다 ersetzen. Mit dem Ausdruck -아/어도 될까요? der durch Kombination mit -(으)ㄹ까요? gebildet wird, kann mehr Höflichkeit ausgedrückt werden.

A 옆자리에 앉아도 괜찮아요?
  Darf ich mich neben Sie setzen?

B 물론이죠. 앉으세요.
  Natürlich. Nehmen Sie Platz.

A 음악 소리를 좀 크게 틀어도 될까요?
  Darf ich die Musik etwas lauter stellen?

B 마음대로 하세요.
  Machen Sie, wie Sie möchten.

Vorsicht

Bei der Erlaubnis für eine Handlung wird -(으)세요 anstelle von -(으)ㄹ 수 있다 verwendet.

A 이 옷 좀 입어 봐도 돼요?
  Kann ich diese Kleidung einmal anprobieren?

B 네, 입어 봐도 돼요. (X)
  입어 볼 수 있어요. (X)
  → 입어 보세요. (O) Ja, können Sie.

---

2 Erlaubnis ausdrücken

-아/어도 되다 wird verwendet, um zum Ausdruck zu bringen, dass eine Handlung oder ein Zustand aufgrund des allgemeinen Wissens über soziale oder kulturelle Normen oder Regeln erlaubt ist. In dieser Verwendung wird -아/어도 되다 an den Stamm von Verben, Adjektiven und 이다 gehängt. Bei dieser Verwendung kann 되다 durch 좋다 und 괜찮다 ersetzt werden.

- 냉장고의 음식은 아무거나 먹어도 돼요.
  Alle können das Essen im Kühlschrank essen.

- 이번 숙제는 하지 않아도 돼요.
  Die Hausaufgaben brauchen Sie nicht machen.

- 음식이 이 정도 매워도 괜찮아요. 먹을 수 있어요.
  Es ist in Ordnung, wenn das Essen so scharf ist. Ich kann es essen.

- A 회사 지원 자격은 꼭 한국인만 돼요?
  Können sich wirklich nur Koreaner bei der Firma bewerben?

  B 아니요, 외국인이어도 돼요. 상관없어요.
  Nein, auch Ausländer können sich bewerben. Es spielt keine Rolle.

-았/었- wird mit -아/어도 되다 kombiniert, um auszudrücken, dass eine Handlung oder ein Zustand in der Vergangenheit erlaubt war.

- 전에는 신분증만 있으면 들어가도 됐는데, 요즘에는 들어갈 수 없어요.
  Zuvor brauchte man nur einen Identifikationsnachweis, aber zur Zeit kann man gar nicht hineingehen.

- 실수로 불을 껐어도 괜찮아요. 다시 불을 켜면 돼요.
  Es ist in Ordnung, wenn Sie das Licht aus Versehen ausmachen. Sie brauchen es nur wieder einschalten.

- 나이가 많은 사람에게 존댓말을 사용해야 돼요.
  Für ältere Personen muss die formell höfliche Rede verwendet werden.

- 밤 10시까지 기숙사에 들어와야 합니다.
  Bis 10 Uhr abends müssen Sie im Wohnheim sein.

되다 kann konjugiert werden, um die Zeitform auszudrücken. In Verneinungen wird vor -아/어야 되다, -지 않다 ergänzt, um die Form -지 않아야 되다 zu bilden. -지 말아야 되다 wird auch verwendet, um die Hoffnung oder den Wunsch der sprechenden Person auszudrücken.

- 학생 때 낮에 일하고 밤에 공부해야 됐어요 (= 해야 했어요).
  Als ich Studierende war, musste ich am Tag arbeiten und in der Nacht lernen.

- 내일은 평소보다 더 일찍 출발해야 될 거예요.
  Ich muss morgen früher losfahren als normalerweise.

- 이번 회의에는 절대로 늦지 않아야 돼요.
  Zu diesem Meeting darf ich auf keinen Fall zu spät kommen.
  = 이번 회의에는 절대로 늦지 말아야 돼요.

> **Vorsicht**
>
> -아/어야 되다 darf nicht in jeder Situation, wo im Englischen „sollte" verwendet wird, benutzt werden. -아/어야 되다 wird für Verpflichtungen oder Bedingungen benutzt, während -아/어 보세요 für Empfehlungen und Ratschläge verwendet wird.
>
> - 회사에는 늦어도 9시까지 와야 돼요. [Pflicht]
>   Bis spätestens 9 Uhr muss ich in der Firma sein.
>
> - 제주도에 한번 가 보세요. 정말 좋아요. [Empfehlung]
>   Reisen Sie einmal nach Jeju-do. Es ist wirklich schön.

 -아/어야 되다 „müssen", „brauchen"

KT S. 302

-아/어야 되다 wird verwendet, um in einer Situation, einem Zustand oder bei einer Bedingung eine Verpflichtung oder Aufgabe auszudrücken, die stattfinden muss. -아/어야 되다 wird an den Stamm von Verben, Adjektiven und 이다 gehängt.

- 학교에서는 모든 학생이 교복을 입어야 돼요.
  In der Schule tragen alle Schüler eine Schuluniform.

- 시험을 볼 때 꼭 신분증이 있어야 돼요.
  Als ich die Prüfung schrieb, musste unbedingt ein Identifikationsnachweis vorhanden sein.

되다 in -아/어야 되다 kann ohne Bedeutungsänderung durch 하다 ersetzt werden. -아/어야 되다 wird im Allgemeinen in gesprochener Sprache verwendet, während -아/어야 하다 in der Regel in geschriebener Sprache verwendet wird.

-아/어 있다 Folge nach einer abgeschlossenen Handlung ausdrücken

KT S. 303

-고 있다 drückt eine andauernde Handlung aus, während -아/어 있다 das Fortbestehen des Zustandes einer abgeschlossenen Handlung ausdrückt.

   ⓐ

   ⓑ

ⓐ 진수가 문을 열고 있어요. Jinsu öffnet die Tür.
ⓑ 문이 열려 있어요. Die Tür ist geöffnet.

-아/어 있다 wird im Allgemeinen bei intransitiven Verben verwendet, die kein Objekt haben. Es wird an den Verbstamm gehängt. -아/어 있지 않다 wird an den Verbstamm gehängt, um auszudrücken, dass

der Zustand nicht andauert. In der Kombination -아/어 있었다 wird ein Zustand in der Vergangenheit ausgedrückt.

- 저는 약속 장소에 벌써 와 있어요.
  Ich bin schon beim vereinbarten Treffpunkt.

- 회사 전화번호가 핸드폰에 저장되어 있지 않아요.
  Die Telefonnummer von der Firma ist nicht auf dem Handy gespeichert.

- 아까 탁자 위에 열쇠가 놓여 있었어요.
  Eben lagen die Schlüssel auf dem Tisch.

Vorsicht

Weil mit dem Ausdruck -어 있다 intransitive Verben verwendet werden, wird die Partikel 이/가 an das Subjekt des Verbs gehängt.

- 문을 열려 있어요. (×)
  문이 열려 있어요. (○) Die Tür ist geöffnet.

Vorsicht

Die Verneinung von -아/어 있다 ist nicht -아/어 없다, sondern -아/어 있지 않다.

- 사람들이 의자에 앉아 없어요. (×)
  사람들이 의자에 앉아 있지 않아요. (○)
  Es sitzen keine Personen auf den Stühlen.

Kapitel 7

 -기 때문에 „weil"

KT S. 298

-기 때문에 drückt den Grund für eine Handlung oder einen Zustand aus. -기 때문에 steht in dem Satz mit dem Grund, während das Ergebnis folgt. -기 때문에 wird an den Stamm von von Verben, Adjektiven und 이다 gehängt. -았/었- kann auch vor -기 때문에 stehen und die Form -았/었기 때문에 bilden.

- 텔레비전이 없기 때문에 드라마를 볼 수 없어요.
  Da ich keinen Fernseher habe, kann ich keine Serien ansehen.

- 저는 외국인이기 때문에 빨리 말하면 알아들을 수 없어요.
  Da ich Ausländerin bin, kann ich nichts verstehen, wenn Sie schnell sprechen.

- 주말에 일하지 않기 때문에 보통 주말 오전에는 시간이 있어요.
  Da ich am Wochenende nicht arbeite, habe ich normalerweise vormittags Zeit.

- 지갑을 잃어버렸기 때문에 돈이 없어요.
  Da ich mein Portemonnaie verloren habe, habe ich kein Geld.

-기 때문에 darf nicht verwendet werden, um den Grund für eine Aufforderung (die mit -(으)세요 endet) oder einen Vorschlag (der mit -(으)ㅂ시다 endet) auszudrücken. In diesen Fällen muss -(으)니까 für den Grund verwendet werden.

- 배가 고프기 때문에 밥 먼저 느세요. (×)
  배가 고프니까 밥 먼저 드세요. (○)
  Essen Sie zuerst, da Sie hungrig sind.

-기 때문에 wird an den Stamm von 이다 nach Nomen ergänzt. Die Bedeutung unterscheidet sich, wenn 때문에 direkt an ein Nomen gehängt wird, was impliziert, dass das Nomen die direkte Ursache für ein negatives Ergebnis ist.

- 아기이기 때문에 혼자 걷지 못해요.
  Sie kann noch nicht alleine laufen, da sie noch ein Baby ist.

- 아기 때문에 제가 잠을 못 잤어요.
  Wegen des Babys konnte ich nicht schlafen.

Vorsicht

Es gibt Situationen, in denen -기 때문에 und 때문에 verwechselt werden können. Denken Sie daran, dass es ähnlich wie „weil [Subjekt] [Nomen] ist" im Gegensatz zu „wegen [Nomen]" ist.

- 금요일이기 때문에 시내에 사람이 많아요. (○)
  Da Freitag ist, gibt es viele Leute in der Innenstadt.
  금요일 때문에 시내에 사람이 많아요. (×)

Wenn das Ergebnis vor dem Grund erscheint, müssen die Sätze auf folgende Art und Weise in zwei Sätze geteilt werden.

- 그 사람은 학생이기 때문에 오전에 학교에 가야 해요.
  Da er Schüler ist, muss er am Vormittag zur Schule gehen.
  = 그 사람은 오전에 학교에 가야 해요. 왜냐하면 학생이기 때문이에요. Er muss vormittags zur Schule gehen. Denn er ist Schüler.

Kapitel 8

 -는 동안에 „während"

KT S. 301

-는 동안에 drückt die Fortsetzung einer Handlung oder eines Zustands aus. -는 동안에 wird an Verbstämme gehängt.

- 아내가 집안일을 하는 동안에 남편이 아이를 돌봐요.
  Während die Frau die Hausarbeit macht, kümmert sich der Mann um das Kind.

- 제가 없는 동안에 무슨 일이 있었어요?
  Gab es etwas, während ich abwesend war?

- 한국에서 사는 동안에 많은 경험을 하고 싶어요.
  Während ich in Korea lebe, möchte ich viele Erfahrungen machen.

-(으)면서 kann -는 동안에 mit einer ähnlichen Bedeutung ersetzen. Während jedoch das Subjekt beider Sätze in einem Satz mit -(으)면서 identisch sein muss, können sich die Subjekte beider Sätze in einem Satz mit -는 동안에 unterscheiden.

- 운전하는 동안에 전화를 받지 마세요. (○)
  Nehmen Sie beim Auto fahren keine Telefonanrufe an.
  = 운전하면서 전화를 받지 마세요. (○)

- 비가 오는 동안에 실내에서 커피를 마셨어요. (○)
  Während es regnete, tranken wir drinnen einen Kaffee.
  = 비가 오면서 실내에서 커피를 마셨어요. (×)

Die Handlungen in beiden Sätzen von -는 동안에 finden zur gleichen Zeit statt. -(으)ㄴ 동안에 wird verwendet, wenn die zweite Handlung stattfindet, nachdem die erste Handlung ausgeübt wird.

- 남편은 지하철을 타고 가는 동안에 책을 읽어요.
  Mein Mann liest ein Buch, während er mit der U-Bahn fährt.
  (Der Ehemann liest auf dem Weg zur Arbeit.)

- 남편은 회사에 간 동안에 아내는 집안일을 해요.
  Während der Mann in der Firma arbeitet, macht die Frau die Hausarbeit.
  (Die Ehefrau macht den Haushalt, nachdem der Ehemann zur Arbeit geht.)

-(으)니까 eine Realisation nach einer bestimmten Handlung ausdrücken

KT S. 305, 306

-(으)니까 drückt die neue Erkenntnis einer Tatsache aus, nachdem eine Handlung ausgeführt wurde. -(으)니까 wird an die Handlung des ersten Satzes ergänzt, während die realisierte Tatsache im zweiten Satz ausgedrückt wird. -(으)니까 wird an Verbstämme ergänzt. Die Konjugation ist dieselbe wie die von -(으)니까, das einen Grund ausdrückt und in Kapitel 3 behandelt wurde.

- 집에 가니까 집에 아무도 없었어요.
  Ich ging nach Hause, aber keiner war da.

- 이 책을 보니까 한국어 문법 설명이 잘 나와 있어요.
  Ich habe das Buch gelesen, und die koreanische Grammatik ist gut erklärt.

-아/어 보다 kann an -(으)니까 ergänzt werden, um -아/어 보니까 zu bilden, um eine Erfahrung auszuprobieren und eine anschließende Erkenntnis zu haben. Für das Verb 보다 (sehen) muss 보니까 anstelle von 봐 보니까 verwendet werden.

- 가방 안을 확인해 보니까 지갑이 없어요.
  Ich schaute in die Tasche, aber das Portemonnaie fehlte.

- 한국에서 살아 보니까 한국 문화가 저하고 잘 맞아요.
  Da ich in Korea lebe, kenne ich die Koreanische Kultur gut.

- 한국 텔레비전을 보니까 드라마가 다양했어요.
  Ich sah koreanisches Fernsehen und es gab viele verschiedene Serien.

> **Vorsicht**
>
> Da nach dem Ausdruck -(으)니까 eine mit einer Handlung einhergehende, realisierte Tatsache steht, kann im zweiten Satz kein Verb erscheinen, das die Absicht der Sprechenden ausdrückt.
>
> - 제주도에 가 보니까 바다에서 수영했어요. (×)
>   제주도에 가 보니까 바다에서 수영하고 싶었어요. (○)
>   Als ich auf die Insel Jeju reiste, wollte ich im Meer schwimmen.
>   제주도에 가 보니까 바다가 아름다웠어요. (○)
>   Als ich auf die Insel Jeju reiste, war das Meer wunderschön.

Wenn -(으)니까 verwendet wird, finden die Handlung und die Realisierung in zeitlicher Abfolge statt. Auch wenn die Handlung in der Vergangenheit stattgefunden hat, kann -(으)니까 nicht mit -았/었- kombiniert werden.

- 그 사람을 만나 봤으니까 좋은 사람이에요. (×)
  그 사람을 만나 보니까 좋은 사람이에요. (○)
  Ich kenne ihn und er ist ein guter Mensch.

Wenn -(으)니까 zum Ausdrücken einer Handlung und anschließenden Realisierung verwendet wird, kann es nicht mit -았/었- kombiniert werden, aber in dieser Kombination kann es zum Ausdrücken eines Grundes verwendet werden.

- 어제 회사에 일찍 갔으니까 아침에 서류를 다 끝낼 수 있었어요.
  〔Grund〕
  Ich ging gestern früh zur Arbeit und konnte am Morgen alle Dokumente fertig machen.

- 어제 회사에 일찍 가니까 사람들이 아무도 없었어요.
  〔Realisierung〕
  Ich ging gestern früh zur Arbeit, aber keiner war da.

-(스)ㅂ니다 formelle Rede

KT S. 312

-(스)ㅂ니다 wird in offiziellen oder formellen Situationen verwendet, z.B. bei einer Rede in der Öffentlichkeit. Es wird auch verwendet, wenn es notwendig ist, formell mit jemandem von der Arbeit zu sprechen. Es wird normalerweise von Nachrichtensendern, von Servicemitarbeitern in Uniformen, wie z.B. Flug- oder Verkaufspersonal, verwendet, das höflich mit der Kundschaft sprechen muss. Es wird auch vom Militär benutzt. Im Vergleich zu -아/어요 ist -(스)ㅂ니다 formeller.

- 저는 항상 8시에 회사에 도착해요. 〔informell〕
  Ich komme immer um 8 Uhr bei der Firma an.

저는 항상 8시에 회사에 도착합니다. (formell)
Ich komme immer um 8 Uhr bei der Firma an.

Wenn das Verb, Adjektiv oder 이다 auf einen Vokal endet, wird -ㅂ니다 ergänzt. Wenn im Auslaut ein Konsonant steht, wird -습니다 ergänzt. Die Form -았/었습니다 wird an den Stamm gehängt, um die Vergangenheit zu bilden, während -(으)ㄹ 것입니다 an den Stamm gehängt wird, um die Zukunft zu bilden.

- 채소와 과일이 건강에 좋습니다.
  Gemüse und Obst sind gut für die Gesundheit.
- 요즘에는 종이 신문을 많이 읽지 않습니다.
  Zur Zeit lese ich nicht viele Zeitungen.
- 제가 표를 사 오겠습니다.
  Ich werde das Ticket kaufen.
- 지난주에 일을 그만뒀습니다.
  Ich habe letzte Woche aufgehört zu arbeiten.
- 다음 주부터 일을 찾을 것입니다.
  Ab nächster Woche suche ich mir Arbeit.

> **Frage**
>
> In der Form für die Zukunft wird 것입니다 oft zu 겁니다 gekürzt.
>
> - 다음 주에 신제품을 발표할 겁니다. (= 발표할 것입니다.)
>   Nächste Woche wird das neue Produkt präsentiert.
> - 사장님께서 내일 여기에 오실 겁니다. (= 오실 것입니다.)
>   Der Geschäftsführer wird morgen hier herkommen.

-(으)시- wird ergänzt, um die Form -(으)십니다 zu bilden und dem Subjekt des Satzes gegenüber höflichkeit zu sein. -(으)셨습니다 wird an den Stamm gehängt, um die Vergangenheitsform zu bilden, während -(으)실 것입니다 an den Stamm gehängt wird, um die Zukunftsform zu bilden.

- 사장님께서 들어오십니다.
  Der Geschäftsführer kommt herein.
- 부장님이 자리에 앉으셨습니다.
  Der Abteilungsleiter saß auf dem Platz.
- 이제부터 사장님께서 발표하시겠습니다.
  Ab jetzt wird der Geschäftsführer eine Präsentation halten.
- 회장님이 10분 후에 도착하실 것입니다.
  Der CEO wird in 10 Minuten ankommen.

> **Vorsicht**
>
> In formellen Situationen müssen statt bestimmten Verben wie 먹다/마시다, 있다, 자다 und 말하다 ihre höflichen Entsprechungen verwendet werden: 드시다 (잡수시다), 계시다, 주무시다 und 말씀하시다.
>
> - 직원이 1층에 있습니다. (formell)
>   Die Mitarbeiter sind im 1. Stock.
> - 사장님께서 10층에 계십니다. (formell höflich)
>   Der Geschäftsführer ist im 10. Stock.

Bei der Verwendung dieser Honorifika in formeller Sprache wird die Höflichkeitsform an die Grammatikstruktur ergänzt, so wie -(으)시- an ein Satzende ergänzt werden kann.

Grammatik fängt mit Konsonanten an		Grammatik fängt mit -(으) an		Grammtik fängt mit -아/어 an	
Normal	Honorativ	Normal	Honorativ	Normal	Honorativ
-고	-(으)시고	-(으)면	-(으)시면	-아/어서	-(으)셔서
-지만	-(으)시지만	-(으)려고	-(으)시려고	-아/어도	-(으)셔도
-기 전에	-(으)시기 전에	-(으)니까	-(으)시니까	-아/어야	-(으)셔야

- 사장님께서 일찍 출근하시지만 늦게 퇴근하십니다.
  Der Geschäftsführer kommt zwar früh zur Arbeit, aber macht spät Feierabend.
- 사장님께서 먼저 시작하시면 저희도 함께 하겠습니다.
  Wenn der Geschäftsführer zuerst anfängt, werden wir auch folgen.
- 사장님께서 바쁘셔서 오늘 모임에 오지 못하셨습니다.
  Da der Geschäftsführer beschäftigt ist, kommt er heute nicht zum Treffen.

Bei Fragen in formeller Sprache wird das -다 in -(스)ㅂ니다 mit -까? ersetzt, um die Form -(스)ㅂ니까 zu bilden. Wenn die zuhörende Person einen höheren Status hat oder fremd ist und die sprechende höfliche Sprache verwenden muss, wird das -다 in -(으)십니다 mit -까? ersetzt, um die Form -(으)십니까? zu bilden. Eine positive Antwort auf so eine Frage ist 네 oder 그렇습니다, während die verneinte Antwort 아닙니다 ist.

A 회의가 오후1시부터 시작합니까?
  Beginnt das Meeting um 13 Uhr?
B 그렇습니다. Richtig.
A 이번에 발표를 하십니까?
  Halten Sie dieses Mal die Präsentation?
B 아닙니다. 저는 다음에 발표할 것입니다.
  Nein. Ich halte sie das nächste Mal.

In formeller Sprache wird -(으)십시오 an Verben gehängt, um eine Aufforderung auszudrücken, während -(으)ㅂ시다 an Verben gehängt wird, um einen Vorschlag zu formulieren.

- 질문이 있으면 손을 들고 질문하십시오.
  Heben Sie bei Fragen die Hand und stellen Sie ihre Frage.
- 잠깐 쉬었다가 다시 회의 시작합시다.
  Machen wir kurz eine Pause und fangen wir dann mit dem Meeting an.

> **Vorsicht**
>
> Das informelle 그래요 hat je nach Kontext folgende unterschiedliche Formen.
>
> - (Antwort) 그래요. → (formell) 그렇습니다.
> - (Frage) 그래요? → (formell) 그렇습니까?
> - (Aufforderung) 그래요. → (formell) 그러십시오.
> - (Vorschlag) 그래요! → (formell) 그럽시다.

Kapitel 9

KT S. 304

● **-(으)ㄹ 때** „wenn", „als"

-(으)ㄹ 때 wird verwendet, um auf eine bestimmte Zeit oder Zeitperiode zu verweisen, zu der ein Ereignis oder ein Zustand stattfindet. -(으)ㄹ 때 wird an den Stamm von Verben, Adjektiven und 이다 gehängt.

- 피곤할 때 집에서 쉬는 것이 좋아요.
  Wenn man müde ist, ist es gut, sich zu Hause auszuruhen.

- 길에 자동차가 많을 때 지하철이 택시보다 더 빨라요.
  Wenn es zu viel Verkehr auf der Straße gibt, ist die U-Bahn schneller als das Taxi.

- 10년 전에 외국에 살 때 기숙사에서 지냈어요.
  Als ich vor 10 Jahren im Ausland lebte, habe ich im Wohnheim gelebt.

In der Regel finden die Ereignisse auf beiden Seiten von -(으)ㄹ 때 gleichzeitig statt. Mit anderen Worten, auch wenn das Ereignis im zweiten Satz in der Vergangenheit stattfand, wird -(으)ㄹ 때 verwendet, wenn das Ereignis im ersten Satz zur gleichen Zeit stattfand. Wenn aber das Ereignis im ersten Satz in der Vergangenheit stattfand, darf -았/었- vor -(으)ㄹ 때 verwendet werden, um -았/었을 때 zu bilden. Wenn wie in folgendem Beispiel 그 친구를 처음 만났다 („den Freund zum ersten Mal getroffen haben") zur gleichen Zeit passiert wie 대학교에 다녔다 („zur Universität gehen"), dann kann 다닐 때 verwendet werden, während 다녔을 때 verwendet wird, wenn der Sprecher ausdrücken möchte, dass das zur Universität Gehen abgeschlossen ist. Es gibt keinen Unterschied zwischen diesen beiden Sätzen.

- 대학교에 다닐 때 그 친구를 처음 만났어요.
  Als ich zur Universität ging, habe ich den Freund zum ersten Mal getroffen.
  = 대학교에 다녔을 때 그 친구를 처음 만났어요.

- 아르바이트로 일할 때 많이 고생했어요.
  Als ich Teilzeit gejobbt habe, war es eine schreckliche Zeit.
  = 아르바이트로 일했을 때 많이 고생했어요.

Ist die Handlung im ersten Satz jedoch unmittelbar wie z.B. 보다 (sehen), 다치다 (sich verletzen) und 죽다 (sterben), muss -았/었을 때 verwendet werden, wenn sie in der Vergangenheit stattfand und bereits geschehen ist.

- 전에 다리를 다쳤을 때 그 친구가 많이 도와줬어요. (○)
  Als ich mir das Bein verletzte, half mir mein Freund sehr.
  = 전에 다리를 다칠 때 그 친구가 많이 도와줬어요. (×)

- 그 사람을 처음 봤을 때 첫눈에 사랑에 빠졌어요. (○)
  Als ich sie das erste Mal sah, verliebte ich mich in sie auf den ersten Blick.
  = 그 사람을 처음 볼 때 첫눈에 사랑에 빠졌어요. (×)

Die Bedeutungen von -(으)ㄹ 때 und -았/었을 때

unterscheiden sich auch für Bewegungsverben wie 가다 „gehen" und 오다 „kommen". 갈 때/올 때 impliziert, dass die zweite Handlung während des Gehens oder Kommens stattfindet, während 갔을 때/왔을 때 impliziert, dass die zweite Handlung nach Vollendung der Handlung stattfindet, also nach dem Ankommen.

- 회사에 갈 때 지하철에서 책을 읽어요.
  Wenn ich zur Arbeit gehe, lese ich ein Buch in der U-Bahn.
  〔während der Bewegung〕

- 회사에 갔을 때 사무실에 아무도 없었어요.
  Als ich zur Arbeit ging, war keiner im Büro.
  〔nachdem die Bewegung abgeschlossen ist〕

> **Vorsicht**
>
> 때 kann auch an einige Nomen gehängt werden, die eine Zeit ausdrücken, wie z.B. 생일 (Geburtstag), 방학 (Ferien), 휴가 (Urlaub) und 명절 (Feiertag). Aber statt 때 wird -에 an andere, temporale Nomen wie 오전 (am Morgen), 오후 (Nachmittag), 주말 (Wochenende) und 주중 (wochentags) gehängt.
>
> - 생일 때 책 선물을 받고 싶어요. (○)
>   An meinem Geburtstag möchte ich ein Buch bekommen.
>   주말 때 친구를 만날 거예요. (×)

● **-아/어지다** „werden", „mehr werden"

KT S. 303

Sowohl -아/어지다 als auch -게 되다 können an den Stamm von Adjektiven ergänzt werden, die eine Zustandsänderung ausdrücken. Der Bedeutungsunterschied ist gering, aber -게 되다 betont, dass das Ergebnis ohne die Absicht der sprechenden Person eingetreten ist. Während jedoch -아/어지다 nur an Adjektive ergänzt werden kann, kann -게 되다 sowohl an Verben als auch an Adjektive ergänzt werden.

- 텔레비전에 자주 나와서 그 식당이 유명해졌어요.
  Da das Restaurant oft im Fernsehen gezeigt wird, ist es berühmt geworden.

- 텔레비전에 자주 나와서 그 식당이 유명하게 됐어요.
  Da das Restaurant oft im Fernsehen gezeigt wird, ist es berühmt geworden.

Hilfsverben wie 있다/없다 (wie in -(으)ㄹ 수 있다/없다 oder 않다 (wie in -지 않다) müssen mit -게 되다 und nicht mit -아/어지다 verwendet werden, um eine Änderung auszudrücken.

- 처음에는 매운 음식을 못 먹었는데 지금은 먹을 수 있게 됐어요. (○)
  Am Anfang konnte ich kein scharfes Essen essen, aber jetzt kann ich es.
  처음에는 매운 음식을 못 먹었는데 지금은 먹을 수 있어졌어요. (×)

- 전에는 밤늦게 음식을 많이 먹었는데 지금은 먹지 않게 됐어요. (○)
  Früher habe ich spät abends viel gegessen, aber jetzt nicht mehr.
  전에는 밤늦게 음식을 많이 먹었는데 지금은 먹지 않아졌어요. (×)

> **Vorsicht**
>
> Bestimmte grammatische Strukturen wie -고 싶다 (wollen), -지 마세요 (nicht) und -(으)려면 (beabsichtigen, wollen), können nur mit Verben und nicht mit Adjektiven verwendet werden. In diesen Fällen kann -아/어지다 ergänzt werden, um das Adjektiv in ein Verb zu verwandeln.
>
> - 저 친구와 더 친해지고 싶어요. (○)
>   Ich würde gerne noch enger mit ihr befreundet sein.
>   저 친구와 더 친하고 싶어요. (×)

● -(으)려고 „um zu", „damit"

-(으)려고 wird verwendet um eine Absicht oder den Zweck einer Handlung auszudrücken. Das Subjekt der Sätze vor und nach -(으)려고 ist identisch.

- 나중에 아이에게 보여 주려고 어릴 때 사진을 모으고 있어요.
  Ich stelle Kinderfotos zusammen, um sie später meinem Kind zu zeigen.

- 아기가 엄마하고 떨어지지 않으려고 계속 울어요.
  Das Kind weint, um nicht von der Mutter getrennt zu sein.

Da -(으)려고 die Absicht oder den Zweck der Handlung oder des Zustands des Subjekts ausdrückt, darf -(으)려고 nicht mit Adjektiven verwendet werden. -(으)려고 wird an Verbstämme ergänzt.

- 피곤하지 않으려고 커피를 마셔요. (×)
  → 피곤해서 자지 않으려고 커피를 마셔요. (○)
    Da ich müde bin, trinke ich einen Kaffee, um nicht einzuschlafen.

-(으)려고 und -(으)러 drücken beide ein Ziel oder eine Absicht aus, aber die Verben, die danach folgen, können sich unterscheiden. -(으)러 kann nur mit Bewegungsverben wie 가다, 오다 und 다니다 verwendet werden, während -(으)려고 mit allen Verben verwendet werden kann.

- 한국에 일하러 왔어요. (○)
  Ich bin nach Korea gekommen, um zu arbeiten.
  한국에 일하려고 왔어요. (○)
  Ich bin nach Korea gekommen, um zu arbeiten.

- 한국에서 일하러 한국어를 배워요. (×)
  한국에서 일하려고 한국어를 배워요. (○)
  Ich bin nach Korea gekommen, um zu arbeiten und Koreanisch zu lernen.

Jedoch dürfen Verben, die vor -(으)러 stehen, nicht

verneint sein, auch wenn es Bewegungsverben sind.

- 늦지 않으러 택시로 집에 가요. (×)
  늦지 않으려고 택시로 집에 가요. (○)
  Um mich nicht zu verspäten, fahre ich mit dem Taxi nach Hause.

Außerdem kann nach -(으)러 eine Aufforderung mit -(으)세요 oder ein Vorschlag mit -(으)ㅂ시다 stehen, bei -(으)려고 aber nicht.

- 밥을 먹으러 식당에 갈까요? (○)
  Wollen wir zum Restaurant gehen, um zu essen?
  밥을 먹으려고 식당에 갈까요? (×)

Kapitel 10

● 반말 „Banmal" (informelle Sprache)

1 Die Verwendung von „Banmal"

„Banmal" wird bei jüngeren Familienmitgliedern (Geschwistern oder Kindern, Neffen und Nichten), Freund*innen (aus der Jugend oder der Schulzeit), jüngeren Klassenkamerad*innen, kleinen Kindern oder Menschen, zu denen eine enge Beziehung besteht, verwendet. Da es ein Gefühl von Nähe und Informalität ausdrückt, ist es unhöflich, es mit Personen zu gebrauchen, mit denen man nicht eng verbunden ist. Banmal wird gebildet, indem die höfliche Satzendung -요 weggelassen wird. Außerdem werden häufig die Subjektpartikel 이/가 und die Objektpartikel 을/를 weggelassen.

A 보통 주말에 뭐 해요?
  Was machst du normalerweise am Wochenende?

B 집에서 쉬거나 친구를 만나요.
  Ich ruhe mich zu Hause aus oder ich treffe Freunde.

„Ja" und „nein" werden oft wie folgt gekürzt.

네 → 어/응
아니요 → 아니

A 밥 먹었어요? Hast du gegessen?

B 아니요, 아직 못 먹었어요.
  Nein, ich habe noch nicht gegessen.

2 Unterschiedliche Konjugationen in „Banmal"

Banmal wird in der Regel gebildet, indem -요 bei -아/어요 ausgelassen wird, aber es gibt auch andere Formen.

	Konjugation	Beispiel
Zukunft	-(으)ㄹ 거예요 → -(으)ㄹ 거야	다음 주에 여행 갈 거야. Nächste Woche verreise ich. 조금 후에 점심 먹을 거야. Ich esse gleich zu Mittag.

Das Verb 이다	-예요/이에요 → -야/이야	남자야. Er ist ein Mann. 미국 사람이야. Sie ist Amerikanerin.
Aufforderungen	-(으)세요 → -아/어	이것 좀 봐. (보세요 → 봐요) Schau dir das mal an. 기다려 줘. (주세요 → 줘요) Warte mal eben.
Vorschläge	-(으)ㅂ시다 → -자	집에 가자. Gehen wir Heim. 밥 먹자. Gehen wir essen.

3 Personalpronomen in Banmal

Genauso wie es keine Notwendigkeit gibt, die hörende Person in Banmal (zwanglose Rede) zu ehren, gibt es auch keine Notwendigkeit, demütig zu sein, wenn man sich selbst bezeichnet. Im Banmal gibt es folgende Personalpronomen.

1. Person		2. Person	
Demütig	Normal	Honorativ	Normal
저는	나는	OO 씨는 (oder der passende Tite)	너는
저를	나를	OO 씨를	너를
저한테	나한테	OO 씨한테	너한테
제가	내가	OO 씨가	네가
제	내	OO 씨	네

- 저는 마크예요. → 나는 마크야. Ich bin Mark.
- **데니** 누가 저한테 전화할 거예요?
  - → 누가 나한테 전화할 거야? Wer ruft mich an?
  리나 제가 데니 씨한테 전화할게요.
  - → 내가 너한테 전화할게. Ich rufe dich an.
- 제 책을 돌려주세요.
  - → 내 책을 돌려줘. Gib mir mein Buch zurück.
- (zu Jinsu) 진수 씨 말을 믿을 수 없어요.
  - → 네 말을 믿을 수 없어. Ich kann dir nicht glauben.

4 Aufforderungen und Fragen in informeller Sprechweise (Banmal)

In informeller Sprechweise, Banmal, wird in Imperativsätzen der Verbstamm mit -아/어 zusammengezogen und in Interrogativsätzen wird an den Verbstamm -자 ergänzt. In Banmal ist die Form von Imperativsätzen identisch mit der Form Deklarativsätzen, nämlich -아/어.

Imperativsätze und	Interrogativsätze in Banmal
• 내일 일찍 오세요. → 내일 일찍 와. Kommen Sie morgen früh. ·→ Komm morgen früh.	• 밥부터 먹읍시다. → 밥부터 먹자. Lassen Sie uns zuerst essen. ·→ Lass uns zuerst essen.
• 저한테 얘기해 주세요. ·→ 나한테 얘기해 줘. Erzählen Sie es mir. ·→ Erzähl es mir.	• 내일 봐요! → 내일 보자. Bis morgen! → Bis morgen!
• 이거 먹어 보세요. → 이거 먹어 봐. Probieren Sie das mal. ·→ Probiere das mal.	• 그래요! → 그러자. Ja! → Ja!

Vorsicht

In Deklarativsätzen in der formellen Sprechweise wird an -아/어 die Form 요 ergänzt und in Propositivsätzen in Banmal wird -요 nicht an -자 ergänzt.

- 같이 여행 가자요! (×) → 같이 여행 가요! (○)
  Lassen Sie uns reisen.

5 Den Namen von jemanden in „Banmal" nennen

Wenn „Banmal" benutzt wird und der Name von jemanden gerufen wird, wird 야! angehängt, wenn der Name auf einen Vokal endet. Wenn der Name auf einen Konsonanten endet, wird 아! ergänzt.

- 진수야! 밥 먹자! Jinsu! Lass uns essen!
- 민정아! 놀자! Minjeong! Lass uns spielen!

Vorsicht

Banmal wird für informelle Zwecke mit Personen verwendet, denen man nahesteht. Aber selbst wenn man unter Freund*innen ist, sollte -(으)시- bei jedem Subjekt stehen, dem gegenüber Respekt ausgedrückt werden muss. Weil das folgende Beispiel unter Freund*innen ist, ist es in Banmal, aber -(으)시- wird ergänzt, um die Eltern der Zuhörenden und den Präsidenten eines Unternehmens zu ehren.

- 부모님께서 무슨 일 하셔?
  Was machen die Eltern beruflich?
  (= 하 + -시- + -어)
  (Ehren der Eltern) (Banmal Endung)

- 사장님께서 지난달에 한국에 오셨어.
  Der Geschäftsführer ist letzten Monat nach Korea gekommen.
  (= 오 + -시- + -었 + -어)
  (Präsidenten des Unternehmens ehren) (Vergangenheit) (Banmal Endung)

- 내일도 부모님께서 연락하실 거야.
  Auch morgen werde ich die Eltern anrufen.
  (= 연락하 + -시- + -ㄹ 거야)
  (Ehren der Eltern) (Zukunft, Banmal Endung)

● -아/어야지요 „Du/Sie Solltest"

1 Die Offensichtlichkeit einer Handlung betonen

-아/어야지요 betont, dass die zuhörende Person etwas tun soll oder dass ein bestimmter Zustand erreicht werden muss. Da es einen Tonfall der Dringlichkeit oder des Verweises auf eine Handlung hat, wird es nicht bei Personen mit höherem Status, sondern eher bei Personen mit niedrigerem Status

verwendet. Normalerweise wird es in gesprochener Sprache verwendet, wobei -지요 zu -죠 verkürzt wird. In geschriebener Sprache wird es nicht verwendet. -아/어야지요 wird an den Stamm von Verben, Adjektiven und 이다 ergänzt.

- 건강하게 살려면 매일 조금씩이라도 운동해야죠.
  Wenn man gesund leben möchte, sollte man täglich ein bisschen Sport machen.

- 사업이 잘되기 위해서는 바빠야죠.
  Für das Gedeihen des Geschäfts muss man alles geben.

- 지난번에는 남자였으니까 이번에는 여자여야죠.
  Da es letztes Mal ein Mann war, muss es jetzt eine Frau sein.

Um auszudrücken, dass etwas nicht getan werden sollte, werden -지 않다 oder -지 말다 mit -아/어야지요 kombiniert, um die Formen -지 않아야지요 oder -지 말아야지요 zu bilden. Wenn der starke Wunsch der Sprechenden betont wird, wird -지 말아야지요 verwendet.

- 옆에 아기가 있으면 담배를 피우지 않아야죠. 그렇죠?
  Wenn neben Ihnen ein Kind ist, dürfen Sie keine Zigarette rauchen. Oder?

- 친구 사이인데 거짓말을 하지 말아야죠. 친구를 속이면 어떡해요? Zwischen Freunden sollte man nicht lügen. Wie können Sie einen Freund betrügen?

2 Beim Ausdrücken von Entschlossenheit oder der Absicht der sprechenden Person

-아/어야지 ohne -요 wird auch verwendet, wenn man seine Entschlossenheit oder Absicht, etwas zu tun, zum Ausdruck bringt. Da es sich um ein Selbstgespräch handelt, ist keine Formalität erforderlich, sodass -요 weggelassen werden kann. -아/어야지 wird an Verbstämme gehängt. In diesen Fällen kann auch -아/어야겠다 verwendet werden.

- 이제부터 열심히 공부해야지.
  Von nun an musst du fleißig lernen.
  = 이제부터 열심히 공부해야겠다.

- 다음에는 저 공연을 꼭 봐야지.
  Das nächste Mal werde ich das Theaterstück unbedingt ansehen.
  = 다음에는 저 공연을 꼭 봐야겠다.

Im Selbstgespräch können sowohl -아/어야겠다 als auch -아/어야지 verwendet werden, haben aber jeweils eine andere Nuance. -아/어야겠다 wird normalerweise nach einer neuen Erkenntnis verwendet, während -아/어야지 für allgemein bekannte Wahrheiten verwendet wird.

- 건강해지려면 운동해야지.
  Wenn du gesund werden möchtest, musst du Sport machen. (allgemein bekannte Wahrheit)

- 건강이 안 좋아졌다. 이제부터 운동해야겠다.
  Meine Gesundheit hat sich verschlechtert. Von nun an muss ich Sport machen. (neue Erkenntnis)

Kapitel 11

Nomen mit Verben/Adjektiven näher beschreiben

-(으)ㄴ/는 — KT S. 307

Die Partikelendung -(으)ㄴ/는 muss am Ende von Relativsätzen, die vor Nomen stehen und diese näher beschreiben, verwendet werden. Im Koreanischen muss das beschreibende Element immer dem beschriebenen Element vorausgehen. Die Endung wird an den Stamm des Verbs, des Adjektivs oder 이다 gehängt, was den Relativsatz beendet und dem Nomen eine konkrete Beschreibung gibt. Die Form der Attributse unterscheidet sich je nach der Zeitform und davon ab, ob sie einem Verb, Adjektiv oder 이다 folgt.

- 제일 늦게 퇴근하는 사람이 창문을 닫으세요.
  Die Person, die als letztes Feierabend macht, schließt das Fenster.

- 심한 운동은 약을 먹는 사람에게 위험해요.
  Übermäßiger Sport ist für Personen, die Medizin nehmen, gefährlich.

- 가을에는 단풍이 유명한 곳에 가고 싶어요.
  Im Herbst möchte ich an einen Ort, der für die Herbstfärbung berühmt ist.

- 직업이 화가인 내 친구는 항상 밤에 일해요.
  Meine Freundin, die Malerin ist, arbeitet immer in der Nacht.

Bei Wörtern, die auf 있다/없다 enden, wird statt -(으)ㄴ die Endung -는 an den Stamm gehängt.

- 재미있는 책이 없어요. (○) Es gibt kein interessantes Buch.
  재미있은 책이 없어요. (×)

Wenn ein Relativsatz, der ein Nomen modifiziert, mit einem Verb im Präsens endet, wird -는 an den Verbstamm angehängt. Die Endung -는 impliziert, dass das Verb im Relativsatz gleichzeitig mit dem des Hauptsatzes auftritt.

- 그 사람은 제가 잘 아는 사람이에요.
  Sie ist jemand, die ich gut kenne.

- 어젯밤에 친구가 전화하는 소리 때문에 잠을 못 잤어요.
  Gestern Abend konnte ich wegen des Telefonats, das mein Freund führte, nicht schlafen.
  (-는 wird verwendet, weil der Anruf zur gleichen Zeit gemacht wurde, als die sprechende Person nicht schlafen konnte.)

-(으)ㄴ oder -았/었던 am Ende des Relativsatzes drücken aus, dass die Handlung des Verbs im Relativsatz sich vor der im Hauptsatz ereignet.

- 지난주에 본 영화가 재미있었어요.
  Der Film, den ich letzte Woche gesehen habe, war unterhaltsam.

- 예전에 착했던 친구가 성격이 이상해졌어요.
  Der Freund, der früher nett war, ist komisch geworden.

- 한때 야구 선수였던 그 남자는 지금은 회사원이에요.
  Er, der einmal Baseballspieler war, ist jetzt Angestellter.

-(으)ㄹ am Ende des Relativsatzes drückt aus, dass die Handlung im Relativsatz in der Zukunft passiert oder eine Handlung ist, die noch nicht passiert ist.

- 다음 주에 먹을 음식 재료를 어제 시장에서 샀어요.
  Ich habe die Zutaten für das Essen, das ich in der nächsten Woche essen werde, gestern auf dem Markt gekauft.
  (Während die Handlung des Kaufens in der Vergangenheit passierte, findet die Handlung des Essens in der Zukunft statt.)

- 어제 해야 할 일이 많아서 늦게 잤어요.
  Da ich gestern viele Aufgaben zu erledigen hatte, habe ich spät geschlafen.
  (Die zu machenden Aufgaben wurden gestern noch nicht beendet.)

- 할 말이 있었지만 결국 말 못 했어요.
  Ich hatte etwas zu sagen, aber konnte es letzten Endes nicht.
  (Was zu sagen war, wurde schließlich nicht gesagt.)

Die Konjugation unterscheidet sich für -지 않다, je nachdem, ob ein Verb oder Adjektiv folgt und in welcher Zeitform es steht.

	Vergangenheit	Gegenwart	Zukunft Vermutung
Verben	여행 가지 않은 사람	여행 가지 않는 사람	여행 가지 않을 사람
Adjektive	필요하지 않았던 물건	필요하지 않은 물건	필요하지 않을 물건

> **Vorsicht**
>
> Es ist unnatürlich, innerhalb eines Relativsatzes die Topikpartikel 은/는 mit dem Subjekt zu verwenden.
>
> - 저는 이번에 여행 가는 곳이 부산이에요. (×)
>   제가 이번에 여행 가는 곳이 부산이에요. (○)
>   Der Ort, wohin ich dieses Mal reise, ist Busan.

● **-았/었으면 좋겠다** „Ich wünsche, ...", „Ich hoffe, ...", „Es wäre schön, wenn"
KT S. 305

Der Wunsch der sprechenden Person steht vor -았/었으면 좋겠다. Daher darf -고 싶다 nicht vor -았/었으면 좋겠다 verwendet werden.

- 한국어를 잘했으면 좋겠어요. (○)
  Es wäre schön, wenn ich Koreanisch gut sprechen könnte.
- 한국어를 잘하고 싶었으면 좋겠어요. (×)

In der gesprochenen Sprache wird oft -았/었으면 하다 statt -았/었으면 좋겠다 verwendet.

- 다른 집으로 이사했으면 해요 (= 좋겠어요).
  Es wäre schön in eine andere Wohnung umzuziehen.

> **Vorsicht**
>
> Wenn jemand seine eigenen Wünsche ausdrückt, sind -았/었으면 좋겠다 und -(으)면 좋겠다 austauschbar. Während jedoch -았/었으면 verwendet wird, um den starken Wunsch der Sprechenden nach einer unwahrscheinlichen Situation auszudrücken, die sich von der gegenwärtigen oder einer unmöglichen Situation unterscheidet, wird -(으)면 좋겠다 in der Regel verwendet, um eine Bedingung oder Wahl auszudrücken.
>
> - 언젠가 세계 여행을 했으면 좋겠어요.
>   Es wäre schön, irgendwann eine Weltreise zu machen.
>   (über einen Wunsch sprechen)
> - 이번에는 제주도로 여행 가면 좋겠어요.
>   Dieses Mal wäre es schön, auf die Insel Jeju zu reisen. (über eine Wahl sprechen)

● **-도록** „um zu", „damit"

KT S. 300

1 Die Verwendung von -도록

-도록 wird verwendet, um ein Ziel, ein Kriterium oder ein Ergebnis, das einer Handlung folgt, auszudrücken.

- 사람들이 지나가도록 길을 비켜 줬어요.
  Die Leute haben Platz gemacht, damit er vorbei kann.
- 손님이 만족할 수 있도록 정성껏 음식을 만들어요.
  Damit die Kunden zufrieden sein können, habe ich sorgfältig das Essen zubereitet.

-도록 wird an den Verbstamm gehängt. Es kann zwar nicht mit -았/었- kombiniert werden, ist aber mit Verneinungen wie -지 않다 kombinierbar. Das Subjekt im Satz vor -도록 und das danach können identisch oder unterschiedlich sein.

- 나중에 가족이 놀라지 않도록 미리 얘기하세요.
  Sagen Sie es vorher, damit die Familie später nicht erstaunt ist.
- 아이들도 쉽게 따라 할 수 있도록 요리 책을 쉽게 만들었어요.
  Damit Kinder die Gerichte einfach nachmachen können, habe ich das Kochbuch leicht geschrieben.

2 Vergleich von -도록 und -게

-게 wird mit der gleichen Bedeutung wie -도록 verwendet und wird auch an Verbstämme gehängt. -도록 ist formeller, während -게 informeller ist.

- 나중에 문제가 생기지 않도록 지금 확인하는 게 좋겠습니다.

Damit in Zukunft kein Problem auftritt, wäre es gut, wenn Sie es jetzt überprüfen würden.
= 나중에 문제가 생기지 않게 지금 확인하는 게 좋겠어요.

3 Vergleich von -도록 und -(으)려고

-도록 hat eine ähnliche Bedeutung wie -(으)려고, das die Absicht der Sprechenden Person ausdrückt. Aber es gibt Fälle, in denen sie unterschiedlich verwendet werden. -(으)려고 betont die Absicht der Sprechenden, das Subjekt im Satz vor und nach -(으)려고 muss identisch sein. Wenn das Subjekt in beiden Sätzen identisch ist, können -도록 oder -(으)려고 ohne Bedeutungsunterschied verwendet werden.

- 회사에 늦지 않으려고 택시를 탔어요. (○)
  Ich habe ein Taxi genommen, um nicht zu spät zur Arbeit zu kommen.
  = 회사에 늦지 않도록 택시를 탔어요. (○)
  Ich habe ein Taxi genommen, um nicht zu spät zur Arbeit zu kommen.

Aber wenn sich die Subjekte wie im Beispiel in beiden Sätzen unterscheiden, kann nur -도록 und nicht -(으)려고 verwendet werden.

- 학생들이 쉽게 이해하려고 선생님이 그림을 그려서 설명했어요. (×)
  학생들이 쉽게 이해하도록 선생님이 그림을 그려서 설명했어요. (○)
  Damit die Schüler es leicht verstehen, hat der Lehrer es mit einem Bild erklärt.

Auch wenn im zweiten Satz eine Aufforderung -(으)세요 oder ein Vorschlag mit -(으)ㅂ시다 gemacht wird, darf nur -도록 und nicht -(으)려고 verwendet werden.

- 늦지 않으려고 일찍 출발하세요. (×)
  늦지 않도록 일찍 출발하세요. (○)
  Ich bin früh losgefahren, um nicht zu spät zu sein.

Kapitel 12

 -다고 하다 indirekte Rede

KT S. 310

Indirekte Rede wird verwendet, um wiederzugeben, was jemand anders gesagt hat. Die Form ist entweder -다고 하다, -(으)라고 하다, -자고 하다 oder -냐고 하다, je nachdem, ob es sich um eine Aussage, eine Aufforderung, einen Vorschlag oder eine Frage handelt. Verben wie 말하다 (sprechen), 얘기하다 (sagen), 제안하다 (vorschlagen), 조언하다 (beraten) oder 질문하다 (fragen) dürfen anstelle von 하다 verwendet werden.

1 Indirekte Rede von Aussagen

-다고 하다 wird an Aussagen ergänzt. Wenn die indirekt zitierte Aussage in der Gegenwart steht, wird -ㄴ/는다고

an den Verbstamm, -다고 하다 an den Adjektivstamm und (이)라고 하다 an 이다 gehängt. Wenn die indirekt zitierte Aussage in der Vergangenheit liegt, wird -았/었다고 하다 an den Stamm von Verben, des Adjektivs oder 이다 ergänzt. Wenn die indirekt zitierte Aussage in der Zukunft liegt oder eine Annahme ist, wird -(으)ㄹ 거라고 하다 an den Stamm des Verbs, Adjektivs oder von 이다 gehängt. -(으)ㄹ 것이라고 하다 wird schriftlich verwendet.

- 진수가 "보통 아침에 7시에 일어나요."라고 했어요.
  Jinsu sagte: „Ich stehe normalerweise morgens um 7 Uhr auf."
  → 진수가 보통 아침에 7시에 일어난다고 했어요.
  Jinsu sagte, dass er normalerweise um 7 Uhr morgens aufstehen würde.

- 리나가 "일주일에 한 권씩 책을 읽어요."라고 말했어요.
  Rina sagte: „Ich lese ein Buch pro Woche."
  → 리나가 일주일에 한 권씩 책을 읽는다고 말했어요.
  Rina sagte, dass sie ein Buch pro Woche lesen würde.

- 케빈이 "갑자기 배가 아파요."라고 소리 질렀어요.
  Kevin rief: „Mein Bauch tut plötzlich weh."
  → 케빈이 갑자기 배가 아프다고 소리 질렀어요.
  Kevin rief, dass sein Bauch plötzlich weh täte.

- 웨이가 "회사원이에요."라고 대답했어요.
  Wei antwortete: „Ich bin Angestellte."
  → 웨이가 회사원이라고 대답했어요.
  Wei antwortete, dass sie Angestellte sei.

- 민호가 "어제 회사에 갑자기 일이 생겼어요."라고 얘기했어요.
  Minho erzählte: „Gestern ist in der Firma plötzlich etwas passiert."
  → 민호가 어제 회사에 갑자기 일이 생겼다고 얘기했어요.
  Minho erzählte, dass gestern in der Firma plötzlich etwas passiert sei.

- 마크가 "다음 주에 미국에 갔다 올 거예요."라고 했어요.
  Mark sagte: „Nächste Woche werde ich in die USA reisen."
  → 마크가 다음 주에 미국에 갔다 올 거라고 했어요.
  Mark sagte, dass er nächste Woche in die USA reisen würde.

Im Koreanischen kann für Ereignisse, die in der nahen Zukunft stattfinden, Präsens verwendet werden.

- 친구들이 다음 주에 휴가 갈 거라고 말했어요.
  Mein Freund sagte mir, dass er nächste Woche Urlaub macht.
  = 친구들이 다음 주에 휴가 간다고 말했어요.
  Mein Freund sagte mir, er würde nächste Woche Urlaub machen.

-(으)ㄹ게요, das ein Versprechen gegenüber dem Gesprächspartner oder sich selbst darstellt, wird in der indirekten Rede auf folgende Weise wiedergegeben:

- 진수가 "이따가 연락할게요."라고 말했어요.
  Jinsu sagte: „Ich rufe später an."
  → 진수가 이따가 연락하겠다고 말했어요.
  Jinsu sagte, dass er später anrufen werde.
  = 진수가 이따가 연락한다고 말했어요.

Die Antwort 네 wird in indirekter Rede mit 그렇다고 하다 oder 맞다고 하다 wiedergegeben, während 아니요 in indirekter Rede mit 아니라고 하다 wiedergegeben wird.

- 진수가 "네."라고 했어요. Jinsu sagte: „Ja."
  → 진수가 그렇다고 했어요. Jinsu sagte ja.
- 새라가 "아니요."라고 말했어요. Sara sagte: „Nein."
  → 새라가 아니라고 말했어요. Sara sagte nein.

2 Beachten Sie folgende Punkte, wenn Sie die indirekte Rede verwenden

Aussagen, die mit der Verneinung zu -지 않다 oder -지 못하다 enden, nehmen unterschiedliche Formen an, je nachdem, ob sie an ein Verb oder ein Adjektiv gehängt werden. Die Verneinung wird zu -지 않다고 하다, wenn sie mit einem Adjektiv kombiniert wird, während sie zu -지 않는다고 하다 oder -지 못한다고 하다 wird, wenn sie mit einem Verb kombiniert wird.

- 리나가 "바쁘지 않아요."라고 했어요.
  Rina sagte: „Ich bin nicht sehr beschäftigt."
  → 리나가 바쁘지 않다고 했어요.
  Rina sagte, sie sei nicht sehr beschäftigt.
- 리나가 "운동하지 않아요."라고 했어요.
  Rina sagte: „Ich mache keinen Sport."
  → 리나가 운동하지 않는다고 했어요.
  Rina sagte, dass sie keinen Sport mache.
- 리나가 "수영하지 못해요."라고 말했어요.
  Rina sagte: „Ich kann nicht schwimmen."
  → 리나가 수영하지 못한다고 했어요.
  Rina sagte, dass sie nicht schwimmen kann.

Die Konjugation von zusammengesetzten Phrasen wie -고 싶다 und -아/어야 하다 in indirekten Zitaten unterscheidet sich je nachdem, ob die zusammengesetzte Phrase mit einem Verb oder Adjektiv endet. Weil -고 싶다 mit dem Adjektiv 싶다 endet, wird -다고 하다 angehängt. Dahingegen wird beim Ausdruck -아/어야 하다, welches mit dem Verb 하다 endet, -ㄴ다고 하다 angehängt. -(으)ㄴ/는 편이다 endet im Nomen 편, sodass -(이)라고 하다 angehängt wird.

Zusammengesetzte Phrasen mit Adjektiven	Zusammengesetzte Phrasen mit Verben
"먹고 싶어요." „Ich möchte essen." → 먹고 싶다고 했어요. Ich sagte, dass ich essen möchte.	"먹어야 해요." „Ich muss essen." → 먹어야 한다고 했어요. Ich sagte, ich muss essen.
"먹을 수 있어요." „Ich kann es essen." → 먹을 수 있다고 했어요. Ich sagte, ich könnte es essen.	"먹으면 안 돼요." „Du kannst es nicht essen." → 먹으면 안 된다고 했어요. Ich sagte, du kannst nichts essen
"볼 수 없어요." „Ich kann es nicht sehen." → 볼 수 없다고 했어요. Sagte, ich könnte es nicht sehen.	"먹으려고 해요." „Ich versuche, es zu essen" → 먹으려고 한다고 했어요. Ich sagte, dass ich versuchte, es zu essen.
"맛있나 봐요." „Sieht köstlich aus." → 맛있나 보다고 했어요. Ich sagte, es sieht lecker aus.	"먹을 줄 알아요." „Ich weiß, wie man es isst." → 먹을 줄 안다고 했어요. Ich sagte, ich wisse, wie man es isst.

Endungen wie -네요, -군요, -거든요 und -잖아요 können in indirekter Rede nicht wiedergegeben werden. Auch Honorifika werden in der indirekten Rede nicht wiedergegeben.

- 리나가 "비빔밥이 정말 맛있네요."라고 했어요.
  Rina sagte: „Der Bibimbap schmeckt sehr gut."
  → 리나가 비빔밥이 정말 맛있다고 했어요.
  Rina sagte, dass der Bibimbap sehr gut schmecken würde.
- 웨이가 "처음에 회사에서 많이 고생했군요."라고 말했어요.
  Wei sagte: „Am Anfang war es sehr anstrengend in der Firma."
  → 웨이가 처음에 회사에서 많이 고생했다고 말했어요.
  Wei sagte, dass es am Anfang sehr anstrengend in der Firma gewesen wäre.
- 가게 직원이 "손님들이 이 음식을 많이 주문하세요."라고 했어요.
  Der Verkäufer sagte: „Kunden bestellen dieses Gericht oft."
  → 가게 직원이 손님들이 이 음식을 많이 주문한다고 했어요.
  Der Verkäufer sagte, dass Kunden dieses Gericht oft bestellen würden.

Die Personalpronomen der ersten Person 저, 나, oder 우리 werden mit 자기 (sich selbst) wiedergegeben, außer wenn man seine eigenen Aussagen zitiert.

- 마크가 "직원이 저한테 전화했어요."라고 했어요.
  Mark sagte: „Der Angestellte hat mich angerufen."
  → 마크가 직원이 자기한테 전화했다고 했어요.
  Mark sagte, dass der Angestellte ihn angerufen hätte.
- 에릭이 "내 친구의 이름은 박준수야."라고 말했어요.
  Erik sagte: „Der Name meines Freundes ist Junsu Park."
  → 에릭이 자기 친구의 이름은 박준수라고 말했어요.
  Erik sagte, dass der Name seines Freundes Junsu Park sei.
- 피터가 "우리 회사 사람은 전부 남자예요."라고 했어요.
  Peter sagte: „Die Leute in meiner Firma sind alles Männer."
  → 피터가 자기 회사 사람은 전부 남자라고 했어요.
  Peter erzählte, dass die Leute in seiner Firma alle Männer wären.
- 저는 "제가 한국 사람이에요."라고 말했어요.
  Ich sagte: „Ich bin Koreanerin."
  → 저는 (제가) 한국 사람이라고 했어요. (○)
  Ich sagte, ich sei Koreanerin.
  → 저는 자기가 한국 사람이라고 했어요. (×)

-고 했다 wird benutzt, wenn die indirekte Aussage von einer bestimmten Person stammt und -고 하다 wird benutzt, wenn es eine allgemeingültige Aussage ist.

- 마크가 한국 음식이 건강에 좋다고 했어요.
  Mark sagte, dass koreanisches Essen gut für die Gesundheit sei.
- 사람들이 한국 음식이 건강에 좋다고 해요.
  Die Leute sagen, dass koreanisches Essen gut für die Gesundheit sei.

Verben wie 생각하다, 보다 und 느끼다 können anstelle von 하다 beim Ausdruck -고 하다 genutzt werden, um die Gefühle oder die Meinung des Subjekts auszudrücken.

- 마크는 "한국어를 공부할 때 단어가 제일 중요해요."라고 생각해요.
  Mark denkt: „Wenn man koreanisch lernt, ist der Wortschatz am wichtigsten."
  → 마크는 한국어를 공부할 때 단어가 제일 중요하다고 생각해요.
  Mark denkt, dass der Wortschatz am wichtigsten ist, wenn man koreanisch lernt.

- 진수가 "요즘은 취직하기 어려워요."라고 느껴요.
  Jinsu hat das Gefühl und sagt: „Heutzutage ist es schwer, Arbeit zu finden."
  → 진수가 요즘은 취직하기 어렵다고 느껴요.
  Jinsu hat das Gefühl und gesagt, dass es heutzutage schwer sei, Arbeit zu finden.

3 Indirekte Befehle, Vorschläge oder Fragen ausdrücken

Wenn die indirekte Aussage ein Befehl ist, wird -(으)라고 하다 benutzt. Wenn sie ein Vorschlag ist, wird -자고 하다 genutzt. Wenn die Aussage verneint ist, wird 말다 genutzt, um die Form -지 말라고 하다 für Befehle und -지 말자고 하다 für Vorschläge zu bilden.

- 진수가 "지하철 3호선을 타세요."라고 했어요.
  Jinsu sagte mir: „Nehmen Sie die U-Bahn-Linie 3."
  → 진수가 지하철 3호선을 타라고 했어요.
  Jinsu sagte mir, dass ich die U-Bahn-Linie 3 nehmen solle.

- 리나가 "걱정하지 마세요."라고 얘기했어요.
  Rina erzählte mir: „Machen Sie sich keine Sorgen."
  → 리나가 걱정하지 말라고 얘기했어요.
  Rina erzählte mir, ich solle mir keine Sorgen machen.

- 민호가 "다음에 만나서 얘기합시다."라고 말했어요.
  Minho schlug vor: „Lass uns beim nächsten Treffen darüber reden."
  → 민호가 다음에 만나서 얘기하자고 말했어요.
  Minho schlug vor, beim nächsten Treffen darüber zu reden.

- 웨이가 "더 이상 걱정하지 맙시다."라고 했어요.
  Wei sagte: „Machen wir uns keine Sorgen mehr."
  → 웨이가 더 이상 걱정하지 말자고 말했어요.
  Wei sagte, dass wir uns keine Sorgen mehr machen sollten.

Wenn Aussagen mit -아/어 주세요 zitiert werden, gibt es zwei verschiedene Formen, um „geben" auszudrücken. Wenn die Handlung für jemand anderen ausgeführt wird, wird -아/어 주라고 했어요 genutzt, während -아/어 달라고 했어요 genutzt wird, wenn die Handlung für einen selbst ausgeführt wird.

- 진수가 "이 책을 리나에게 전해 주세요."라고 말했어요.
  Jinsu bat mich: „Können Sie dieses Buch Rina geben?"
  → 진수가 이 책을 리나한테 전해 주라고 했어요. (für Rina)

Jinsu bat mich, dieses Buch Rina zu geben.

- 진수가 "이 책을 저한테 전해 주세요."라고 말했어요.
  Jinsu sagte: „Geben Sie mir dieses Buch."
  → 진수가 이 책을 자기한테 전해 달라고 했어요.
  (für Jinsu selbst)
  Jinsu bat mich, ihm dieses Buch zu geben.

Wenn die indirekte Rede eine Frage ist, wird -냐고 benutzt. In der Gegenwart wird es zu -냐고 하다, in der Vergangenheit wird es zu -았/었냐고 하다 und in der Zukunft wird es zu -(으)ㄹ 거냐고 하다.

- 진수가 마크에게 "언제 한국에 왔어요?"라고 물어봤어요.
  Jinsu fragte Mark: „Wann bist du nach Korea gekommen?"
  → 진수가 마크에게 언제 한국에 왔냐고 물어봤어요.
  Jinsu fragte Mark, wann er nach Korea gekommen ist.

- 리나가 유키에게 "한국 생활이 어때요?"라고 질문했어요.
  Rina fragte Yuki: „Wie ist das koreanische Leben?"
  → 리나가 유키에게 한국 생활이 어떠냐고 질문했어요.
  Rina fragte Yuki, wie das koreanische Leben wäre.

- 마크가 민호에게 "휴가 때 뭐 할 거예요?"라고 질문했어요.
  Mark fragte Minho: „Was wirst du im Urlaub machen?"
  → 마크가 민호에게 휴가 때 뭐 할 거냐고 질문했어요.
  Mark fragte Minho, was er im Urlaub machen würde.

> **Vorsicht**
>
> Fragezeichen werden bei indirekten Zitaten nicht genutzt.
>
> - 진수가 "어디에 가요?"라고 물어봤어요.
>   Jinsu fragte mich: „Wohin gehen Sie?"
>   → 진수가 어디에 가냐고 물어봤어요? (×)
>   → 진수가 어디에 가냐고 물어봤어요. (○)
>   Jinsu fragte mich, wohin ich gehen würde.

4 Gekürzte indirekte Zitate

Die Formen von indirekten Zitaten variieren im Koreansichen stark und es ist üblich, sie in Banmal und in informellen Gesprächen zu kürzen. -다고 했어요 wird zu -요, -라고 했어요 wird zu -래요, -자고 했어요 wird zu -재요 und -냐고 했어요 wird zu -내요.

- 진수가 어제 잠을 못 자서 피곤하다고 했어요.
  Jinsu fragte mich, wohin ich gehen würde.
  → 피곤하대요.

- 리나가 날씨가 안 좋으니까 우산을 가져가라고 했어요.
  Rina sagte, dass ich einen Schirm mitbringen solle, da das Wetter nicht gut sei.
  → 가져가래요.

- 새라가 주말에 같이 영화 보자고 제안했어요.
  Sara hat vorgeschlagen, am Wochenende zusammen einen Film zu sehen.
  → 보재요.

- 유키가 내일 시간이 있냐고 물어봤어요.
  Yuki fragte, ob ich morgen Zeit habe.
  → 있내요.

5 Zwei Zitate zur gleichen Zeit oder eine Handlung neben einem Zitat wiedergeben

-(으)면서 wird verwendet, um zwei gleichzeitig ablaufende Handlungen zu verbinden. Auf die gleiche Art und Weise kann -(으)면서 auch mit -고 하다 kombiniert werden, um -고 하면서 zu bilden, welches die Gleichzeitigkeit einer Aussage mit einer anderen oder mit einer separaten Handlung ausdrückt.

- 케빈이 피곤하냐고 하면서 커피를 줬어요.
  Kevin gab mir den Kaffee und fragte dabei, ob ich müde sei.

- 리나가 음악을 듣고 싶다고 하면서 좋은 노래가 있냐고 물어봤어요.
  Rina hat mich gefragt, ob ich Musik hören möchte und ob ich ein paar gute Lieder kennen würde.

● -(으)ㄴ/는 것 같다 „scheinen"

KT S. 307

1 Vermutungen anstellen

-(으)ㄴ/는 것 같다 wird verwendet, um eine Annahme zu einer Handlung, einem Zustand oder einem Ereignis zu machen. Wenn die Annahme zur Gegenwart erfolgt, wird -(으)ㄴ 것 같다 an den Stamm von Adjektiven und -는 것 같다 an den Stamm von Verben gehängt. Wenn die Annahme zur Vergangenheit erfolgt, wird -았/었던 것 같다 an Stämme von Adjektiven und -(으)ㄴ 것 같다 an Stämme von Verben gehängt. Wenn die Annahme zur Zukunft erfolgt oder es eine Vermutung ist, wird -(으)ㄹ 것 같다 sowohl bei Adjektiv- als auch Verbstämmen genutzt.

- 사람들이 두꺼운 옷을 입고 있어요. 밖이 추운 것 같아요.
  Die Leute tragen dicke Kleidung. Ich glaube, es ist kalt draußen.

- 리나 씨가 답을 아는 것 같아요. 자신 있게 웃고 있어요.
  Rina scheint die Antwort zu kennen. Sie lächelt selbstbewusst.

- 케빈한테 여자 친구가 생긴 것 같아. 시간이 날 때마다 전화하러 나가.
  Ich glaube, Kevin hat eine Freundin. Jedes Mal, wenn er Zeit hat, geht er raus, um zu telefonieren.

- 내 친구가 이 책을 읽은 것 같아. 여러 가지 물어봤는데 다 대답을 잘해.
  Es scheint, als ob mein Freund dieses Buch gelesen hat.

Ich habe ihm mehrere Fragen gestellt und er hat sie alle gut beantwortet.

- 발음을 들어 보니까 미국 사람인 것 같아.
  Ich glaube sie ist Amerikanerin, nachdem ich ihre Aussprache gehört habe.

- 하늘이 어두워요. 비가 올 것 같아요.
  Der Himmel ist dunkel. Ich glaube es regnet bald.

- 밥을 안 먹고 산에 올라가면 배가 고플 것 같아요.
  Ich glaube ich werde hungrig sein, wenn ich nichts esse und auf den Berg hochgehe.

Aber an Adjektive, die auf 있다/없다 (z.B. 재미있다, 맛있다, usw.) enden, wird nicht -(으)ㄴ 것 같다, sondern -는 것 같다 gehängt.

- 저 음식이 제일 맛있는 것 같아요. 제일 많이 팔려요. (○)
  Ich glaube, das Essen dort ist am leckersten. Sie verkaufen es am meisten.

- 저 음식이 제일 맛있은 것 같아요. 제일 많이 팔려요. (×)

> **Vorsicht**
>
> Es gibt einen kleinen Unterschied, wenn die Zukunft oder die Gegenwart mit Adjektiven verwendet wird.
>
> - 주말에는 사람이 많은 것 같아.
>   An den Wochenenden scheint es viele Leute zu geben.
>   (Ausdruck einer Annahme basierend auf der Beobachtung, dass es am Wochenende normalerweise viele Leute gibt.)
>
> - 주말에는 사람이 많을 것 같아.
>   Es scheint, als würden am Wochenende viele Leute kommen.
>   (Vermutung, dass es am Wochenende viele Leute gibt. Ohne Vorkenntnisse oder Informationen.)

Wenn die Verneinung -지 않다 der Form -(으)ㄴ/는 것 같다 vorangestellt ist, unterscheidet sich die Form je nachdem, ob davor ein Adjektiv oder ein Verb steht. Wenn davor ein Adjektiv steht, ist die Form -지 않은 것 같다, während die Form -지 않는 것 같다 ist, wenn davor ein Verb steht.

- 오늘 날씨가 춥지 않은 것 같아요. 사람들이 옷을 얇게 입었어요.
  Anscheinend ist das Wetter heute nicht kalt. Die Leute tragen dünne Kleidung.

- 저 사람은 영화를 자주 보지 않는 것 같아요. 요즘 영화에 대해 잘 몰라요.
  Es scheint, als ob sie sich nicht oft Filme ansieht. Sie weiß nicht viel über aktuelle Filme.

> **Vorsicht**
>
> In der gesprochenen Sprache wird -는 것 같아요 auch als -는 거 같아요 ausgesprochen. Obwohl es kein Standardkoreanisch ist, wird 같아요 auch wie 같에요 ausgesprochen.

2 Seine subjektive Meinung indirekt ausdrücken

-(으)/는 것 같다 wird nicht nur für Vermutungen verwendet, sondern auch um seine subjektive Meinung auszudrücken. In diesen Fällen drückt es die Meinung der sprechenden Person zu einem Thema nicht auf starke Weise, sondern eher auf indirekte Art und Weise aus.

- 가격표를 보세요. 여기가 다른 가게보다 비싼 것 같아요.
  Schauen Sie sich das Preisschild an. Es scheint, als ob es hier teurer als in anderen Geschäften ist.
  (Die Person äußert eher eine Meinung als eine Vermutung, weil sie den Preis betrachtet und angibt, was sie denkt, basierend auf dem, was sie direkt beobachtet oder erlebt hat.)

- 작년에 산 바지가 작아. 내가 요즘 살이 찐 것 같아.
  Die Hose, die ich letztes Jahr gekauft habe ist zu klein. Ich glaube, ich habe in letzter Zeit zugenommen.
  (Die Person wiegt nicht direkt ihr Gewicht, sondern drückt einen Gedanken aus, der darauf beruht, wie sie sich fühlt.)

Kapitel 13

 -(으)ㄹ래요 „Ich möchte", „Ich will"   KT S. 306

1 Absicht der sprechenden Person ausdrücken

-(으)ㄹ래요 wird verwendet, um die Absicht der Sprechenden auszudrücken und wird an den Stamm von Verben gehängt. Es wird normalerweise in der gesprochenen Sprache verwendet. -지 않다 wird kombiniert, um die verneinte Form -지 않을래요 zu bilden. -(으)ㄹ래요 drückt Informalität und ein bequemes Gefühl aus, daher sollte es nur bei Personen mit gleichem oder niedrigerem Status verwendet werden.

- 오늘 좀 피곤하니까 운동은 쉴래요.
  Da ich heute etwas müde bin, möchte ich den Sport heute pausieren.

- 나는 이거 안 먹을래.
  Ich möchte das nicht essen.

2 Nach der Absicht der Zuhörenden fragen, eine Anfrage oder oder einen Vorschlag machen

Die Frage -(으)ㄹ래요? wird verwendet, um nach der Absicht der Zuhörenden zu fragen, eine Anfrage zu stellen oder einen Vorschlag zu machen. In diesem Fall muss man seiner Absicht entsprechend vorsichtig auf die Frage reagieren. Lassen Sie uns folgende Situationen ansehen.

(1) Nach der Absicht fragen

A 진수 씨, 뭐 마실래요? (= 먹고 싶어요?)
Jinsu, was möchtest du trinken? (= Möchten Sie essen?)

B 전 커피 마실게요. Ich möchte einen Kaffee.

Vorsicht

Man kann die Frage -(으)ㄹ래요? mit -(으)ㄹ래요 beantworten, aber wenn man so antwortet, bedeutet dies, dass die Absicht ohne Rücksicht auf die Person ausgedrückt wird, die die Frage gestellt hat. Daher scheint die implizierte Botschaft grob und unhöflich. Im Gegensatz dazu drückt -(으)ㄹ게요 die sorgfältige Abwägung der Wahl durch die Sprechenden aus und ist daher höflicher. -(으)ㄹ게요 sollte mit Personen verwendet werden, denen man sich eng verbunden fühlt und denen man seine Absicht zeigen möchte, während -(으)ㄹ게요 bei Personen verwendet werden sollte, denen man Respekt erweisen muss.

- 엄마: 밥 먹을래? Möchtest du etwas essen?
  아이 1: 싫어, 밥 안 먹을래.
    Nein, ich möchte nichts essen.
    (drückt kindliches Murren aus)
  아이 2: 저는 밥 안 먹을게요.
    Ich habe keine Lust zu essen.
    (drückt höfliche Ablehnung aus)

---

(2) Anfrage

A 사무실 연락처 좀 알려 줄래요? (= 알려 주시겠어요?)
Können Sie mir die Kontaktdaten vom Büro geben?
(= Können Sie mir sagen?)

B 알려 줄게요. Ja, mache ich.

(3) Vorschlag

A 제가 밥을 살 테니까 같이 식사할래요? (= 식사할까요?)
Ich lade Sie zum Essen ein. Wollen wir zusammen essen? (= Sollen wir essen?)

B 좋아요, 같이 식사해요. Gut. Essen wir zusammen.

Die Verneinung -지 않다 oder -지 말다 steht vor dem Ausdruck und ergibt die Form -지 않을래요 oder -지 말래요.

- 오늘 점심은 시원하게 국수로 먹지 않을래요?
  Hätten Sie nicht Lust, zu Mittag zur erfrischung Nudelsuppe zu essen?

- 오늘 모임에 가지 말래요? 우리끼리 영화나 봐요.
  Wollen wir heute nicht zum Treffen gehen? Lass uns einen Film sehen.

-(으)ㄹ래요? wird in informellen Situationen verwendet, in denen man keine Höflichkeit ausdrücken muss. Aber in Fällen, in denen man Respekt zeigen muss, sollte -(으)시- an den Ausdruck ergänzt werden, um die Form -(으)실래요? zu bilden. Es kann mit nahestehenden, älteren Kolleg*innen,

Schulfreund*innen oder Verwandten verwendet werden, zu denen eine enge Beziehung besteht.

- 뭐 드실래요? Was möchten Sie trinken?
  〔zu nahestehenden, älteren Schulfreund*innen〕

- 저하고 같이 준비하실래요?
  Möchten Sie es mit mir zusammen vorbereiten?
  〔zu nahestehenden, älteren Kolleg*innen〕

-(으)ㄹ래? 말래? kann mit nahestehenden Freund*innen verwendet werden, bei denen man nicht höflich sein muss, wenn man nach ihrer Absicht, etwas zu tun oder zu unterlassen, fragt.

- 오늘 쇼핑하러 가는데 같이 갈래? 말래?
  Ich gehe heute shoppen. Möchtest du mitkommen? Oder nicht?

- 도시락 싸 왔어. 너도 같이 먹을래? 말래?
  Ich habe eine Lunchbox mitgebracht. Möchtest du mitessen? Oder nicht?

 -(으)ㄹ까 하다 „überlegen etwas zu tun", „darüber nachdenken etwas zu tun" `KT S. 306`

-(으)ㄹ까 하다 wird verwendet, um die Gedanken des Sprechenden bezüglich einer Handlung auszudrücken. In diesen Fällen ist der Gedanke vage und noch nicht konkret, so dass er impliziert, dass die Handlung eine von vielen Möglichkeiten ist und leicht geändert werden kann.

- 일이 끝났으니까 오랜만에 친구를 만날까 해요.
  Da ich mit der Arbeit fertig bin, überlege ich mich nach langer Zeit mit einem Freund treffen.

- 오늘 점심은 냉면을 먹을까 하는데 어때요?
  Ich überlege zu Mittag heute Naengmyeon zu essen. Hätten Sie Lust?

Frage

Sowohl -(으)ㄹ까 하다 als auch -(으)려고 하다 drücken die Gedanken der Sprechenden aus, aber -(으)ㄹ까 하다 drückt keine bereits getroffene Entscheidung aus, sondern deutet auf eine vage Idee bezüglich einer Handlung hin. Im Gegensatz dazu wird -(으)려고 하다 im Allgemeinen verwendet, um die geplante Absicht, eine Handlung auszuführen, auszudrücken.

- 이번 방학 때 제주도로 여행 갈까 해요.
  Ich überlege, ob ich in diesem Urlaub auf die Insel Jeju reisen sollen.
  〔eine vage Idee, die sich ändern kann〕

- 이번 방학 때 제주도로 여행 가려고 해요.
  Ich plane, in diesem Urlaub auf die Insel Jeju zu reisen. 〔festgelegte Entscheidung〕

-(으)ㄹ까 -(으)ㄹ까 wird wiederholt verwendet, um das Zögern zu zeigen, eine Entscheidung zwischen mehreren Wahlmöglichkeiten zu treffen. Wenn man entscheidet, etwas zu tun oder zu unterlassen, kann -(으)ㄹ까 말까 verwendet werden.

- 주말에 동창 모임에 갈까 집에서 쉴까 고민하고 있어요.
  Ich überlege, ob ich am Wochenende zum Klassentreffen gehen soll, oder mich zu Hause ausruhen soll.

- 물건은 마음에 드는데 비싸서 살까 말까 생각하고 있어요.
  Mir gefällt es, aber ich überlege noch, es zu kaufen, da es teuer ist.

Vorsicht

Da -(으)ㄹ까 in -(으)ㄹ까 하다 eine Frage an sich selbst darstellt, kann es nur mit der ersten Person verwendet werden. Daher darf die zweite oder dritte Person nicht verwendet werden, und -(으)ㄹ까 하다 darf nicht als Frage an eine andere Person verwendet werden.

- 친구는 일을 그만둘까 해요. (×)
  → 친구는 일을 그만두려고 해요. (○)
  Mein Freund möchte kündigen.

- 언제 일하기 시작할까 해요? (×)
  → 언제 일하기 시작할 거예요? (○)
  Wann werden Sie anfangen, zu arbeiten?

 -기는 하지만 Es ist so, aber... `KT S. 298`

-기는 하지만 wird verwendet, um die Aussage im ersten Satz teilweise einzuräumen und eine kontrastierende anzuschließen. Es wird vor allem in Debatten verwendet, um den Standpunkt des anderen Redners einzuräumen und gleichzeitig eine eigene Meinung zu äußern. Im Vergleich zu -지만 ist es höflicher. Es wird an den Stamm von Verben, Adjektiven und 이다 gehängt. In der gesprochenen Sprache kann -기는 zu -긴 verkürzt werden.

- 그 영화가 재미있기는 하지만 너무 길어요.
  Der Film ist interessant, aber sehr lang.
  (= 그 영화가 재미있기는 해요. 하지만 너무 길어요.)

- 고기를 먹을 수 있긴 하지만 좋아하지 않아요.
  Ich kann Fleisch essen, aber ich mag es nicht.

Statt -지만 kann -(으)ㄴ/는데 verwendet werden. Aber wenn -(으)ㄴ/는데 verwendet wird, wird der Ausdruck zu -기는 하는데, wenn es ein Verb ist und zu -기는 한데, wenn es ein Adjektiv ist.

- 이 식당은 비싸긴 한데 맛있어요.
  Dieses Restaurant ist teuer, aber es schmeckt dort sehr gut.

- 이 옷이 저한테 딱 맞기는 하는데 색이 마음에 안 들어요.

Diese Kleidung passt mir zwar wie angegossen, aber mir gefällt die Farbe nicht.

-았/었- oder -겠- können beim Ausdruck -기는 하다 an 하다 gehängt werden.

- 여행이 힘들긴 했는데 재미있었어요.
  Die Reise war zwar anstrengend, aber interssant.

- 제가 음식을 만들긴 하겠지만 맛이 없을 거예요.
  Ich koche aber es wird nicht schmecken.

Wenn -기는 하지만 verwendet wird, wird die starke Meinung der sprechenden Person immer im zweiten Satz ausgedrückt, sodass es natürlich und höflich ist, den zweiten Satz wegzulassen und ihn nur zu implizieren.

- 그 식당이 맛있긴 해요.
  Das Essen von dem Restaurant ist schon lecker.
  (Die sprechende Person räumt ein, dass das Essen des Restaurants lecker ist, aber er impliziert eine Beschwerde, wie beispielsweise unzufriedenstellenden Service oder teure Preise.)

- 그 사람의 이름을 듣기는 했어요.
  Ich habe ihren Namen gehört.
  (Die sprechende Person gibt zu, dass der Name bekannt ist, aber nicht weiß, wie die Person aussieht.)

-군요 Realisation und Verständnis einer neu gelernten Tatsache ausdrücken
KT S. 309

Dadurch, dass -군요 Realisierung und Verständnis einer neu gelernten Tatsache ausdrückt, wird es genutzt, um eine durch Sehen oder Hören neu gelernte Tatsache auszudrücken. Wenn die realisierte Information in der Gegenwart liegt, wird -는군요 an den Verbstamm gehängt, während -군요 an den Stamm von Adjektiven und 이다 gehängt wird. Wenn die realisierte Information in der Vergangenheit liegt, wird -았/었군요 an die Stämme von Verben, Adjektiven und 이다 gehängt. Wenn man zu sich selbst spricht, kann -구나 anstelle von -군요 verwendet werden.

- 어제 집에 일이 있었군요. 몰랐어요.
  Gestern ist zu Hause etwas passiert. Ich wusste es nicht.

- 케빈은 정말 좋은 사람이구나!
  Kevin ist wirklich ein guter Mensch.

-겠- kann kombiniert werden, um die Form -겠군요 zu bilden, wenn die sprechende Person basierend auf einer aktuellen Situation eine Vermutung anstellt. -았/었- kann vorne angehängt werden, um die Form -았/었겠군요 zu bilden, wenn die Vermutung auf einer bereits abgeschlossenen Situation beruht.

- 하루에 열 시간씩 일하면 힘들겠군요.
  Wenn man täglich zehn Stunden arbeitet, ist es echt anstrengend.

- 여행할 때 가방을 도둑맞아서 고생했겠군요.
  Es muss schwer gewesen sein, dass ihre Tasche auf der Reise gestohlen wurde

> **Frage**
>
> -네요 und -군요 können beide verwendet werden, um die Gedanken oder Gefühle der Sprechenden auszudrücken. Beide werden ähnlich benutzt, aber es gibt einen kleinen Unterschied.
>
> - 이 길이 맞네요. 제가 전에 말했잖아요.
>   Dieser Weg ist richtig. Ich habe es doch eben gesagt.
>   (Es wird betont, dass das Gesagte den Erwartungen entspricht.)
>
> - 이 길이 맞군요. 몰랐어요.
>   Dieser Weg ist richtig. Ich wusste es nicht.
>   (Es wird eine Erkenntnis über eine Tatsache ausgedrückt die vorher nicht bekannt war.)

Kapitel 14

-나 보다 „scheint zu sein"
KT S. 309

1 Eine Vermutung anstellen

-나 보다 wird verwendet, um eine Handlung, einen Zustand oder eine Situation zu erraten. Weil -나 보다 beinhaltet, dass die sprechende Person etwas betrachtet und vermutet, kann es nicht in der ersten Person verwendet werden. Da dieser Grammatikpunkt eine Vermutung über etwas Ungewisses beinhaltet, werden die Frageendung -나 und 보다 (mit der Bedeutung „denken") kombiniert, um -나 보다 zu bilden. Wenn der Satz mit der Vermutung in der Gegenwart stattfindet, wird -(으)ㄴ가 보다 an den Stamm von Adjektiven und 이다 gehängt, während -나 보다 an Verbstämme angehängt wird. Wenn die Vermutung in der Vergangenheit liegt, wird -았/었나 보다 an die Stämme von Verben, Adjektiven und 이다 gehängt.

- 저 집은 과일을 많이 먹나 봐요. 매일 과일을 많이 사 가요.
  In diesem Haushalt scheinen sie viel Obst zu essen. Sie kaufen es täglich.

- 역사에 관심이 많은가 봐요. 집에 역사책이 많이 있네요.
  Sie scheinen sich für Geschichte zu interessieren. Sie haben viele Geschichtsbücher zu Hause.

- 어젯밤에 잠을 못 잤나 봐요. 얼굴이 피곤해 보여요.
  Sie scheinen gestern nicht gut geschlafen zu haben. Sie sehen müde aus.

Aber bei Adjektiven mit 있다/없다 wird statt -(으)ㄴ가 보다 die Endung -나 보다 an den Stamm gehängt.

- 저 영화가 제일 재미있나 봐요. 표가 매진됐어요. (○)
  Der Film scheint sehr lustig zu sein. Die Tickets sind ausverkauft.
  저 영화가 제일 재미있은가 봐요. 표가 매진됐어요. (×)

2 Vergleich von -나 보다 und -(으)ㄴ/는 것 같다

Ähnlich wie bei -나 보다 drückt -(으)ㄴ/는 것 같다 eine Vermutung der sprechenden Person basierend auf Beobachtungen einer Situation aus. Während -(으)ㄴ/는 것 같다 jedoch den Gedanken oder die Bewertung derer aufgrund früherer Erfahrungen einschließt, kann -나 보다 nicht verwendet werden, wenn die Aussage auf der Grundlage direkter Erfahrungen gemacht wird.

- 식당에 사람들이 많은 것을 보니까 이 식당 음식이 맛있나 봐요. (○)
  Das Essen in diesem Restaurant muss lecker sein, da ich viele Leute darin sehe.
  (Es wird vermutet, dass das Essen aufgrund der Beobachtung, dass es viele Gäste im Restaurant gibt, lecker ist ohne vorher dort gegessen zu haben.)
  = 식당에 사람들이 많은 것을 보니까 이 식당 음식이 맛있는 것 같아요. (○)
  Ich glaube, dass Essen in diesem Restaurant schmeckt lecker, da ich viele Leute darin sehe.
- 전에 먹어 보니까 이 식당 음식이 맛있는 것 같아요. (○)
  Ich habe schon mal in diesem Restaurant gegessen und denke das Essen ist lecker.
  (Das Restaurant wird auf Grundlage vorheriger Erfahrung bewertet.)
  = 전에 먹어 보니까 이 식당 음식이 맛있나 봐요. (×)

So dürfen subjektive Adverbialsätze wie 제 생각에 (Ich denke) oder 제가 보기에 (meiner Meinung nach) nicht zusammen mit -나 보다 verwendet werden. Es ist natürlicher, diese mit -(으)ㄴ/는 것 같다 zu verwenden.

- 제 생각에 한국어 공부는 어려운가 봐요. (×)
  제 생각에 한국어 공부는 어려운 것 같아요. (○)
  Meiner Meinung nach ist Koreanisch lernen schwer.

Weil die sprechende Person keine Vermutungen über seinen eigenen Zustand anstellen kann, darf -나 보다 nicht in der ersten Person verwendet werden.

(nach dem Hören von Bauchgrummeln)
- 제가 배고픈가 봐요. (×)
  제가 배고픈 것 같아요. (○) Ich denke, ich habe Hunger.

Wenn die sprechende Person jedoch eine verspätete Erkenntnis zu etwas hat, das ihm vorher unbekannt war, kann -나 보다 in der ersten Person verwendet werden. Da diese Verwendung oft ohne Zuhörende erfolgt, ist es üblich, -요 wegzulassen und Banmal zu verwenden.

- 내가 저 사람을 좋아하나 봐. Ich glaube, ich mag ihn.
- 그 사실을 나만 몰랐나 봐.
  Es sieht so aus, als ob ich der einzige bin, der es nicht wusste.

3 Beachten Sie Folgendes bei -나 보다

Es gibt zwar viele grammatische Einschränkungen bei -나 보다, aber der Ausdruck kann mit temporalen Markierungen wie -았/었- oder der Verneinung -지 않다 verwendet werden. Diese müssen vor -나 보다 kommen und stehen bei der Vermutung.

- 여행이 재미있나 봤어요. (×)
  → 여행이 재미있었나 봐요. (○)
  Die Reise scheint Spaß gemacht zu haben.
- 오늘 날씨가 추운가 보지 않아요 (×)
  → 오늘 날씨가 춥지 않은가 봐요. (○)
  Heute scheint es nicht kalt zu sein.

● -(으)ㄴ/는 줄 알았다 „gedacht haben, dass"

-(으)ㄴ/는 줄 알았다 wird verwendet, um einen irrtümlichen Gedanken zu einer Tatsache oder einem Zustand auszudrücken. Da es sich um einen irrtümlichen Gedanken handelt, muss 알았다 verwendet werden. Wenn der irrtümliche Gedanke mit einem Verb endet und in der Gegenwart steht, wird -는 줄 알았다 an den Stamm ergänzt und wenn er in der Vergangenheit steht, wird -(으)ㄴ 줄 알았다 ergänzt. -(으)ㄴ 줄 알았다 wird auch an den Stamm von Adjektiven und an 이다 im Präsens gehängt. Wenn der irrtümliche Gedanke in der Zukunft stattfindet oder eine Annahme ist, wird -(으)ㄹ 줄 알았다 an den Stamm von Verben, Adjektiven und 이다 gehängt.

- 처음에는 한국 사람이 영어를 못하는 줄 알았어요.
  Am Anfang dachte ich, dass Koreaner kein Englisch können.
  = 처음에는 한국 사람이 영어를 못한다고 생각했는데 그렇지 않았어요.
  Am Anfang dachte ich, dass Koreaner kein Englisch können, aber dem war nicht so.
- 어제 회사에 간 줄 알았는데 사실은 가지 않았대요.
  Ich dachte, er wäre gestern in die Firma gegangen, aber in Wirklichkeit war es nicht so.
- 얼굴이 어려 보여서 학생인 줄 알았는데 선생님이래요.
  Ich dachte, sie sei Schülerin, da sie so jung aussieht, aber sie sagte, sie sei Lehrerin.

Frage

Die Grammatikstruktur -(으)ㄹ 줄 알다, die die Fähigkeit ausdrückt, etwas tun zu können, kann mit der Vergangenheitsform von -(으)ㄹ 줄 알았다, was einen irrtümlichen Gedanken ausdrückt, verwechselt werden. Die Form ist die gleiche, aber die Bedeutungen unterscheiden sich, sodass die richtige Bedeutung aus dem Kontext entnommen werden muss.

- 전에는 피아노를 칠 줄 알았어요. 그런데 지금은 다 잊어 버렸어요. (etwas tun können)
  Früher konnte ich Klavier spielen. Aber jetzt habe ich alles verlernt.

- 전에는 다른 사람이 피아노를 칠 줄 알았어요. 그런데 아 니었어요. (ein irrtümlicher Gedanke)
  Vorher dachte ich, eine andere Person kann Klavier spielen. Aber es war nicht nicht so.

-(으)ㄴ/는 줄 몰랐다 wird verwendet, um den Mangel der sprechenden Person an einer vorherigen Erkenntnis über eine Tatsache auszudrücken. Während -(으)ㄴ/는 줄 알았다 verwendet wird, um einen irrtümlichen Gedanken auszudrücken, wird -(으)ㄴ/는 줄 몰랐다 verwendet, um den Mangel an Wissen zu etwas zu betonen. Die Konjugation ist wie bei -(으)ㄴ/는 줄 알았다.

- 그 사람이 결혼한 줄 알았어요.
  Ich dachte, er wäre verheiratet.
  = 그 사람이 결혼 안 한 줄 몰랐어요.
  Ich wusste nicht, dass er nicht geheiratet hat.

Vorsicht

Während -(으)ㄴ/는 줄 알았다 einen irrtümlichen Gedanken ausdrückt, drückt -ㄴ/는다는 것을 알았다 eine Erinnerung zu einer vergangenen Situation oder zu einem vergangenem Zustand aus.

- 그 사람이 나를 좋아하는 줄 알았다.
  Ich dachte, er würde mich mögen.
  (irrtümlicher Gedanke)

- 그 사람이 나를 좋아한다는 것을 알았다.
  Ich bemerkte, dass er mich mag.
  (erkannte Tatsache)

 -던 Attribut für Rückblicke　KT S. 299

1　Das Attribut für Rückblicke -던

-던 ist eine Partikel für Relativsätze, die vor Nomen steht und die Erinnerung an eine vergangene Situation oder einen vergangenen Zustand ausdrücken soll. -던 drückt eine Erinnerung an eine vergangene Situation aus, die in der Gegenwart nicht mehr vorkommt.

Zeitraum in der Vergangenheit, der mit -던 verwendet werden kann

Ein Zeitraum von der Gegenwart entfernt

Vergangenheit　　　　Gegenwart

-던 wird an den Stamm von Verben, Adjektiven und 이다 gehängt. Wenn -던 angehängt wird, bedeutet dies, dass die Handlung für eine bestimmte Zeitdauer in der Vergangenheit stattfand, fortgesetzt wurde oder, dass sie wiederholt oder gewohnheitsmäßig geschah. Es kann mit -았/었- kombiniert werden und die Form -았/었던 bilden, um zu betonen, dass die Handlung einmal oder nur wenige Male stattgefunden hat und in der Gegenwart nicht fortbesteht.

- 어렸을 때 같이 놀던 친구하고 지금 연락이 안 돼요.
  Jetzt habe ich keinen Kontakt mehr zu der Freundin, mit der ich als Kind gespielt habe.

- 전에는 활발하던 아이가 지금은 조용하네요.
  Das Kind, das früher sehr lebhaft war, ist jetzt ruhig.

- 사랑했던 사람을 잊을 수가 없어요.
  Sie können die Person, die sie geliebt haben, nicht vergessen.

- 학생 때 다리를 다쳤던 경험이 있어요.
  Ich habe die Erfahrung gemacht, mir als Student, das Bein gebrochen zu haben.

2　Vergleich von -던 mit -았/었던

-던 wird an Verbstämme gehängt, um eine wiederholte oder gewohnheitsmäßige Handlung in der Vergangenheit auszudrücken, während -았/었던 an Verbstämme gehängt wird, um eine Handlung auszudrücken, die nur einmal oder einige Male aufgetreten ist.

- 학교 다닐 때 자주 가던 식당이 지금은 없어졌어요.
  Das Restaurant, wohin ich in meiner Studienzeit oft hingegangen bin, ist jetzt geschlossen.

- 그 공원은 옛날에 학교 다닐 때 한 번 갔던 곳이에요.
  Das ist der Park, wohin ich einmal gegangen bin, als ich zur Universität ging.

Aber bei Verben wie 살다 (leben), 다니다 (hin- und herfahren), 사귀다 (ausgehen) und 좋아하다 (mögen), die einen andauernden Zustand und nicht eine einzige Handlung ausdrücken, können sowohl -던 als auch -았/었던 mit fast keinem Bedeutungsunterschied verwendet werden.

- 어렸을 때 내가 살던 동네에는 놀이터가 없었어요.
  In dem Stadtviertel, wo ich gelebt habe, als ich Kind war, gab es keinen Spielplatz.
  = 어렸을 때 내가 살았던 동네에는 놀이터가 없었어요.

Bei Verben, die wie 죽다 (sterben), 다치다 (sich verletzen) und 결혼하다 (heiraten) nur einen Augenblick lang geschehen, kann nur -았/었던 und nicht -던 verwendet werden.

- 10년 전에 죽었던 개가 지금도 생각나요. (○)
  Auch heute noch erinnere ich mich an meinen Hund, der
  vor 10 Jahren gestorben ist.
  10년 전에 죽던 개가 지금도 생각나요. (×)

Wenn ein Adjektiv einen Zustand beschreibt, der über
einen festgelegten Zeitraum in der Vergangenheit
fortbesteht, dann besteht kein Unterschied bei der
Verwendung von -던 oder -았/었던.

- 예전에는 뚱뚱하던 친구가 지금은 날씬해졌어요.
  Meine Freundin, die früher pummelig war, ist heute
  schlank.
  = 예전에는 뚱뚱했던 친구가 지금은 날씬해졌어요.

3 Vergleich von -았/었던 mit -(으)ㄴ

Es gibt viele Fälle, in denen -(으)ㄴ und -았/었던
austauschbar sind, wenn über ein vergangenes
Ereignis oder einen Zustand gesprochen wird.

- 전에 길에서 만난 친구 이름이 뭐예요?
  Wie heißt die Freundin, die wir vorher auf der Straße
  getroffen haben?
  = 전에 길에서 만났던 친구 이름이 뭐예요?

-았/었던 weist auf eine Handlung oder einen Zustand
hin, der während einer festen Zeit in der Vergangenheit
geschieht und impliziert, dass dieser in der Gegenwart
nicht anhält.

- 그 사람은 3년 전에 결혼한 사람이에요.
  Er ist derjenige, der vor 3 Jahren geheiratet hat.
  〔Diese Person hat vor drei Jahren geheiratet und ist noch
  verheiratet.〕

  그 사람은 3년 전에 결혼했던 사람이에요.
  Er ist derjendige, der vor 3 Jahren verheiratet war.
  〔Diese Person hat vor drei Jahren geheiratet, aber ist
  nicht mehr verheiratet.〕

Da -았/었던 für Rückbesinnungen und Erinnerungen
verwendet wird, kann der Ausdruck nicht für eine
beobachtete Handlung verwendet werden, die sofort
abgeschlossen wurde.

- 식사를 다 한 사람은 교실로 돌아가세요. (○)
  Die Personen, die fertig mit dem Essen sind, gehen bitte
  zurück in den Unterrichtsraum.
  식사를 다 했던 사람은 교실로 돌아가세요. (×)

4 Verwendung von -던 für unterbrochene Handlungen

-던 kann sich auch auf eine vergangene Handlung
oder Situation beziehen, die nicht beendet, sondern
unterbrochen wurde. In diesen Fällen, in denen
die Handlung unvollständig ist, kann -았/었- nicht
kombiniert werden, da dies Vollendung impliziert.

- 아까 내가 마시던 커피가 어디 있지? 반도 안 마셨는데…….
  Wo ist der Kaffee, den ich eben getrunken habe? Ich
  habe ihn nur zur Hälfte getrunken...

- 회의가 끝났으니까 아까 하던 얘기 계속합시다.
  Da das Meeting vorbei ist, lassen sie uns das Gespräch
  von eben fortführen.

In Situationen, zu denen die Handlung unterbrochen
wird, gibt es einen klaren Unterschied zwischen -던
und -(으)ㄴ. Da -았/었- Vollendung ausdrückt, können
-았/었던 und -(으)ㄴ sich nur auf abgeschlossene
Handlungen beziehen.

- 〔ein gegessener, aber nicht beendeter Snack〕
  아까 먹던 과자는 책상 위에 있으니까 먹어.
  Die Kekse, die ich eben gegessen habe, sind auf dem
  Schreibtisch.

- 〔vollständig gegessene Kekse〕
  아까 먹은 (= 먹었던) 과자가 이상한 것 같아. 배가 아파.
  Der Keks, den ich eben am essen war, schmeckte
  komisch. Mein Bauch tut weh.

● -느라고 „weil (ich zu dem Zeitpunkt... tat)" 〔KT S. 301〕

1 Die Verwendung von -느라고

-느라고 wird verwendet, um ein negatives Ergebnis
einer Handlung auszudrücken. Es wird allgemein
verwendet, um sich für eine negative Konsequenz zu
entschuldigen. -느라고 wird an den Stamm des Verbs
der Handlung gehängt.

- 주말에 집안일 하느라고 쉬지 못했어요.
  Ich konnte mich am Wochenende nicht ausruhen, da ich
  Hausarbeit gemacht habe.

- 재미있는 책을 읽느라고 밤을 새웠어요.
  Ich habe die Nacht durchgemacht, da ich ein
  interessantes Buch gelesen habe.

- 요즘 아르바이트하느라고 바빠요.
  Ich bin beschäftigt, da ich zur Zeit einen Teilzeitjob habe.

Verben wie 수고하다 (sich bemühen) oder 애쓰다 (sich
anstrengen) haben eine ähnliche Bedeutung wie 고생
하다 (Mühe haben), mit solchen Verben impliziert der
Ausdruck keine Entschuldigung, sondern Dankbarkeit
für die Mühe des Gesprächspartners.

- 그동안 많은 일을 혼자 하느라고 수고하셨습니다.
  Sie haben sich viel Mühe gegeben, da Sie so viele
  Sachen alleine gemacht haben.

- 발표 준비하느라고 애쓰셨어요.
  Sie haben sich sehr angestrengt, die Päsentation
  vorzubereiten.

2 Falsche Verwendungen von -느라고

-느라고 bezieht sich auf ein negatives Ergebnis einer
Handlung durch das Subjekt. Das Subjekt auf beiden
Seiten von -느라고 muss identisch sein.

- 갑자기 일이 생기느라고 전화 못 했어요. (×)
  → 갑자기 일이 생겨서 그 일을 하느라고 전화 못 했어요. (○)
    Plötzlich ist etwas passiert und ich konnte nicht anrufen, da ich mich darum kümmern musste.

Da der Satz vor -느라고 eine Handlung ausdrückt, die zu einem negativen Ergebnis führt, darf -느라고 nicht mit Adjektiven verwendet werden.

- 춥느라고 감기에 걸렸어요. (×)
  → 추워서 감기에 걸렸어요. (○)
    Ich habe mich erkältet, da es kalt ist.

Da -느라고 ein negatives Ergebnis, das durch die Entscheidung zu einer Handlung hervorgerufen wurde, ausdrückt, können -느라고 keine verneinten Formen vorausgehen.

- 전화 안 하느라고 친구가 화가 났어요. (×)
  → 전화 안 해서 친구가 화가 났어요. (○)
    Meine Freundin war sauer, da ich nicht angerufen habe.

Auch wenn sich die Handlung vor -느라고 auf die Vergangenheit bezieht, darf -았/었- nicht vorangehen.

- 친구하고 놀았느라고 숙제를 못 했어요. (×)
  → 친구하고 노느라고 숙제를 못 했어요. (○)
    Ich konnte meine Hausaufgaben nicht machen, weil ich mit meinem Freund gespielt habe.

 -(으)ㄹ 걸 그랬다 „hätte sollen"

KT S. 306

1 Bedauern mit -(으)ㄹ걸: ausdrücken „Ich hätte sollen"

-(으)ㄹ 걸 그랬다 drückt Bedauern aus, dass man etwas nicht getan hat. 그랬다 bezieht sich auf eine bedauerliche Untätigkeit in der Vergangenheit, während die Unvollständigkeit der Handlung durch die Endung -(으)ㄹ걸. ausgedrückt wird. In der gesprochenen Sprache kann 그랬다 weggelassen werden, sodass nur -(으)ㄹ걸 übrig bleibt. Wenn man ein Gefühl des Bedauerns ausdrückt, steigt die Intonation nicht an. Wenn man mit sich selbst spricht, wird -요 am Ende von -(으)ㄹ걸 nicht verwendet. Umgekehrt drückt -지 않을걸 그랬다 oder -지 말걸 그랬다 Bedauern darüber aus, dass in der Vergangenheit etwas getan wurde. In diesen Fällen kann 그랬다 auch weggelassen werden, um -지 않을걸 oder -지 말걸 übrig zu lassen.

- 미리 전화해 볼걸. 그러면 오늘 퇴근이 늦는 것을 알았을 것.
  Du hättest vorher anrufen sollen. So hätte ich gewusst, dass du heute spät Feierabend.

- 아까 소금을 더 넣지 말 걸 그랬어요. 먹어 보니까 음식이 좀 짜네요.
  Ich hätte eben kein Salz mehr hinzufügen sollen. Jetzt wo ich das Essen probiere ist es etwas salzig.

> **Vorsicht**
>
> Wenn die Handlung nicht ausgeführt wurde, wird die Endung -(으)ㄹ verwendet, die für eine nicht vollendete Handlung steht.
>
> - 친구에게 미리 전화한 걸 그랬어요. (×)
> - 친구에게 미리 전화할 걸 그랬어요. (○)
>   Ich hätte meinen Freund im Voraus anrufen sollen.

2 Vermutung mit -(으)ㄹ걸: „könnte"

Im zweiten Dialog von Kapitel 13 wird -(으)ㄹ걸 für Vermutungen verwendet. Der Ausdruck ist identisch mit der verkürzten Form des Bedauerns -(으)ㄹ 걸 그랬다, aber mit einer völlig anderen Bedeutung. Der Ausdruck der Vermutung mit -(으)ㄹ걸 drückt Unsicherheit oder fehlendes Vertrauen der sprechenden Person aus. Es wird nicht in formellen Situationen, sondern eher in informellen Situationen mit Personen, die einem nahe stehen, verwendet. In dieser Verwendung wird -(으)ㄹ걸 an den Stamm von Verben, Adjektiven, 이다 und -요 gehängt. Die Intonation steigt am Satzende. Wenn die vermutete Handlung bereits abgeschlossen ist, wird -았/었- vor -(으)ㄹ걸 ergänzt, um -았/었을걸요 zu bilden.

- 글쎄요, 아마 진수도 그 사실을 모를걸요.
  Nun, Jinsu weiß es wahrscheinlich auch nicht.

- 두고 봐. 내가 너보다 더 잘할걸.
  Warte ab. Ich bin wahrscheinlich besser als du.

- 이미 표가 다 팔렸을걸. 그 영화가 얼마나 인기가 많은데.
  Die Tickets werden schon alle ausverkauft sein. Der Film ist sehr beliebt.

> **Vorsicht**
>
> Denken Sie daran, dass die Ausdrücke des Bedauerns und der Vermutung -(으)ㄹ걸 gleich aussehen, aber die Intonation am Ende des Satzes sich jeweils unterscheidet.
>
> - 미리 준비할걸, 그러면 실수하지 않았을 거야.
>   Ich hätte es früher vorbereiten sollen. Dann hätte ich keinen Fehler gemacht.
>   (Bedauern)
>
> - 미리 준비할걸. 리나는 항상 미리 하는 성격이잖아.
>   Ich hätte es früher vorbereiten sollen. Rina macht es immer im Voraus.
>   (Vermutung)

Kapitel 15

 **-다가** „während…", „in mitten/bei"

 KT S. 299, 300

1 Beim Wechseln von Handlungen oder Zuständen während eines anderen

-다가 drückt einen Wechsel zu einer anderen Handlung oder einem anderen Zustand während einer bestimmten Handlung oder eines Zustandes aus. Weil -다가 eine Änderung der Handlung oder des Zustands ausdrückt, muss das Subjekt in beiden Sätzen identisch sein. -다가 wird an den Stamm von Verben und Adjektiven gehängt.

• 그 책을 읽다가 어려워서 그만뒀어요.
Als ich das Buch las, war es schwer und so hörte ich wieder auf.

• 친구가 자동차를 5년 동안 쓰다가 저에게 줬어요.
Mein Freund fuhr das Auto 5 Jahre und gab es dann mir.

• 오늘 오전에는 흐리다가 오후에는 개겠습니다.
Heute Morgen ist es bewölkt und am Nachmittag klart es auf.

-았/었- kann vor -다가 stehen und den Abschluss einer Handlung oder eines Zustands und den Wechsel zu einem anderen auszudrücken.

• 열이 났다가 약을 먹고 열이 떨어졌어요.
Ich hatte Fieber und habe Medizin genommen, und das Fieber sank.

• 여자 친구에게 반지를 선물했다가 헤어진 후 다시 가져갔어요.
Ich habe meiner Freundin einen Ring geschenkt und nachdem wir uns getrennt haben, hat sie ihn mir zurückgegeben.

• 그 사람은 원래는 군인이었다가 경찰이 됐어요.
Er war ursprünglich Soldat und wurde Polizist.

-았/었- steht nicht vor -다가, wenn die Handlung nicht ausgeführt und unterbrochen wird. -았/었다가 drückt aus, dass die zweite Aktion nicht stattfindet, bis die erste beendet ist.

• 집에 가다가 우연히 친구를 만났어요.
Auf dem Weg nach Hause, habe ich zufällig eine Freundin getroffen.
(Der oder die Freund*in wurde auf dem Weg nach Hause getroffen.)

• 집에 갔다가 우연히 친구를 만났어요.
Ich bin nach Hause gegangen und habe zufällig eine Freundin getroffen.
(Der oder die Freund*in wurde nach dem Ankommen zu Hause getroffen.)

Vorsicht

Das Subjekt auf beiden Seiten von -다가 muss identisch sein.

• 친구가 샤워하다가 전화가 왔어요. (×)
→ 친구가 샤워하다가 전화를 받았어요. (○)
Mein Freund duschte und nahm ein Telefonat an.

---

2 Eine unerwartete Situation ausdrücken

-다가 kann auch eine unerwartete, unbeabsichtigte Situation ausdrücken, die während einer anderen Handlung entsteht. In dieser Verwendung ist die unerwartete Situation oft negativ.

• 버스를 타고 가다가 지갑을 잃어버린 것 같아요. Es sieht so aus, als hätte ich mein Portemonnaie im Bus verloren.

• 뛰어가다가 (돌에 걸려서) 넘어졌어요.
Ich bin gelaufen, stolperte über einen Stein und fiel hin.

• 샤워하다가 (미끄러져서) 허리를 다쳤어요.
Ich habe mir den Rücken verletzt, weil ich in der Deutsche ausgerutscht bin.

• 친구하고 얘기하다가 그 사실을 알게 됐어요.
Ich habe mich mit der Freundin unterhalten und dann davon erfahren.

Während -다가 das Auftreten einer unbeabsichtigten und unerwarteten Situation ausdrückt, drückt -아/어서 eine absichtliche oder erwartete Situation aus.

• 편의점에 들렀다가 친구를 만났어요. Ich bin beim Kiosk vorbei und habe dann eine Freundin getroffen.

• 편의점에 들러서 친구를 만났어요.
Es war beabsichtigt die/den Freund*in im Kiosk zu treffen.

3 Wiederholtes Auftreten ausdrücken

-다가 kann für jedes Verb (mit 하다 am Ende einer Phrase) verwendet werden, um das wiederholte Auftreten von zwei oder mehr Situationen auszudrücken. -가 kann bei -다가 weggelassen werden und bildet dann den Ausdruck -다 -다 하다.

• 공부하다가 텔레비전을 보다가 하면 집중할 수 없잖아.
Wenn du lernst und fern siehst, kannst du dich doch nicht konzentrieren.

• 한국하고 일본을 왔다 갔다 하면서 사업하려고 해요.
Ich habe vor, Geschäfte zu machen, während ich zwischen Korea und Japan pendle.

• 스위치를 껐다 켰다 하지 마.
Hör bitte auf, den Schalter ein- und auszuschalten.

 -았/었어야 했는데 „hätte sollen, aber…" KT S. 302

• 미리 말했어야 했는데 걱정할까 봐 얘기 못 했어요.
Ich hätte es früher sagen sollen, aber ich konnte es nicht, da sie sich Sorgen machen könnten.

- 모델을 하려면 키가 더 컸어야 했는데 아쉽네요.
  Wenn ich Model werden möchte, müsste ich größer sein. Schade.

- 무거운 짐을 혼자 들지 말았어야 했는데 결국 허리를 다쳤어요.
  Sie hätten keine schweren Sachen alleine tragen sollen. Jetzt haben Sie sich schließlich den Rücken verknackst.

- 내가 더 신경 썼어야 했는데…….
  Ich hätte mich mehr darum kümmern sollen...

● -(으)ㄹ 텐데 Vermutungen, Hoffnungen, hypothetische Situationen ausdrücken „wird wahrscheinlich…", „Ich hoffe", „Ich wünsche" KT S. 305

1 Vermutungen mit -(으)ㄹ 텐데 ausdrücken

-(으)ㄹ 텐데 wird verwendet, um eine Vermutung der Sprechenden auszudrücken. Ähnlich wie -(으)ㄴ/는데 in Kapitel 4 steht der nachfolgende Satz in Bezug oder im Gegensatz zu dem Satz vor -(으)ㄹ 텐데. -(으)ㄹ 텐데 wird an den Stamm von Verben, Adjektiven und 이다 gehängt. Genau wie bei -(으)ㄴ/는데 kann der Satz nach -(으)ㄹ 텐데 weggelassen und einfach impliziert sein.

- 이미 소금을 많이 넣어서 짤 텐데 또 소금을 넣으려고 해요?
  Es dürfte salzig sein, da schon bereit viel Salz hinzugefügt wurde. Wollen Sie noch mehr Salz hinzugeben?

- 매일 운동하면 건강이 좋아질 텐데 실제로 매일 운동하기 어려워요. Es wäre gut, täglich Sport zu machen, aber in der Tat ist es schwer, es täglich umzusetzen.

- 넘어져서 꽤 아플 텐데 아이가 울지 않네요. Es tat bestimmt sehr weh, als das Kind hinfiel, aber es weint nicht.

- 어린아이가 혼자 유학 가는 것이 쉽지 않을 텐데.
  Es wird bestimmt nicht leicht für ein kleines Kind sein, alleine im Ausland zu lernen.

Wenn vermutet wird, dass eine Situation bereits abgeschlossen ist, kann -았/었- kombiniert werden, um -았/었을 텐데 zu bilden.

- 회의가 이미 시작했을 텐데 어떻게 하죠?
  Das Meeting dürfte schon angefangen haben, was soll ich tun?

- 3시 비행기니까 벌써 출발했을 텐데 전화를 해 볼까요?
  Das Flugzeug um 3 Uhr dürfte schon losgeflogen sein, möchten Sie anrufen?

Frage

Während -(으)ㄹ 텐데 die Vermutung der sprechenden Person ausdrückt, drückt -(으)ㄹ 건데 eine zukünftige, beabsichtigte Handlung aus.

- 저 일은 혼자 하기 어려울 텐데 신입 사원이 혼자 맡았어요.
  Diese Aufgabe muss schwer für eine Person alleine zu bewältigen sein, aber der neue Mitarbeiter hat sich alleine um alles gekümmert.

- 내일 출장을 갈 건데 일이 아직 다 준비가 안 됐어요.
  Ich gehe morgen auf Dienstreise, aber die Arbeit ist noch nicht fertig.

2 Hoffnung mit -아/어야 할 텐데 ausdrücken

-아/어야 하다 kann vor -(으)ㄹ 텐데 angehängt werden, um -아/어야 할 텐데 zu bilden, was den starken Wunsch der sprechenden Person ausdrückt, dass eine Situation eintritt.

- 이번에는 꼭 취직해야 할 텐데 걱정이에요.
  Ich mache mir Sorgen, denn dieses Mal sollte ich einen Job bekommen.

- 다음 주에 여행 가려면 날씨가 좋아야 할 텐데…….
  Wenn ich nächste Woche reise, sollte das Wetter gut sein.

3 Hypothetische Situationen mit -(으)면 … -(으)ㄹ 텐데 ausdrücken

-(으)면 und -(으)ㄹ 텐데 können zusammen verwendet werden, um eine hypothetische Situation auszudrücken.

- 친구에게 사과하면 우리 사이가 다시 좋아질 텐데…….
  Wenn ich mich bei meiner Freundin entschuldige, wäre es wieder gut zwischen uns.
  (Weil der Freund sich nicht entschuldigt hat, hat sich die Beziehung noch nicht verbessert.)

- 가족과 함께 있지 않으면 외로울 텐데…….
  Ich wäre einsam, wenn ich nicht mit meiner Familie zusammen wäre.
  (Da die sprechende Person mit ihrer Familie zusammen ist, fühlt sie sich nicht alleine.)

Wenn auf eine hypothetische Situation Bezug genommen wird, die in der Vergangenheit stattgefunden hätte, kann -았/었- vor dem Ausdruck stehen, um -았/었으면 … -았/었을 텐데 zu bilden.

- 내가 좀 더 참았으면 친구하고 싸우지 않았을 텐데 (실제로 친구하고 싸워서) 후회돼요.
  Wenn ich mich mehr zusammengerissen hätte, hätte ich mich nicht mit der Freundin gestritten. (Ehrlich gesagt, bereue ich es, dass ich mich mit der Freundin gestritten habe.)
  (drückt aus, dass die sprechende Person mit einem Freund gestritten hat, weil er sein Temperament nicht kontrollieren konnte)

- 그때 친구가 나를 도와주지 않았으면 나는 그 일을 포기했을 텐데 (친구가 도와줘서) 다행이에요.
  Zum Glück (hat mir damals ein Freund geholfen), wenn mir der Freund damals nicht geholfen hätte, hätte ich aufgegeben.
  (drückt aus, dass die sprechende Person nicht aufgegeben hat, weil ihm ein Freund geholfen hat)

Koreanische **Konjugation**

1 Was ist Konjugation?

In der koreanischen Sprache ist die Konjugation der Prozess, bei dem verschiedene Endungen an flektierende Wörter, insbesondere Verben, Adjektive und die Kopula 이다, gehängt werden, um die Bedeutung zu ändern.

Es gibt drei Arten von Endungen für flektierende Wortstämme: Präfinale Endungen (diese drücken Tempus, Honorativ usw. aus); Finalendungen (diese drücken die Art des Satzes aus: Aussage, Frage, Aufforderung und Vorschlag); und konjunktive Endungen (diese verbinden zwei Sätze und drücken die Beziehung zwischen den Sätzen aus). Wenn zum Beispiel 읽다 als 읽어요/읽었어요 konjugiert ist, kann man sagen, um welches Tempus es

> **Stamm:** die Form eines Verbs, Adjektivs oder 이다; identifizierbar durch Entfernen von 다 aus dem Infinitiv
>
> | Bsp | 마시다 (trinken) : 마시 (Stamm) + 다
> 먹다 (essen)   : 먹 (Stamm) + 다
> 좋다 (gut sein) : 좋 (Stamm) + 다
> 이다 (sein)   : 이 (Stamm) + 다

sich handelt; wenn es als 읽습니다/읽습니까/읽으십시오/읽읍시다 konjugiert ist, kann man sagen, um was für eine Satzform es sich handelt und wenn es als 읽고/읽지만/읽어서/읽으면 konjugiert ist, kann man die Beziehung zwischen einem Satz und dem folgenden Satz erkennen. Daher ändert das Konjugieren eines Verbs, eines Adjektivs und der Kopula 이다 die Bedeutung eines Satzes durch das Ändern grammatischer Endungen von flektierenden Wortstämmen.

2 Wie konjugiert man?

Bei der Konjugation muss sorgfältig darauf geachtet werden, ob das flektierende Wort regelmäßig oder unregelmäßig ist.

Konjugation von regelmäßig flektierenden Wörtern

Wenn Endungen an die Stämme von regelmäßig flektierenden Wörter gehängt werden, werden sie auf bestimmte Art und Weise ergänzt.

1. Die Endung -아/어 wird auf folgende Art und Weise an den Stamm gehängt:

❶ **Die Endung** -여:

-여 wird an den Stamm gehängt, der bei 하 die Form 해 bildet.

> | Bsp. | **하다** (machen): 하 (Verbstamm) + -여 (Endung) → 해

❷ **Die Endung** -아:

-아 wird an den Stamm gehängt, dessen letzter Vokal ㅏ oder ㅗ ist.

> | Bsp. | **찾다** (suchen, finden): 찾 (Verbstamm) + -아 (Endung) → 찾아
> **만나다** (treffen): 만나 (Verbstamm) + -아 (Endung) → 만나
> (Wenn ㅏ und ㅏ aufeinander treffen, werden sie zu einem einzelnen ㅏ gekürzt.)
> **좋다** (gut sein): 좋 (Adjektivstamm) + -아 (Endung) → 좋아
> **오다** (kommen): 오 (Verbstamm) + -아 (Endung) → 와
> (Wenn ㅗ und ㅏ aufeinander treffen, wird der Vokal zu ㅘ kombiniert.)

❸ Die Endung - 어:

-어 wird an Stämme gehängt, die nicht auf 하 enden oder deren letzte Vokale nicht ㅏ oder ㅗ sind.

| Bsp. | **먹다** (essen): 먹 (Verbstamm) + -어 (Endung) → 먹어

입다 (tragen): 입 (Verbstamm) + -어 (Endung) → 입어

마시다 (trinken): 마시 (Verbstamm) + -어 (Endung) → 마셔

(Wenn ㅣ und ㅓ aufeinander treffen, wird der Vokal zu ㅕ gekürzt.)

줄다 (sinken): 줄 (Verbstamm) + -어 (Endung) → 줄어

주다 (geben): 주 (Verbstamm) + -어 (Endung) → 줘

(Wenn ㅜ und ㅓ aufeinander treffen, wird der Vokal zu ㅝ kombiniert.)

2. Wenn das flektierende Wort auf ㅡ oder ㄹ endet, wird ㅡ oder ㄹ weggelassen, wenn folgende Endungen folgen:

❶ Auslassen von ㅡ:

ㅡ wird ausgelassen, wenn -아/어 folgt.

| Bsp. | **바쁘다** (beschäftigt sein): 바쁘 (Adjektivstamm) + -아 (Endung) → 바빠 (ㅡ wird ausgelassen.)

cf.) 바쁘 (Adjektivstamm) + -고 (Endung) → 바쁘고

(ㅡ wird vor Konsonanten nicht ausgelassen.)

쓰다 (schreiben): 쓰 (Verbstamm) + -어 (Endung) → 써 (ㅡ wird ausgelassen.)

cf.) 쓰 (Verbstamm) + -면 (Endung) → 쓰면 (ㅡ wird vor Konsonanten nicht ausgelassen.)

❷ Auslassen von ㄹ:

ㄹ wird ausgelassen, wenn Endungen mit ㄴ, ㅂ, oder ㅅ beginnen.

| Bsp. | **살다** (leben): 살 (Verbstamm) + -는 (Endung) → 사는 (ㄹ wird ausgelassen.)

살 (Verbstamm) + -ㅂ니다 (Endung) → 삽니다 (ㄹ wird ausgelassen.)

살 (Verbstamm) + -세요 (Endung) → 사세요 (ㄹ wird ausgelassen.)

cf.) 살 (Verbstamm) + -고 (Endung) → 살고

(ㄹ wird vor Endungen, die mit anderen Konsonanten als ㄴ, ㅂ, oder ㅅ beginnen, nicht ausgelassen.)

살 (Verbstamm) + -아요 (Endung) → 살아요 (ㄹ wird vor Vokalen nicht ausgelassen.)

★ Stämme die auf ㄹ enden, können nicht mit solchen kombiniert werden, die mit -으- beginnen.

| Bsp. | **살다** (leben): 살 (Verbstamm) + -면 (Endung) → 살면 (O)

살 (Verbstamm) + -으면 (Endung) → 살으면 (X)

(으 kann nicht nach 살 stehen.)

살 (Verbstamm) + -ㄴ (Endung) → 산 (O)

살 (Verbstamm) + -은 (Endung) → 살은 (X)

(으 kann nicht nach 살 stehen.)

Konjugation von unregelmäßig flektierenden Wörtern

Wenn ein unregelmäßig flektierender Wortstamm mit einer Endung kombiniert wird, werden die Wörter anders konjugiert als bei der Konjugation regelmäßig flektierender Verben. Folgende Beispiele zeigen das gängige Muster, nach dem unregelmäßig flektierende Wörter konjugiert werden.

1. Beispielpaare mit flektierenden Wörtern, deren Wortstamm die gleiche Endung hat, die aber als unregelmäßige Wörter unterschiedlich konjugiert werden.

	Regelmäßige Konjugation	Unregelmäßige Konjugation
Mit ㄷ als letztem Buchstaben im Wortstamm	**닫다** (zumachen): 문을 닫아요. **받다** (bekommen): 선물을 받아요. (Der letzte Buchstabe ㄷ ändert sich beim Konjugieren nicht.)	**듣다** (hören): 음악을 들어요. **걷다** (laufen): 길을 걸어요. (Der letzte Buchstabe ㄷ wird beim Konjugieren zu ㄹ und die Rechtschreibung und Aussprache ändern sich.)
Mit ㅂ als letztem Buchstaben im Wortstamm	**입다** (tragen): 옷을 입어요. **좁다** (eng sein): 길이 좁아요. (Der letzte Buchstabe ㅂ ändert sich beim Konjugieren nicht.)	**줍다** (aufheben): 길에서 돈을 주웠어요. **쉽다** (einfach sein): 한국어 공부가 쉬워요. (Der letzte Buchstabe ㅂ wird beim Konjugieren zu 우 und die Rechtschreibung und Aussprache ändern sich.)
Mit ㅅ als letztem Buchstaben im Wortstamm	**웃다** (lachen): 크게 웃어요. **씻다** (waschen): 손을 씻어요. (Der letzte Buchstabe ㅅ ändert sich beim Konjugieren nicht.)	**짓다** (bauen): 건물을 지어요. **낫다** (besser werden/verheilen): 감기가 나았어요. (Der letzte Buchstabe ㅅ wird beim Konjugieren weggelassen und die Rechtschreibung und Aussprache ändern sich.)
Mit 르 als letztem Buchstaben im Wortstamm	**들르다** (einen Zwischenstopp machen): 친구 집에 잠깐 들렀어요. **따르다** (folgen): 친구를 따라 갔어요. [ㄹ wird beim Konjugieren nicht an den Stamm gehängt und nur ㅡ wird weggelassen.]	**누르다** (drücken): 버튼을 눌러요. **다르다** (anders sein): 성격이 달라요. (Der Buchstabe ㅡ wird beim Konjugieren weggelassen und ㄹ wird hinzugefügt. Rechtschreibung und Aussprache ändern sich.)
Mit ㅎ als letztem Buchstaben im Worstamm	**넣다** (reintun): 물건을 가방에 넣어요. **좋다** (gut sein): 날씨가 좋아요. (Der letzte Buchstabe ㅎ ändert sich beim Konjugieren nicht.)	**그렇다** (so sein): 정말 그래요. **하얗다** (weiß sein): 눈이 하얘요. (Der letzte Buchstabe ㅎ fällt weg, der Endvokal wird zu ㅐ oder ㅐ und die Rechtschreibung und Aussprache ändern sich.)

2. Entweder der Stamm oder die Endung von unregelmäßig flektierenden Wörtern ändert sich auf folgende Art und Weise:

❶ Unregelmäßige Konjugation mit ㄷ:

Am Ende eines Stamms wird ㄷ zu ㄹ, wenn ein Vokal folgt.

| Bsp. | 듣다 (hören)

(1) vor einem Konsonanten	(2) vor den Vokalen -아/어	(3) vor dem Vokal -으-
듣 + -고 → 듣고 듣 + -지 → 듣지 듣 + -니 → 듣니	듣 + -어요 → 들어요 듣 + -어서 → 들어서 듣 + -어도 → 들어도	듣 + -은 → 들은 듣 + -을 → 들을 듣 + -으면 → 들으면

Änderung nur vor Vokalen

❷ **Unregelmäßige Konjugation mit ㅂ:**

Am Ende eines Stammes wird ㅂ zu 우, wenn ein Vokal folgt.

| Bsp. | **덥다** (heiß sein)

(1) vor einem Konsonanten	(2) vor den Vokalen -아/어	(3) vor dem Vokal -으-
덥 + -고 → 덥고	덥 + -어요 → 더워요	덥 + -은 → 더운
덥 + -지 → 덥지	덥 + -어서 → 더워서	덥 + -을 → 더울
덥 + -니 → 덥니	덥 + -어도 → 더워도	덥 + -으면 → 더우면

↖ Änderung nur vor Vokalen

| Ausnahme | Das Verb 돕다 und das Adjektiv 곱다 werden vor den Vokalen -아/어 mit 오 statt 우 konjugiert.

(1) vor einem Konsonanten	(2) vor den Vokalen -아/어	(3) vor dem Vokal -으-
돕 + -고 → 돕고	돕 + -아요 → 도와요	돕 + -은 → 도운
돕 + -지 → 돕지	돕 + -아서 → 도와서	돕 + -을 → 도울
돕 + -니 → 돕니	돕 + -아도 → 도와도	돕 + -으면 → 도우면

↖ Änderung nur vor -아/어

❸ **Unregelmäßige Konjugation mit ㅅ:**

Am Ende eines Stammes wird ㅅ weggelassen, wenn ein Vokal folgt.

| Bsp. | **짓다** (bauen)

(1) vor einem Konsonanten	(2) vor den Vokalen -아/어	(3) vor dem Vokal -으-
짓 + -고 → 짓고	짓 + -어요 → 지어요	짓 + -은 → 지은
짓 + -지 → 짓지	짓 + -어서 → 지어서	짓 + -을 → 지을
짓 + -니 → 짓니	짓 + -어도 → 지어도	짓 + -으면 → 지으면

↖ Änderung nur vor Vokalen

❹ **Unregelmäßige Konjugation mit 르:**

Vor einem Vokal wird ㅡ vom Stamm 르 weggelassen und ein weiteres ㄹ an den Stamm ergänzt.

| Bsp. | **모르다** (nicht wissen): 모르 (Verbstamm) + -아요 (Endung)
→ 모ㄹ (ㅡ wird weggelassen) + ㄹ (ㄹ wird ergänzt) + -아요 (Endung) → 몰라요

(1) vor einem Konsonanten	(2) vor den Vokalen -아/어	(3) vor dem Vokal -으-
모르 + -고 → 모르고	모르 + -아요 → 몰라요	
모르 + -지 → 모르지	모르 + -아서 → 몰라서	
모르 + -니 → 모르니	모르 + -아도 → 몰라도	

↖ Änderungen nur vor -아/어

↖ Da es keinen Endkonsonanten bei unregelmäßigen Verben auf 르 gibt, kann es nicht mit Endungen auf -으- kombiniert werden.

⑤ Unregelmäßige Konjugation mit ㅎ:

Am Ende des Stamms wird ㅇ vor Endungen mit den Vokalen ㄴ oder ㅁ weggelassen. Wenn die angeschlossene Endung auf -아/어 endet, wird ㅎ weggelassen und der konjugierte Vokal wird zu ㅐ oder ㅒ.

| Bsp. | **그렇다** (so sein)

(1) vor einem Konsonanten	(2) vor den Vokalen -아/어	(3) vor dem Vokal -으-
그렇 + -고 → 그렇고	그렇 + -어요 → 그래요	그렇 + -은 → 그런
그렇 + -지 → 그렇지	그렇 + -어서 → 그래서	그렇 + -을 → 그럴
그렇 + -니 → 그러니	그렇 + -어도 → 그래도	그렇 + -으면 → 그러면

Änderungen nur vor Endungen mit ㄴ / Änderungen nur vor den Vokalen -아/어 / Änderungen nur vor Vokalen und Endungen mit ㅁ

★ **Kurze Liste mit unregelmäßigen Wörtern**

ㄷ unregelmäßig	ㅂ unregelmäßig	ㅅ unregelmäßig	르 unregelmäßig	ㅎ unregelmäßig
듣다 (hören)	돕다 (helfen)	짓다 (bauen)	모르다 (nicht wissen)	파랗다 (blau sein)
걷다 (spazieren)	줍다 (aufheben)	낫다 (gesund werden)	고르다 (wählen)	빨갛다 (rot sein)
묻다 (fragen)	굽다 (backen)	붓다 (anschwellen)	부르다 (rufen)	노랗다 (gelb sein)
싣다 ((be)laden)	덥다 (heiß sein)	잇다 (verbinden)	흐르다 (flie ß en)	까맣다 (schwarz sein)
깨닫다 (realisieren)	어렵다 (schwierig sein)	긋다 (zeichnen)	빠르다 (schnell sein)	하얗다 (weiß sein)

Konjugationstabellen

Im Koreanischen ändern sich die Formen von Verben, Adjektiven und 이다, wenn grammatische Endungen an den Stamm gehängt werden. Dies ist als Konjugation bekannt. Die Formen der Konjugation werden unten aufgeführt. Dabei gibt es grammatische Endungen, die sich nicht ändern, unabhängig davon, ob das vorangestellte Wort ein Verb oder ein Adjektiv ist. Im Gegensatz dazu gibt es auch Endungen, die sich ändern.

I. Grammatische Endungen deren Form sich basierend darauf, ob ein Verb oder Adjektiv vorangestellt ist, nicht ändert

Es gibt drei Haupttypen von grammatischen Endungen, deren Form sich basierend darauf, ob ein Verb oder Adjektiv vorangestellt ist, nicht ändert.

● Grammatische Endungen, die mit ㄱ, ㄷ, ㅈ beginnen und an den Stamm von Verben, Adjektiven und 이다 gehängt werden.

	Bedingung	Beispiel	-지만 S.22		-고 S.34		-거나 S.38		든지 S.102		-기 때문에 S.118		-기는 하지만 S.218	
			Präsens	-았/었-	Präsens	-았/었-	Präsens	-았/었-	Präsens	-았/었-	Präsens	-았/었-	Präsens	-았/었-
Verben	vokalische Endung	보다	보지만	봤지만	보고	봤고	보거나	봤거나	보든지	봤든지	보기 때문에	봤기 때문에	보기는 하지만	보기는 했지만
	konsonantische Endung	먹다	먹지만	먹었지만	먹고	먹었고	먹거나	먹었거나	먹든지	먹었든지	먹기 때문에	먹었기 때문에	먹기는 하지만	먹기는 했지만
	으 weglassen	쓰다	쓰지만	*썼지만	쓰고	*썼고	쓰거나	*썼거나	쓰든지	*썼든지	쓰기 때문에	*썼기 때문에	쓰기는 하지만	쓰기는 했지만
	ㄹ weglassen	살다	살지만	살았지만	살고	살았고	살거나	살았거나	살든지	살았든지	살기 때문에	살았기 때문에	살기는 하지만	살기는 했지만
	ㄷ unregelmäßig	듣다	듣지만	*들었지만	듣고	*들었고	듣거나	*들었거나	듣든지	*들었든지	듣기 때문에	*들었기 때문에	듣기는 하지만	듣기는 했지만
	ㅂ unregelmäßg	돕다	돕지만	*도왔지만	돕고	*도왔고	돕거나	*도왔거나	돕든지	*도왔든지	돕기 때문에	*도왔기 때문에	돕기는 하지만	돕기는 했지만
	ㅅ unregelmäßig	짓다	짓지만	*지었지만	짓고	*지었고	짓거나	*지었거나	짓든지	*지었든지	짓기 때문에	*지었기 때문에	짓기는 하지만	짓기는 했지만
	르 unregelmäßig	모르다	모르지만	*몰랐지만	모르고	*몰랐고	모르거나	*몰랐거나	모르든지	*몰랐든지	모르기 때문에	*몰랐기 때문에	모르기는 하지만	모르기는 했지만
	있다/없다 vorhanden sein/ nicht vorhanden sein	있다	있지만	있었지만	있고	있었고	있거나	있었거나	있든지	있었든지	있기 때문에	있었기 때문에	있기는 하지만	있기는 했지만
Adjektive	vokalische Endung	편하다	편하지만	편했지만	편하고	편했고	편하거나	편했거나	편하든지	편했든지	편하기 때문에	편했기 때문에	편하기는 하지만	편하기는 했지만
	konsonantische Endung	좋다	좋지만	좋았지만	좋고	좋았고	좋거나	좋았거나	좋든지	좋았든지	좋기 때문에	좋았기 때문에	좋기는 하지만	좋기는 했지만
	으 weglassen	바쁘다	바쁘지만	*바빴지만	바쁘고	*바빴고	바쁘거나	*바빴거나	바쁘든지	*바빴든지	바쁘기 때문에	*바빴기 때문에	바쁘기는 하지만	바쁘기는 했지만
	ㄹ weglassen	길다	길지만	길었지만	길고	길었고	길거나	길었거나	길든지	길었든지	길기 때문에	길었기 때문에	길기는 하지만	길기는 했지만
	ㅂ unregelmäßig	어렵다	어렵지만	*어려웠지만	어렵고	*어려웠고	어렵거나	*어려웠거나	어렵든지	*어려웠든지	어렵기 때문에	*어려웠기 때문에	어렵기는 하지만	어렵기는 했지만
	르 unregelmäßig	다르다	다르지만	*달랐지만	다르고	*달랐고	다르거나	*달랐거나	다르든지	*달랐든지	다르기 때문에	*달랐기 때문에	다르기는 하지만	다르기는 했지만
	이다 sein	남자(이)다	남자지만	남자였지만	남자고	남자였고	남자거나	남자였거나	남자든지	남자였든지	남자기 때문에	남자였기 때문에	남자기는 하지만	남자기는 했지만
	이다 sein	사람이다	사람이지만	사람이었지만	사람이고	사람이었고	사람이거나	사람이었거나	사람이든지	사람이었든지	사람이기 때문에	사람이었기 때문에	사람이기는 하지만	사람이기는 했지만

★ Vergleichen Sie Seite 295-297 für weitere, detaillierte Erklärungen zur unregelmäßigen Verbkonjugation.
★★ -게 되다 wird an den Stamm von Verben und Adjektiven gehängt. „Nomen + 이다" werden zu „Nomen 이/가 되다".

1. Endungen, die mit Konsonanten beginnen

❶ Grammatische Endungen, die mit ㄱ, ㄷ, ㅈ beginnen

Grammatische Endungen, die mit ㄱ, ㄷ, oder ㅈ beginnen, werden an den Verbstamm gehängt, unabhängig davon, ob das Verb mit einem Vokal oder Konsonanten endet. Sie verändern sich auch nicht, wenn sie mit unregelmäßigen Verben kombiniert werden. Aber es gibt viele Unregelmäßigkeiten, wenn -았/었- ergänzt wird.

Frage	Vorsicht
Grammatische Endungen, die mit -다 (z.B. -게 되다, -고 있다, etc.) markiert sind, können sowohl in der gesprochenen, als auch in der geschriebenen Sprache verwendet werden. Grammatische Endungen auf -요 (z.B. -거든요, -지요, etc.) können nur in der gesprochenen Sprache verwendet werden.	Merken Sie sich, welche Endungen an Verben, Adjektive und 이다 gehängt werden können und welche ausschließlich mit Verben verwendet werden. Merken Sie sich möglichst, welche Endungen nicht mit -았/었- kombiniert werden können und wenn sie kombiniert werden können, wo -았/었- steht.

-던 S. 230		-다가 S. 242		-지요 S. 74		-거든요 S. 122		-겠- S. 146		-잖아요 S. 182		-게 되다 S. 114	
Präsens	-았/었-	Präsens	-았/었-	Präsens	-았/었-	Präsens	-았/었-	Präsens	-았/었-	Präsens	-았/었-	Präsens	-았/었-
보던	봤던	보다가	봤다가	보지요	봤지요	보거든요	봤거든요	보겠어요	봤겠어요	보잖아요	봤잖아요	보게 돼요	보게 됐어요
먹던	먹었던	먹다가	먹었다가	먹지요	먹었지요	먹거든요	먹었거든요	먹겠어요	먹었겠어요	먹잖아요	먹었잖아요	먹게 돼요	먹게 됐어요
쓰던	★썼던	쓰다가	*썼다가	쓰지요	*썼지요	쓰거든요	*썼거든요	쓰겠어요	*썼겠어요	쓰잖아요	*썼잖아요	쓰게 돼요	쓰게 됐어요
살던	살았던	살다가	살았다가	살지요	살았지요	살거든요	살았거든요	살겠어요	살았겠어요	살잖아요	살았잖아요	살게 돼요	살게 됐어요
듣던	*들었던	듣다가	*들었다가	듣지요	*들었지요	듣거든요	*들었거든요	듣겠어요	*들었겠어요	듣잖아요	*들었잖아요	듣게 돼요	듣게 됐어요
돕던	*도왔던	돕다가	*도왔다가	돕지요	*도왔지요	돕거든요	*도왔거든요	돕겠어요	*도왔겠어요	돕잖아요	*도왔잖아요	돕게 돼요	돕게 됐어요
짓던	★지었던	짓다가	*지었다가	짓지요	*지었지요	짓거든요	*지었거든요	짓겠어요	*지었겠어요	짓잖아요	*지었잖아요	짓게 돼요	짓게 됐어요
모르던	★몰랐던	모르다가	*몰랐다가	모르지요	*몰랐지요	모르거든요	*몰랐거든요	모르겠어요	*몰랐겠어요	모르잖아요	*몰랐잖아요	모르게 돼요	모르게 됐어요
있던	있었던	있다가	있었다가	있지요	있었지요	있거든요	있었거든요	있겠어요	있었겠어요	있잖아요	있었잖아요	있게 돼요	있게 됐어요
편하던	편했던	편하다가	편했다가	편하지요	편했지요	편하거든요	편했거든요	편하겠어요	편했겠어요	편하잖아요	편했잖아요	편하게 돼요	편하게 됐어요
좋던	좋았던	좋다가	좋았다가	좋지요	좋았지요	좋거든요	좋았거든요	좋겠어요	좋았겠어요	좋잖아요	좋았잖아요	좋게 돼요	좋게 됐어요
바쁘던	★바빴던	바쁘다가	*바빴다가	바쁘지요	*바빴지요	바쁘거든요	*바빴거든요	바쁘겠어요	*바빴겠어요	바쁘잖아요	*바빴잖아요	바쁘게 돼요	바쁘게 됐어요
길던	길었던	길다가	길었다가	길지요	길었지요	길거든요	길었거든요	길겠어요	길었겠어요	길잖아요	길었잖아요	길게 돼요	길게 됐어요
어렵던	★어려웠던	어렵다가	*어려웠다가	어렵지요	*어려웠지요	어렵거든요	*어려웠거든요	어렵겠어요	*어려웠겠어요	어렵잖아요	*어려웠잖아요	어렵게 돼요	어렵게 됐어요
다르던	★달랐던	다르다가	*달랐다가	다르지요	*달랐지요	다르거든요	*달랐거든요	다르겠어요	*달랐겠어요	다르잖아요	*달랐잖아요	다르게 돼요	다르게 됐어요
남자던	남자였던	남자다가	남자였다가	남자지요	남자였지요	남자거든요	남자였거든요	남자겠어요	남자였겠어요	남자잖아요	남자였잖아요	**남자가 돼요	**남자가 됐어요
사람이던	사람이었던	사람이다가	사람이었다가	사람이지요	사람이었지요	사람이거든요	사람이었거든요	사람이겠어요	사람이었겠어요	사람이잖아요	사람이었잖아요	**사람이 돼요	**사람이 됐어요

- Grammatische Endungen, die mit ㄱ, ㄷ, ㅈ anfangen und an den Stamm von Verben, Adjektiven und 이다 gehängt werden, aber nicht mit -았/었- kombinierbar sind.

	Bedingung	Beispiel	-기는요 S. 118
Verben	vokalische Endung	보다	보기는요
	konsonantische Endung	먹다	먹기는요
	으 weglassen	쓰다	쓰기는요
	ㄹ weglassen	살다	살기는요
	ㄷ unregelmäßig	듣다	듣기는요
	ㅂ unregelmäßig	돕다	돕기는요
	ㅅ unregelmäßig	짓다	짓기는요
	르 unregelmäßig	부르다	부르기는요
	있다/없다 vorhanden sein/nicht vorhanden sein	있다	있기는요
Adjektive	vokalische Endung	편하다	편하기는요
	konsonantische Endung	좋다	좋기는요
	으 weglassen	바쁘다	바쁘기는요
	ㄹ weglassen	길다	길기는요
	ㅂ unregelmäßig	어렵다	어렵기는요
	르 unregelmäßig	다르다	다르기는요
	이다 sein	남자(이)다	남자기는요
	이다 sein	사람이다	사람이기는요

- Grammatische Endungen, die mit ㄱ, ㄷ, ㅈ anfangen und nur an Verbstämme gehängt werden.

	Bedingung	Beispiel	-기로 하다 S. 54		-고 있다 S. 90		-기 쉽다/어렵다 S. 114		-지 그래요? S. 122		-곤 하다 S. 230	
			Präsens	-았/었-	Präsens	-았/었-	Präsens	-았/었-	Präsens	-았/었-	Präsens	-았/었-
Verben	vokalische Endung	보다	보기로 해요	보기로 했어요	보고 있어요	보고 있었어요	보기 쉬워요	보기 쉬웠어요	보지 그래요?	보지 그랬어요?	보곤 해요	보곤 했어요
	konsonantische Endung	먹다	먹기로 해요	먹기로 했어요	먹고 있어요	먹고 있었어요	먹기 쉬워요	먹기 쉬웠어요	먹지 그래요?	먹지 그랬어요?	먹곤 해요	먹곤 했어요
	으 weglassen	쓰다	쓰기로 해요	쓰기로 했어요	쓰고 있어요	쓰고 있었어요	쓰기 쉬워요	쓰기 쉬웠어요	쓰지 그래요	쓰지 그랬어요?	쓰곤 해요	쓰곤 했어요
	ㄹ weglassen	살다	살기로 해요	살기로 했어요	살고 있어요	살고 있었어요	살기 쉬워요	살기 쉬웠어요	살지 그래요?	살지 그랬어요?	살곤 해요	살곤 했어요
	ㄷ unregelmäßig	듣다	듣기로 해요	듣기로 했어요	듣고 있어요	듣고 있었어요	듣기 쉬워요	듣기 쉬웠어요	듣지 그래요?	듣지 그랬어요?	듣곤 해요	듣곤 했어요
	ㅂ unregelmäßig	돕다	돕기로 해요	돕기로 했어요	돕고 있어요	돕고 있었어요	돕기 쉬워요	돕기 쉬웠어요	돕지 그래요?	돕지 그랬어요?	돕곤 해요	돕곤 했어요
	ㅅ unregelmäßig	짓다	짓기로 해요	짓기로 했어요	짓고 있어요	짓고 있었어요	짓기 쉬워요	짓기 쉬웠어요	짓지 그래요?	짓지 그랬어요?	짓곤 해요	짓곤 했어요
	르 unregelmäßig	부르다	부르기로 해요	부르기로 했어요	부르고 있어요	부르고 있었어요	부르기 쉬워요	부르기 쉬웠어요	부르지 그래요?	부르지 그랬어요?	부르곤 해요	부르곤 했어요

- Grammatische Endungen, die mit ㄱ, ㄷ, ㅈ anfangen und nur an Verbstämme gehängt werden, aber nicht mit -았/었- kombinierbar sind.

	Bedingung	Beispiel	-기 전에 S. 42	-자마자 S. 70	-도록 S. 186	-다가 S. 242
Verben	vokalische Endung	보다	보기 전에	보자마자	보도록	보다가
	konsonantische Endung	먹다	먹기 전에	먹자마자	먹도록	먹다가
	으 weglassen	쓰다	쓰기 전에	쓰자마자	쓰도록	쓰다가
	ㄹ weglassen	살다	살기 전에	살자마자	살도록	살다가
	ㄷ unregelmäßig	듣다	듣기 전에	듣자마자	듣도록	듣다가
	ㅂ unregelmäßig	돕다	돕기 전에	돕자마자	돕도록	돕다가
	ㅅ unregelmäßig	짓다	짓기 전에	짓자마자	짓도록	짓다가
	르 unregelmäßig	부르다	부르기 전에	부르자마자	부르도록	부르다가

❷ Grammatische Endungen, die mit ㄴ anfangen

Wenn an einen Stamm, der auf ㄴ endet, grammatische Endungen, die mit ㄹ beginnen angehängt werden, dann fällt das ㄴ aus dem Stamm weg (Bsp. 살 + 네요 → 사네요).

● Grammatische Endungen, die mit ㄴ anfangen und an den Stamm von Verben, Adjektiven und 이다 gehängt werden.

	Bedingung	Beispiel	-네요 S. 106	
			Präsens	'-았/었-'
Verben	vokalische Endung	보다	보네요	봤네요
	konsonantische Endung	먹다	먹네요	먹었네요
	으 weglassen	쓰다	쓰네요	*썼네요
	ㄹ weglassen	살다	*사네요	살았네요
	ㄷ unregelmäßig	듣다	듣네요	*들었네요
	ㅂ unregelmäßig	돕다	돕네요	*도왔네요
	ㅅ unregelmäßig	짓다	짓네요	*지었네요
	르 unregelmäßig	부르다	부르네요	*불렀네요
Adjektive	vokalische Endung	편하다	편하네요	편했네요
	konsonantische Endung	작다	작네요	작았네요
	으 weglassen	바쁘다	바쁘네요	*바빴네요
	ㄹ weglassen	길다	*기네요	길었네요
	ㅂ unregelmäßig	어렵다	어렵네요	*어려웠네요
	르 unregelmäßig	다르다	다르네요	*달랐네요
	이다 sein	남자(이)다	남자네요	남자였네요
	이다 sein	사람이다	사람이네요	사람이었네요

★ Vergleichen Sie Seite 295-297 für weitere, detaillierte Erklärungen zur unregelmäßigen Verbkonjugation.

● Grammatische Endungen, die mit ㄴ anfangen, nur an den Verbstamm gehängt werden und nicht mit -았/었- kombinierbar sind.

	Bedingung	Beispiel	-는 게 어때요? S. 58	-는 게 좋겠다 S. 58	-는 동안에 S. 130	-는 대로 S. 138	-느라고 S. 234
Verben	vokalische Endung	보다	보는 게 어때요?	보는 게 좋겠어요	보는 동안에	보는 대로	보느라고
	konsonantische Endung	먹다	먹는 게 어때요?	먹는 게 좋겠어요	먹는 동안에	먹는 대로	먹느라고
	으 weglassen	쓰다	쓰는 게 어때요?	쓰는 게 좋겠어요	쓰는 동안에	쓰는 대로	쓰느라고
	ㄹ weglassen	살다	*사는 게 어때요?	*사는 게 좋겠어요	*사는 동안에	*사는 대로	*사느라고
	ㄷ unregelmäßig	듣다	듣는 게 어때요?	듣는 게 좋겠어요	듣는 동안에	듣는 대로	듣느라고
	ㅂ unregelmäßig	돕다	돕는 게 어때요?	돕는 게 좋겠어요	돕는 동안에	돕는 대로	돕느라고
	ㅅ unregelmäßig	짓다	짓는 게 어때요?	짓는 게 좋겠어요	짓는 동안에	짓는 대로	짓느라고
	르 unregelmäßig	부르다	부르는 게 어때요?	부르는 게 좋겠어요	부르는 동안에	부르는 대로	부르느라고

★ Vergleichen Sie Seite 295-297 für weitere, detaillierte Erklärungen zur unregelmäßigen Verbkonjugation.

2. Grammatische Endungen, die mit -아/어- anfangen

Grammatische Endungen, die mit -아/어- anfangen, werden wie -아/어요 konjugiert. Wenn der Verb- oder Adjektivstamm auf 하 endet, wird 하 zu 해. Wenn der Endvokal des Stamms ein ㅏ oder ㅗ ist, wird -아-, sonst -어- ergänzt. Denken Sie an die unregelmäßigen Verben, die vor -았/었- auf 르 enden!

● Grammatische Endungen, die mit -아/어- beginnen und an den Stamm von Verben, Adjektiven und 이다 gehängt werden.

Bedingung	Beispiel	-아/어도 S.150		-아/어도 되다 S.98		-아/어야 되다 S.98		-아/어야지요 S.170, S.246		-아/어야 했는데 S.246	
		Präsens	-았/었-	Präsens	-았/었-	Präsens	-았/었-	Präsens	-았/었-	Präsens	-았/었-
Verben Stamm endet auf 하	일하다	일해도	일했어도	일해도 돼요	일해도 됐어요	일해야 돼요	일해야 됐어요	일해야지요	일했어야 지요	일해야 했는데	일했어야 했는데
***ㅏ	만나다	만나도	만났어도	만나도 돼요	만나도 됐어요	만나야 돼요	만나야 됐어요	만나야지요	만났어야 지요	만나야 했는데	만났어야 했는데
***ㅗ	보다	봐도	봤어도	봐도 돼요	봐도 됐어요	봐야 돼요	봐야 됐어요	봐야지요	봤어야 지요	봐야 했는데	봤어야 했는데
***ㅓ	먹다	먹어도	먹었어도	먹어도 돼요	먹어도 됐어요	먹어야 돼요	먹어야 됐어요	먹어야지요	먹었어야 지요	먹어야 했는데	먹었어야 했는데
***ㅣ	마시다	마셔도	마셨어도	마셔도 돼요	마셔도 됐어요	마셔야 돼요	마셔야 됐어요	마셔야지요	마셨어야 지요	마셔야 했는데	마셨어야 했는데
***ㅜ	주다	줘도	줬어도	줘도 돼요	줘도 됐어요	줘야 돼요	줘야 됐어요	줘야지요	줬어야 지요	줘야 했는데	줬어야 했는데
으 weglassen	쓰다	*써도	*썼어도	*써도 돼요	*써도 됐어요	*써야 돼요	*써야 됐어요	*써야지요	*썼어야 지요	*써야 했는데	*썼어야 했는데
ㄹ weglassen	살다	살아도	살았어도	살아도 돼요	살아도 됐어요	살아야 돼요	살아야 됐어요	살아야지요	살았어야 지요	살아야 했는데	살았어야 했는데
ㄷ unregelmäßig	듣다	*들어도	*들었어도	*들어도 돼요	*들어도 됐어요	*들어야 돼요	*들어야 됐어요	*들어야 지요	*들었어야 지요	*들어야 했는데	*들었어야 했는데
ㅂ unregelmäßig	돕다	*도와도	*도왔어도	*도와도 돼요	*도와도 됐어요	*도와야 돼요	*도와야 됐어요	*도와야지 요	*도왔어야 지요	*도와야 했는데	*도왔어야 했는데
ㅅ unregelmäßig	짓다	*지어도	*지었어도	*지어도 돼요	*지어도 됐어요	*지어야 돼요	*지어야 됐어요	*지어야 지요	*지었어야 지요	*지어야 했는데	*지었어야 했는데
르 unregelmäßig	모르다	*몰라도	*몰랐어도	*몰라도 돼요	*몰라도 됐어요	*몰라야 돼요	*몰라야 됐어요	*몰라야 지요	*몰랐어야 지요	*몰라야 했는데	*몰랐어야 했는데
Adjektive Stamm endet auf 하	편하다	편해도	편했어도	편해도 돼요	편해도 됐어요	불편해야 돼요	불편해야 됐어요	편해야지요	편했어야 지요	편해야 했는데	편했어야 했는데
***ㅏ	비싸다	비싸도	비쌌어도	비싸도 돼요	비싸도 됐어요	비싸야 돼요	비싸야 됐어요	비싸야지요	비쌌어야 지요	비싸야 했는데	비쌌어야 했는데
***ㅗ	많다	많아도	많았어도	많아도 돼요	많아도 됐어요	많아야 돼요	많아야 됐어요	많아야지요	많았어야 지요	많아야 했는데	많았어야 했는데
으 weglassen	바쁘다	*바빠도	*바빴어도	*바빠도 돼요	*바빠도 됐어요	*바빠야 돼요	*바빠야 됐어요	*바빠야 지요	*바빴어야 지요	*바빠야 했는데	*바빴어야 했는데
ㄹ weglassen	길다	길어도	길었어도	길어도 돼요	길어도 됐어요	길어야 돼요	길어야 됐어요	길어야지요	길었어야 지요	길어야 했는데	길었어야 했는데
ㅂ unregelmäßig	어렵다	*어려워도	*어려웠어도	*어려워도 돼요	*어려워도 됐어요	*어려워야 돼요	*어려워야 됐어요	*어려워야 지요	*어려웠어야 지요	*어려워야 했는데	*어려웠어야 했는데
르 unregelmäßig	다르다	*달라도	*달랐어도	*달라도 돼요	*달라도 됐어요	*달라야 돼요	*달라야 됐어요	*달라야 지요	*달랐어야 지요	*달라야 했는데	*달랐어야 했는데
이다 sein	남자(이)다	**남자라도	남자였어도	**남자라도 돼요	**남자라도 됐어요	남자여야 돼요	남자여야 됐어요	남자여야 지요	남자였어야 지요	남자여야 했는데	남자였어야 했는데
이다 sein	사람이다	*사람이라도	사람이었어도	**사람이라 도 돼요	**사람이라 도 됐어요	사람이어야 돼요	사람이어야 됐어요	사람이어야 지요	사람이었어야 지요	사람이어야 했는데	사람이었어야 했는데

★ Vergleichen Sie Seite 295-297 für weitere, detaillierte Erklärungen zur unregelmäßigen Verbkonjugation.

★★ Wenn -아/어도 an ein „Nomen + 이다" angehängt wird, wird es zum Ausdruck „Nomen + (이)라고". Wenn noch -았/었- kombiniert wird, ist der Ausdruck -었어도/이었어도.

★★★ Diese Vokale beziehen sich auf den Vokal der letzten Silbe im Stamm. Das Verb 마시다 hat zum Beispiel die zwei Vokale ㅏ und ㅣ im Stamm (마시), aber der Vokal des letzten Buchstabens im Stamm ist ㅣ.

- Grammatische Endungen, die mit -아/어- anfangen, an den Verbstamm gehängt werden und nicht mit -았/었- kombinierbar sind.

	Bedingung	Beispiel	-아/어서 S. 54	-아/어 줄까요? S. 86	-아/어 주시겠어요? S. 66	-아/어야겠다 S. 170
Verben	Stamm endet auf 하	일하다	일해서	일해 줄까요?	일해 주시겠어요?	일해야겠어요
	★★★ ㅏ	가다	가서	가 줄까요?	가 주시겠어요?	가야겠어요
	★★★ ㅗ	보다	봐서	봐 줄까요?	봐 주시겠어요?	봐야겠어요
	★★★ ㅓ	읽다	읽어서	읽어 줄까요?	읽어 주시겠어요?	읽어야겠어요
	★★★ ㅣ	기다리다	기다려서	기다려 줄까요?	기다려 주시겠어요?	기다려야겠어요
	★★★ ㅜ	춤을 추다	춤을 춰서	춤을 춰 줄까요?	춤을 춰 주시겠어요?	춤을 춰야겠어요
	ㅡ weglassen	쓰다	*써서	*써 줄까요?	*써 주시겠어요?	*써야겠어요
	ㄹ weglassen	놀다	놀아서	놀아 줄까요?	놀아 주시겠어요?	놀아야겠어요
	ㄷ unregelmäßig	듣다	*들어서	*들어 줄까요?	*들어 주시겠어요?	*들어야겠어요
	ㅂ unregelmäßig	돕다	*도와서	*도와줄까요?	*도와주시겠어요?	*도와야겠어요
	ㅅ unregelmäßig	짓다	*지어서	*지어 줄까요?	*지어 주시겠어요?	*지어야겠어요
	르 unregelmäßig	부르다	*불러서	*불러 줄까요?	*불러 주시겠어요?	*불러야겠어요

★ Vergleichen Sie Seite 285-287 für weitere, detaillierte Erklärungen zur unregelmäßigen Verbkonjugation.

★★★ Jeder Vokal bezieht sich auf den Vokal der letzten Silbe im Stamm.

- Grammatische Endungen, die mit -아/어- beginnen und nur an Adjektivstämme gehängt werden

	Bedingung	Beispiel	-아/어지다 S. 150		-아/어 보이다 S. 178	
			Präsens	-았/었-	Präsens	-았/었-
Adjektive	Stamm endet auf 하	유명하다	유명해져요	유명해졌어요	유명해 보여요	유명해 보였어요
	★★★ ㅏ	비싸다	비싸져요	비싸졌어요	비싸 보여요	비싸 보였어요
	★★★ ㅗ	많다	많아져요	많아졌어요	많아 보여요	많아 보였어요
	ㅡ weglassen	바쁘다	*바빠져요	*바빠졌어요	*바빠 보여요	*바빠 보였어요
	ㄹ unregelmäßig	길다	길어져요	길어졌어요	길어 보여요	길어 보였어요
	ㅂ unregelmäßig	어렵다	*어려워져요	*어려워졌어요	*어려워 보여요	*어려워 보였어요
	르 unregelmäßig	다르다	*달라져요	*달라졌어요	*달라 보여요	*달라 보였어요

★ Vergleichen Sie Seite 295-297 für weitere, detaillierte Erklärungen zur unregelmäßigen Verbkonjugation.

★★★ Jeder Vokal bezieht sich auf den Vokal des letzten Buchstabens im Stamm.

- Resultativität mit -아/어 있다: Die Fortsetzung eines Zustandes nach einer Änderung oder einer Handlung ausdrücken

살다 leben	살아 있다 lebendig sein	**켜지다** angeschaltet sein	불이 켜져 있다 das Licht ist an	**쓰이다** geschrieben werden	책에 이름이 쓰여 있다 geschrieben sein	**떨어지다** fallen	바닥에 쓰레기가 떨어져 있다 gefallen sein
죽다 sterben	죽어 있다 tot sein	**꺼지다** ausgeschaltet sein	불이 꺼져 있다 das Licht ist aus	**그려지다** gezeichnet werden	종이에 그림이 그려져 있다 gezeichnet sein	**빠지다** fallen gelassen werden	물 속에 젓가락이 빠져 있다 fallen gelassen sein
가다 gehen	가 있다 gegangen sein	**열리다** geöffnet sein	문이 열려 있다 geöffnet sein	**걸리다** gehängt werden	벽에 시계가 걸려 있다 aufgehängt sein	**부러지다** (etwas wie ein Stift) brechen	연필이 부러져 있다 (etwas wie ein Stift) gebrochen sein
오다 kommen	와 있다 gekommen sein	**닫히다** geschlossen sein	문이 닫혀 있다 geschlossen sein	**달리다** gehängt werden	옷에 단추가 달려 있다 gehängt sein	**깨지다** (Glas oder Keramik) zerbrechen	컵이 깨져 있다 (Glas oder Keramik) zerbrochen sein
앉다 sitzen	앉아 있다 sitzen	**놓이다** abgelegt sein	책상 위에 책이 놓여 있다 abgelegt sein	**붙이다** geklebt sein	벽에 종이가 붙어 있다 angeklebt sein	**찢어지다** zerrissen werden	옷이 찢어져 있다 zerrissen sein
서다 stehen	서 있다 stehen		*가방 안에 책이 들어 있다 hineingesteckt sein	**새겨지다** eingeprägt sein	반지에 글자가 새겨져 있다 eingeprägt sein	**구겨지다** zerknittert sein	종이가 구겨져 있다 zerknittert sein

3. Grammatische Endungen, die mit -(으)- anfangen

Wenn grammatische Endungen unter Anschluss von -(으)- an einen vokalischen Stamm gehängt werden, wird -(으)- weggelassen.

● Grammatische Endungen, die mit -(으)- anfangen und an den Stamm von Verben, Adjektiven und 이다 gehängt werden.

Bedingung	Beispiel	-(으)ㄹ 때 S.146		-(으)ㄹ까 봐 S.166		-(으)ㄹ까요? S.50 Vermutung S.182		-(으)ㄹ지도 모르다 S.198		-(으)ㄹ 테니까 S.210	
		Präsens	-았/었-	Präsens	-았/었-	Präsens	-았/었-	Präsens	-았/었-	Präsens	-았/었-
Verben vokalische Endung	보다	볼 때	봤을 때	볼까 봐	봤을까 봐	볼까요?	봤을까요?	볼지도 몰라요	봤을지도 몰라요	볼 테니까	봤을 테니까
konsonantische Endung	먹다	먹을 때	먹었을 때	먹을까 봐	먹었을까 봐	먹을까요?	먹었을까요?	먹을지도 몰라요	먹었을지도 몰라요	먹을 테니까	먹었을 테니까
으 weglassen	쓰다	쓸 때	*썼을 때	쓸까 봐	*썼을까 봐	쓸까요?	*썼을까요?	쓸지도 몰라요	*썼을지도 몰라요	쓸 테니까	*썼을 테니까
ㄹ weglassen	살다	살 때	살았을 때	살까 봐	살았을까 봐	살까요?	살았을까요?	살지도 몰라요	살았을지도 몰라요	살 테니까	살았을 테니까
ㄷ unregelmäßig	듣다	*들을 때	*들었을 때	*들을까 봐	*들었을까 봐	*들을까요?	*들었을까요?	*들을지도 몰라요	*들었을지도 몰라요	*들을 테니까	*들었을 테니까
ㅂ unregelmäßig	돕다	*도울 때	*도왔을 때	*도울까 봐	*도왔을까 봐	*도울까요?	*도왔을까요?	*도울지도 몰라요	*도왔을지도 몰라요	*도울 테니까	*도왔을 테니까
ㅅ unregelmäßig	짓다	*지을 때	*지었을 때	*지을까 봐	*지었을까 봐	*지을까요?	*지었을까요?	*지을지도 몰라요	*지었을지도 몰라요	*지을 테니까	*지었을 테니까
르 unregelmäßig	모르다	모를 때	*몰랐을 때	모를까 봐	*몰랐을까 봐	모를까요?	*몰랐을까요?	모를지도 몰라요	*몰랐을지도 몰라요	모를 테니까	*몰랐을 테니까
Adjektive vokalische Endung	불편하다	불편할 때	불편했을 때	불편할까 봐	불편했을까 봐	불편할까요?	불편했을까요?	불편할지도 몰라요	불편했을지도 몰라요	불편할 테니까	불편했을 테니까
konsonantische Endung	많다	많을 때	많았을 때	많을까 봐	많았을까 봐	많을까요?	많았을까요?	많을지도 몰라요	많았을지도 몰라요	많을 테니까	많았을 테니까
으 weglassen	바쁘다	바쁠 때	*바빴을 때	바쁠까 봐	*바빴을까 봐	바쁠까요?	*바빴을까요?	바쁠지도 몰라요	*바빴을지도 몰라요	바쁠 테니까	*바빴을 테니까
ㄹ weglassen	길다	길 때	길었을 때	길까 봐	길었을까 봐	길까요?	길었을까요?	길지도 몰라요	길었을지도 몰라요	길 테니까	길었을 테니까
ㅂ unregemäßig	어렵다	*어려울 때	*어려웠을 때	*어려울까 봐	*어려웠을까 봐	어려울까요?	*어려웠을까요?	*어려울지도 몰라요	*어려웠을지도 몰라요	*어려울 테니까	*어려웠을 테니까
르 unregelmäßig	다르다	다를 때	*달랐을 때	다를까 봐	*달랐을까 봐	다를까요?	*달랐을까요?	다를지도 몰라요	*달랐을지도 몰라요	다를 테니까	*달랐을 테니까
이다 sein	남자(이)다	남자일 때	남자였을 때	남자일까 봐	남자였을까 봐	남자일까요?	남자였을까요?	남자일지도 몰라요	남자였을지도 몰라요	남자일 테니까	남자였을 테니까
이다 sein	사람이다	사람일 때	사람이었을 때	사람일까 봐	사람이었을까 봐	사람일까요?	사람이었을까요?	사람일지도 몰라요	사람이었을지도 몰라요	사람일 테니까	사람이었을 테니까

★ Vergleichen Sie Seite 295-297 für weitere, detaillierte Erklärungen zur unregelmäßigen Verbkonjugation.

-(으)ㄹ걸? Vermutung S. 234		-(으)ㄹ 텐데 S. 250		-(으)니까 S. 134 Grund S. 58		-(으)면 S. 66		-(으)면 좋겠다 S. 186		-(으)면 안 되다 S. 106	
Präsens	-았/었-	Präsens	-았/었-	Präsens	-았/었-	Präsens	-았/었-	Präsens	-았/었-	Präsens	-았/었-
볼걸?	봤을걸?	볼 텐데	봤을 텐데	보니까	봤으니까	보면	봤으면	보면 좋겠어요	봤으면 좋겠어요	보면 안 돼요	보면 안 됐어요
먹을걸?	먹었을걸?	먹을 텐데	먹었을 텐데	먹으니까	먹었으니까	먹으면	먹었으면	먹으면 좋겠어요	먹었으면 좋겠어요	먹으면 안 돼요	먹으면 안 됐어요
쓸걸?	*썼을걸?	쓸 텐데	*썼을 텐데	쓰니까	*썼으니까	쓰면	*썼으면	쓰면 좋겠어요	*썼으면 좋겠어요	쓰면 안 돼요	쓰면 안 됐어요
살걸?	살았을걸?	살 텐데	살았을 텐데	*사니까	살았으니까	살면	살았으면	살면 좋겠어요	살았으면 좋겠어요	살면 안 돼요	살면 안 됐어요
*들을걸?	*들었을걸?	*들을 텐데	*들었을 텐데	*들으니까	*들었으니까	*들으면	*들었으면	*들으면 좋겠어요	*들었으면 좋겠어요	*들으면 안 돼요	*들으면 안 됐어요
*도울걸?	*도왔을걸?	*도울 텐데	*도왔을 텐데	*도우니까	*도왔으니까	*도우면	*도왔으면	*도우면 좋겠어요	*도왔으면 좋겠어요	*도우면 안 돼요	*도우면 안 됐어요
*지을걸?	*지었을걸?	*지을 텐데	*지었을 텐데	*지으니까	*지었으니까	*지으면	*지었으면	*지으면 좋겠어요	*지었으면 좋겠어요	*지으면 안 돼요	*지으면 안 됐어요
모를걸?	*몰랐을걸?	모를 텐데	*몰랐을 텐데	모르니까	*몰랐으니까	모르면	*몰랐으면	모르면 좋겠어요	*몰랐으면 좋겠어요	모르면 안 돼요	모르면 안 됐어요
불편할걸?	불편했을걸?	불편할 텐데	불편했을 텐데	불편하니까	불편했으니까	불편하면	불편했으면	불편하면 좋겠어요	불편했으면 좋겠어요	불편하면 안 돼요	불편하면 안 됐어요
많을걸?	많았을걸?	많을 텐데	많았을 텐데	많으니까	많았으니까	많으면	많았으면	많으면 좋겠어요	많았으면 좋겠어요	많으면 안 돼요	많으면 안 됐어요
바쁠걸?	*바빴을걸?	바쁠 텐데	*바빴을 텐데	바쁘니까	*바빴으니까	바쁘면	*바빴으면	바쁘면 좋겠어요	*바빴으면 좋겠어요	바쁘면 안 돼요	바쁘면 안 됐어요
길걸?	길었을걸?	길 텐데	길었을 텐데	*기니까	길었으니까	길면	길었으면	길면 좋겠어요	길었으면 좋겠어요	길면 안 돼요	길면 안 됐어요
*어려울걸?	*어려웠을걸?	*어려울 텐데	*어려웠을 텐데	*어려우니까	*어려웠으니까	*어려우면	*어려웠으면	*어려우면 좋겠어요	*어려웠으면 좋겠어요	어려우면 안 돼요	*어려우면 안 됐어요
다를걸?	*달랐을걸?	다를 텐데	*달랐을 텐데	다르니까	*달랐으니까	다르면	*달랐으면	다르면 좋겠어요	*달랐으면 좋겠어요	다르면 안 돼요	다르면 안 됐어요
남자일걸?	남자였을걸?	남자일 텐데	남자였을 텐데	남자니까	남자였으니까	남자(이)면	남자였으면	남자(이)면 좋겠어요	남자였으면 좋겠어요	남자(이)면 안 돼요	남자(이)면 안 됐어요
사람일걸?	사람이었을걸?	사람일 텐데	사람이었을 텐데	사람이니까	사람이었으니까	사람이면	사람이었으면	사람이면 좋겠어요	사람이었으면 좋겠어요	사람이면 안 돼요	사람이면 안 됐어요

● Grammatische Endungen, die mit -(으)- anfangen und an den Stamm von Verben, Adjektiven und 이다 ergänzt werden, aber nicht mit -았/었- kombinierbar sind.

	Bedingung	Beispiel	-(으)ㄴ 적이 있다 S.90	-(으)ㄹ수록 S.214		Bedingung	Beispiel	-(으)ㄴ 적이 있다 S.90	-(으)ㄹ수록 S.214
V e r b e n	vokalische Endung	일하다	일한 적이 있어요	일할수록	**A d j e k t i v e**	vokalische Endung	물변하다	물변한 적이 있어요	물변할수록
	konsonantische Endung	읽다	읽은 적이 있어요	읽을수록		konsonantische Endung	많다	많은 적이 있어요	많을수록
	으 weglassen	쓰다	쓴 적이 있어요	쓸수록		으 unregelmäßig	바쁘다	바쁜 적이 있어요	바쁠수록
	ㄹ weglassen	놀다	*논 적이 있어요	놀수록		ㄹ weglassen	길다	*긴 적이 있어요	길수록
	ㄷ unregelmäßig	걷다	*걸은 적이 있어요	*걸을수록		ㅂ weglassen	어렵다	*어려우 적이 있어요	*어려울수록
	ㅂ unregelmäßig	돕다	*도우 적이 있어요	*도울수록		르 unregelmäßig	다르다	다른 적이 있어요	다를수록
	ㅅ unregelmäßig	짓다	*지은 적이 있어요	*지을수록		이다 sein	가수(이)다	가수인 적이 있어요	가수일수록
	르 unregelmäßig	부르다	부른 적이 있어요	부를수록		이다 sein	학생이다	학생인 적이 있어요	학생일수록

★ Vergleiche Seite 295-297 für weitere, detaillierte Erklärungen zur unregelmäßigen Verbkonjugation.

● Grammatische Endungen, die mit -(으)- anfangen, aber nur an den Verbstamm gehängt werden.

	Bedingung	Beispiel	-(으)려고 하다 S.82		-(으)ㄹ 줄 알다 S.166		-(으)ㄹ까 하다 S.214	
			Präsens	-았/었-	Präsens	-았/었-	Präsens	-았/었-
V e r b e n	vokalische Endung	하다	하려고 해요	하려고 했어요	할 줄 알아요	할 줄 알았어요	할까 해요	할까 했어요
	konsonantische Endung	읽다	읽으려고 해요	읽으려고 했어요	읽을 줄 알아요	읽을 줄 알았어요	읽을까 해요	읽을까 했어요
	으 weglassen	쓰다	쓰려고 해요	쓰려고 했어요	쓸 줄 알아요	쓸 줄 알았어요	쓸까 해요	쓸까 했어요
	ㄹ weglassen	놀다	놀려고 해요	놀려고 했어요	놀 줄 알아요	놀 줄 알았어요	놀까 해요	놀까 했어요
	ㄷ unregelmäßig	듣다	*들으려고 해요	*들으려고 했어요	*들을 줄 알아요	*들을 줄 알았어요	*들을까 해요	*들을까 했어요
	ㅂ unregelmäßig	돕다	*도우려고 해요	*도우려고 했어요	*도울 줄 알아요	*도울 줄 알았어요	*도울까 해요	*도울까 했어요
	ㅅ unregelmäßig	짓다	*지으려고 해요	*지으려고 했어요	*지을 줄 알아요	*지을 줄 알았어요	*지을까 해요	*지을까 했어요
	르 unregelmäßig	부르다	부르려고 해요	부르려고 했어요	부를 줄 알아요	부를 줄 알았어요	부를까 해요	부를까 했어요

★ Vergleichen Sie Seite 295-297 für weitere, detaillierte Erklärungen zur unregelmäßigen Verbkonjugation.

● Grammatische Endungen, die nur an den Verbstamm gehängt werden, aber nicht mit -았/었- kombinierbar sind.

	Bedingung	Beispiel	-(으)ㄴ 지 S.18	-(으)ㄴ 후 S.42	-(으)니까: Abfolge von Handlungen S.134	-(으)러 S.22	-(으)려고 S.154, S.214	-(으)려면 S.154	-(으)ㄹ까요?: Vorschlag S.50	-(으)ㄹ 뻔하다 S.202	-(으)ㄹ래요 S.210	-(으)ㄹ 걸 그랬다: Reue S.234	-(으)려던 참이다 S.250	-(으)시겠어요? S.134
V e r b e n	vokalische Endung	보다	본 지	본 후	보니까	보러	보려고	보려면	볼까요?	볼 뻔했어요	볼래요	볼 걸 그랬어요	보려던 참이에요	보시겠어요?
	konsonantische Endung	읽다	읽은 지	읽은 후	읽으니까	읽으러	읽으려고	읽으려면	읽을까요?	읽을 뻔했어요	읽을래요	읽을 걸 그랬어요	읽으려던 참이에요	읽으시겠어요?
	으 weglassen	쓰다	쓴 지	쓴 후	쓰니까	쓰러	쓰려고	쓰려면	쓸까요?	쓸 뻔했어요	쓸래요	쓸 걸 그랬어요	쓰려던 참이에요	쓰시겠어요?
	ㄹ weglassen	놀다	*논 지	*논 후	*노니까	놀러	놀려고	놀려면	놀까요?	놀 뻔했어요	놀래요	놀 걸 그랬어요	놀려던 참이에요	*노시겠어요?
	ㄷ unregelmäßig	듣다	*들은 지	*들은 후	*들으니까	*들으러	*들으려고	*들으려면	*들을까요?	*들을 뻔했어요	*들을래요	*들을 걸 그랬어요	*들으려던 참이에요	*들으시겠어요?
	ㅂ unregelmäßig	돕다	*도우 지	*도우 후	*도우니까	*도우러	*도우려고	*도우려면	*도울까요?	*도울 뻔했어요	*도울래요	*도울 걸 그랬어요	*도우려던 참이에요	*도우시겠어요?
	ㅅ unregelmäßig	짓다	*지은 지	*지은 후	*지으니까	*지으러	*지으려고	*지으려면	*지을까요?	*지을 뻔했어요	*지을래요	*지을 걸 그랬어요	*지으려던 참이에요	*지으시겠어요?
	르 unregelmäßig	부르다	부른 지	부른 후	부르니까	부르러	부르려고	부르려면	부를까요?	부를 뻔했어요	부를래요	부를 걸 그랬어요	부르려던 참이에요	부르시겠어요?

★ Vergleichen Sie Seite 295-297 für weitere, detaillierte Erklärungen zur unregelmäßigen Verbkonjugation.

II. Grammatische Endungen, die sich abhängig davon, ob ein Verb oder ein Adjektiv vorangeht, ändern

Folgende Tabellen zeigen grammatische Endungen, deren Konjugation sich unterscheidet, je nachdem, ob sie an Verben oder Nomen angehängt werden.

1. Grammatische Endungen, die mit -(으)ㄴ/는 anfangen

Grammatische Endungen, die mit -는 anfangen werden an Verbstämme gehängt, die Endungen, die mit -(으)ㄴ anfangen, werden an Adjektivstämme gehängt und bei 이다 wird die Form 인 gebildet. Die Formen des Präteritum unterscheiden sich jedoch wie folgt:

- Die Endung des nominalen Attributs: Nomen wie 것, 게 (= 것이), 대신, 편, und 줄 können nicht alleine stehen und sind vom Attributsatz abhängig.

Bedingung	Beispiel	-(으)ㄴ/는 + 명사 S. 178		-(으)ㄴ/는 것 S. 50		-(으)ㄴ/는 것 같다 S. 198		-(으)ㄴ/는 편이다 S. 38		-(으)ㄴ/는 줄 알았다 S. 226		-(으)ㄴ/는 대신에 S. 86	
		Präsens	Präteritum	Präsens	Präteritum	Präsens	Präteritum	Präsens	Präteritum	Präsens	Präteritum	Präsens	Präteritum
Verben vokalische Endung	만나다	만나는	만난	만나는 것	만난 것	만나는 것 같아요	만난 것 같아요	만나는 편이에요	만난 편이에요	만나는 줄 알았어요	만난 줄 알았어요	만나는 대신에	만난 대신에
konsonantische Endung	읽다	읽는	읽은	읽는 것	읽은 것	읽는 것 같아요	읽은 것 같아요	읽는 편이에요	읽은 편이에요	읽는 줄 알았어요	읽은 줄 알았어요	읽는 대신에	읽은 대신에
으 weglassen	쓰다	쓰는	쓴	쓰는 것	쓴 것	쓰는 것 같아요	쓴 것 같아요	쓰는 편이에요	쓴 편이에요	쓰는 줄 알았어요	쓴 줄 알았어요	쓰는 대신에	쓴 대신에
ㄹ weglassen	놀다	*노는	*논	*노는 것	*논 것	*노는 것 같아요	*논 것 같아요	*노는 편이에요	*논 편이에요	*노는 줄 알았어요	*논 줄 알았어요	*노는 대신에	*논 대신에
ㄷ unregelmäßig	걷다	걷는	*걸은	걷는 것	*걸은 것	걷는 것 같아요	*걸은 것 같아요	걷는 편이에요	*걸은 편이에요	걷는 줄 알았어요	*걸은 줄 알았어요	걷는 대신에	*걸은 대신에
ㅂ unregelmäßig	돕다	돕는	*도운	돕는 것	*도운 것	돕는 것 같아요	*도운 것 같아요	돕는 편이에요	*도운 편이에요	돕는 줄 알았어요	*도운 줄 알았어요	돕는 대신에	*도운 대신에
ㅅ unregelmäßig	짓다	짓는	*지은	짓는 것	*지은 것	짓는 것 같아요	*지은 것 같아요	짓는 편이에요	*지은 편이에요	짓는 줄 알았어요	*지은 줄 알았어요	짓는 대신에	*지은 대신에
르 unregelmäßig	부르다	부르는	부른	부르는 것	부른 것	부르는 것 같아요	부른 것 같아요	부르는 편이에요	부른 편이에요	부르는 줄 알았어요	부른 줄 알았어요	부르는 대신에	부른 대신에
있다/없다 existieren/ nicht existieren	있다	*있는	있었던	*있는 것	있었던 것	*있는 것 같아요	있었던 것 같아요	*있는 편이에요	있었던 편이에요	*있는 줄 알았어요		*있는 대신에	
Adjektive vokalische Endung	유명하다	유명한	유명했던	유명한 것	유명했던 것	유명한 것 같아요	유명했던 것 같아요	유명한 편이에요	유명했던 편이에요	유명한 줄 알았어요		유명한 대신에	
konsonantische Endung	많다	많은	많았던	많은 것	많았던 것	많은 것 같아요	많았던 것 같아요	많은 편이에요	많았던 편이에요	많은 줄 알았어요		많은 대신에	
있다/없다 existieren/ nicht existieren	맛있다	**맛있는	맛있었던	**맛있는 것	맛있었던 것	**맛있는 것 같아요	맛있었던 것 같아요	**맛있는 편이에요	맛있었던 편이에요	**맛있는 줄 알았어요		**맛있는 대신에	
으 weglassen	바쁘다	바쁜	*바빴던	바쁜 것	*바빴던 것	바쁜 것 같아요	*바빴던 것 같아요	바쁜 편이에요	*바빴던 편이에요	바쁜 줄 알았어요		바쁜 대신에	
ㄹ weglassen	길다	*긴	*길었던	*긴 것	*길었던 것	*긴 것 같아요	*길었던 것 같아요	*긴 편이에요	*길었던 편이에요	*긴 줄 알았어요		*긴 대신에	
ㅂ unregelmäßig	어렵다	*어려운	*어려웠던	*어려운 것	*어려웠던 것	*어려운 것 같아요	*어려웠던 것 같아요	*어려운 편이에요	*어려웠던 편이에요	*어려운 줄 알았어요		*어려운 대신에	
르 unregelmäßig	다르다	다른	*달랐던	다른 것	*달랐던 것	다른 것 같아요	*달랐던 것 같아요	다른 편이에요	*달랐던 편이에요	다른 줄 알았어요		다른 대신에	
이다 sein	남자 (이)다	남자인	남자였던	남자인 것	남자였던 것	남자인 것 같아요	남자였던 것 같아요	남자인 편이에요	남자였던 편이에요	남자인 줄 알았어요		남자인 대신에	
이다 sein	사람이다	사람인	사람이었던	사람인 것	사람이었던 것	사람인 것 같아요	사람이었던 것 같아요	사람인 편이에요	사람이었던 편이에요	사람인 줄 알았어요		사람인 대신에	

★★ Bei Adjektiven, die mit 있다 oder 없다 stehen (z.B. 맛있다), wird -는 genommen.

● -(으)ㄴ/는데 und -(으)ㄴ/는지

	Bedingung	Beispiel	-(으)ㄴ/는데(요) S. 70, S. 82, S. 130, S. 162			-(으)ㄴ/는데도 S. 242			-(으)ㄴ/는지 S. 74		
			Präsens	Präteritum	Futur / Vermutung	Präsens	Präteritum	Futur / Vermutung	Präsens	Präteritum	Futur / Vermutung
Verben	vokalische Endung	만나다	만나는데	만났는데	만날 건데 / 만날 텐데	만나는데도	만났는데도	만날 건데도 / 만날 텐데도	만나는지	만났는지	만날지
	konsonantische Endung	읽다	읽는데	읽었는데	읽을 건데 / 읽을 텐데	읽는데도	읽었는데도	읽을 건데도 / 읽을 텐데도	읽는지	읽었는지	읽을지
	으 weglassen	쓰다	쓰는데	*썼는데	쓸 건데 / 쓸 텐데	쓰는데도	*썼는데도	쓸 건데도 / 쓸 텐데도	쓰는지	*썼는지	쓸지
	ㄹ weglassen	놀다	*노는데	놀았는데	놀 건데 / 놀 텐데	*노는데도	놀았는데도	놀 건데도 / 놀 텐데도	*노는지	놀았는지	놀지
	ㄷ unregelmäßig	걷다	걷는데	*걸었는데	*걸을 건데 / 걸을 텐데	걷는데도	*걸었는데도	*걸을 건데도 / 걸을 텐데도	걷는지	*걸었는지	*걸을지
	ㅂ unregelmäßig	돕다	돕는데	*도왔는데	*도울 건데 / 도울 텐데	돕는데도	*도왔는데도	*도울 건데도 / 도울 텐데도	돕는지	*도왔는지	*도울지
	ㅅ unregelmäßig	짓다	짓는데	*지었는데	*지을 건데 / 지을 텐데	짓는데도	*지었는데도	*지을 건데도 / 지을 텐데도	짓는지	*지었는지	*지을지
	르 unregelmäßig	부르다	부르는데	*불렀는데	부를 건데 / 부를 텐데	부르는데도	*불렀는데도	부를 건데도 / 부를 텐데도	부르는지	*불렀는지	부를지
	있다/없다 existieren/nicht existieren	있다	있는데	있었는데	있을 건데 / 있을 텐데	있는데도	있었는데도	있을 건데도 / 있을 텐데도	있는지	있었는지	있을지
Adjektive	vokalische Endung	유명하다	유명한데	유명했는데	유명할 건데 / 유명할 텐데	유명한데도	유명했는데도	유명할 건데도 / 유명할 텐데도	유명한지	유명했는지	유명할지
	konsonantische Endung	많다	많은데	많았는데	많을 건데 / 많을 텐데	많은데도	많았는데도	많을 건데도 / 많을 텐데도	많은지	많았는지	많을지
	있다/없다 existieren/nicht existieren	맛있다	**맛있는데	맛있었는데	맛있을 건데 / 맛있을 텐데	**맛있는데도	맛있었는데도	맛있을 건데도 / 많있을 텐데도	**맛있는지	맛있었는지	맛있을지
	으 weglassen	바쁘다	바쁜데	*바빴는데	바쁠 건데 / 바쁠 텐데	바쁜데도	*바빴는데도	바쁠 건데도 / 바쁠 텐데도	바쁜지	*바빴는지	바쁠지
	ㄹ weglassen	길다	*긴데	길었는데	길 건데 / 길 텐데	긴데도	길었는데도	길 건데도 / 길 텐데도	*긴지	길었는지	길지
	ㅂ unregelmäßig	어렵다	*어려운데	*어려웠는데	*어려울 건데 / 어려울 텐데	*어려운데도	*어려웠는데도	*어려울 건데도 / 어려울 텐데도	*어려운지	*어려웠는지	*어려울지
	르 unregelmäßig	다르다	다른데	*달랐는데	다를 건데 / 다를 텐데	다른데도	*달랐는데도	다를 건데도 / 다를 텐데도	다른지	*달랐는지	다를지
	이다 sein	남자(이)다	남자인데	남자였는데	남자일 건데 / 남자일 텐데	남자인데도	남자였는데도	남자일 건데도 / 남자일 텐데도	남자인지	남자였는지	남자일지
	이다 sein	사람이다	사람인데	사람이었는데	사람일 건데 / 사람일 텐데	사람인데도	사람이었는데도	사람일 건데도 / 사람일 텐데도	사람인지	사람이었는지	사람일지

★ Vergleichen Sie Seite 295-297 für weitere, detaillierte Erklärungen zur unregelmäßigen Verbkonjugation.
★★ Bei Adjektiven, die mit 있다 oder 없다 stehen (z.B. 맛있다), wird -는데 oder -는지 genommen.

● -(는)군요: Ausdruck für Realisation

Bedingung		Beispiel	-(으)ㄴ/는군요 S. 218		
			Präsens	Präteritum	Futur / Vermutung
V e r b e n	vokalische Endung	만나다	만나는군요	만났군요	만날 거군요
	konsonantische Endung	읽다	읽는군요	읽었군요	읽을 거군요
	으 weglassen	쓰다	쓰는군요	*썼군요	쓸 거군요
	ㄹ weglassen	놀다	*노는군요	놀았군요	놀 거군요
	ㄷ unregelmäßig	걷다	걷는군요	*걸었군요	걸을 거군요
	ㅂ unregelmäßig	돕다	돕는군요	*도왔군요	*도울 거군요
	ㅅ unregelmäßig	짓다	짓는군요	*지었군요	*지을 거군요
	르 unregelmäßig	부르다	부르는군요	*불렀군요	부를 거군요
	있다/없다 existieren/nicht existieren	있다	*있군요	있었군요	있을 거군요
A d j e k t i v e	vokalische Endung	유명하다	유명하군요	유명했군요	유명할 거군요
	konsonantische Endung	많다	많군요	많았군요	많을 거군요
	있다/없다 existieren/nicht existieren	맛있다	**맛있군요	맛있었군요	맛있을 거군요
	으 weglassen	바쁘다	바쁘군요	*바빴군요	바쁠 거군요
	ㄹ weglassen	길다	길군요	길었군요	길 거군요
	ㅂ unregelmäßig	어렵다	어렵군요	*어려웠군요	*어려울 거군요
	르 unregelmäßig	다르다	다르군요	*달랐군요	다를 거군요
	이다 sein	남자(이)다	남자군요	남자였군요	남자일 거군요
	이다 sein	사람이다	사람이군요	사람이었군요	사람일 거군요

★ Vergleichen Sie Seite 295-297 für weitere, detaillierte Erklärungen zur unregelmäßigen Verbkonjugation.
★★ Bei Adjektiven, die mit 있다 oder 없다 stehen (z.B. 맛있다), wird -나 보다 genommen.

● -(으)ㄴ가/나 보다: Ausdruck für Vermutung

Bedingung		Beispiel	-나 보다 S. 226		
			Präsens	Präteritum	Futur / Vermutung
V e r b e n	vokalische Endung	만나다	만나나 봐요	만났나 봐요	만날 건가 봐요
	konsonantische Endung	읽다	읽나 봐요	읽었나 봐요	읽을 건가 봐요
	으 weglassen	쓰다	쓰나 봐요	*썼나 봐요	쓸 건가 봐요
	ㄹ weglassen	놀다	*노나 봐요	놀았나 봐요	놀 건가 봐요
	ㄷ unregelmäßig	걷다	걷나 봐요	*걸었나 봐요	*걸을 건가 봐요
	ㅂ unregelmäßig	돕다	돕나 봐요	*도왔나 봐요	*도울 건가 봐요
	ㅅ unregelmäßig	짓다	짓나 봐요	*지었나 봐요	*지을 건가 봐요
	르 unregelmäßig	부르다	부르나 봐요	*불렀나 봐요	부를 건가 봐요
	있다/없다 existieren/nicht existieren	있다	*있나 봐요	있었나 봐요	있을 건가 봐요
A d j e k t i v e	vokalische Endung	유명하다	유명한가 봐요	유명했나 봐요	
	konsonantische Endung	많다	많은가 봐요	많았나 봐요	
	있다/없다 existieren/nicht existieren	맛있다	**맛있나 봐요	맛있었나 봐요	
	으 weglassen	바쁘다	바쁜가 봐요	*바빴나 봐요	
	ㄹ weglassen	길다	*긴가 봐요	길었나 봐요	
	ㅂ unregelmäßig	어렵다	*어려우가 봐요	*어려웠나 봐요	
	르 unregelmäßig	다르다	다른가 봐요	*달랐나 봐요	
	이다 sein	남자(이)다	남자인가 봐요	남자였나 봐요	
	이다 sein	사람이다	사람인가 봐요	사람이었나 봐요	

★ Vergleichen Sie Seite 295-297 für weitere, detaillierte Erklärungen zur unregelmäßigen Verbkonjugation.
★★ Bei Adjektiven, die mit 있다 oder 없다 stehen (z.B. 맛있다), wird -나 보다 genommen.

2. Indirekte Rede

Die grammatischen Endungen für die indirekte Rede, deren Infinitiv -다고 ist, werden wie folgt konjugiert.

	Bedingung	Beispiel	Aussage -다고 하다 S. 194			Frage -냐고 하다 S. 194			Aufforderung -(으)라고 하다 S. 194		Vorschlag -자고 하다 S. 194	
			Präsens	Präteritum	Futur	Präsens	Präteritum	Futur	Positiv	Negativ	Positiv	Negativ
Verben	vokalische Endung	만나다	만난다고 했어요	만났다고 했어요	만날 거라고 했어요	만나냐고 했어요	만났냐고 했어요	만날 거냐고 했어요	만나라고 했어요	만나지 말라고 했어요	만나자고 했어요	만나지 말자고 했어요
	konsonantische Endung	읽다	읽는다고 했어요	읽었다고 했어요	읽을 거라고 했어요	읽냐고 했어요	읽었냐고 했어요	읽을 거냐고 했어요	읽으라고 했어요	읽지 말라고 했어요	읽자고 했어요	읽지 말자고 했어요
	으 weglassen	쓰다	쓴다고 했어요	*썼다고 했어요	쓸 거라고 했어요	쓰냐고 했어요	*썼냐고 했어요	쓸 거냐고 했어요	쓰라고 했어요	쓰지 말라고 했어요	쓰자고 했어요	쓰지 말자고 했어요
	ㄹ weglassen	놀다	*논다고 했어요	놀았다고 했어요	놀 거라고 했어요	*노냐고 했어요	놀았냐고 했어요	놀 거냐고 했어요	놀라고 했어요	놀지 말라고 했어요	놀자고 했어요	놀지 말자고 했어요
	ㄷ unregelmäßig	걷다	걷는다고 했어요	*걸었다고 했어요	*걸을 거라고 했어요	걷냐고 했어요	*걸었냐고 했어요	*걸을 거냐고 했어요	*걸으라고 했어요	걷지 말라고 했어요	걷자고 했어요	걷지 말자고 했어요
	ㅂ unregelmäßig	돕다	돕는다고 했어요	*도왔다고 했어요	*도울 거라고 했어요	돕냐고 했어요	*도왔냐고 했어요	*도울 거냐고 했어요	*도우라고 했어요	돕지 말라고 했어요	돕자고 했어요	돕지 말자고 했어요
	ㅅ unregelmäßig	짓다	짓는다고 했어요	*지었다고 했어요	*지을 거라고 했어요	짓냐고 했어요	*지었냐고 했어요	*지을 거냐고 했어요	*지으라고 했어요	짓지 말라고 했어요	짓자고 했어요	짓지 말자고 했어요
	ㄹ unregelmäßig	부르다	부른다고 했어요	*불렀다고 했어요	부를 거라고 했어요	부르냐고 했어요	*불렀냐고 했어요	부를 거냐고 했어요	부르라고 했어요	부르지 말라고 했어요	부르자고 했어요	부르지 말자고 했어요
	있다/없다 existieren/ nicht existieren	있다	*있다고 했어요	있었다고 했어요	있을 거라고 했어요	있냐고 했어요	있었냐고 했어요	있을 거냐고 했어요	있으라고 했어요	있지 말라고 했어요	있자고 했어요	있지 말자고 했어요
Adjektive	vokalische Endung	유명하다	유명하다고 했어요	유명했다고 했어요	유명할 거라고 했어요	유명하냐고 했어요	유명했냐고 했어요	유명할 거냐고 했어요				
	konsonantische Endung	많다	많다고 했어요	많았다고 했어요	많을 거라고 했어요	많냐고 했어요	많았냐고 했어요	많을 거냐고 했어요				
	있다/없다 existieren/ nicht existieren	맛있다	**맛있다고 했어요	맛있었다고 했어요	맛있을 거라고 했어요	**맛있냐고 했어요	맛있었냐고 했어요	맛있을 거냐고 했어요				
	으 weglassen	바쁘다	바쁘다고 했어요	*바빴다고 했어요	바쁠 거라고 했어요	바쁘냐고 했어요	*바빴냐고 했어요	바쁠 거냐고 했어요				
	ㄹ weglassen	길다	길다고 했어요	길었다고 했어요	길 거라고 했어요	*기냐고 했어요	길었냐고 했어요	길 거냐고 했어요				
	ㅂ unregelmäßig	어렵다	어렵다고 했어요	*어려웠다고 했어요	*어려울 거라고 했어요	어렵냐고 했어요	*어려웠냐고 했어요	어려울 거냐고 했어요				
	ㄹ unregelmäßig	다르다	다르다고 했어요	*달랐다고 했어요	다를 거라고 했어요	다르냐고 했어요	*달랐냐고 했어요	다를 거냐고 했어요				
	이다 sein	남재(이)다	*남자라고 했어요	남자였다고 했어요	남자일 거라고 했어요	남자냐고 했어요	남자였냐고 했어요	남자일 거냐고 했어요				
	이다 sein	사람이다	*사람이라고 했어요	사람이었다고 했어요	사람일 거라고 했어요	사람이냐고 했어요	사람이었냐고 했어요	사람일 거냐고 했어요				

★ Vergleichen Sie Seite 295-297 für weitere, detaillierte Erklärungen zur unregelmäßigen Verbkonjugation.
★★ Bei Adjektiven, die mit 있다 oder 없다 stehen (z.B. 맛있다), wird -다고 genommen, um 있다고/없다고 zu bilden

3. Koreanische Redestile und Höflichkeit

● Das honorative -(으)시-

Bedingung	Beispiel	Normal			Honorativ		
		Präsens -아/어요	Präterium -았/었어요	Futur / Vermutung -(으)ㄹ 거예요	Präsens -(으)세요	Präterium -(으)셨어요	Futur / Vermutung -(으)실 거예요
Verben vokalische Endung	보다	봐요	봤어요	볼 거예요	보세요	보셨어요	보실 거예요
konsonantische Endung	읽다	읽어요	읽었어요	읽을 거예요	읽으세요	읽으셨어요	읽으실 거예요
으 weglassen	쓰다	*써요	*썼어요	쓸 거예요	쓰세요	쓰셨어요	쓰실 거예요
ㄹ weglassen	살다	살아요	살았어요	살 거예요	*사세요	*사셨어요	*사실 거예요
ㄷ unregelmäßig	듣다	*들어요	*들었어요	*들을 거예요	*들으세요	*들으셨어요	*들으실 거예요
ㅂ unregelmäßig	돕다	*도와요	*도왔어요	*도울 거예요	*도우세요	*도우셨어요	*도우실 거예요
ㅅ unregelmäßig	짓다	*지어요	*지었어요	*지을 거예요	*지으세요	*지으셨어요	*지으실 거예요
르 unregelmäßig	모르다	*몰라요	*몰랐어요	모를 거예요	모르세요	모르셨어요	모르실 거예요
Ausnahmen	먹다	먹어요	먹었어요	먹을 거예요	*드세요	*드셨어요	*드실 거예요
	자다	자요	잤어요	잘 거예요	*주무세요	*주무셨어요	*주무실 거예요
	말하다	말해요	말했어요	말할 거예요	*말씀하세요	*말씀하셨어요	*말씀하실 거예요
	있다 (Existenz)	있어요	있었어요	있을 거예요	*계세요	*계셨어요	*계실 거예요
Adjektive 있다 besitzen	있다 (Besitz)	있어요	있었어요	있을 거예요	*있으세요	*있으셨어요	*있으실 거예요
vokalische Endung	편하다	편해요	편했어요	편할 거예요	편하세요	편하셨어요	편하실 거예요
konsonantische Endung	좋다	좋아요	좋았어요	좋을 거예요	좋으세요	좋으셨어요	좋으실 거예요
으 weglassen	바쁘다	*바빠요	*바빴어요	바쁠 거예요	바쁘세요	바쁘셨어요	바쁘실 거예요
ㄹ weglassen	길다	길어요	길었어요	길 거예요	*기세요	*기셨어요	*기실 거예요
ㅂ unregelmäßig	어렵다	*어려워요	*어려웠어요	*어려울 거예요	*어려우세요	*어려우셨어요	*어려우실 거예요
르 unregelmäßig	다르다	*달라요	*달랐어요	다를 거예요	다르세요	다르셨어요	다르실 거예요
이다 sein	남자(이)다	남자예요	남자였어요	남자일 거예요	남자세요	남자셨어요	남자실 거예요
이다 sein	사람이다	사람이에요	사람이었어요	사람일 거예요	사람이세요	사람이셨어요	사람이실 거예요

★ Vergleichen Sie Seite 295-297 für weitere, detaillierte Erklärungen zur unregelmäßigen Verbkonjugation.

● Formelle Rede -(스)ㅂ니다: formellen Rede

	Bedingung	Beispiel	Aussage						Aufforderung		Vorschlag	
			Formelle Rede			Formelle, honorative Sprechstufe			Positiv	Negativ	Positiv	Negativ
			Präsens -(스)ㅂ니다	Präteritum -았/었습니다	Futur / Vorschlag -(으)ㄹ 것입니다	Präteritum -(으)십니다	Präteritum -(으)셨습니다	Futur / Vorschlag -(으)실 것입니다	-(으)십시오	-지 마십시오	-(으)ㅂ시다	-지 맙시다
Verben	vokalische Endung	보다	봅니다	봤습니다	볼 것입니다	보십니다	보셨습니다	보실 것입니다	보십시오	보지 마십시오	봅시다	보지 맙시다
	konsonantische Endung	읽다	읽습니다	읽었습니다	읽을 것입니다	읽으십니다	읽으셨습니다	읽으실 것입니다	읽으십시오	읽지 마십시오	읽읍시다	읽지 맙시다
	으 weglassen	쓰다	씁니다	*썼습니다	쓸 것입니다	쓰십니다	쓰셨습니다	쓰실 것입니다	쓰십시오	쓰지 마십시오	씁시다	쓰지 맙시다
	ㄹ weglassen	살다	*삽니다	살았습니다	살 것입니다	*사십니다	*사셨습니다	*사실 것입니다	*사십시오	살지 마십시오	*삽시다	살지 맙시다
	ㄷ unregelmäßig	듣다	듣습니다	들었습니다	*들을 것입니다	*들으십니다	*들으셨습니다	*들으실 것입니다	*들으십시오	듣지 마십시오	*들읍시다	듣지 맙시다
	ㅂ unregelmäßig	돕다	돕습니다	*도왔습니다	*도울 것입니다	*도우십니다	*도우셨습니다	*도우실 것입니다	*도우십시오	돕지 마십시오	*도웁시다	돕지 맙시다
	ㅅ unregelmäßig	짓다	짓습니다	*지었습니다	*지을 것입니다	*지으십니다	*지으셨습니다	*지으실 것입니다	*지으십시오	짓지 마십시오	*지읍시다	짓지 맙시다
	르 unregelmäßig	부르다	부릅니다	*불렀습니다	부를 것입니다	부르십니다	부르셨습니다	부르실 것입니다	부르십시오	부르지 마십시오	부릅시다	부르지 맙시다
	konsonantische Endung	먹다	먹습니다	먹었습니다	먹을 것입니다	*드십니다	*드셨습니다	*드실 것입니다	*드십시오	*드시지 마십시오	먹읍시다	먹지 맙시다
	konsonantische Endung	자다	잡니다	잤습니다	잘 것입니다	*주무십니다	*주무셨습니다	*주무실 것입니다	*주무십시오	*주무시지 마십시오	잡시다	자지 맙시다
	konsonantische Endung	말하다	말합니다	말했습니다	말할 것입니다	*말씀하십니다	*말씀하셨습니다	*말씀하실 것입니다	*말씀하십시오	*말씀하시지 마십시오	말합시다	말하지 맙시다
	있다 existieren	있다	있습니다	있었습니다	있을 것입니다	*계십니다	*계셨습니다	*계실 것입니다	*계십시오	*계시지 마십시오	*있읍시다	*있지 맙시다
Adjektive	없다 nicht besitzen	있다	있습니다	있었습니다	있을 것입니다	*있으십니다	*있으셨습니다	*있으실 것입니다	*있으십시오	*있지 마십시오	*있읍시다	*있지 맙시다
	vokalische Endung	편하다	편합니다	편했습니다	편할 것입니다	편하십니다	편하셨습니다	편하실 것입니다				
	konsonantische Endung	좋다	좋습니다	좋았습니다	좋을 것입니다	좋으십니다	좋으셨습니다	좋으실 것입니다				
	으 weglassen	바쁘다	바쁩니다	*바빴습니다	바쁠 것입니다	바쁘십니다	바쁘셨습니다	바쁘실 것입니다				
	ㄹ weglassen	길다	깁니다	길었습니다	길 것입니다	*기십니다	*기셨습니다	*기실 것입니다				
	ㅂ unregelmäßig	어렵다	어렵습니다	*어려웠습니다	*어려울 것입니다	*어려우십니다	*어려우셨습니다	*어려우실 것입니다				
	르 unregelmäßig	다르다	다릅니다	*달랐습니다	다를 것입니다	다르십니다	다르셨습니다	다르실 것입니다				
	이다 sein	남자(이)다	남자입니다	남자였습니다	남자일 것입니다	남자십니다	남자셨습니다	남자실 것입니다				
	이다 sein	사람이다	사람입니다	사람이었습니다	사람일 것입니다	사람이십니다	사람이셨습니다	사람이실 것입니다				

★ Vergleichen Sie Seite 295-297 für weitere, detaillierte Erklärungen zur unregelmäßigen Verbkonjugation.

Das höfliche Affix -(으)시- hat folgende Formen, wenn ihm andere Konjugationen folgen.

Normal	Honorativ	Normal	Honorativ	Normal	Honorativ
-고	-(으)시고	-(으)면	-(으)시면	-아/어서	-(으)셔서
-지만	-(으)시지만	-(으)려고	-(으)시려고	-아/어도	-(으)셔도
-기 전에	-(으)시기 전에	-(으)니까	-(으)시니까	-아/어야	-(으)셔야

● Informelle Rede: Informelle Rede ohne Honorativ

	Bedingung	Beispiel	Aussage			Aufforderung		Vorschlag	
			Präsens	Präteritum	Futur / Vermutung	Positiv	Negativ	Positiv	Negativ
V e r b e n	vokalische Endung	보다	봐	봤어	볼 거야	봐	보지 마	보자	보지 말자
	konsonantische Endung	먹다	먹어	먹었어	먹을 거야	먹어	먹지 마	먹자	먹지 말자
	으 weglassen	쓰다	*써	*썼어	쓸 거야	*써	쓰지 마	쓰자	쓰지 말자
	ㄹ weglassen	놀다	놀아	놀았어	놀 거야	놀아	놀지 마	놀자	놀지 말자
	ㄷ unregelmäßig	듣다	*들어	*들었어	*들을 거야	*들어	듣지 마	듣자	듣지 말자
	ㅂ unregelmäßig	돕다	*도와	*도왔어	*도울 거야	*도와	돕지 마	돕자	돕지 말자
	ㅅ unregelmäßig	짓다	*지어	*지었어	*지을 거야	*지어	짓지 마	짓자	짓지 말자
	르 unregelmäßig	부르다	*불러	*불렀어	부를 거야	*불러	부르지 마	부르자	부르지 말자
	있다/없다 existieren/nicht existieren	있다	있어	있었어	있을 거야	있어	있지 마	있자	있지 말자
A d j e k t i v e	vokalische Endung	편하다	편해	편했어	편할 거야				
	konsonantische Endung	좋다	좋아	좋았어	좋을 거야				
	으 weglassen	바쁘다	*바빠	*바빴어	바쁠 거야				
	ㄹ weglassen	길다	길어	길었어	길 거야				
	ㅂ unregelmäßig	어렵다	*어려워	*어려웠어	*어려울 거야				
	르 unregelmäßig	다르다	*달라	*달랐어	다를 거야				
	이다 sein	남자(이)다	*남자야	*남자였어	남자일 거야				
	이다 sein	사람이다	*사람이야	*사람이었어	사람일 거야				

★ Vergleichen Sie Seite 295-297 für weitere, detaillierte Erklärungen zur unregelmäßigen Verbkonjugation.

Lösungen

Kapitel 1

Testen Sie sich selbst 1 ⸻ S. 19

1 (1) ⓑ (2) ⓑ (3) ⓑ (4) ⓐ (5) ⓐ (6) ⓑ (7) ⓐ
(8) ⓐ

2 (1) 얼마나 (2) 어떻게 (3) 누가 (4) 어때요 (5) 왜
(6) 얼마예요

3 (1) 기다린 지 (2) 먹은 지 (3) 산 지 (4) 다닌 지

Testen Sie sich selbst 2 ⸻ S. 23

1 (1) ⓑ (2) ⓑ (3) ⓐ (4) ⓐ (5) ⓑ (6) ⓐ

2 (1) 어렵지만 (2) 없지만 (3) 했지만 (4) 재미없었지만

3 (1) 영화를 보러 (2) 밥을 먹으러 (3) 음료수를 사러
(4) 선물을 찾으러 (5) 친구를 만나러 (6) 약을 사러

Testen Sie sich selbst 3 ⸻ S. 27

1 (1) ⓑ (2) ⓐ (3) ⓑ (4) ⓑ (5) ⓑ (6) ⓐ

2 (1) 마리가 (2) 곡을 (3) 마디 (4) 군데

3 (1) 세 잔을 (2) 세 장을 (3) 한 켤레
(4) 두 봉지를 (5) 한 상자를

Kapitel 2

Testen Sie sich selbst 1 ⸻ S. 35

1 (1) 비가 오고/왔고 바람이 불었어요
(2) 체육관에 가서 운동할 거예요
(3) 값이 싸고 맛있어요

2 (1) ⓐ (2) ⓑ (3) ⓑ (4) ⓐ (5) ⓑ (6) ⓑ

3 (1) 일하면서 (2) 좋으면서 (3) 운전하면서
(4) 낮으면서

Testen Sie sich selbst 2 ⸻ S. 39

1 (1) 타거나 (2) 내거나 (3) 많거나

2 (1) 많이 자는 (2) 늦게 일어나는 (3) 자주 요리하는
(4) 거의 영화를 안 보는/보지 않는

3 (1) ⓑ (2) ⓑ (3) ⓑ (4) ⓐ

Testen Sie sich selbst 3 ⸻ S. 43

1 (1) 세수한 (2) 면도한 다음에/면도한 후에
(3) 닦기 전에 (4) 집에서 나가기

2 (1) 일을 시작하기 전에
(2) 친구하고 싸운 후에/다음에/뒤에
(3) 고향에 돌아가기 전에
(4) 한국어를 배운 후에/다음에/뒤에

3 (1) 비가 온 (2) 식기 (3) 사기 (4) 끝난

Kapitel 3

Testen Sie sich selbst 1 ⸻ S. 51

1 (1) 여행 갈까요 (2) 식사할까요 (3) 예매할까요
(4) 들을까요

2 (1) 쉬는 (2) 사용하는 (3) 필요한 (4) 전화하는

3 (1) ⓑ (2) ⓐ (3) ⓐ (4) ⓐ (5) ⓑ

Testen Sie sich selbst 2 ⸻ S. 55

1 (1) ⓑ (2) ⓑ (3) ⓐ (4) ⓐ (5) ⓐ (6) ⓐ

2 (1) 갑자기 다른 일이 생겨서 (2) 자판기가 고장 나서
(3) 배터리가 다 돼서 (4) 성격이 안 맞아서
(5) 문법 질문이 있어서

3 (1) 운동하기로 (2) 공부하기로 (3) 늦지 않기로
(4) 여행 가기로

Testen Sie sich selbst 3 ⸻ S. 59

1 (1) ⓑ (2) ⓐ (3) ⓑ (4) ⓑ (5) ⓐ (6) ⓑ

2 (1) 맛있으니까 (2) 불편하니까 (3) 봤으니까
(4) 잠이 들었으니까 (5) 안 끝났으니까/끝나지 않았으니까

3 (1) ⓑ (2) ⓓ (3) ⓐ (4) ⓒ

Kapitel 4

Testen Sie sich selbst 1 ⸻ S. 67

1 (1) 물어보면 (2) 늦으면 (3) 읽으면 (4) 마시면

2 (1) ⓑ (2) ⓐ (3) ⓐ (4) ⓑ

3 (1) ⓒ (2) ⓐ (3) ⓓ (4) ⓑ

Testen Sie sich selbst 2 ⸻ S. 71

1 (1) ⓔ (2) ⓓ (3) ⓐ (4) ⓕ (5) ⓑ (6) ⓒ

2 (1) ⓑ (2) ⓑ (3) ⓐ (4) ⓑ

3 (1) 대학교를 졸업하자마자 (2) 소식을 듣자마자
(3) 핸드폰을 사자마자 (4) 숙소를 찾자마자
(5) 집에 들어가자마자

Testen Sie sich selbst 3 ⸻ S. 75

1 (1) 언제 일을 시작하는지 (2) 어떻게 그 사실을 알았는지
(3) 어디로 여행 가고 싶은지 (4) 고향이 어딘지/어디인지
(5) 어른에게 어떻게 말해야 하는지
(6) 왜 친구의 얘기를 듣지 않는지

2 (1) ⓑ (2) ⓑ (3) ⓑ (4) ⓐ

3 (1) 싸지요 (2) 덥지요 (3) 쉽지 않지요 (4) 먹었지요
(5) 있지요 (6) 가신이지요

Kapitel 5

Testen Sie sich selbst 1 ⸺⸺ S. 83

1 (1) 책을 읽으려고 해요
(2) 다음 주 수요일에 영화를 보려고 하
(3) 등산 안 가려고 해요 / 등산 가지 않으려고 해요

2 (1) ⓑ (2) ⓑ (3) ⓑ (4) ⓐ

3 (1) ⓓ (2) ⓒ (3) ⓐ (4) ⓑ

Testen Sie sich selbst 2 ⸺⸺ S. 87

1 (1) ⓐ (2) ⓑ (3) ⓑ (4) ⓑ

2 (1) ⓒ (2) ⓓ (3) ⓔ (4) ⓑ (5) ⓐ

3 (1) 얼굴이 예쁜 (2) 분위기가 좋은 (3) 사는 (4) 운전하는

Testen Sie sich selbst 3 ⸺⸺ S. 91

1 (1) ⓑ (2) ⓐ (3) ⓑ (4) ⓐ

2 (1) ⓐ (2) ⓑ (3) ⓐ (4) ⓑ

3 (1) 간 적이 있 (2) 배운 적이 있 (3) 해 본 적이 없
(4) 먹은 적이 있 (5) 들은 적이 없 (6) 산 적이 없어서

Kapitel 6

Testen Sie sich selbst 1 ⸺⸺ S. 99

1 (1) 써도 (2) 앉아도 (3) 봐도 (4) 입어 봐도

2 (1) 모아야 (2) 지켜야 (3) 줄여야 (4) 맡겨야

3 (1) ⓑ (2) ⓐ (3) ⓑ (4) ⓐ

Testen Sie sich selbst 2 ⸺⸺ S. 103

1 (1) ⓑ (2) ⓐ (3) ⓑ (4) ⓑ

2 (1) 인터넷으로 사, 여행사에 전화하
(2) 공원에서 산책하, 맛있는 음식을 먹
(3) 택시를 타, 한국 사람에게 길을 물어보

Testen Sie sich selbst 3 ⸺⸺ S. 107

1 (1) 담배를 피우면 안 돼요 (2) 늦게 오면 안 돼요
(3) 음악을 틀면 안 돼요 (4) 예약을 미루면 안 돼요

2 (1) ⓔ (2) ⓕ (3) ⓒ (4) ⓑ (5) ⓓ (6) ⓐ

3 (1) ⓐ (2) ⓐ (3) ⓐ (4) ⓑ (5) ⓐ (6) ⓑ

Kapitel 7

Testen Sie sich selbst 1 ⸺⸺ S. 115

1 (1) ⓐ (2) ⓑ (3) ⓐ (4) ⓑ (5) ⓑ (6) ⓑ

2 (1) 그만두게 됐어요 (2) 짜게 됐어요 (3) 적응하게 됐어요
(4) 잘하게 돼요/잘하게 될 거예요

3 (1) ⓑ (2) ⓔ (3) ⓐ (4) ⓒ (5) ⓓ

Testen Sie sich selbst 2 ⸺⸺ S. 119

1 (1) ⓑ (2) ⓐ (3) ⓑ (4) ⓑ (5) ⓐ (6) ⓑ

2 (1) 멋있기는요 (2) 못하기는요 (3) 힘들기는요
(4) 안 하기는요 (5) 고맙기는요 (6) 미인은요

3 (1) 부니까 (2) 받았기 때문에 (3) 친구들 때문에
(4) 피곤하니까

Testen Sie sich selbst 3 ⸺⸺ S. 123

1 (1) ⓔ (2) ⓓ (3) ⓒ (4) ⓑ (5) ⓐ

2 (1) 잘하거든요 (2) 있거든요 (3) 살았거든요
(4) 오거든요 (5) 다르거든요

3 (1) ⓐ (2) ⓑ (3) ⓑ (4) ⓑ

Kapitel 8

Testen Sie sich selbst 1 ⸺⸺ S. 131

1 (1) ⓐ (2) ⓔ (3) ⓑ (4) ⓒ (5) ⓓ

2 (1) 다니는 동안에 (2) 공부하는 동안에 (3) 사는 동안에
(4) 회의하는 동안에 (5) 외출한 동안에

3 (1) ⓑ (2) ⓐ (3) ⓑ (4) ⓑ

Testen Sie sich selbst 2 ⸺⸺ S. 135

1 (1) ⓑ (2) ⓑ (3) ⓐ (4) ⓐ

2 (1) 음악을 들어 보니까 (2) 전화해 보니까
(3) 차를 마셔 보니까 (4) 태권도를 배워 보니까
(5) 지하철을 타 보니까

3 (1) 신으시겠어요 (2) 드시겠어요 (3) 사시겠어요
(4) 보시겠어요

Testen Sie sich selbst 3 ⸺⸺ S. 139

1 (1) 변호사입니다 (2) 보냈습니다 (3) 만납니다
(4) 주고받습니다 (5) 아쉽습니다 (6) 말씀드리겠습니다
(7) 타십니다 (8) 대해 주십니다 (9) 식사하셨습니다
(10) 존경하고 있습니다

2 (1) 이십니까? 아닙니다, 입니다
(2) 오셨습니까? 그렇습니다 (3) 주십시오, 하겠습니다
(4) 합시다! 그럽시다

3 (1) 받는 대로 (2) 끝나는 대로 (3) 밝는 대로
(4) 읽는 대로

Kapitel 9

Testen Sie sich selbst 1 ⸺⸺ S. 147

1 (1) ⓔ (2) ⓐ (3) ⓓ (4) ⓑ (5) ⓒ

2 (1) 시간이 날 (2) 하기 싫은 일을 할 (3) 처음 만났을
(4) 회사를 그만둘

3 (1) ⓐ (2) ⓑ (3) ⓑ (4) ⓐ

Testen Sie sich selbst 2 S. 151

1 (1) ⓑ (2) ⓐ (3) ⓑ (4) ⓐ (5) ⓑ (6) ⓑ

2 (1) ⓕ (2) ⓐ (3) ⓔ (4) ⓑ (5) ⓒ (6) ⓓ

3 (1) 비싸도 (2) 편해졌어요 (3) 연습해도 (4) 추워져요
(5) 한국인이라도

Testen Sie sich selbst 3 S. 155

1 (1) ③ⓑ (2) ④ⓐ (3) ①ⓓ (4) ②ⓒ

2 (1) 잘하려면 (2) 타려면 (3) 거절하려면
(4) 화해하려면 (5) 후회하지 않으려면

3 (1) ⓐ (2) ⓑ (3) ⓑ (4) ⓐ (5) ⓑ

Kapitel 10

Testen Sie sich selbst 1 S. 163

1 (1) ⓑ (2) ⓐ (3) ⓐ (4) ⓑ

2 (1) 있어 (2) 어/응 (3) 왜 (4) 가자 (5) 내가 (6) 아니야
(7) 나한테 (8) 너는 (9) 사 줘 (10) 보자/봐

3 (1) 나는 (2) 내가 (3) 먹어요/먹읍시다 (4) 어/응

Testen Sie sich selbst 2 S. 167

1 (1) 만들 줄 몰라요 (2) 탈 줄 모르 (3) 고칠 줄 아
(4) 운전할 줄 알 (5) 사용할 줄 몰라

2 (1) ⓒ (2) ⓐ (3) ⓔ (4) ⓑ (5) ⓓ

3 (1) ⓑ (2) ⓑ (3) ⓐ (4) ⓑ (5) ⓑ (6) ⓑ

Testen Sie sich selbst 3 S. 171

1 (1) ⓐ (2) ⓑ (3) ⓑ (4) ⓑ

2 (1) 준비해야겠어요 (2) 알아봐야겠어요 (3) 일해야겠어
(4) 피우지 않아야겠어요/피우지 말아야겠어요

3 (1) ⓑ (2) ⓒ (3) ⓐ (4) ⓔ (5) ⓓ

Kapitel 11

Testen Sie sich selbst 1 S. 179

1 (1) ⓑ (2) ⓑ (3) ⓑ (4) ⓐ (5) ⓐ (6) ⓐ

2 (1) 시설이 깨끗한 (2) 스트레스를 안 받는/받지 않는
(3) 얘기를 잘 들어 주는 (4) 친구하고 같이 본

3 (1) 맛있어 (2) 피곤해 (3) 나이 들어 (4) 친해

Testen Sie sich selbst 2 S. 183

1 (1) 몇 살일까요 (2) 살까요 (3) 있을까요
(4) 생각할까요 (5) 왜 왔을까요

2 (1) ⓑ (2) ⓐ (3) ⓐ (4) ⓐ (5) ⓐ

3 (1) ⓐ (2) ⓒ (3) ⓓ (4) ⓑ

Testen Sie sich selbst 3 S. 187

1 (1) 구했으면 좋겠어요 (2) 사귀었으면 좋겠어요
(3) 건강했으면 좋겠어요/건강하셨으면 좋겠어요
(4) 지냈으면 좋겠어요
(5) 생기지 않았으면 좋겠어요/생기지 말았으면 좋겠어요

2 (1) ⓐ (2) ⓑ (3) ⓑ (4) ⓐ (5) ⓑ

3 (1) ⓔ (2) ⓒ (3) ⓑ (4) ⓐ (5) ⓕ (6) ⓓ

Kapitel 12

Testen Sie sich selbst 1 S. 195

1 (1) 밤에 잠이 잘 안 온다고
(2) 음식이 상했으니까 먹지 말라고
(3) 어느 옷이 제일 마음에 드냐고
(4) 이번 주말에 같이 영화를 보자고
(5) 집주인의 연락처를 알려 달라고

2 (1) 어렵다고요 (2) 모른다고요 (3) 말하지 말라고요
(4) 전화하겠다고/전화한다고

3 (1) 그렇다고 (2) 자기 지갑이 (3) 쓰지 않는다고
(4) 먹고 싶다고 (5) 사라고요?

Testen Sie sich selbst 2 S. 199

1 (1) ⓐ (2) ⓐ (3) ⓑ (4) ⓐ (5) ⓑ (6) ⓐ

2 (1) ⓔ (2) ⓐ (3) ⓑ (4) ⓒ (5) ⓕ (6) ⓓ

3 (1) 늦을지도 (2) 받을지도 (3) 알지도 (4) 쌀지도
(5) 갔을지도 (6) 말했을지도

Testen Sie sich selbst 3 S. 203

1 (1) 준기 씨의 집이 크고 집세도 싸다면서요
(2) 준기 씨가 바빠서 시간이 없다면서요
(3) 준기 씨가 회사에 갈 때 버스로 2시간 걸린다면서요
(4) 준기 씨의 양복이 백만 원이라면서요
(5) 준기 씨가 다음 달에 결혼할 거라면서요

2 (1) ⓐ (2) ⓑ (3) ⓑ (4) ⓐ (5) ⓑ (6) ⓑ

3 (1) 사장님이라면서요? (2) 기다리라면서요?
(3) 떨어질 뻔했어요 (4) 있다면서요?

Kapitel 13

Testen Sie sich selbst 1 S. 211

1 (1) 짤 테니까 (2) 돌볼 테니까 (3) 막힐 테니까
(4) 말하지 않을 테니까/말 안 할 테니까 (5) 도착했을 테니까

2 (1) ⓐ (2) ⓐ (3) ⓑ (4) ⓐ (5) ⓑ (6) ⓑ

3 (1) ⓑ (2) ⓓ (3) ⓒ (4) ⓔ (5) ⓐ

Testen Sie sich selbst 2 S. 215

1 (1) ⓐ (2) ⓑ (3) ⓐ (4) ⓑ

2 (1) 배울까 해요 (2) 안 갈까 해요/가지 말까 해요
(3) 먹을까 하 (4) 살까

3 (1) 마실수록 (2) 많을수록 (3) 들을수록 (4) 들수록

Testen Sie sich selbst 3 S. 219

1 (1) ⓐ (2) ⓑ (3) ⓑ (4) ⓑ (5) ⓐ

2 (1) ⓓ (2) ⓐ (3) ⓒ (4) ⓒ

3 (1) 좋군요 (2) 왔군요 (3) 알겠군요 (4) 귀여웠겠군요

Kapitel 14

Testen Sie sich selbst 1 S. 227

1 (1) ⓑ (2) ⓐ (3) ⓐ (4) ⓑ

2 (1) 오나 봐요 (2) 잤나 봐요 (3) 유명한가 봐요
(4) 먼가 봐요 (5) 있나 봐요

3 (1) 산 줄 알았어요 (2) 가는 줄 알았어요
(3) 일한 줄 알았어요 (4) 매운 줄 알았어요

Testen Sie sich selbst 2 S. 231

1 (1) 70년대에 유행했던/유행하던
(2) 어렸을 때 가지고 놀았던/놀던
(3) 전에 친구하고 갈비를 먹었던
(4) 학교 다닐 때 키가 작았던/작던
(5) 5년 전에 회사 동료였던/동료이던
(6) 몇 년 전에 할머니께서 주셨던

2 (1) ⓑ (2) ⓐ (3) ⓑ (4) ⓐ (5) ⓐ

3 (1) 먹곤 해요 (2) 보곤 해요 (3) 싸우곤 했어요
(4) 산책하곤 했어요

Testen Sie sich selbst 3 S. 235

1 (1) 공부하느라고 (2) 참느라고 (3) 사느라고
(4) 돌보느라고 (5) 찾느라고 (6) 나오느라고

2 (1) 비가 와서 (2) 바빠서
(3) 회의를 하느라고/회의가 있어서
(4) 제가 음악을 듣느라고/동생이 음악을 들어서
(5) 여자 친구를 만나느라고/여자 친구가 생겨서

3 (1) ⓐ (2) ⓐ (3) ⓑ (4) ⓐ (5) ⓑ

Kapitel 15

Testen Sie sich selbst 1 S. 243

1 (1) ③ⓑ (2) ①ⓓ (3) ④ⓐ (4) ②ⓕ
(5) ⑥ⓔ (6) ⑤ⓒ

2 (1) 들다가 (2) 놀다가 (3) 졸다가 (4) 걷다가

3 (1) ⓑ (2) ⓐ (3) ⓐ (4) ⓐ (5) ⓑ (6) ⓑ

Testen Sie sich selbst 2 S. 247

1 (1) 예약했어야지요 (2) 참았어야지요
(3) 받지 말았어야지요/받지 않았어야지요
(4) 나가지 말았어야지요/나가지 않았어야지요
(5) 확인했어야지

2 (1) 갔어야 했는데 (2) 사과했어야 했는데
(3) 돌려줬어야 했는데 (4) 웃지 말았어야 했는데

3 (1) ⓐ (2) ⓐ (3) ⓑ (4) ⓑ (5) ⓐ

Testen Sie sich selbst 3 S. 251

1 (1) ⓑ (2) ⓐ (3) ⓑ (4) ⓑ (5) ⓐ (6) ⓑ

2 (1) 좋을 텐데 (2) 비쌀 텐데 (3) 심심할 텐데
(4) 아닐 텐데 (5) 화가 났을 텐데

3 (1) ⓐ (2) ⓒ (3) ⓓ (4) ⓑ

Kapitel 1

한국 (韓Korea 國Land): Republik Korea

대한민국 (大groß 韓Korea 民Menschen 國Land):
Republik Korea

대학 (大groß 學lernen): Universität

최대 (最meist 大groß): am größten

대부분 (大groß 部ein Großteil 分trennen): Großteil, meist/e/n

한복 (韓Korea 服Kleidung):
Hanbok (traditionelle koreanische Kleidung)

교복 (校Schule 服Kleidung): Schuluniform

운동복 (運Transport 動bewegen 服Kleidung): Sportkleidung

수영복 (水Wasser 泳schwimmen 服Kleidung):
Schwimmbekleidung

한류 (韓Korea 流fließen):
Koreanische Welle (Verbreitung koreanischer Popkultur)

교류 (交Austausch 流fließen): Austausch

상류 (上oben 流fließen): Oberklasse, stromaufwärts

주류 (主hauptsächlich 流fließen):
Mainstream, Hauptrichtung

국어 (國Land 語Sprache): Koreanische Sprache

단어 (單einfach 語Sprache, Wort): Wort

언어 (言sprechen 語Sprache, Wort): Sprache

어학 (語Sprache, Wort 學lernen): Sprachstudium

외국 (外draußen 國Land): Ausland

외출 (外draußen 出Ausgang): ausgehen

외교 (外draußen 交Austausch): Diplomatie

해외 (海Meer 外draußen): ausländisch

국내 (國Land 內innerhalb): Inland

실내 (室Raum 內innerhalb): drinnen

시내 (市Stadt 內innerhalb): Stadtmitte, in der Stadt

내용 (內innerhalb 容enthalten): Inhalt

Kapitel 2

주말 (週Woche 末Ende): Wochenende

매주 (每jede*r*s 週Woche): jede Woche

매일 (每jede*r*s 日Tag): jeden Tag

매월 (每jede*r*s 月Monat): jeden Monat

매년 (每jede*r*s 年Jahr): jedes Jahr

일주일 (一eins 週Woche 日Tag): eine Woche

생일 (生Geburt 日Tag): Geburtstag

휴일 (休ausruhen 日Tag): Ruhetag, freier Tag

기념일 (紀historische Aufzeichnung 念denken 日Tag):
Gedenktag

주급 (週Woche 給versorgen): Wochenlohn

월급 (月Monatslohn 給versorgen): Monatslohn

시급 (時Stunde 給versorgen): Stundenlohn

급식 (給versorgen 食essen):
Bereitstellung von Mahlzeiten (z.B. an Schulen)

월말 (月Monat 末Ende): Monatsende

월세 (月Monat 貰Miete): Monatsmiete

월초 (月Monat 初Anfang): Monatsanfang

월간지 (月Monat 刊eintragen 誌Aufzeichnung):
Monatsabonnement

연말 (年Jahr 末Ende): Jahresende

작년 (昨letzt 年Jahr): letztes Jahr

내년 (來kommen 年Jahr): nächstes Jahr

연금 (年Jahr 金Geld): Rente

결말 (結binden 末Ende): Abschluss, Ende

결국 (結binden 局Situation): schließlich

결과 (結binden 果Ergebnis): Ergebnis

결론 (結binden 論Diskussion): Fazit, Schlussfolgerung

Kapitel 3

시간 (時^{Zeit}間^{Interval}): Zeit

동시 (同^{gleich}時^{Zeit}): zur gleichen Zeit, gleichzeitig

  동료 (同^{gleich}僚^{Kolleg*in}): Kolleg*in

  동창 (同^{gleich}窓^{Fenster}): Klassenkamerad*in

  동의 (同^{gleich}意^{Bedeutung}): Zustimmung

일시적 (一^{eins}時^{Zeit}的^{Partikel für die Bildung von Adjektiven aus Nomen}): temporär, vorläufig

  일부 (一^{eins}部^{Teil}): ein Teil

  일방적 (一^{eins}方^{Seite}的^{Partikel für die Bildung von Adjektiven aus Nomen}): einseitig

  통일 (統^{vereinen} 一^{eins}): Vereinigung

시계 (時^{Zeit}計^{rechnen}): Uhr

  온도계 (溫^{warm}度^{Grad}計^{rechnen}): Thermometer

  계산 (計^{rechnen} 算^{zählen}): Berechnung

  계획 (計^{rechnen}劃^{(Pinsel)strich}): Plan

중간 (中^{mitten}間^{Interval}): mitten

  중심 (中^{mitten}心^{Herz}): Zentrum

  중순 (中^{mitten}旬^{zehn Tage}): die mittleren zehn Tage (eines Monats)

  집중 (集^{sammeln}中^{mitten}): konzentrieren

기간 (期^{Periode}間^{Interval}): Intervall

  단기 (短^{kurz}期^{Period}): kurze Zeitperiode

  장기 (長^{lang}期^{Periode}): lange Zeitperiode

  초기 (初^{Anfang}期^{Period}): Anfangszeit

인간 (人^{Person}間^{Interval}): menschlich

  개인 (個^{Stück}人^{Person}): Einzelperson

  본인 (本^{Ursprung}人^{person}): sich

  군인 (軍^{Militär}人^{Person}): Soldat*in

Kapitel 4

서점 (書^{Buch}店^{Laden}): Buchladen

교과서 (敎^{unterrichten}科^{Abteilung}書^{Buch}): Textbuch, Lehrbuch

  교사 (敎^{unterrichten}師^{Lehrer}): Lehrer*in

  종교 (宗^{fundamental}敎^{unterrichten}): Religion

  교육 (敎^{unterrichten}育^{erhöhen}): Bildung

계약서 (契^{Vertrag}約^{Vereinbarung}書^{Dokument}): Vertrag

  약속 (約^{Zustimmung}束^{binden}): Versprechen, Verabredung

  예약 (豫^{im Voraus}約^{zustimmen}): Reservierung

  선약 (先^{frühere}約^{Vereinbarung}): vorherige Verabredung

유서 (遺^{zurücklassen}書^{Dokument}): Testament

  유산 (遺^{zurücklassen}産^{Besitz}): Erbe

  유전 (遺^{zurücklassen}傳^{Transfer}): Genetik

  유적 (遺^{zurücklassen}跡^{Spur}): Ruinen, Relikte

본점 (本^{Grundlage}店^{Laden}): Zentrale

  본업 (本^{Grundlage}業^{Geschäft}): Hauptjob

  본사 (本^{Grundlage}社^{Gruppe}): Hauptsitz

  본부 (本^{Grundlage}部^{Teil}): Zentrale, Hauptquartier

매점 (賣^{verkaufen}店^{Laden}): Kiosk, kleines Geschäft

  매장 (賣^{verkaufen}場^{Ort}): Shop, Geschäft

  매표소 (賣^{verkaufen}票^{Ticket}所^{Ort}): Ticketschalter

  매진 (賣^{verkaufen}盡^{erschöpft}): ausverkauft

점원 (店^{Laden}員^{Angestellter}): Angestellte*r (in einem Laden)

  직원 (職^{Arbeit}員^{Angestellter}): Angestellte*r (in einer Firma)

  회원 (會^{treffen}員^{Angestellter}): Mitglied

  공무원 (公^{öffentlich}務^{dienen}員^{Angestellter}): Beamter/Beamtin

Kapitel 5

음식 (飮^{trinken}食^{essen}): Essen

음료수 (飮^{trinken}料^{Zutaten}水^{Wasser}): Getränke

  생수 (生^{Leben}水^{Wasser}): Mineralwasser

  정수기 (淨^{rein}水^{Wasser}器^{Gerät}): Wasseraufbereiter

  수도 (水^{Wasser}道^{Straße}): Wasserleitung

음주 운전 (飮^{trinken}酒^{Alkohol}運^{Transport}轉^{rollen}): Trunkenheit am Steuer

  맥주 (麥^{Weizen}酒^{Alkohol}): Bier

  소주 (燒^{brennen}酒^{Alkohol}): Soju

  포도주 (葡萄^{Traube}酒^{Alkohol}): Wein

과음 (過exzessiv飮trinken): exzessives trinken

   과속 (過exzessiv速Geschwindigkeit):
         Geschwindigkeitsüberschreitung

   과로 (過exzessiv勞Arbeit): Überarbeiten

   과식 (過exzessiv食essen): überessen

식당 (食essen堂Halle): Restaurant

   강당 (講sprechen堂Halle): Auditorium

   성당 (聖geheiligt堂Halle): Katholische Kirche

후식 (後nach食essen): Dessert

   후손 (後nach孫Enkel): Nachkomme

   후배 (後nach輩Kolleg*in): jüngere*r Kolleg*in

   오후 (午Mittag後nach): Nachmittag

회식 (會Meeting食Essen): Firmenessen

   회사 (會Meeting社Gruppe): Unternehmen

   회의 (會Meeting議diskutieren): Meeting

   회비 (會Meeting費Gebühr): Mitgliedsbeitrag

Kapitel 6

무선 (無nicht existieren線Linie, Kabel): kabellos

무관 (無nicht existieren關Beziehung): beziehungslos

   관심 (關Beziehung心Herz): Interesse

   관계 (關Beziehung係knüpfen): Beziehung, Verhältnis

   관련 (關Beziehung聯verbinden): relevant, bezüglich

무시 (無nicht existieren視sehen): ignorieren

   감시 (監bewachen視sehen): Überwachung

   경시 (輕leicht視sehen): Verachtung

   중시 (重schwer視sehen):
         als wichtig erachten, Bedeutung beimessen

무례 (無nicht existieren禮Benehmen): unhöflich, rücksichtslos

   예절 (禮Benehmen節Prinzip): Etikette

   예의 (禮Benehmen儀Verhalten): Benehmen

   장례식 (葬Beerdigung禮Benehmen式Stil): Beerdigung

노선 (路Straße線Linie): Route

   고속도로 (高hoch速Geschwindigkeit道Weg路Straße):
         Autobahn, Schnellstraße

   산책로 (散herumwandern策Wanderstock路Straße):
         Wanderweg

   가로등 (街Straße路Straße燈Licht): Straßenlicht

직선 (直gerade線Linie): gerade Linie

   직접 (直gerade接Kontakt): direkt

   직진 (直gerade進Fortschritt): geradeaus gehen

   직행 (直gerade行gehen): Direkt-(Bus, Flug, usw.)

전선 (電Elektrizität線Linie): Kabel

   충전 (充voll電Elektrizität): Aufladen

   전기 (電Elektrizität氣Energie): Elektrizität

   전화 (電Elektrizität話sprechen): Telefon

Kapitel 7

불편 (不nicht便bequem): unbequem

불행 (不nicht幸Glück): Unglück, Elend

   다행 (多viel幸Glück):
        Glück (wenn etwas glimpflich ausgegangen ist)

   행복 (幸Glück福Glück):
        Glück (wie Glücksgefühl, glücklich sein)

   행운 (幸Glück運Transport):
        Glück (Glück haben, Dusel, Gegenteil von Pech)

불가능 (不nicht可möglich能Fähigkeit): unmöglich

   허가 (許erlauben可möglich): Erlaubnis

   불가 (不nicht可möglich): verboten

   가능성 (可möglich能Fähigkeit性Natur): Möglichkeit

불신 (不nicht信Glaube): Misstrauen

   확신 (確sicher信Glaube): Überzeugung

   신뢰 (信Glaube賴Vertrauen): Vertrauen

   신용 (信Glaube用benutzen)카드: Kreditkarte

간편 (簡einfach便bequem): Einfachheit

   간단 (簡einfach單einzeln): einfach

   간이 화장실 (簡einfach易einfach化Wechsel粧Makeup室Zimmer):
        Mobile Toilettenkabine (Dixi-Klo)

   간소화 (簡einfach素Wesen化Wechsel): Vereinfachung

편안 (便bequem安Frieden): Bequemlichkeit, Komfort

   불안 (不nicht安Frieden): Angst

   안녕 (安Frieden寧Frieden): Frieden

   안전 (安Frieden全alles): Sicherheit

편리 (便bequem利Vorteil): Komfort

   유리 (有haben利Vorteil): Vorteil

   이용 (利Vorteil用Gebrauch): Nutzung, Gebrauch

   불리 (不nicht利Vorteil): Nachteil

Kapitel 8

상품 (商^{Handel}品^{Produkt}): Produkt

상업 (商^{Handel}業^{Geschäft}): Handel, Gewerbe
공업 (工^{Handwerk}業^{Geschäft}):
  verarbeitende Industrie, Fertigungsbranche
농업 (農^{Landwirtschaft}業^{Geschäft}): Landwirtschaft
산업 (産^{produzieren}業^{Geschäft}):
  produzierendes Gewerbe, Industrie

상표 (商^{Handel}標^{Marke}): Markenzeichen
목표 (目^{Auge}標^{Marke}): Ziel
표시 (標^{Marke}示^{zeigen}): Ausdruck
표준 (標^{Marke}準^{Kriterium}): Standard

상가 (商^{Handel}街^{Straße}): Einkaufsgebiet
대학가 (大^{groß}學^{lernen}街^{Straße}): Universitätsviertel
주택가 (住^{Leben}宅^{Wohnung}街^{Straße}):
  Wohnbezirk, Wohngebiet
가로수 (街^{Straße}路^{Weg}樹^{Baum}): Werk, Schaffen

명품 (名^{Name}品^{Produkt}): (Luxus)marke
유명 (有^{besitzen}名^{Name}): beliebt, berühmt
무명 (無^{kein}名^{Name}): unbekannt
명소 (名^{Name}所^{Ort}): (Touristen)attraktion

물품 (物^{Gegenstand}品^{Produkt}): Güter
선물 (膳^{Geschenk}物^{Gegenstand}): Geschenk
물가 (物^{Gegenstand}價^{Preis}): Lebenshaltungskosten
건물 (建^{bauen}物^{Gegenstand}): Gebäude

작품 (作^{Werk, Schaffen}品^{Produkt}): Arbeit, Werk
시작 (始^{Erst}作^{schaffen}): Anfang
작가 (作^{Werk, Schaffen}家^{Meister}): Autor*in
부작용 (副^{Sekundär, nebensächlich}作^{Werk, Schaffen}用^{Gebrauch}):
  Nebeneffekt

Kapitel 9

실력 (實^{Wahrheit}力^{Kraft, Stärke}): Fähigkeit

사실 (事^{Angelegenheit}實^{Wahrheit}): Fakt, Tatsache
사고 (事^{Angelegenheit}故^{Ursache}): Unfall
행사 (行^{gehen}事^{Angelegenheit}): Event
사업 (事^{Angelegenheit}業^{Geschäft}): Geschäft

현실 (現^{zeigen}實^{Wahrheit}): Realität
현재 (現^{zeigen}在^{existieren}): Gegenwart
표현 (表^{ausdrücken}現^{zeigen}): Ausdruck
현금 (現^{zeigen}金^{Geld}): Bargeld

확실 (確^{sicher}實^{Wahrheit}): sicher
확인 (確^{sicher}認^{erkennen}): Bestätigung
정확 (正^{genau}確^{sicher}): Genauigkeit
확률 (確^{sicher}率^{Verhältnis}): Wahrscheinlichkeit

권력 (權^{Rechte}力^{Kraft}): Autorität
저작권 (著^{schreiben}作^{schaffen}權^{Rechte}): Copyright
인권 (人^{Menschen}權^{Rechte}): Menschenrechte
권리 (權^{Rechte}利^{Vorteil}): Rechte

체력 (體^{Körper}力^{Kraft}): physische Kraft, Stärke
신체 (身^{Körper}體^{Körper}): Körper
체험 (體^{Körper}驗^{Erfahrung}): (persönliche) Erfahrung
체감 (體^{Körper}感^{Gefühl}): Körpergefühl

강력 (強^{stark}力^{Kraft, Macht}): große Stärke
강조 (強^{stark}調^{anpassen}): Betonung
강요 (強^{stark}要^{fordern}): Zwang
강대국 (強^{stark}大^{groß}國^{Land}): mächtiges Land

Kapitel 10

문제 (問^{fragen}題^{Thema, Frage}): Problem

문제점 (問^{fragen}題^{Frage}點^{Punkt}): Problem
관점 (觀^{Sicht}點^{Punkt}): Standpunkt
장점 (長^{lang}點^{Punkt}): pro, positiver Aspekt
단점 (短^{kurz}點^{Punkt}): kontra, negativer Aspekt

질문 (質^{Qualität}問^{fragen}): Frage
본질 (本^{Grundlage}質^{Qualität}): Essenz, Kern
품질 (品^{Produkt}質^{Qualität}): Produktqualität
소질 (素^{Element}質^{Qualität}): Talent, Veranlagung

문답 (問^{fragen}答^{antworten}): Frage und Antwort
대답 (對^{gegen, wider}答^{antworten}): Antwort
정답 (正^{richtig}答^{antworten}): richtige Antwort
답장 (答^{antworten}狀^{Brief}): Antwort (auf einen Brief)

숙제 (宿^{Unterkunft}題^{Frage}): Hausaufgabe

   기숙사 (寄^{zuordnen}宿^{Unterkunft}舍^{Haus}): Wohnheim

   노숙자 (露^{unverborgen}宿^{Unterkunft}者^{Person}):
                         obdachlose Person

   숙소 (宿^{logieren}所^{Ört}): Unterkunft

제목 (題^{Thema}目^{Auge}): Titel

   과목 (科^{Abschnitt}目^{Auge}): Fach

   목록 (目^{Auge}錄^{Liste}): Liste/Inhaltsverzeichnis

   목적 (目^{Auge}的^{Ziel}): Ziel

주제 (主^{haupt}題^{Thema}): Thema

   주인 (主^{haupt}人^{Person}): Besitzer*in, Eigentümer*in

   주장 (主^{haupt}張^{ausdehnen}): Behauptung

   민주주의 (民^{Volk}主^{haupt}主義^{-ismus}): Demokratie

Kapitel 11

성격 (性^{Natur, Geschlecht}格^{Rahmen}): Persönlichkeit, Charakter

남성 (男^{männlich}性^{Geschlecht}): männlich

   장남 (長^{erster}男^{Mann}): ältester Sohn

   남편 (男^{Mann}便^{Seite}): Ehemann

   미남 (美^{schön}男^{Mann}): gutaussehender Mann

여성 (女^{weiblich}性^{Geschlecht}): weiblich

   미녀 (美^{schön}女^{Frau}): hübsche Frau

   소녀 (少^{klein}女^{Frau}): Mädchen

   여왕 (女^{weiblich}王^{König}): Königin

특성 (特^{besonders}性^{Natur}): charakteristisch

   특별 (特^{besonders}別^{andere})하다: besonders sein

   독특 (獨^{alleine}特^{besonders})하다: einzigartig sein

   특이 (特^{besonders}異^{unterschiedlich})하다:
                       ungewöhnlich sein

합격 (合^{kombinieren}格^{Rahmen}): (eine Prüfung) bestehen

   연합 (聯^{verbinden}合^{kombinieren}): Allianz

   통합 (統^{vereinen}合^{kombinieren}): Kombination, Integration

   합의 (合^{kombinieren}意^{Bedeutung}): Zustimmung

자격 (資^{Kapital}格^{Form}): Qualifikation

   투자 (投^{werfen}資^{Kapital}): Investition

   자금 (資^{Kapital}金^{Geld}): Kapital, Fonds

   자료 (資^{Kapital}料^{Material}): Material, Daten

격식 (格^{Form}式^{Stil, Art}): Formalität

   결혼식 (結^{binden}婚^{Ehe}式^{Stil, Art, Zeremonie}):
                       Hochzeitsfeier

   공식적 (公^{öffentlich}式^{Stil, Art}的^{Partikel zur Bildung von Adjektiven aus Nomen}):
                       offiziell

   방식 (方^{Art}式^{Stil, Art}): Form

Kapitel 12

병원 (病^{krank}院^{öffentlicher Raum}): Krankenhaus

병실 (病^{krank}室^{Zimmer}): Krankenzimmer

   교실 (敎^{unterrichten}室^{Zimmer}): Klassenzimmer

   욕실 (浴^{Bad}室^{Zimmer}): Badezimmer (mit Badewanne)

   화장실 (化^{wechseln}粧^{Makeup}室^{Zimmer}): Badezimmer

병명 (病^{krank}名^{Name}): Name der Krankheit

   명함 (名^{Name}銜^{halten}): Visitenkarte

   서명 (署^{schreiben}名^{Name}): Unterschrift

   성명 (姓^{Familienname}名^{Name}): Nachname

난치병 (難^{schwierig}治^{heilen}病^{krank}):
                       schwer zu heilende Krankheit

   재난 (災^{Unglück}難^{Schwierigkeit}): Katastrophe

   난처 (難^{Schwierigkeit}處^{Situation})하다:
                       in Schwierigkeiten sein

   피난 (避^{vermeiden}難^{Schwierigkeit}): Zuflucht

법원 (法^{Gesetz}院^{öffentlicher Raum}): Gericht

   방법 (方^{Richtung}法^{Gesetz, Art und Weise}): Methode

   불법 (不^{nicht}法^{Gesetz}): illegal

   국제법 (國^{Land}際^{zwischen}法^{Gesetz}): internationales Recht

문화원 (文^{schreiben}化^{tauschen}院^{öffentlicher Raum}): Kulturzentrum

   문학 (文^{schreiben}學^{lernen}): Literatur

   문장 (文^{schreiben}章^{Kapitel}): Satz

   문자 (文^{Schreiben}字^{Buchstabe}): Buchstabe, Zeichen

대학원 (大^{groß}學^{lernen}院^{öffentlicher Raum}):
                       Graduiertenschule

   장학금 (奬^{ermutigen}學^{lernen}金^{Geld}): Stipendium

   학교 (學^{lernen}校^{Schule}): Schule

   학자 (學^{lernen}者^{Person}): Gelehrte*r

Kapitel 13

활동 (活 Vitalität 動 bewegen): Aktivität

생활 (生 Leben 活 Vitalität): (alltägliches) Leben
  인생 (人 Person 生 Leben): sein eigenes Leben
  생명 (生 Leben 命 Leben): Leben (im Gegensatz zum Tod)
  생존 (生 Leben 存 existieren): überleben

활기 (活 Vitalität 氣 Energie)있다: energiegeladen
  인기 (人 Person 氣 Energie): Beliebtheit
  분위기 (雰 Sinn 圍 Umgebung 氣 Energie): Atmosphäre, Stimmung
  용기 (勇 mutig 氣 Energie): Mut

재활용 (再 wieder 活 Vitalität 用 benutzen): wiederverwenden
  사용 (使 einsetzen 用 benutzen): Nutzung, Gebrauch
  유용 (有 sein, haben 用 benutzen)하다: nützlich sein
  비용 (費 ausgeben 用 benutzen): Kosten, Ausgaben

동사 (動 bewegen 詞 Wort): Verb
  조사 (助 helfen 詞 Wort): Partikel
  부사 (副 untergeordnetes 詞 Wort): Adverb
  명사 (名 Name 詞 Wort): Nomen

자동 (自 selbst 動 bewegen): automatisch
  자살 (自 selbst 殺 töten): Selbstmord
  자유 (自 selbst 由 herkommen): Freiheit
  자연 (自 selbst 然 wie das): Natur

부동산 (不 nicht 動 bewegen 産 Besitz): Immobilien
  재산 (財 Geld 産 Besitz): Anlage
  가산 (家 Familie 産 Besitz): Familienvermögen
  파산 (破 brechen 産 Besitz): Insolvenz, Bankrott

Kapitel 14

여행 (旅 reisen 行 gehen): Reise

여권 (旅 reisen 券 Ticket): Reisepass
  복권 (福 Glück 券 Ticket): Lottoschein
  상품권 (商 Handel 品 Produkt 券 Ticket): Geschenkkarte
  입장권 (入 betreten 場 Platz 券 Ticket): Eintrittsticket

여행사 (旅 reisen 行 gehen 社 Gruppe): Reisebüro
  지사 (支 Niederlassung 社 Gruppe): Niederlassung
  사장 (社 Gruppe 長 Leiter): CEO, Geschäftsführer*in
  사회 (社 Gruppe 會 versammeln): Gesellschaft

여관 (旅 reisen 館 öffentliches Gebäude): Pension
  대사관 (大 groß 使 Gesandter 館 öffentliches Gebäude): Botschaft
  도서관 (圖 Bild 書 Buch 館 öffentliches Gebäude): Bibliothek
  박물관 (博 weit 物 Gegenstand 館 öffentliches Gebäude): Museum

선행 (先 früher, älter 行 gehen): vorhergehen
  선생 (先 früher, älter 生 geboren)님: Lehrer
  우선순위 (優 überlegen 先 früher, älter 順 Reihenfolge 位 Platz): Prioritäten(liste)
  선배 (先 früher, älter 輩 gleichaltrig): ranghöhere oder ältere (nach Eintrittsdatum) Kolleg*innen/Studierende

진행 (進 Fortschritt 行 gehen): Fortschritt
  승진 (昇 steigen 進 Fortschritt): Beförderung
  직진 (直 gerade 進 Fortschritt): geradeaus
  선진국 (先 früher, älter 進 Fortschritt 國 Land): Industrieland (Erste Welt)

비행기 (飛 fliegen 行 gehen 機 Maschine): Flugzeug
  세탁기 (洗 waschen 濯 waschen 機 Maschine): Waschmaschine
  자판기 (自 selbst 販 verkaufen 機 Maschine): Verkaufsautomat
  기계 (機 Maschine 械 Maschine): Maschine

Kapitel 15

출발 (出 Ausgang 發 herauskommen): Abfahrt, Abreise

출구 (出 Ausgang 口 Mund): Ausgang
  입구 (入 betreten 口 Mund): Eingang
  비상구 (非 nicht 常 normal 口 Mund): Notausgang
  항구 (港 Hafen 口 Mund): Hafen

출근 (出 Ausgang 勤 arbeiten): zur Arbeit gehen
  퇴근 (退 zurückziehen 勤 arbeiten): Feierabend
  근무 (勤 arbeiten 務 Aufgabe): Abeiten
  야근 (夜 Nacht 勤 arbeiten): Überstunden

출신 (出^{Ausgang}身^{Körper}): Geburtsort

자신 (自^{selbst}身^{Körper}): selbst

대신 (代^{ersetzen}身^{Körper}): anstatt

신분증 (身^{Körper}分^{unterscheiden}證^{Zertifikat}):
Personalausweis

개발 (開^{offen}發^{herauskommen}): Entwicklung

개방적 (開^{offen}放^{freigeben}的^{Partikel zur Bildung von Adjektiven aus Nomen}):
aufgeschlossen

공개 (公^{öffentlich}開^{offen}): Öffnung für die Öffentlichkeit

재개 (再^{wieder}開^{offen}): Wiedereröffnung

발표 (發^{herauskommen}表^{außen}): Präsentation

대표 (代^{ersetzen}表^{außen}): Repräsentant*in, Vertreter*in

표면 (表^{außen}面^{Gesicht}): Oberfläche

표정 (表^{außen}情^{Gefühl}): (Gesichts) Ausdruck

발상 (發^{herauskommen}想^{denken}): Idee, Denkweise

예상 (豫^{im Voraus}想^{denken}): Vorhersage

환상 (幻^{Illusion}想^{denken}): Illusion, Fantasie

상상력 (想^{denken}像^{Bild}力^{Macht}):
Vorstellungskraft, Fantasie

Neue Wörter & Neue Redewendungen

Kapitel 1

Dialog 1 S. 20

| Neue Wörter |

지난달	letzter Monat
반갑다	sich freuen, jemanden zu treffen
시	Stadt
서쪽	Westen
얼마나	wie lange
앞으로	von jetzt an, in Zukunft
지내다	auskommen mit

| Neue Redewendungen |

만나서 반가워요.
Schön, Sie zu treffen.

그렇군요.
Achso.

우리 앞으로 잘 지내요.
Ich freue mich, Sie bald wiederzusehen. (wtl. Lassen Sie
uns von jetzt an gut miteinander auskommen.)

Dialog 2 S. 24

| Neue Wörter |

가르치다	unterrichten
생활	Leben, Alltag
언어	Sprache
때문에	weil
힘들다	schwierig sein
아직	noch
못하다	nicht können
잘하다	gut machen
연락처	Kontaktinformationen

| Neue Redewendungen |

무슨 일 하세요?
Was machen Sie beruflich?

한국 생활은 어떠세요?
Wie ist das Leben in Korea?

아직 잘 못해요.
Ich kann es noch nicht gut.

Dialog 3 S. 28

| Neue Wörter |

이거	dies
모두	allle, alles
(나이) 차이가 나다	auseinander sein, unterschiedlich sein (Alter)
빼고	außer, abgesehen von
함께	zusammen, gemeinsam
여기저기	hier und dort, an verschiedenen Orten
떨어져 살다	getrennt leben

| Neue Redewendungen |

가족이 모두 몇 명이에요?
Wie viele Familienmitglieder haben Sie?

오빠하고 나이가 세 살 차이가 나요.
Mein älterer Bruder und ich sind drei Jahre
auseinander.

여기저기 떨어져 살아요.
Wir leben alle an verschiedenen Orten.

Kapitel 2

Dialog 1 S. 36

| Neue Wörter |

돌아가다	zurückkehren
쉬다	sich ausruhen
확인하다	überprüfen, checken
관심이 있다	interessiert sein
주로	normalerweise, hauptsächlich, überwiegend
에 대한	über
주중	in der Woche, wochentags
이것저것	alle Arten von
다양하게	verschiedene
가요	Pop Song

| Neue Redewendungen |

저는 여행에 관심이 있어요.
Ich interessiere mich für Reisen.

토요일 아침마다 운동해요.
Ich mache jeden Samstagmorgen Sport.

이것저것 다양하게 들어요.
Ich höre alle Arten von Musik.

Dialog 2 S. 40

I Neue Wörter I

밖	draußen
정도	bis zu, ungefähr
반반씩	halb halb
집안일	Hausarbeit
소설	Roman
역사	Geschichte
게으르다	faul sein
가끔씩	manchmal

I Neue Redewendungen I

한 달에 2-3(두세) 번 정도 만나요.
Ich treffe sie ungefähr zwei oder drei Mal im Monat.

영어하고 한국어로 반반씩 해요.
Wir sprechen zur Hälfte auf Englisch und zur Hälfte auf Koreanisch.

집안일은 가끔 해요.
Ich mache nur manchmal Hausarbeit.

Dialog 3 S. 44

I Neue Wörter I

씻다	waschen
바로	sofort
새벽	Morgengrauen, Stunden zwischen Mitternacht und Sonnenaufgang
때	wenn, als
쭉	direkt, seitdem
불규칙하다	unregelmäßig sein
해가 뜨다	die Sonne geht auf
푹	tief, fest
평일	Wochentag
하루 종일	den ganzen Tag
건강	Gesundheit
습관	Gewohnheit
고쳐지다	repariert werden

I Neue Redewendungen I

학생 때부터 쭉 그랬어요.
Ich mache das, seitdem ich Schüler bin.

그때그때 달라요.
Es hängt vom Tag ab.

그렇긴 해요.
Das ist wahr.

Kapitel 3

Dialog 1 S. 52

I Neue Wörter I

직접	direkt, selbst
경기	Wettkampf
시간 맞추다	zeitlich abstimmen
출구	Ausgang
예매하다	Tickets reservieren

I Neue Redewendungen I

야구나 축구 같은 거 좋아해요.
Ich mag Sportarten wie Baseball oder Fußball.

오후 2시 어때요?
Wie wäre es um 14 Uhr nachmittags?

그때 봐요.
Bis dann.

Dialog 2 S. 56

I Neue Wörter I

그날	dieser Tag
일이 생기다	etwas passiert
혹시	vielleicht
(약속을) 미루다	(eine Verabredung) verschieben
벌써	schon
바꾸다	wechseln
안부	Grüße
전하다	übermitteln, ausrichten

I Neue Redewendungen I

웬일이에요?
Was ist los? Was machen Sie hier?

안부 전해 주세요.
Bitte richten Sie Grüße von mir aus.

끊을게요.
Auf wiederhören/Tschüss. (wtl. Ich lege auf.)

Dialog 3 S. 60

I Neue Wörter I

뭐	was
한정식	Hanjeongsik (traditionelles, koreanisches Essen mit vielen Beilagen)
값	Preis, Kosten
적당하다	passend sein, angemessen sein
넘어서	nach
언제든지	zu jeder Zeit, wann auch immer

이후	nach (Zeit)
넉넉하게	genügend
가지고 오다	bringen (ein Objekt)
데리러 가다	mitbringen (eine Person)
연락하다	anrufen, kontaktieren
서두르다	sich beeilen

| Neue Redewendungen |

저는 언제든지 괜찮아요.
Jede Zeit ist gut für mich.

그러면 좋지요.
Es wäre schön, wenn Sie das machen könnten.

서두르지 마세요.
Bitte beeilen Sie sich nicht.

Kapitel 4

Dialog 1 S. 68

| Neue Wörter |

이쪽	diese Richtung hier
저쪽	diese Richtung dort
건너다	überqueren
자세히	genau, detailliert
설명하다	erklären, erzählen
처음	zuerst
횡단보도	Zebrastreifen
보이다	gesehen werden
끼고 돌다	drehen (ein Meilenstein)
또	auch, wieder
물어보다	fragen

| Neue Redewendungen |

저, 실례합니다.
Entschuldigen Sie bitte.

이쪽이 아니라 저쪽이에요.
Es ist nicht diese Richtung hier.
Es ist jene Richtung dort.

좀 자세히 설명해 주시겠어요?
Könnten Sie es mir noch genauer erklären?

Dialog 2 S. 72

| Neue Wörter |

휴지	Taschentuch
지하	Untergeschoss
복잡하다	kompliziert/durcheinander/voll sein
내려가다	heruntergehen
계단	Treppe

음료수	Getränke
코너	Abschnitt, Bereich
맞은편	andere/entgegengesetzte Seite
이제	jetzt

| Neue Redewendungen |

더 자세히 말해 주시겠어요?
Könnten Sie es mir genauer erklären?

저기 〔Nomen〕 보이죠?
Sie sehen 〔Nomen〕 dort drüben, oder?

또 필요한 거 없으세요?
Gibt es noch etwas, was Sie benötigen?
(wtl. Gibt es nichts, was Sie benötigen?)

Dialog 3 S. 76

| Neue Wörter |

사실은	tatsächlich, in der Tat
내리다	heruntergehen, aussteigen
나오다	herauskommen
주변	Umgebung
말고	nicht… (aber)
건너편	gegenüberliegende Seite
동상	Statue
마중 나가다	rausgehen, um zu treffen
입구	Eingang

| Neue Redewendungen |

거의 다 왔어요?
Sind Sie fast da?

어떻게 가는지 잘 모르겠어요.
Ich weiß nicht genau, wie man dort hinkommt.

〔A〕 말고 〔B〕 없어요?
Gibt es kein [A] aber [B]?

Kapitel 5

Dialog 1 S. 84

| Neue Wörter |

일찍	früh
한식	Koreanisches Essen
맵다	scharf sein
잘	gut
다	alle

| Neue Redewendungen |

〔Nomen〕먹으면 어때요?
Wie wäre es, wenn wir 〔Nomen〕essen?

〔Nomen〕빼고 다른 건 괜찮아요?
Ist alles andere in Ordnung außer 〔Nomen〕?

-(으)면 다 괜찮아요.
Solange es... ist, ist es OK.

Dialog 2 S. 88

| Neue Wörter |

된장	Doenjang
손님	Kunde
떨어지다	runterfallen
(음식이) 안 되다	nicht verfügbar sein (für Essen)
이 중에서	unter diesen, davon
뭘로 (= 무엇으로)	woraus, aus was
넣다	hinzufügen
끓이다	gekocht werden
고기	Fleisch
채소	Gemüse
들어가다	hineintun
따로	getrennt
가능하면	wenn möglich

| Neue Redewendungen |

뭐 드시겠어요?
Was möchten Sie essen?

다른 건 돼요?
Andere Gerichte gibt es?

가능하면 맵지 않게 해 주세요.
Wenn es möglich ist, machen Sie es nicht scharf.

Dialog 3 S. 92

| Neue Wörter |

맛집	beliebtes Restaurant
알아보다	herausfinden
한정식 집	Restaurant für Hanjeongsik (traditionelles, koreanisches Essen mit vielen kleinen Beilagen)
맛이 좋다	schmecken
분위기	Atmosphäre
추천하다	empfehlen
며칠	ein paar Tage
입맛에 맞다	den Geschmack treffen

| Neue Redewendungen |

아직 못 찾았어요.
Ich habe es noch nicht finden können.

〔Nomen〕에 가 본 적 있어요?
Waren Sie vielleicht schon einmal bei 〔Nomen〕?

알려 줘서 고마워요.
Danke, dass Sie es mich haben wissen lassen.

Kapitel 6

Dialog 1 S. 100

| Neue Wörter |

말씀하다	sprechen 〔höflich〕
이용료	Nutzungsgebühr
내다	Zahlen
무료	kostenlos
학생증	Studentenausweis
평일	Wochentag
비밀번호	Passwort
입력하다	eingeben

| Neue Redewendungen |

뭐 좀 물어봐도 돼요?
Kann ich Sie etwas fragen?

말씀하세요.
Bitte. (wtl. Sprechen Sie.)

하나만 더 물어볼게요.
Lassen Sie mich noch eine Sache fragen.

Dialog 2 S. 104

| Neue Wörter |

가져가다	mitnehmen (und wiederkommen)
물론	natürlich
지도	Karte
숙박 시설	Unterkunft
조용하다	leise sein
곳	Ort
탁자	Tisch
안내 책자	Informationsbroschüre
놓이다	abgelegt sein 〔Passive von 놓다 „ablegen"〕
예약하다	Reservieren
자세하다	detailliert sein
정보	Information

| Neue Redewendungen |

이거 가져가도 돼요?
Darf ich das mitnehmen?

물론이죠.
Natürlich.

더 자세한 정보가 나와 있어요.
Es gibt detailliertere Informationen.

Dialog 3

S. 108

| Neue Wörter |

다니다	zur Arbeit/Schule gehen
적응하다	sich gewöhnen an
정장	Anzug
갔다 오다	gehen (und wiederkommen)
분위기	die Atmosphäre
자유롭다	frei, entspannt sein
특히	insbesondere, besonders
엄격하다	streng sein
출근하다	zur Arbeit gehen
마음대로	wie man möchte, nach Wunsch
꼭	auf jeden Fall, definitiv
정해진 시간	festgelegte Zeit
회식	Essen mit Kolleg*innen, Firmenessen
빠지다	auslassen, wegbleiben
싫어하다	nicht mögen
동료	Kolleg*in

| Neue Redewendungen |

(Nomen)에 잘 적응하고 있어요.
Ich gewöhne mich an das Leben in (Nomen).

그런 편이에요.
Es ist entspannt. (wtl. Es ist auf der entspannten Seite.)

마음대로 입어도 돼요.
Wir können tragen, was uns gefällt.

Kapitel 7

Dialog 1

S. 116

| Neue Wörter |

동네	Viertel
깨끗하다	sauber sein
편하다	es bequem haben
교통	Verkehr
거실	Wohnzimmer
주방	Küche
집세	Miete
나머지	der Rest, restliche*r*s

떠나다	verlassen

| Neue Redewendungen |

(Nomen)이/가 어때요?
Wie ist (Nomen)?

얼마 안 걸려요.
Es dauert nicht lange.

그거 빼고 나머지는 다 괜찮아요.
Abgesehen davon ist der Rest in Ordnung.

Dialog 2

S. 120

| Neue Wörter |

여러 가지	viele Sachen
불편하다	unbequem
우선	zuerst
직장	Arbeit(sort)
주변	Umgebung
마음에 들다	mögen
오래되다	alt sein (ein Gegenstand)
벌레	Ungeziefer
이사하다	umziehen
생각 중	dabei sein, zu überlegen/gerade überlegen
사실은	eigentlich

| Neue Redewendungen |

뭐가 문제예요?
Was ist das Problem?

집은 마음에 들어요?
Gefällt Ihnen Ihre Wohnung?

저도 지금 생각 중이에요.
Ich überlege auch gerade.

Dialog 3

S. 124

| Neue Wörter |

숨	Lüfte
밤새	die ganze Nacht
고치다	reparieren
게다가	außerdem
틈	Spalt
들어오다	hereinkommen
다행이다	Glück haben
옆집	nebenan
소리	Geräusch
들리다	gehört werden
인사하다	grüßen
기회	Möglichkeit

다행이네요.
Das ist gut (wtl. Glück).

그러지 말고 … 지 그래요?
Solltest du nicht... statt das zu tun?

그게 좋겠네요.
Das wäre gut.

Kapitel 8

Dialog 1   S. 132

| Neue Wörter |

사용하다	benutzen, verwenden
잘 나가다	sich gut verkaufen
젊다	jung sein
인기가 있다	beliebt sein
색	Farbe
고장이 나다	kaputt gehen
둘 다	beide, s
튼튼하다	stabil sein
가져오다	mitnehmen
수리하다	(Nomen) für einen Kunden repariert werden

| Neue Redewendungen |

요즘 이게 제일 잘 나가요.
Zur Zeit verkauft sich das am besten.

이게 어디 거예요?
Woher ist das?

이걸로 주세요.
Geben Sie mir bitte diesen.

Dialog 2   S. 136

| Neue Wörter |

전원	Stromquelle
켜지다	angezündet werden
버튼	Knopf
새	neue
제품	Produkt
교환하다	umtauschen
영수증	Quittung

| Neue Redewendungen |

어떻게 오셨어요?
Kann ich Ihnen helfen?
(wtl. Wie sind Sie hierher gekommen?)

전원이 안 켜져요.
Es lässt sich nicht einschalten.

(Nomen) 좀 보여 주시겠어요?
Könnten Sie mir (Nomen) zeigen?

물론이죠.
Natürlich.

Dialog 3   S. 140

| Neue Wörter |

딱 끼다	zu eng sein
성함	Name (höflich)
반품	Rückgabe
배송비	Lieferkosten
고객님	Kunde (höflich)
접수	Annahme
상품	Gut, Waren
상자	Box
포장하다	einpacken
택배 기사님	Zusteller
방문하다	besuchen
처리하다	erledigen
문의 사항	Anfragen

| Neue Redewendungen |

무엇을 도와드릴까요?
Wie kann ich Ihnen helfen?

성함이 어떻게 되십니까?
Wie heißen Sie?

다른 문의 사항은 없으십니까?
Haben Sie noch andere Fragen?

Kapitel 9

Dialog 1   S. 148

| Neue Wörter |

말이 통하다	kommunizieren können
생활 방식	Lebensweise, Lifestyle
사고방식	Denkweise
차이	Unterschied
적응이 되다	sich an etwas gewöhnen können
실수	Fehler
완벽하게	perfekt, vollständig
어떤	welche, ein gewisses (Nomen)
반말	Banmal, Informelles Sprechen
혼나다	Ärger bekommen

| Neue Redewendungen |

적응이 안 됐어요.
Ich hatte Probleme, mich daran zu gewöhnen.

이제 많이 익숙해졌어요.
Ich habe mich jetzt sehr daran gewöhnt.

예를 들면
Zum Beispiel

Dialog 2 S. 152

| Neue Wörter |

고민	Sorge, Problem
실력	Kenntnisse, Fähigkeit
한	ungefähr
어느 정도	bis zu einem Grad, bis zu einem Ausmaß
자신감	Selbstvertrauen
점점	allmählich, langsam
없어지다	verschwinden
최대한	so viel wie möglich
꾸준히	konsequent, stetig
곧	bald

| Neue Redewendungen |

무슨 고민이 있어요?
Worüber machen Sie sich Sorgen?

저도 그렇게 생각해요.
Das denke ich auch. / Ich stimme dir zu.

최대한 많이
so viel wie möglich

Dialog 3 S. 156

| Neue Wörter |

대단하다	beeindruckend sein
원래	eigentlich, ursprünglich
이해하다	versehen
만큼	so viel wie
적어도	mindestens
이상	mehr als
알아듣다	verstehen (beim Hören)
포기하다	aufgeben
자꾸	häufig, andauernd

| Neue Redewendungen |

요즘 어떻게 지내요?
Was haben Sie in letzter Zeit gemacht?

사람마다 다르죠.
Es hängt von der Person ab.

〔A〕이/가 〔B〕에 도움이 돼요.
〔A〕 sind hilfreich beim 〔B〕.

Kapitel 10

Dialog 1 S. 164

| Neue Wörter |

아무	ein, jede*r*s
부탁을 들어주다	eine Bitte erhören
고장 나다	einen Defekt (eine Panne) haben
고치다	reparieren
갑자기	plötzlich
막	gerade, halt
선	Kabel
연결되다	verbunden werden
문제	Problem
급하다	dringend sein, eilig sein

| Neue Redewendungen |

아무것도 안 해.
Ich mache nichts.

지금 막 고장 났어.
Es ist gerade kaputt gegangen.

〔Nomen〕에는 아무 문제 없어.
Es gibt kein Problem mit 〔Nomen〕.

Dialog 2 S. 168

| Neue Wörter |

날씨	wetter
모시고	jemanden begleiten 〔höflich〕
걷다	zu Fuß gehen
빌리다	verleihen, leihen
바닷가	Strand
경치	Landschaft
데	Ort
알리다	anzeigen

| Neue Redewendungen |

무슨 일 있어?
Was ist los?

그거 좋은 생각이다.
Das ist eine gute Idee.

여행 잘 다녀와.
Viel Spaß bei deiner Reise.

Dialog 3 S. 172

| Neue Wörter |

지갑	Portemonnaie
잃어버리다	verlieren
기억나다	sich erinnern
마지막으로	zum Schluss, schließlich

계산하다	rechnen, eine Rechnung bezahlen
꺼내다	herausnehmen
들어 있다	drinnen/in etwas sein
현금	Bargeld
신분증	Ausweis
정지하다	eine (Kreditkarte) sperren
깜빡	voll, ganz, total
잊어버리다	vergessen
유실물 센터	Fundbüro
일단	zuerst

| Neue Redewendungen |

어떡하지?
Was soll ich (bloß) tun?

기억 안 나.
Ich kann mich nicht erinnern.

깜빡 잊어버리고 아직 못 했어.
Ich habe es total vergessen und noch nicht gemacht.

Kapitel 11

Dialog 1 S. 180

| Neue Wörter |

맨	meist/allererst
갈색	braun
수염	Bart
배우	Schauspieler
체격	Körper
딱	genau
그나저나	übrigens
친하다	nahe stehen
첫눈에 반하다	sich auf den ersten Blick verlieben
계속	dauern
되게	sehr
소개하다	vorstellen

| Neue Redewendungen |

그치?
Richtig, oder?

첫눈에 반한 거야?
War es Liebe auf den ersten Blick?

잘해 봐.
Viel Glück.

Dialog 2 S. 184

| Neue Wörter |

청바지	Jeans
들다	tragen
그건	das (Sache)
어디선가	irgendwo
생각나다	sich erinnern
지난	letzt*e*r*s
발표하다	präsentieren
어쨌든	jedenfalls
놓고 가다	zurücklassen
갖다주다	(jemanden) bringen

| Neue Redewendungen |

어디선가 봤는데
Ich habe ihn irgendwo gesehen, aber…

아! 맞다!
Ah! Stimmt!

글쎄.
Mh. (Ich bin mir nicht sicher.)

Dialog 3 S. 188

| Neue Wörter |

사귀다	Freunde kennen lernen, daten
동호회	Verein
가입하다	beitreten
수줍음이 많다	schüchtern sein
활발하다	offen, aufgeschlossen sein
상관없다	nichts ausmachen, egal sein
성격이 맞다	der Charakter passt

| Neue Redewendungen |

어떻게 하면 좋을까요?
Was soll ich machen?

나이는 상관없어요.
Das Alter ist mir egal.

또 다른 건 뭐가 …?
Was ist noch...?

Kapitel 12

Dialog 1

S. 196

| Neue Wörter |

교통사고	Verkehrsufall
사고가 나다	einen Unfall haben
다치다	sich verletzten
입원하다	ins Krankenhaus einliefern
수술하다	eine Operation haben
바라다	wünschen
병문안	besuchen (im Krankenhaus)
면회	Besuchszeiten

| Neue Redewendungen |

뭐라고요?
Was haben Sie gesagt?

그건 잘 모르겠어요.
Das weiß ich nicht.

저도 그러길 바라고 있어요.
Ich hoffe es auch. (wtl. Ich wünsche das auch.)

Dialog 2

S. 200

| Neue Wörter |

(시간이) 지나다	(Zeit) vergehen
아까	kurz vorher
전화가 오다	einen Anruf bekommen
사정이 있다	es gibt private Gründe
몸이 안 좋다	sich nicht gut fühlen
그런	solche Art
목소리	Stimme
감기에 걸리다	sich erkälten
힘이 없다	keine Kraft haben
낮	Tag, Tageszeit

| Neue Redewendungen |

뭐라고 했어요?
Was hat (Person) gesagt?

그런 것 같아요.
Es sieht so aus.

평소와 달리
anders als sonst

Dialog 3

S. 204

| Neue Wörter |

부러지다	brechen (einen Knochen)
다행히	glücklicherweise, zum Glück
약간	ein bisschen

큰일(이) 나다	etwas Schlimmes passiert
왔다 갔다 하다	hin und her gehen
치료받다	behandelt werden
걱정하다	sich sorgen
심하게	ernst
고생하다	Schwierigkeiten, Mühe haben
낫다	heilen, besser werden

| Neue Redewendungen |

큰일 날 뻔했네요.
Das war sehr knapp! (wtl. Fast wäre etwas schlimmes passiert.)

몸조리 잘하세요.
Passen Sie gut auf Ihre Gesundheit auf.

빨리 낫기를 바랄게요.
Ich hoffe, dass es Ihnen bald besser geht.

Kapitel 13

Dialog 1

S. 212

| Neue Wörter |

고향	Heimat
경험을 쌓다	Erfahrungen sammeln
일자리	Arbeitsplatz
번역하다	übersetzen
통역	dolmetschen

| Neue Redewendungen |

그렇긴 하죠.
Das stimmt schon.

몇 번 해 봤어요.
ein paar Mal gemacht.

그렇게 얘기해 줘서 고마워요.
Danke, dass Sie das gesagt haben.
(wtl. Danke, dass Sie es so gesagt haben.)

Dialog 2

S. 216

| Neue Wörter |

한자	Hanja (chinesische Zeichen)
살이 찌다	zunehmen
실제로	wirklich
바뀌다	wechseln
씩	Stück für Stück
최소한	mindestens
조금씩	nach und nach

| Neue Redewendungen |

그건 그렇지!
Das stimmt!

내가 보기에
So wie ich es sehe/Meiner Meinung nach…

최소한 … 이상
mindestens… oder mehr

Dialog 3 — S. 220

| Neue Wörter |

졸업하다	abschließen (Schule/Studium)
취직	Anstellung
대학원	Graduiertenschule
사회	Gesellschaft
낫다	besser sein
장학금	Stipendium
전공하다	sich spezialisieren/als Hauptfach haben
국제 관계	internationale Beziehungen
분야	Feld/Bereich

| Neue Redewendungen |

네 생각은 어때?
Was denkst du?

그러면 좋지.
Das wäre gut,

하긴.
Das stimmt.

Kapitel 14

Dialog 1 — S. 228

| Neue Wörter |

초등학교	Grundschule
어렸을 때	Kindheit
귀엽다	süß/niedlich sein
여행 다니다	reisen
지금도	noch
이사 가다	umziehen
연락이 끊기다	Kontakt verlieren

| Neue Redewendungen |

어디더라?
Wo war es nochmal?

그런 얘기 많이 들었어요.
Ich habe das oft gehört.

안타깝네요.
Das ist schade.

Dialog 2 — S. 232

| Neue Wörter |

모양	Form, Stil
전부	alles
잊다	vergessen
관광객	Tourist
현지인	Einheimische*r

| Neue Redewendungen |

다른 사람들도 다 그렇게 말해요.
Andere Leute sagen das auch.

뭐가 제일 생각나요?
Woran erinnerst du dich am besten?

지금도 잊을 수 없어요.
Sogar jetzt kann ich es nicht vergessen.

Dialog 3 — S. 236

| Neue Wörter |

해산물	Meeresfrüchte
당연히	natürlich
싱싱하다	frisch sein
일출	Sonnenaufgang
전날	am Tag davor
등산하다	wandern
아쉽다	schade sein

| Neue Redewendungen |

당연히 먹었죠.
Natürlich habe ich (es) gegessen.

너무 아쉬워하지 마세요.
Bereuen Sie (es) nicht zu sehr.

시간 맞춰서 같이 가요.
Lassen Sie (es) uns zeitlich abstimmen und gemeinsam gehen.

Kapitel 15

Dialog 1 — S. 244

| Neue Wörter |

표가 팔리다	Tickets werden verkauft
영화관	Kino
자리	Sitzplatz
아무래도	auf jeden Fall

무슨 일이에요?
Was ist los?

상관없어요.
(Sie) sich entscheiden.

하나만 더 물어볼게요.
Ich habe noch eine andere Frage.

Dialog 2 S. 248

| Neue Wörter |

죄송하다	sich entschuldigen (höflich)
길이 막히다	es gibt Stau
차가 밀리다	viele Autos im Stau (wtl. Autos stauen sich.)
출발하다	losfahren
마침	genau (dann)
정신이 없다	zerstreut sein
조심하다	vorsichtig sein
자료	Material

| Neue Redewendungen |

늦어서 죄송합니다.
Entschuldigen Sie die Verspätung.

다음부터는 …지 않도록 하세요.
Versuchen Sie das nächste Mal, nicht...

그렇게 하겠습니다.
Ich werde es so machen.

Dialog 3 S. 252

| Neue Wörter |

잘되다	gut gehen
부탁하다	fragen, bitten
맡다	beauftragen
을/를 통해	durch

| Neue Redewendungen |

전화하려던 참이었는데 잘됐네요.
(Gutes Timing,) ich wollte Sie auch gerade anrufen.

저 말고 부탁할 사람이 없어요?
Haben Sie außer mir niemanden, den Sie darum bitten können?

제가 다른 사람을 소개하면 어떨까요?
Wie wäre es, wenn ich Ihnen jemanden vorstelle?